集人文社科之思　刊专业学术之声

刊　　名：中华文化海外传播研究

主办单位：大连外国语大学中华文化海外传播研究中心

主　　编：刘　宏　张恒军　唐润华

Chinese Culture Overseas Communication (2018 No.2)

2018年第二辑

集刊序列号：PIJ-2018-254

中国集刊网：http://www.jikan.com.cn/

集刊投约稿平台：http://iedol.ssap.com.cn/

中华文化海外传播研究

CHINESE CULTURE
OVERSEAS COMMUNICATION
(2018 No.2)

二〇一八年 第二辑

刘 宏 张恒军 唐润华 主编

大连外国语大学中华文化海外传播研究中心 主办

社会科学文献出版社
SOCIAL SCIENCES ACADEMIC PRESS (CHINA)

目录
Contents

卷首语

刘　宏

　　党的十八大以来，中央高度重视中华文化"走出去"工作。习近平总书记多次做出重要论述，提出明确要求。十八届三中全会对提高文化开放水平、推动中华文化走向世界做出重要部署。中共中央政治局围绕提高国家文化软实力进行集体学习。2016 年 11 月 1 日，由习近平总书记主持召开的中央全面深化改革领导小组第二十九次会议通过了《关于进一步加强和改进中华文化走出去工作的指导意见》，进一步勾勒了中国文化外交的路线图，为中华文化"走出去"提供了指导思想与行动指南。前不久中办和国办联合印发的《关于加强和改进中外人文交流工作的若干意见》指出，要构建语言互通工作机制，推动我国与世界各国语言互通，开辟多层次语言文化交流渠道。

　　近年来，中华文化"走出去"效果显著。中国文化中心建设稳步推进，为我国在政府间文化合作机制和国际组织以及多边活动中争取了主导权、话语权，为"一带一路"民心相通、中国参与全球治理打下了不可或缺的社会基础，为社会主义文化强国的构建和国家文化软实力的提升做出了重要贡献。

　　文化承载着一个国家的精神价值。推动中华文化"走出去"，让国外民众触摸中华文化脉搏，感知当代中国发展活力，理解我们的制度理念和价值观念，应当是我们的不懈追求。

　　大连外国语大学是一所以外语教学为主，以国际化办学为特色的多科性外国语大学，是我国较早开展中华文化海外传播研究的高校，也是我国最早设立对外汉语教学本科教学的四所高校之一。学校目前是教育部直属的国内外考试组织管理机构和国家公派出国留学多语种外语培训基地、教育部指定的 20 余种专业考试的考点、上合大学中方校长委员会主席单位、中俄大学生交流基地、国家孔子学院专职教师储备学校、教育部中国政府奖学金生接收单位、教育部香港与内地高等学校师生交流计划项目院校、辽宁省人文社会科学重点研究基地、辽宁省国际型外语人才培养模式创新实验区。学校设有中国国际青少年活动中心（大连）、东北亚研究中心、中日韩合作研究中心、乌克兰研究中心、亚美尼亚研究中心、哈萨克斯坦研究中心、东北亚外交外事协同创新中心和"一带一路"人文交流机制协同创新中心。建校以来，学校共有百余名毕业生先后进入外交部工作，被誉为"京外高校中考入外交部人数最多的高校"。

学校汇聚国内外优质教育资源，坚持开放式办学，国际化办学特色鲜明。近年来，学校与日本、韩国、俄罗斯、美国、加拿大、英国等 30 余个国家和地区的 200 余所高校及近 20 家企业团体等建立了合作关系。依托现有的中俄大学生交流基地、孔子学院、俄语中心以及上合大学中方校长委员会主席单位等众多国际化平台，学校以"交换留学""本科双学位""本－硕连读""硕－博连读""多语种交流""国际实训"等培养模式，与国外知名院校联合培养本科生、硕士生、博士生。全校每年派出近 1000 名学生，在合作培养领域实现了"语言＋专业""语言＋实训"的成功对接。

2007 年至今，学校先后在俄罗斯、日本、韩国、哥伦比亚、圭亚那、巴西、亚美尼亚、葡萄牙、意大利建立了 9 所海外孔子学院，总数居全国高校前五位。作为汉语国际推广多语种大连基地，学校目前承接孔子学院总部派向世界各国的孔子学院教师和志愿者的培训，承接孔子学院总部派向世界各国的部分孔子学院院长培训。在西安第十二届孔子学院大会上，学校第四次获得"先进中方合作院校"称号，时任国务院副总理刘延东为学校亲自颁奖。

大连外国语大学具有中华文化海外传播的巨大优势。2017 年 5 月 27 日，由中国新闻史学会全球传播与公共外交研究委员会、大连外国语大学共同主办的"首届中华文化海外传播大连论坛"召开，来自海内外从事中华文化研究的近 400 位专家学者、汉语志愿者教师围绕"一带一路"框架下中华文化海外传播如何"固本拓新 共享发展"等时代课题进行深入交流探讨。期间，大连外国语大学中华文化海外传播研究中心成立揭牌，标志着大连外国语大学在中华文化海外传播研究方面又迈出了重要的一步。中华文化海外传播研究中心将联合海内外专家学者展开研究，并联合社会各界力量开办中华文化海外传播大连论坛，每年一届，为海内外专家学者开展研究提供交流平台。

集刊《中华文化海外传播研究》的出版，也是我校高度重视中华文化"走出去"工作的一项举措。关于中华文化走向世界，一些早已有之的难题亟待破解、一些空白需要填补。其中重要的方面是：文化走出去的有关理论建设和学术研究。目前，关于中华文化"走出去"的研究零星分散，总体上处于起步阶段。如中华文化对世界文明的重要贡献；中华文化"走出去"对于全球治理的重要作用等，尚未得到系统而有力的阐释。构建科学的理论和方法，深入研究中华文化"走出去"发生与发展的规律，对其目的、方式、方法、效果进行深入研究，将为中华文化"走出去"提供必要的智力支撑，推动其向更高层次发展。

集刊《中华文化海外传播研究》是国内外唯一的中华文化海外传播研究领域的专门性学术刊物，由大连外国语大学中华文化海外传播研究中心主办，并由社会科学文献出版社出版，每年两辑，每辑24万字左右，集中推出当前中华文化海外传播领域研究的最新成果。

集刊《中华文化海外传播研究》定位是立足中国，面向世界，以引领和推动中华文化海外传播为己任，着力打造中华文化海外传播研究领域的高端学术平台。集刊以深度研究为宗旨，以中华文化海外传播为特色，严格学术规范，突出原创品格，注重科学方法。集刊将开设名家访谈、中华文化"走出去"战略研究、"一带一路"传播研究、跨文化传播研究、汉语传播与孔子学院研究、海外汉学研究、对外翻译与出版研究、学术动态、专题资料、书评等相关栏目。稿件将涵盖中华文化海外传播相关领域，不仅涉及社会、历史、文化、经济等学科范畴，而且将思想的触角延伸至人文社会科学的各个门类。

我们深知，中华文化海外传播还有很长的路要走。诚望《中华文化海外传播研究》集刊的问世，能够为中华文化海外传播研究和实践起到传播智慧，丰富经验的作用；诚望海内外专家学者积极投稿，把《中华文化海外传播研究》集刊打造成名副其实的一流研究成果的传播平台。

名家访谈

致力于汉语文化传播的法国人

——著名汉学家白乐桑教授访谈

孙冬惠　　郝焕东*

摄影：汪韵

嘉宾介绍： 白乐桑，首任法国国民教育部汉语总督学、世界汉语教学学会副会长、法国著名汉学家，负责全法汉语教学大纲和考试大纲的制定与修改、汉语师资力量的考核和聘用。他还是巴黎东方语言文化大学的教授、全欧首位汉语教学法博士生导师、法国汉语教师协会的创始人及首任会长。他先后主编《汉语语法使用说明》《汉字的表意王国》《说字解词词典》等专著 10 余部，主编的《汉语语言文字启蒙》1989 年出版以后，

* 孙冬惠，大连外国语大学文化传播学院副教授；郝焕东，大连外国语大学文化传播学院硕士研究生。

成为法国各校最受欢迎的教材。同时，他还发表学术文章 60 余篇。2006 年 3 月 1 日，法国教育部部长吉勒·德罗宾宣布，法国正式设立汉语总督学一职，以向法国全国的中学推广汉语。

白乐桑先生从 1975 年年底开始从事汉语教学、汉语教学研究和汉语推广工作，是名副其实的"汉语传教士"。2017 年 5 月 27 日，首届中华文化海外传播大连论坛盛大开幕，作为主办方的大连外国语大学有幸迎来了这位尊贵的法国客人，当日恰逢白乐桑先生的生日，而我们对他的专访也显得格外特别。

孙冬惠（以下简称孙）：首先非常欢迎您能来到大连外国语大学，尽管只有两天的时间，但我们依然能感受到您超高的人气，跟您交谈、合影的教师和学生非常之多。这不是您第一次来大连吧？能谈谈您此次大连之行的感受吗？

白乐桑（以下简称白）：是的，这是我第三次来大连，但这是最重要的一次。第一次来是十几年前，当时大连外国语大学还在老校区，现在的大连外国语大学跟那时候相比，变化非常大。第二次来是受中国的国家汉语国际推广领导小组办公室所托，来跟赴欧洲的汉语教师志愿者进行交流，只逗留了几个小时，虽然交流的过程很愉快，但毕竟太仓促了。这次很有意思，有两天的时间，能更深入地了解大连外国语大学，见到了许多老朋友，像陆俭明老师，还认识了许多新朋友。除此之外，我能感受到我是你们其中的一员，这不仅仅让我感到很荣幸，而且让我觉得我是肩负着任务来的，是来"做事儿"的。我现在负责欧洲汉语教学学会，你们邀请我来，说明你们对欧洲汉语教学的现状是感兴趣的，这一点让我很高兴，也期待将来我们可以加强联系，有更多的合作和交流。

孙：您能这样说我们感到非常荣幸！我们也非常期待！私底下我们有很多老师和学生都说您非常幽默，您自己怎么看待这种评价？

白：人是很难判断自己幽不幽默的吧，但我一直觉得中国的东北人非常幽默。我有一个非常好的朋友，叫李宇明（北京语言大学原党委书记、教授），他对任何语言现象都非常敏感，这一点让我很佩服。有一次我去拜访他，闲聊中我提到了我们学校举办的一个关于"幽默"的圆桌论坛，我是讲中国方面的幽默，像歇后语等，当然还有像日语这样跨语言文化的幽默。李宇明反应很快，他当时就想到一些观点，像中国不是所有地区的人都有幽默的传统的，但是东北、天津、四川这三个地区是有的，但它们又各有不同，四川的幽默是跟自然有关的，东北是跟人本身有关的，天津也有它的特点，我也非常赞同他的观点。

孙：白乐桑先生，听说您对美食特别感兴趣，而且对中法饮食文化的比较颇有研究，能否谈谈您的体会？

白：没错，我对美食特别感兴趣，也曾做过中法饮食文化比较的研究。在中国的传统文化当中，是主张"少说话，多吃饭"的，当然是在古代的时候。但法国这方面恰恰相反，我们的传统就是要聊天，吃饭的时间会很长。法国的饮食是有流程的，是线性的，但中国菜是一股脑儿上来的，口味也复杂，是非线性的，这好像也反映了两个民族的思维差别。在跨文化交际中，由于人们对不同文化之间的差异缺乏认识，以及教育传统和思维方式的不同，往往会出现一些问题，导致交际不得要领或失误，引起误解甚至冲突。就像园林一样，中国的、法国的、日本的，不同文化的园林风格不一样，饮食的文化也是这样。

孙：那您对这两天的饮食满意吗？

白：非常好，我其实在一边参与一边观察，我很想知道大连菜到底算不算是东北菜系，最后我发现，的确还是有东北风格的，只是没有那么"东北"。而且这里的海鲜很多，我也很喜欢。（笑）

孙：（笑）那就好。今天上午陆俭明先生在演讲中谈到一个问题：文化传播成功的因素有哪些？很多专家学者也都对"中国文化如何才能成功走向世界"展开讨论，大家各抒己见，您对此有何看法？

白：这是一个好问题，这是我近几年非常关注的问题。但我的看法可能跟他们的有所不同，我认为这不仅仅是个学术问题，更是一个客观的现实问题，但很遗憾的是，我认为你们忽略了学习者的声音。就像现在中国举办的许多有关汉语的国际会议，汉语非母语的学习者极少出现，这就是一个很严重的问题。我们知道，中国过去因为封闭和保守遭受了很大的创伤，那就是没有了解外面的声音。在这种情况下，一些原本就存在的问题可能反而会因为封闭和盲目变得更加棘手，我们的侧重点放在了错误的地方，结果可能会更糟。由于时间仓促，今天上午我没能展开论述，我认为孔子学院大大低估了汉语学习者的语言障碍，造成语言障碍的一个很重要的原因就是中方不太了解西方的情况。虽然英语是世界通用语言，但中方派到法国的教师和志愿者并没有足够的法语基础，不能熟练地讲法语，就没办法深刻地去讨论文化。不深刻，也就谈不上传播。我认为开办讲座是传播文化的一个非常重要的途径，法国人也很喜欢听讲座，但如果演讲者的法语不好，只能以最简化的方式和语言来讲，效果就大打折扣。因为来听讲座的大多是成年人，成年人是要和儿童区别开来的，成年人是喜欢细节和深刻的，所以简单的演讲方式和语言是吸引不了成年人的，这是非常重要的一点。但我困惑的是，中国人一直认为，除了英语以外的其他语言都是所谓的小语种，没有给予足够的重视。外派人员普遍英语还可以，但对当地语言掌握得很差。对于法国人来说，英语是外语，在意大利、在德国，英语都是外语。所以如果想在法国传播中国文化，传播者就一定要讲一口流利的法语，这样才能达到传播的目的。我前些年给这种状况起了个名字，叫"庐山现象"。

孙：*"不识庐山真面目，只缘身在此山中。"*

白：没错，当局者迷，旁观者清，这在我们看来是个大家都很认同的事实，但中方没有注意到，或可能有什么其他顾虑吧。巴黎在法国、在世界都是非常重要的城市，所以我觉得派到这里的人的法语一定要非常好。但事实并非如此，没能掌握当地语言会让传播在一开始就受到阻碍，没能掌握当地语言也会阻碍传播者入乡随俗——以当地能接受的方式来进行传播，这些都是非常危险的。说到英语，我想举一个例子，1994年，我承办了欧洲第一届汉语水平考试，考生有400多人，分发考卷之后，我发出指令，让他们好好检查考卷，并填写考生信息。很快就有学生提问："老师，汉语名字和英文名字一栏怎么写？"他们根本没有汉语名字和英文名字，怎么写？汉语名字我能理解，但英文的呢？我认为是中方在语言文字方面，把英语和拉丁字母混为一谈了。当时我就跟中方提出这个问题了，但是在接下来若干年的汉语考试中，依然存在这样的问题，每次我都指出来，但情况依然没有改善。

孙：这的确是个非常重要的问题。

白：我有很多中国的朋友到法国交流、参观，他们对我说，法国很好很美，但总会说这样一句话，就是在街边问路的时候，因为不会法语，只好用英语问，但法国人好像要保护本国语言一样，都不愿意说英语，一律用法语来回答。我现在已经习惯听到这样的话了，只好苦笑着回答他们，我们不是不愿意，是不会说英语。但是他们不相信我，以为我也是在保护法语，因为在他们的潜意识里，法国人或者说欧洲人都应该精通英语，但其实并不是这样。

孙：那我很好奇，现在的法国中小学、大学里，排在第一位的外语是什么？

白：当然还是英语，这跟中国是一样的。但一般的中国人，在中学的时候就开始学英语了，但他们能说一口流利的英语吗？差远了。所以什么叫"会英语"？如果有一天，你们中国的《人民日报》上发表了这样一篇文章，去谈论什么才是"会英语"，我觉得你们才是真正意识到了这个问题。会简单的日常用语就叫"会英语"吗？我认为是看一部英文电影不需要看字幕，这才叫"会英语"。在法国，我们可以统计一下，这样的人恐怕连1/10都不到，所以法国人普遍是不会英语的。所以回到我们的话题，我认为派到法国的人员精通法语是非常必要的。我在20年前就跟中国的国家汉语国际推广领导小组办公室提过建议，叫他们去中国大学的法语系挑选学生，去灌输他们对外汉语的教学思维，因为传统的法语系教学都是翻译法教学，这跟对外汉语教学过程是有本质上的差别的。

孙：您的这个观点太有启发性了，我们学校其实已经意识到这个问题，在全校外语专业普遍开设了专门的汉语课程——现代汉语，学生中有越来越多的人喜欢上对外汉语教学。

白：其实我觉得短期的培训课程也可以达到我们希望的效果，这有点像洗脑（笑），因为他们以前受到的教育是翻译法教学。所以我们要告诉他们，从对外汉语教学的角度来看，应该怎么做，不应该怎么做，我觉得几周下来就会看到效果。或者让对外汉语专业的学生不再局限于英语，尽早地让他们学习所谓的小语种，也很好。因为目的语的技能和对外汉语教学的专业能力二者缺一不可。

孙：您说得很对，目的语和专业知识缺一不可。您认为，传播中国文化的汉语志愿者还应该具备哪些能力？

白：还要有比较的能力。因为要比较，所以要了解，中方可能对自己的了解不太够，但普遍对西方的了解更不够。我上午提到一个例子，春节。很多孔子学院的志愿者和老师在法国讲"春节"这个知识点的时候，喜欢跟圣诞节做对比，说春节就是法国的圣诞节。我很反对，我问他们，圣诞节是春节吗？是跨越新年的节日吗？法国就没有新年了吗？有的，1月1日，元旦。所以这里经过比较就出现了错误。再比如说歌剧，中国有传统的京剧，西方有歌剧，你要传播，你要比较，你就要了解我们西方的歌剧，我不是要他们精通歌剧，不需要，而是要他们有大概的了解，更要有品鉴的能力，但很遗憾的是，普遍没有。但也不要悲观，这是可以改变的，比如通过培训，短时间内对一些大的文化点进行教学，让他们有了起码的认识，然后进行总结，概括出几点特征来，每个特征配合一些例子，进行模拟教学，我认为这样做效果会很好。

孙：可以想象，这样做效果一定很好。我记得您上午还提到了中国圣人"孔子"。

白：是的，孔子。很多中国人认为孔子首先是一个教育家，但西方人普遍认为孔子是思想家和哲学家，几乎没人说他是教育家，所以我们在传播的过程中首先要告诉他们，孔子还是一个教育家。这可能是由于我们对教育家的定义不同，我们认为，从事教育的人不一定就是教育家，《论语》里面说了很多人生和哲学的道理，并不是在探讨教育的原则，所以他可能不太像一个教育家，尽管他是个从事教育的人。我这不是在说谁对谁不对，而是说这是一个比较过程中遇到的现象。

孙：对，这确实是个客观存在的现象，您上午还提到了中国文化传播的两种倾向。

白：是的，我上午提到中国文化传播的两种倾向。一个是这种"自我中心主义"的倾向，还有一个是中国文化教学偏向实用层面，希望外国学习者动手制作和亲身体验所谓的中国文化，这一点当然有它的好处，但也有弊端。比如说，这样做会不会让学习者对中国文化的认识停留于表面，而没有更深刻的了解？或者说，我们选取的文化体验，一定是中国文化的精髓吗？这些都是问题。

孙：没错，今天下午，我在分论坛里听到一些老师在讨论这样一个观点：我们希望中国文化要"走出去"，首先要文化自信。清华大学的郭镇之教授认为："不是我们相信我们行，世界就相信我们行。"不知道您怎样看待她的这句话？

白：这是一个很大的问题。我很早就来到中国学习汉语，我发现，中国和中国人在某些方面是非常矛盾的。比如说，中国人有时会盲目地模仿西方，有时又仍会很封闭，莫名自大。一方面向世界推销五千年的历史文化，另一方面又盲目地追求西方的历史文化，没有做到很好的融合，找到属于自己的方向。今天早上合影时我发现，这么多参会人员，只有一个人穿了中式的衣服，你们可能没有意识到，你们在说文化自信、中国文化有多么优秀，但所有人穿的都是西式的衣服，很少见到属于你们中国人自己的衣服。我不是在干涉个人的喜好和选择，但既然我们谈中国文化，谈文化自信，这种现象是不是有一点矛盾？我有一个大胆的设想，不一定对，是不是大家的潜意识里认为中式传统服饰是奇怪的、落后的，而西服是得体的、先进的。

我经常说，在中国的街道上，如果不能看到汉字，光从建筑的风格来看，我很难辨认这是哪个国家。中国明明有非常好的传统建筑，有独特的美学，有非常漂亮的风景，但现在一眼望去，很少能看到特色和美感，我为此感到很遗憾。

孙：就像三毛说的一样，"你若盛开，清风自来"。如果我们足够自信，对传统文化保护得很好，传承得很好，世界自然会被你吸引过来。

白：说得没错。今天我真的很感动，你们记得我的生日，大家还为我庆祝。中国人实在是太善于引进了，就是原本没有的东西，引进来，就可以迅速地本土化，但自己的传统就容易遭到破坏，而且很少有自己的独创。我想说的是那个生日王冠，我在法国从来没见过，我也问过从美国来的两位教授，他们也没见过。

孙：真的吗？但是我们很早以前就有了，而且我们还以为是从西方传进来的。

白：并没有，据我所知，在法国只有一种节日大家会戴王冠，但跟生日没有关系，它是主显节，我们会去蛋糕店买一种杏仁蛋糕，有的里面会藏着小玩偶，谁吃到小玩偶，我们就给谁戴上王冠，这原本跟宗教有关，但跟生日没有丝毫关系。再比如说万圣节，这个节日应该是美国的，英国有没有我不太清楚，但是法国从来没有。十几年前，在巴黎，有人想引进这个节日，也有一些年轻人穿着奇怪的衣服走在街头，但没过几年就淡化了，现在几乎没有人参与了。这反映了万圣节这个外来物在法国没有根，它在法国难以立足，长不出来。我不知道这一点能不能说明法国人文化自信，但的确就是这样，不是我们的，就不会是我们的。

孙：有机会您可以在万圣节和圣诞节来中国走一走，大街小巷上还是很有氛围的。

白：（笑）我当然知道这里面有商业的因素，这一点无可厚非。其实春节在巴黎是比较热闹的，但一般来讲，法国人不会引进春节，更别说参与进来了。他们会很好奇，很感兴趣，甚至愿意观看游行，而且法国媒体的报道特别多。但也仅此而已，因为它不是自己的习俗和文化。中国好像不是这样，之前有这样的讨论，要把字母引进来，取消汉字。就像我们经常讨论的词本位和字本位一样，所谓的词本位好像就是在照顾西文，因为我们就是一个词一个意思，比如说，"学院"是一个词，它同时又是两个字，"学"和"院"，对英文或法文来讲这并不是问题，但对汉字来讲并不完全是这样。所以从中我能感觉到中国人的盲目和不自信，你们还有较长的路要走，还有观点需要树立和纠正。

孙：但很多汉语学习者真的会有这种观点，他们甚至抗拒学汉字，因为汉字太难。

白：我不认为这是正确的观点，这是一个无奈的观点。一方面，我认为是教材不合理的问题，比如对表意单位不释义，这算什么，这不是越教越难了吗？学生又怎么可能容易学汉字呢？比如说"中国"这个词，"中"是什么意思，"国"是什么意思，这些都不告诉学生，他们又怎么能学到汉字的精髓呢？怎么提高学生的理解，降低学习的难度呢？另一方面，课堂教学普遍不下功夫，那学生有这种反应一点也不奇怪。所以我不能附和这种观点，不能这么轻易就说汉字难学，这不是理由。我刚刚提到字本位，这在法国不是问题，我们认为字绝对是一个单位。我们在20世纪80年代就把汉字定为一个教学目标，我甚至制定了一个400字学习计划，就是高中毕业之前，必须认识这 400 个汉字。原因就是，我认为一个汉字是一个单位。但中国的对外汉语教学往往不认为一个字是一个单位，起码不够重视，所以这有利于降低难度吗？就像我们学数学、学化学、学生物，最基本的东西和常识一定要掌握好。忽视、歪曲甚至否认这些最基础的东西，就不怪学习者难以学好。

孙：我们都知道您编写过汉语教材，而且非常畅销，您通过让学习者感兴趣的方式对汉字的意境进行阐释，给我留下了深刻的印象。

白：谢谢，学习是件有规律的事情，只要掌握规律，就会容易很多，当然有兴趣就更好了。我经常听到"汉语难学"这个说法，但我从来不喜欢议论汉语究竟难不难，我只提出一个问题：为什么其他科目，其他外语，像数学、化学，英语、德语，从来不会说出这样的话，说自己很难？我认为有两种可能，第一种是它们真的不难，很容易，但据我所知并非如此。比如，数学对我来说不是困难，是恐怖，我永远学不会，所以不是数学简单的原因。第二种是它们没有这种优越感或自卑感，什么感情都没有，唯一做的就是降低学习数学的难度，但它们本身的难度就在那里，不需要议论。再比如，英语好学吗？如果英语好学的话，参会的所有人员都应该说一口流利的英语才对。我就不会，我学过 7 年英语，按理说，它离法语近一点，难度应该小一点，但事实并非如此，我的英文非常差，但是汉语很好。这说明英语一定是有难度的，所以为什么要突出汉语难学？我认为中国学界忽略了学习者的主观因素和客观因素，比方说兴趣，比方说教学方法，都是造成汉语所谓的难学这一现象的原因。归根结底，我认为"汉语难学"这个说法是由自卑的心理导致的，有时又显得很骄傲，这种心理很复杂，而我认为这种担心没必要。中文有一定的难度，这有什么好奇怪的呢？什么东西都有难度啊，我们要考虑的就是想方设法降低学习的难度，比如激发学习者的兴趣，还有制定更规范的教学过程和教材，这是值得讨论的，而不是用汉语难学来麻痹自己。

孙：您说得对。您多年从事汉语推广事业，教过许多学生汉语，中国这些年培养了大批的汉语志愿者奔赴世界各地，传播汉语文化。目前各方对这些志愿者的教学质量评价褒贬不一，您怎么看待这个现象？

白：其实我觉得这是很正常的现象。毕竟是志愿者，不是正式的教师，他们的语言能力不高，教学能力也是参差不齐，而且他们对教学过程是不负责任的，不管这是不是体制的问题，但终归是客观存在的，我们也无可奈何，所以这是正常的。另外，他们在赴任前的培训可能也有问题，而他们只能被动接受，所以他们也是负不了责任的，即便是负面评价，其实也不能完全归咎于他们身上。我也参加过几次中国的国家汉语国际推广领导小组办公室组织的志愿者培训，他们准备的问题提纲，我看了一会儿，基本上就放下不再看了，因为上面的问题有些形式主义，没什么实际意义。在我看来，这样的行为是不负责任的。请允许我举一个例子。我曾问赴任法国的志愿者教师，你们既然要去法国教书，那你们对法国的汉语教育有哪些认识？其实问的次数多了，我后来也就能猜到答案了，基本上他们所有人的回答最后都能回到孔子学院，回到他们的培训和教学，比方说，法国有孔子学院。每次听到这样的答案，都让我很感慨，因为如果我问的是塞浦路斯，你回答孔子学院，满分，因为塞浦路斯的汉语教学只有孔子学院在支撑，虽然只有5年的历史。但是法国的汉语教学有200年的历史，法国第一所孔子学院成立于2006年，也就是说只有10年的历史，但是我们早在200年前就在做汉语的教育和培训了。这也就是说，孔子学院在培训的过程中，没有告诉他们我们的历史和我们所做出的努力，这难免令人失望和伤心。

我还有别的例子。世界范围内对外汉语的摇篮就在巴黎，始于1814年，刚刚过完200岁的生日，你听说过中国对外汉语界有什么庆祝的活动吗？没有。200周年啊！对汉语传播领域来说不是重要的纪念日吗？难道不应该隆重庆祝吗？但没有。所以这个问题值得提出来，而且值得交流，为什么会这样？有一种原因，可能是不知道，但不知道，难道不是个更令人伤心的理由吗？（苦笑）当然，幸亏尚有中国学者到巴黎去庆祝，但他不是对外汉语教学界的，是研究汉学的张西平教授（北京外国语大学教授）。我不是在指责什么，可是我觉得中国的国家汉语国际推广领导小组办公室应该搞一个活动，纪念一下，这毕竟是对外汉语教学的摇篮，世界上没有国家像法国一样如此重视汉语教学，还拥有这样悠久的历史。

孙：您目前所在的大学，汉语是一门必修课吗？

白：必修、选修都有。当然主要是靠专业课，但我们也有继续培训处，在这里只培训"重要"的语言，那汉语当然算是"重要"的语言。在大学里我们有东方语言学院，里面有所谓的"小语种"，甚至你我都不知道世界上还有人在使用这样的语言。但继续培训处不会有这些语种，它只会培训一些更有实用价值的语言。汉语是这里很重要的一门语言，甚至是一个大系，除此之外还有日语，这几年韩语也爆发了。这些都是专业的，还有商业学校、政治学院、外语学校，这样的学校开设的中文课程就很多了，但是各有侧重，是按照学生的需求和兴趣来安排的。再比如基础教育，目前全法大概有 700 所初中、高中把汉语作为正规的外语来学习，这在欧洲毫无疑问是最多的。而且跟美国不同，美国是你学两年就不必再学了，而我们是要纳入正规考试的，高考是要考的，我也曾起草过相关的考题和纲要。

孙：是的，据我了解也是这样。

白：其实法国汉语考试的历史也很久，甚至在 20 世纪 60 年代就有很正规的汉语考试了，只不过不像现在这样有第一外语或第二外语之分，当时它只是处于很低的一个位置，但毕竟是一个很正规的"身份"，而不是兴趣班。

孙：那你们的汉语教学过程是双语教学还是完全用汉语呢？

白：一般来讲，像文化课之类的课程都是法语教学的，我也觉得这是个问题，但优点是可以讲得很深，也更自如，接受效果更好。再比如汉语的古文教学，我也希望用现代汉语来进行教学，但同样也是法语教学，或者用传统的翻译法来进行教学，这不得不说是个遗憾。

孙：那语言课呢？

白：语言课同样存在问题，我不知道是不是教学机制的原因。我对中学的汉语教学和大学的汉语教学都很了解，对比过后，我发现中学的汉语教学效果是要明显优于大学的。因为中学的汉语教师在某种程度上说，才是真正的汉语传播者，他们只教汉语，而且非常有经验。而在大学，很有可能一个研究佛学的教师同时可以兼职汉语教师。也许他在佛学领域的水平非常高，但汉语教学技能就不见得很好了，因为我们都有一个共识：语言教学是一门独立的学科，是一个专业。你能明白吗？

孙：是的，语言教学不同于语言学教学。

白：非常好。所以我认为这是两个机制造成的教学差异。由于法国的汉语教学规模比较大，我从 2005 年开始，跟其他外语一样，在各个学区开办了为期两天的关于汉语教学的继续培训，效果非常好。全法所有从事中学汉语教学的老师都有这样的福利，每年都能享受两天专业培训，进行充电，所以我说真正的汉语教学专家在中学，不在大学。（笑）

而且在大学有这样一个现象，就是大学更是积累知识的地方，不光是汉语，其他学科也是这样，在某种程度上讲，这一点是不好的。当然我不希望你认为法国的大学教育都是负面的，其实我们也有很多正面的例子。在全世界其他地方，像中国也是这样，对于教育本身作为一个学科这种观点仍存有偏见，但法国在这方面做得还好，甚至对外汉语教学作为一个学科这个观点也越来越受人重视。也许这跟法国汉语教学的渊源有关，我们甚至还有甲骨文的研究专家，但我经常会听到欧洲其他国家的同事在抱怨，人们普遍认为只要会说汉语就能教汉语。但我们都知道，这是错误的认识，对外汉语教学是个真正的专业，需要一些特殊的能力。

孙：是的，我们也希望这个观点能被越来越多的人所认同。在前一阵的法国大选当中，马克龙成为新任法国总统。我们知道不久前在北京举行的"一带一路"国际合作高峰论坛，马克龙虽没能亲自前来，但也指派了重要的官员参会，法国前总理多米尼克·德维尔潘率队出席。可以感受到，新任总统对中国的态度是很积极的，不知道您对此怎么看？您对中法两国未来的交往持什么样的态度？

白：我认为中法的关系会更好，而且这几年就已经非常好了，我本身也亲身参与进去了，所以我亲眼见证了两国的友谊。这不仅仅是官方的，民间同样如此，交流非常多，而且我们交往的历史也很悠久。除了马克龙，前几任总统也多次明确表示，并且是很真诚地说，不是说套话，我们要和中国保持良好的友谊关系。中法留学生的交流也能说明问题，我们希望更多的中国学生来法国留学。不知道为什么，中国在前两年取消了对外实习的签证，而我们其实越来越重视实习。法国的大使馆官员还对我说，他们希望能尽快跟中国商讨签证的条例，重新打开这扇大门，这对双方都是有利的。同时，法德的关系会更好，我认为这也有利于中国跟欧盟的关系，而且法国的华人，甚至一些华裔官员同样也很支持马克龙，在大选中明确、公开地支持马克龙。中法两国在文化上也有很多共通性，比如说电影，我们的交流度和认可度也非常高，很多中国人喜欢法国的电影，中国的电影和电影节在法国的关注度也很高。

孙：除了电影呢？还有什么其他方面吗？

白：还有美食，在世界几个重要的城市中，巴黎的中餐馆非常多，很丰富，味道也很正宗，你在巴黎几乎能吃到中国所有的地方菜。法国人爱吃，在法国生活的中国人就更不用说了，所以我们互相融合得还是很好的。你们下次来法国，我请你们去吃。

孙：（笑）好的，我们一言为定。

白：除此之外，我们的文化接触还有很多，像我刚刚提到的电影，贾樟柯跟法国的接触就很多。中国有一个漫画家，叫李昆武，他的作品也在法国获奖了。像法国的戛纳电影节，这个我们就不用多说了。像文学的翻译，阎连科、莫言、余华等，不管从质量还是数量来看都很可观。我可以给你们透露一个别人不知道的事情，我们法国对外汉语界要推出一个中华文化教学方面的大纲，因为文化是很重要的，而且涉及很多细节。跟其他语言不同，我把中国的美食作为很重要的一个板块收入，比如八大菜系，比如饮食文化，因为这些都是"金钥匙"，借此我们可以了解中国的文化精神。如果是英国文化，那肯定没有这个板块。（笑）再比如说，中国电影也很重要，比如《马路天使》和《洗澡》，虽然是很老的电影，但在世界上是很先进的。我们的老师也很喜欢中国的优秀影片，把它们当作案例拿到课堂上来看，但前提是教师必须具备专业素质，因为我们要透过电影给学生讲中国的文化和影视相关的知识，电影是一个载体，不是看完了就完了。

孙：好期待您所说的中华文化教学大纲能尽早出台，这对世界各地的汉语学习者以及汉语文化传播都是极好的事情。白乐桑先生，您参加过很多国际论坛，那么此次论坛您有何别样感受？

白：论坛很成功，上午我亲身参与进来了，并且听到了很多学界同人的看法，我觉得很好。比如陆俭明先生的讲话，我能感受到陆老师的热情和他的理想。再比如耶鲁大学的苏炜老师，他的演讲也很有观点、很有深度。还有其他老师的观点也很好，都是值得坐下来进行深入研究的。我对其中一个观点很感兴趣，如果有机会我想跟大家讨论一下：美国在文化上排世界第一吗？我不知道这有什么时间限制或是按照什么标准确定的。我对"美国第一"这个观点很感兴趣。还有就是我们对"文化软实力"的定义，我觉得这是非常值得讨论的。

孙：那下午您跟我们法语系学生的交流呢？有什么特别感受吗？

白：下午我被"绑架"走了，但其实我很喜欢这种"绑架"，因为跟上午不同，下午我可以听到很多学生的声音，在交流的过程中我也能获取很多观点，学到很多知识。我很喜欢教学，而且尝试教过各种人，甚至教过幼儿园的小孩子中文，什么种类的教师都当过，就是没教过中国人法语，这一直是我的一个梦想，而且我认为中国学生的身上具备很多优点。所以，说不定在将来，我的这个梦想会在这里实现。

孙：（笑）那太好了，那您一定要来我们大连外国语大学教法语！我先代表大连外国语大学法语系的学生向您发出最诚挚的邀请了。

白：（笑）好，一定一定。我非常看好中国的学生，甚至我在法国的很多学生是中国学生，但我发现中国学生有个问题，就是欠缺主动性，非常低调，不活跃，但非常认真。当然我很明白，这是文化和教育差异造成的，所以我认为这是可以改变的，也不是太大的问题。但我们从中能总结出这样一个结论：我们是时候该改变了，该讨论应该怎么做，不该怎么做。

孙：的确，非常感谢白乐桑先生，已经这么晚了，我们这次访谈就到此结束吧，您一定很累了吧？

白：没有没有，我很珍惜这次的大连外国语大学之行，很感兴趣，也很兴奋，所以也不觉得很累，你们举办这次会议才累。感谢你们，感谢大连外国语大学，期待再次与你们见面。

中华文化的当代"沉"与"浮"

——著名作家、学者苏炜教授访谈

曹　波　于立极　乔培哲*

摄影：潘婧妍

　　嘉宾介绍：苏炜，笔名阿苍。1953 年生于广州，中国大陆旅美作家、文学批评家。曾就读于中山大学中文系，后赴美留学，获加州大学洛杉矶分校文学硕士，并在哈佛大学费正清东亚中心担任过研究助理。现为耶鲁大学东亚语言文学系高级讲师、东亚系中文部负责人。著有长篇小说《渡口，又一个早晨》《迷谷》，短篇小说集《远行人》，学术随笔集《西洋镜语》，散文集《独自面对》《站在耶鲁讲台上》《走进耶鲁》，以及论文多

　　＊　曹波，大连外国语大学文化传播学院讲师；于立极，大连外国语大学文化传播学院副教授；乔培哲，大连外国语大学文化传播学院硕士研究生。

篇。长篇小说《迷谷》和中篇小说《米调》于2004年连续刊载于《钟山》第三、第四期，引起文学界的关注。

曹波（以下简称曹）：听您的讲座，有句话我印象特别深刻，就是"以出世的精神，做入世的事业"。我觉得您作为一个美籍华人，把永远不变的黄皮肤黑眼睛带到了美国，这句话就是一个中国传统的儒家精神的体现，并且您将这种精神发扬光大。我个人觉得，这其实也包含着您对自己的事业和人生的感悟。我们就您的生活经历与对中华文化的感知，谈谈中华文化在当代中国与世界的现状。

苏炜（以下简称苏）：好的！

曹：苏先生，我们都知道您是一个生活经历丰富的人。您的身上沉淀着您这一代中国精英知识分子的记忆。您能简单说一下您的生活经历吗？

苏：好的，我是1953年出生，历来都说自己出生在广州，因为从小在广州长大，但真正严格地说，是出生在中山，广州市郊的一个县，现在已经是一个市了。后来小学读的是广州市越秀区（原东山区）的署前路小学，一直在广州。读大学的时候在中山大学中文系，当然这中间，也就是1968到1978年，我当过十年的知青。当时知青被下放到海南岛，就是流放苏东坡的地方。

曹：您在这十年间获得了什么？

苏：获得了很多，当然也失去了很多，感受还是很深的。其实你们可能不知道，近几年我写了一部组歌歌词，叫《岁月甘泉》，引起了很多争论。对于《岁月甘泉》这个题目，有些人说，为什么不叫《岁月苦水》，而叫《岁月甘泉》？他们认为我是为知青上山下乡这个运动涂脂抹粉，但其实不是。我的歌词里面写的是：在苦难中掘一口深井，在那深井里可以汲取岁月甘泉，并且，在那个苦难的岁月里以之为自己全新的精神资源。客观地说，海南岛知青生涯的十年可以说为我整个人生奠定了基础，包括我自己的写作也是在海南岛开始的。

我17岁的时候就发表了自己的第一篇作品，那时候写的是新闻作品，后来才写散文，1974年开始发表文学作品。我从1970年开始做新闻报道，在某种意义上说，我是用笔改变自己命运的。

在"文化大革命"后期我的情况非常惨，我父亲当年是中国民主同盟广东省委员会秘书长，但是在1968年"文化大革命"时，就被关了监狱，一直关到1973年，当时说他是国民党特务。我二哥也被关了监狱，所以当时我的出身很"黑"。下海南的时候，我不到16岁，当时规定不到16岁可以不下乡，但是我自己主动要求下乡。因为家庭经历很惨，我也不愿意在家待下去了，因为一天到晚要应付抄家什么的，所以就到了海南岛。可以说，海南岛一方面成为我那个年代的苦难的约束，另一方面也是我自我拯救的一个起点，就是我意识到我需要用文学来改变自己的命运。

后来我真的就是靠一支笔改变了自己的命运，毕竟当时家庭出身不好。当时我们是在兵团，兵团的干部比较重才。发现我是一个能写作的人以后，大家首先担心的就是我出身那么"黑"怎么办，但是部队干部说："没关系，我看这孩子不错。"所以他们敢用我，我也就通过这个改变了我的命运。除此之外，更关键的一个改变，应该说我是"文化大革命"后77级的第一批大学生。恢复高考的时候，我参加了高考，因为我初一才上了两个月的课，就"文化大革命"了，根本就没怎么学习过数学，所以到高考的时候我的数学好像是0分或者5分，反正我做了几道题都是错的，可能只给了我几分吧，所以我没有达到录取分数线。最后在77级学生入学的时候，我把我的好朋友送到北京大学，其中一个叫黄子平的，他当时是被北京大学录取。我送完了所有人，回到海南岛以后，真的是"何其独彷徨"啊，那时候觉得自己一生可能就会在海南岛这样耗下去了，也没什么希望，因为海南岛当地又把我当作一个人才，哪里调我，他们都不让我走，所以我就被卡在海南岛。到最后，大学开学三个月以后，当时是5月初，5月1号，突然有两个中山大学的教授飞到海南岛让我面试，告诉我说："你被破格录取了。"我当时是广东两个破格录取生之一，北京的张艺谋也是被破格录取，张艺谋是因为那个时候超龄了被破格录取，我是数学不及格被破格录取。那为什么我会被破格录取呢？就是当时的广东作协，当时也不叫作协，叫广东文艺创作室，在那里他们议论说，某某在广东的报纸杂志发表了不少文章，考大学居然因为他数学不及格没考上，其中有一个编辑，她的先生是当时中山大学中文系的一个很有名的教授。这个编辑回家跟先生讲，先生说有这么一个人吗？如果他成绩很好，我们要。然后就查我的试卷,发现我数学很差,不够录取分数线,最后中山大学就专门派两个教授飞到海南岛,当面考我。所以我是在开学三个月以后,才进入中山大学。这是我的特别经历。

曹: 您大学毕业以后是到什么地方工作呢?

苏: 1982年,我一毕业就去了加州大学洛杉矶分校留学,在加州大学洛杉矶分校读完了硕士以后,就到哈佛大学的费正清东亚中心工作。当时是做傅高义的研究助手,就是今天在国内很有名的那个傅高义,英文名字叫 Ezra Feivel Vogel,是《邓小平时代》的作者。他把我叫去哈佛费正清东亚中心当访问学者,主要是给他当研究助手。因为傅高义是在美国汉学界最早做区域研究的,20世纪70年代就写出了第一部关于广东的专著,他后来就继续做关于广东改革开放的研究。他有本书叫《领先一步:改革开放的广东》,写广东的改革,我就成为他的这本书的中文助手。我人生的改变,其实跟傅高义先生有关。他在中山大学当访问学者时认识了我,告诉我应该到国外去看看世界。他建议我到哈佛。但是我当时的英文水平等于零,去哈佛需要考托福,我怎么可能能考托福呢?但是加州大学的语言系很牛,它不承认托福成绩,所有被录取的学生都要先过它的考试。当时他有个学生建议我先被加州大学录取,然后再补几个月英文。我确实是这样,提前补了一个月,最后通过了加州大学入学考试的最低分数线,所以就进了加州大学,然后读完了加州大学硕士。傅高义听说以后,就让我到哈佛去,然后在哈佛做研究助手,做了两年半,在1986年回到中国社会科学院文学研究所,所以我算是最早的自费留学生,也是最早的海归。后来我又重新出国,1990年以后就主要在美国。离开后我先到了芝加哥大学,后来又到了普林斯顿大学。在普林斯顿大学,我就开始准备学习怎么在大学里教中文。在此之前的1986年,我就曾经在加州大学担任过讲师,当时是代王蒙的课。王蒙当时被加州大学邀请去开一个中国现当代小说课,后来王蒙临时当了文化部部长,没办法上课。我当时在哈佛大学,1986年的夏天,加州大学就把我召回去让我来代王蒙的课,我在加州大学做了一个夏天的"半个"中文讲师。其实当时有一个旁听的教授就问我愿不愿意到加州大学戴维斯分校当老师,我说我已经下决心要回国。当然,我那时候是自愿回国。原因呢,如果要唱高调,你也可以说是愿意回到国家,为自己的国家服务。是的,有这份心!但更重要的是,我自己觉得我是用中文写作、以中文为业的人,中文是我真正的舞台,中国,才是我自己真正的舞台,所以我就选择回到中国社会科学院文学研究所。毕竟,在大学待了这么多年,我也有些学术的背景,所以我就回到文学研究所。其实我在文学研究所都来不及做所谓的学术研究,只是搞了一些学术活动,组织了一些会议。我当时在文学研究所的新学科理论研究室,因为我是最早的海归,回去后马上就让我担任一个副主任职务,因为中国社会科学院级别很高,我当时三十几岁,马上就要副处级了,而且很快又要进入中共中央组织部的培养名单。后来我还来不及成为培养对象,就由于某些客观原因只好离开。因为有了这个经历,到了美国之后,我马上就知道只有回到课堂,回到教学,回到文学,才是我自己的方向。所以我就到了普林斯顿大学。

因为普林斯顿大学是中文教学的大本营,到现在都是全美国中文教学的中心重镇,所以我就在普林斯顿学习教授中文课,从一年级到五年级的课我跟了五年,我在普林斯顿大概六年,其中五年是在听课学习,看他们怎么教学生学习中文。在这期间我一直在申请各个大学教中文的工作,都不顺利,原因是每个教习的位置都有几十个人在抢,我好几次都是临门一脚,在所谓最后的等候名单里,但是最后也没轮到我。直到耶鲁的机会出现了,它临时需要人,当时我马上去试教,听完试教后,他们觉得我很有经验,马上就把我留下来了。用一句"鸡汤"的话来说就是,机会都是留给有准备的人的。就是有机会出现的时候,如果你没有准备好,你也不可以。所以,我在这一点上是非常幸运的。

曹:听了您丰富的经历,我甚为感慨,这些经历也给您的创作生活带来了丰富的体验。

苏:是的。

曹:今天国内的物质生活水平发展比较快,精神生活水平发展则较慢,形成"两条腿"一粗一细的局面,您如何看待当前这种现象?

苏:这其实是我今天在大连外国语大学给同学们演讲的主题之一,就是要让教育强调人文精神。人文精神在教育中,特别是在高等教育里面不可或缺。如果我们把学生都教育成那种重物质重享受的人,这个国家就没有前途了。其实大学教育里面，培养一种人文精神很重要。当然，我们知青这一代人，经历了中国动荡的那一段岁月。尽管不是战争年代，但是从客观上说，我们经历的苦难，也不亚于我们的前辈，饥饿、生死，我们都经历过了。我在别的场合说过，别人说我写的东西有种暖意，这个暖意我说来源于人生的一点火光。我承认我现在内心里还是有自己的火光的，还是有一把火在内心里烧着。这把火是什么？就是我们经历过的苦难留下来的。使命感也好，理想主义也好，或者说是一种超越精神也好，都有。我回国内参加一些学术活动的时候，很多和我接触久的朋友开玩笑说我像个20 世纪 80 年代的出土文物，说我都不像今天这个时代的人，留有很多上一个时代的痕迹。这也是有可能的，但我知道这些是抹不掉了，我也不想去抹掉。从某种意义上说，我跟今天这个时代，就是所谓的"小时代"，有些格格不入。我内心觉得，我不愿意融入这个时代。这两天我在火车上随便找了一本冯唐的书来读，这个人很有才气，可是都是用非常粗鄙的语言，文中充满了语言暴力，东西写得很有才气，但是我不喜欢。我们的文学、我们的文字、我们的精英如果走到这么一个地步其实挺可悲的。我跟这些东西真的有点格格不入。

曹：现在的年轻人物质条件好了，但是他们精神很空虚，谈到文化的时候很茫然，您对改变这种现状有什么建议呢？

苏：其实为大连外国语大学的同学们准备演讲的时候，我原来准备了三个题目，其中一个是"张充和与雅文化"。我是想借这个话题来谈雅文化。雅是什么？雅就是中国传统的文人文化里面最精致、最精英的部分。现在整个20 世纪，一直到现在的重商主义、娱乐至上都把这个东西摧毁了，粗鄙大行其道。像刚才所说的作家冯唐，其实他有他的价值，他的那种表现方式是一种类型，但现在竟成了一种网络语言甚至整个文学圈子里的主流现象之一，我就觉得挺可悲的。坦白说，这种粗俗的表述把中国文化和中国语言都糟蹋了。我们原来张口说都不能说的，现在都变成了文字，这些真的不能成为习惯。这样说是不是说明我是一个落伍者？我不知道，但我不赞同这种行为。在耶鲁，学校和学生是很抗拒这些东西的。耶鲁就是以保守主义作为它自己传统的精华，你不能毁坏它。而当今社会最大的问题可以说是文化粗鄙化。粗鄙化就会导致无底线化，无底线化就是道德无底线、语言无底线，甚至成为我们的媒体、刊物的主要语言风格之一，这是很可怕的。

曹：有些学者认为，当下中华传统文化有两个分支：一支在海外，一支在国内。从某种意义上说，由于海外的中华文化受到的干扰因素较少，加之生活在海外的华人受原乡情结的影响，对"传统"的认知度要明显高于国内。所以说，在此情况下，存在于海外的中华传统文化反而比国内的可能更为正统。您如何看待这种说法？

苏：当然这是高抬了海外了，海外是不能这么跟国内相比的。

有人开玩笑说，香港保留的是清朝的文化，台湾保留的是民国的文化。那海外的华人社会最精华的部分，其实保留的，用我的语言来说，就是雅文化，是传统文人文化最好的部分。比如说前面提到的张充和先生，像她这样的人，还有像余英时这样的人，他们身上表现出来的都是中国文化最高雅和最精致的那部分，是传统文化中最核心的东西。现在很少能够在国内人身上看到这个东西，在老一辈人的身上还有，但是老一辈人现在走得差不多了。

今天看，我的同龄人——77、78、79级——所谓的新三届，号称"文化大革命"后的最精英的一批人，也是"文化大革命"这一代人里仅存的"硕果"，这些人现在大部分处在社会的显要位置上，而且很多是我很熟悉的朋友，但在他们身上，能看到的是这种最高雅的士大夫精神正在一点点地暗淡和消亡，这是挺可悲的。我们这个时代在文化精神上有很多令人担忧的东西，至少"20世纪80年代的精神"现在变成一个话题，就是一个很有意思的现象。

20世纪80年代本来就是我们改革开放的时期，现在很多东西都成了忌讳，而忌讳本身就值得我们担心。简单地说，那些忌讳的东西为什么成为忌讳？这就是我们应该担心的。但是，为什么有些东西应该忌讳的又不忌讳，这也是问题，包括语言的暴力和语言的粗鄙化。我们的语言变得这么不文明，是不应该的，但现在就是这样大行其道。这也是我们最应该担心的。

曹：您说过耶鲁是最早设置中文教席的一个学校，那耶鲁乃至美国的中文教学现状如何？

苏： 两个方面。一方面呢，比如说，在耶鲁，中文已经成为第二大外语，第一大外语是西班牙语。原来历史上各个大学第二大外语都是法语，但是耶鲁的中文自从 2000 年以后就成为第二大外语了。美国的中文教学课现在已经成为挺受重视的一个外语课程，目前很多中小学开设中文课，这是一个好的现象。但另一方面呢，坦白地说，所谓的中文热已经过去了。中文热的高潮时期是在 2008 年奥运会前后，那时候在耶鲁大学学中文的人能达到 400 人。但今年接近低潮，我们才招收 280 个人，少了 100 多人。因为我们少了学员，而授课老师多，专职教中文的老师就有 13 个，以前还有 14 个，一个已经被裁掉了。裁员，就意味着丢饭碗，学生少就会裁员。我曾经当过三四年这个中文项目的负责人，幸好现在不当了，不然面临这种局面，这是一个很难办的事情。虽然我自己的课从来都不担心缺少学生学习，但是有些低年级老师的课，学生一少他们就很紧张，怕丢工作。我们现在想维持在 300 人左右。

曹： 造成这种生源减少的原因是什么？

苏： 整体上，大环境——中文热已经过去了，中文热在各个大学都普遍消退，还不止一个大学，整个大形势是这样。

曹： 从您在国外的教学和生活经历来看，国外现在对中国文化保有的认识如何？

苏： 这个话题很大。比如说在大连外国语大学召开的中华文化海外传播大连论坛开得不错，围绕着中国的软实力、中国文化传播等，目的在于让大家认识中国。从我自己的角度来看，我做的就是传播中国文化的工作，也是为了让国外的人们认识中国。但是我们做得还不够。实际上海外各个大学的中文项目，对孔子学院持有一种不置可否的态度。语言教学就是语言教学，传播文化的使命是这种教学本身就带来的，但不要附加外在的东西。不要把语言教学变成一个宣传中国文化如何伟大的功利性的工具。带着这种功利性，教学效果反而会适得其反，学生会反感，所以就很不专业，最后反而会让别人误解中国。

坦白地说，各个大学、各个地方的孔子学院的中文教学的最大问题是专业性不足。以美国为例，孔子学院学生的学分在大学里一般不被承认。有些大学可能设了孔子学院，但是一般好的私立大学要把孔子学院推出去，不愿意接受孔子学院。当然我这样说可能会得罪我们广大的孔子学院教师。我的意思是说，文化传播应该用一种自然而然的方式去做，用强力的洗脑式、灌输式的做法难以取得有效成果。

曹：哈佛和耶鲁的中国语言文化教学，对国内有什么可借鉴的经验呢？

苏：这个话题需要说的内容很多，前两天我和一些学者在饭桌上提到这个话题，好多人都瞪大眼睛，因为国内完全不知道。其实我们美国东部的中文教学都有一套自己的系统，我们把它叫作明德教学法。

明德教学法的明德就是取自"大学之道，在明明德"。但明德其实翻译于 Middlebury College，我们常开玩笑说它是全美国语言教学的黄埔军校，是每年夏天的暑期学校，用中文来说就把它叫作明德暑校。以前传统上它有 8 个语种，从 20 世纪 50 年代就有，从 20 世纪 60 年代开始有中文项目，一直发展到现在，大概有 13 个语种。我们开玩笑说它是全美国的夏天语言集中营，就是包括美国的国务院、中央情报局、军队在内，都要派人到那进行两个月的语言强化训练。它的强化训练有一套方法，比如，进去以后要宣誓你不能用母语来说话，日常生活里都不可以，上课当然更不可以。这种叫"语言誓约"，就是要求学员进入学校反复操练所学语种，达到语言强化的目的。

其实这个明德学派的核心思想就是反复操练语言以达到熟练掌握的目的。经过两个月的训练，最直接的就是达到我们说语言的生存线，就是这个语言最基本的、可以让你在一个异域环境里面生存的基本线。

明德教学法两个月的学习等于我们正常学期的一年，也就是说美国的中文教学一年就可以达到生存线。有一次我的耶鲁学生在中央电视台辩论赛中得了冠军，很多北京的外国留学生，还有北外、北语好几个大学的老师和学生都来了，他们都很吃惊。他们听说学生从大学二年级才开始学中文，顶多学了三年中文就可以对话如流，就可以声情并茂地朗诵苏东坡的《前赤壁赋》，还有一个学了三个月就在台上表演古琴，而且中文很流利，他们吃惊得不得了。当时，耶鲁的几个学生在辩论赛中把各国参赛者打得落花流水。所以，他们很吃惊，说你们怎么训练出来的。其实我们的方法很简单，就是反复操练，强化性操练。

当然我们还有一个聪明的办法。我们学校有个叫 Light Scholarship 的奖学金，给那些愿意到中国学习的学生以高额奖学金，送他们到中国学习。"普林斯顿在北京""哈佛在北京"，还有包括清华大学的中文培训项目，这些项目的教学法都是从明德教学法过来的，他们也有强化，也有语言誓约，所以基本上第一年的学生可以达到生存线，第二年以后就不断地呈几何数字式成长。

我在耶鲁的课是五年级的课。但一般大学只有四年，为什么会有五年级的中文课呢？就是他们利用了暑假，学一个暑假其实就等于一年，所以他们多学了一年。特别是这几年，别的学校高年级的人数越来越少，我们高年级的人数反而在增加，很多学校都很吃惊。原因就是他们这些学生到中国学完了以后回来，发现还有更高级的课给他们修。

我在耶鲁教的一门文学课的内容是"中国当代小说选读"和"中国现代小说选读"，另外一个课是华裔高级班。我的课难度很大，差不多是比别的学校多半年的程度，修完我的课的学生可以回到中国去修哈佛和普林斯顿在北京的五年级课程，但回来的学生都说，苏老师，你的五年级的课程比哈佛和普林斯顿在北京的五年级课程要深得多。当然也是因为哈佛和普林斯顿学生的语言学习学得稍微浅一点。他们也能学到东西，主要是掌握不同量级的词。这样的一个原因就使得我们的高年级教学可以达到一个很高的水平。

我常常鼓励我的学生，告诉他们中文是全世界最容易学的语言。他们都说，no，苏老师你怎么这么说，然后我就用量化的方式给他们计算。我说，你们什么时候开始读莎士比亚，他们说高中以后。那你们知道谁是中国的莎士比亚吗？他说是写《红楼梦》的曹雪芹。我说我是小学五年级开始读《红楼梦》的，就是说小学五年级的学生就可以读《红楼梦》了。你们小学五年级可以读莎士比亚吗？当然不可以。这是硬性的比较。其实中文没有他们想象的难学，我就是通过这个来告诉他们为什么说中文容易学。你们读《纽约时报》，至少要掌握两万个词才行，他们也是高中生才能读。

我跟他们说，你知道我们中国的学生，小学四年级就可以读《人民日报》。这是什么原因呢？其实就是因为中文的特点。哪怕苏老师我自己是个专业作家，我顶多只需要用到3500个字就够了，一般3000个字就可以写出很好的文章。新闻记者用 2500 个字到 3000 个字就可以完成一篇新闻报道。这是因为中文的组词能力的特点，2500 个汉字可以组成不止 25000 个中文词，这跟英文单词不一样。所以到了我的高年级课，我在写作上要求他们用英文写作能达到的水平来写中文，因为耶鲁学生的英文写作水平都非常棒。我说你们可以试试看，将英文写作能力转化为你们的中文写作能力。所以我在课堂上给他们命题作文，要求他们用英文能达到的水平来写中文，他们都写得非常出色。以前，我每年都会将每学期学生写得最好的两三篇中文文章拿到中国大陆的报纸杂志发表，或者在美国的《世界日报》发表，这当然对他们鼓励很大。也就是说，我的写作课上学生的作文，有些可以达到中国报刊的发表水平。

曹：语言是文化的载体，跟思维是相关的。对于语言教学和文化教学而言，您认为是谁服务于谁的？

苏：语言服务于文化，同时语言教学要先行。海德格尔说："语言是存在的家园。"没有语言，怎么有文化？所以还是语言先行。这个其实涉及语言学界，最近，各种语言的教学产生了很多争论、很多派别，其实简而言之，就是流利重要还是准确重要的问题，或者说先快后准还是先准后快的问题。在中文教学里，这是一个很简单的问题。耶鲁和普林斯顿，或者说明德学派，就强调先准后快。现在的功能学派就是只要它起到语言的功能，比如把"我爱你"说成"我矮（爱）你"都可以，但是在中文里，中文的声调不同，有些话比如把"我吻你"说成"我问你"就变成笑话了。现在的功能学派就是这么认为的，只要能发挥语言功能，不准确也可以。其例证就是，中国人说话也都是带口音的，所以也没问题。其实整个美国的教法不是这样的，而是强调最基本的四声音准。耶鲁和普林斯顿的教学都特别严格，所以你跟在美国学习中文的学生聊天，很多学生说话完全跟中国人一样。但是现在很多中国大学的中文教学就不重视这些东西，所以现在中国很多大学，包括北大、北外，他们都要派人到耶鲁来，到美国的大学来，听我们怎么教。他们都说，你们怎么会把学生教得那么好，或者那么快就掌握中文到那么高的程度？其实我们的办法是一种保守的办法，就是操练，反复地强化性操练，重复甚至背诵，但是不讲那么多理论。

中国大学里教汉语的教师一天到晚给他们解释语法，而我们强调语法在练习中掌握，在第二外语里，语法是不可能那么清楚的，只有一边学一边清楚，只有在学中才能清楚，只有在操练中才能清楚。

曹：在语言教学的过程中，学生是如何学习中华文化的？

苏：其实很简单就会带进来。比如我常举的一个例子，我有时候说一句话学生马上记住了，我说你们记住一句话就可以管你们一生。比如说我就让学生第一句话重复一次，第二句话重复一次，第三句话再重复一次，全记住了，再重复。比如说什么叫作禅机。因为我在课上讲莫言的《红高粱》时讲到一夜之间悟通了禅机，所以就用《五灯会元》里的"见山是山，见水是水；见山不是山，见水不是水；见山只是山，见水只是水"来解释禅机。这就是一种例证，你需要去悟，要去理解、去领悟它内在的含义。我说完这三句话，他们马上就记住了，每次让他们重复，他们都能重复出来。我就说，你们认真想想，你们一生所有的经验都可以体现在这三句话里，他们一讨论就觉得深刻得不得了。这是最简单的深刻，但每个字，像"山""水""是""不是"都是他们一年级就学过的，这自然而然地就把中国文化一些最深刻的东西带进去了。在高年级教学里，你就要随时拿出一些很小的点来扩展文化。我很了解，我自己的知识储备和我自己在文学上的训练，对高年级的教学很有帮助，别人来代我的课，他们可以简单地按课程走，但带不出我的课的质量，就是因为我基本上把我自己的生命体验都放到了这个课里，学生掌握的程度自然就不一样。所以才会有一些学生，毕业七八年了，还是我的好朋友，跟我保持紧密的关系。这源自他们对中国文化体悟之后的感动与尊重。

曹：在跟这些学生接触的过程中，您认为他们最喜欢中国文化中的什么内容？

苏：最喜欢中国菜（笑），在征服人的胃口上，中国菜是无往不胜的。然而关于中国菜，国内有个误解，认为中国菜是代表高级的、贵的菜，其实刚好相反，中国菜在美国的特点就是便宜但好吃，之所以能征服这么多外国人，是因为它便宜。美国的日本菜相比来说要贵一倍。现在很多美国的日本餐馆其实都是中国人在开，因为开中国餐馆的利润没有那么高，而开日本餐馆利润要高得多。当然这也跟当年的华工、苦力在美国的历史有关。他们本身就是中下层,当年的中国菜也是面向西方的中下层,所以才有所谓的杂碎。杂碎就是剩菜,就是把剩菜混在一起,这是当年中文变成英文的几个字眼之一,所以中国文化在美国的影响很大。在和朋友聊天时,大家都觉得中国人和美国人最像的地方就是英文中的"easygoing",就是好说话,比较随和。美国人到了中国后会觉得好舒服,中国人太容易交往了,容易交朋友。但是他们到了日本、韩国就觉得不一样了,因为日本规矩很多,很难交朋友。然后我们中国人到了美国又觉得比较放松,因为中国人不太讲规矩,美国人也不讲规矩;中国人爱大声说话,美国人在欧洲的印象也是说话声音特别大。在这些地方,两个民族还真的有相像之处。也是出于这个原因,美国人容易接受中国文化,我们很多学中文的学生到了中国几年后,就喜欢中国喜欢得不得了,甚至不愿意回美国了。很多美国人都觉得中国好得不得了,有趣得不得了,有时我都不能理解。中国有这么迷人吗?其实中国文化真的有很多迷人的东西。就我们来说,这是百味杂陈的一些东西,包括我们觉得很苦难的东西,但这些在美国人看来就觉得是一种故事,都像是好莱坞电影里的一样,他们会从这个角度去想。每次我随便讲一个从我的角度看都不算什么特别的故事,学生就会瞪大眼睛说,苏老师原来这样的事情都经历过。比如说我当过农民,在我们来说就是当知青,用英文说就是 Young Farmer。学生就会吃惊地问:"苏老师你还当过农民,是怎么做到的?"

这或许是因为美国人的生活,尤其是西方中产阶级的生活已经太乏善可陈了,甚至为一条狗动手术都可以成为社会新闻,而我们不会。这是因为社会发展的阶段不一样。所以从心理学的角度看,这些美国学生从后现代社会来到一个前现代的社会,他们面对的一切都是新鲜的,就会觉得好玩、好新鲜。比如说很多美国学生喜欢拿红袖章、红色宣传画挂在房间里,他们觉得很酷,我却不以为然,这是不同的认知。

曹:美国人民是否也喜欢中国当代文化呢?

苏:坦白地说,他们很讨厌。因为中国当代文化太像西方文化了,重商主义、金钱至上的观念盛行。西方那些左翼知识分子最讨厌的就是资本主义的这些东西。

曹:如您所言,中国当代文化受西方文化影响很重,所以很多人说中国已经没有自己的文化，您怎么看？

苏：有两个方面。一方面，连有我这种经历的人每次回来都很感慨中国社会发展的迅速，简直是天翻地覆的变化。简单地说，就是我们的灵魂没有跟上我们的脚步，就是中国这个社会走得太快了，灵魂没有跟上，灵魂那部分是失落的。但是整个社会的硬件发展迅速，比如说你们大连外国语大学，即使在耶鲁甚至都没有一个像你们这样棒的课室，至少我们东亚系没有这么正规、这么漂亮的课室。在硬件条件上，你们完全不亚于美国最好的大学。这种硬件条件中国已经发展得很快了，但坦白地说，整个软件系统包括学制、教育思想以及学生的表现都还是与美国有很大的距离。这是一方面，但另一方面呢，我又觉得，中国能够在这么短的时间内发展这么快，我自己是带着一种审慎的乐观的态度的。在小的事情上我挺悲观的，但是在大的、长远的角度我觉得很乐观，而且虽然我现在已经是一个美籍华人了，但内心里还有一种很深的中国情结。之所以每年夏天我都愿意回来，就是觉得能够回来讲讲课，给国内传递一些信息，也是为了让国内有些进步，毕竟是我自己的国家，我的母国。我还是有这份心的。中国那些需要提高的东西，有些观念性的东西，我们就一点点地去做，总是会有进步的。

曹：当下中国也意识到了这个问题的严峻性，大家也都非常重视文化传承，提高民族的整体文化发展水平。您觉得中国应怎样重构自己的文化？

苏：其实我在那个本来要讲的"雅文化"的讲稿里提到了这个。我建议中国应该提倡雅文化、重构雅文化，但重新提倡中国的雅文化不等于要回到一种士大夫文化，更不等于回到那种所谓的古代文人文化和名士文化。重构中国文化不是简单的事情。但有一点，中国文化里最精髓的东西，我们不应该丢掉它，应该发展它。

比如说，我准备的讲稿里有关于中国衣食住行方面的文化。其中，有个很"惨烈"的例子就是，今天我们中国人自己没意识到，其实我们这个民族是一个"衣不蔽体"的民族。这是什么意思呢？说起来耸人听闻，但这是真实的。就是说我们没有一种服装可以代表中国人。这是我真实的经历，1985年以前，洛杉矶的迪士尼游乐园是全世界所有迪士尼游乐园的母园。那里有个游乐项目叫"小小世界"，英文名字是"Small World"，全世界各个国家的人偶在里面唱歌表演,游客坐着小船在里面转。我 1982 年到的美国,到迪士尼游乐园之后发现"小小世界"里边没有中国人偶,后来我就很奇怪为什么没有。这个谜底一直到 1985 年才揭开。1985 年,当时的中国国家主席李先念到美国来访问。他的女儿李小林当时在加州大学洛杉矶分校读语言学的博士,所以李先念要到洛杉矶来。一到洛杉矶,外国人第一个要看的就是迪士尼乐园,结果这件事就惊动了游乐园的园方,他们说我们没有中国人偶。为什么没有中国人偶呢?就是因为不能确定中国人穿什么衣服,大陆、台湾、香港各说各的,当时吵了半天,后来他们跑到洛杉矶的最高学府,就是我所在的加州大学洛杉矶分校,跑到东亚系开讨论会。有代表大陆的,也有香港学生、台湾学生,我是大陆学生代表。他们的园方代表说李先念主席一个星期后就要来,我们还没有中国人偶,我们主要是不知道中国人偶该穿什么衣服,你们大家讨论一下。结果我们就吵起来了。当时我的意见就是穿长袍马褂,穿旗袍。他们说旗袍是满族的,不是汉人的。吵了半天,最后大家一致同意的就是中国传统京剧的服装。它可以作为代表,但它不是真实的服装,是戏服。这个事情很有象征意义,就是我们现在把自己的传统文化摧残得连我们中国人以什么服装来确认我们的身份都不知道,都没有一种统一的民族服装代表中国,所以我说我们是一个"衣不蔽体"的民族。但今天的发展,比如说现在大学里会有汉服运动,其实这是好的,包括我们习近平主席外出,他穿了一种代表中国的服装出席晚宴,这些都是好的表现。我们今天重新弘扬自己民族的精神,就应该从点点滴滴,从衣食住行上重新建立我们自己的文化系统,比如说大家都不会意识到的语言变化。我有一次跟耶鲁大学东亚系的韩国老师和日本老师聊天时突然发现,日语的敬语系统特别复杂。我说,你们为什么会有敬语系统?然后韩文老师和日文老师都吃惊得不得了,说,你们中文里面没有敬语系统?我说没有。他们说,怎么可以没有敬语系统呢?这其实就是我们现在中国文化面临的一个最大的问题。作为中华文化圈的核心,我们现在剩下的敬语基本上只有一个"您"了,包括我刚刚说过的中文越来越粗鄙化,这个其实很可怕。现在哪怕是很多中文系的老师,对于"令尊"和"令堂"都不能分清楚。我们文言文里的敬语系统是很完整的,也传到了日韩,他们发展出他们自己的敬语系统,而我们现在却没有了。这个事情背后隐含的问题很尖锐。这些东西就要重新找回来，包括刚才讲到的，有人认为中国现在没有自己的文化，这些都需要我们深刻反思。我在中华文化海外传播大连论坛上谈汉学的时候，就谈到了两个学者，一个高友工，一个陈世骧。他们最伟大的贡献就是用中国式的语言和中国式的概念来建构中国传统文学的批评系统，像高友工的"抒情美典"，就是用中国的概念建构出了一个属于中国文化自身的文化批评系统，只是他们在国外的声音微乎其微。我当时在社科院的时候就把这个当作一个重要的话题，就是要重新启用我们中国传统文化中的一些概念。《文心雕龙》已经建立起了自己的批评系统，我们只需要把今天新的现代文化融入传统的文化，重新建构我们自己的系统，在各个方面这都是一个可以努力的方向。"China"这个词的另外一个意思是瓷器，但是最可笑的就是你到全世界的陶瓷市场去看看，没有中国的瓷器。中国的瓷器现在已经不值钱了，最贵的陶瓷是德国的。英国的、日本的、韩国的瓷器都卖得比中国陶瓷贵。我们的陶瓷都在衰落，茶就更不用说了，日本的茶道远胜于我们。我们北京最有名的老舍茶馆，其实是大碗茶。从茶道到大碗茶，你想想这是什么区别，所以这些问题说起来其实很尖锐。它背后隐含的问题——为什么我们现代的文化越来越粗鄙化，就是整个 20 世纪的文化激进主义已经把这些传统的美好的东西摧毁得差不多了，我们今天要一点点重建，重建文化的自信。我自己对中国文化的魅力是很有自信的，因为我在耶鲁教中文，我发现我的课可以吸引这么多学生来上，而且他们上完以后会由衷地说这门课会影响他们的人生。我刚才说的"见山是山，见水是水"，每个学生理解了都会说，中国这么简单的话里竟然有这么深刻的道理，他们会吃惊得不得了。

曹：文化重建具体应该怎么操作呢？是由民间来发起还是由政府来主持？

苏：两方面的努力都需要。民间的努力很重要，政府的努力也很重要，包括在大学里应该开一些怎样的课。比如说我们中山大学有的老师，他本来是现代文学的教授，但是不得不开礼仪课，讲讲到今天为止中国古人的礼仪哪些值得保留。还有我刚才讲的这个敬语系统，我们都应该重建，因为我们的年轻人不知道怎样跟长辈说话，怎样跟老师说话，怎样写出像样的书信。这些我们今天都没有，顶多是"此致敬礼"这样。当然不要把这些东西变成老古董，变成出土文物，应该加入新的内容。其实《南方周末》约我写过关于最近两个热门节目的看法：一个是《中国诗词大会》，一个是《朗读者》。这些是主流媒体做的，值得肯定，可以重新让老百姓热爱我们的古典诗词，而不像"五四"以来的那种观点，认为好诗在唐宋已经完了，包括"旧体诗"这样的说法其实都是对传统文化的一种贬低。古典诗词今天还有生命力，我们就应该传承下去。在《中国诗词大会》上，有些参加者一开口就说错，连平仄都不懂，这就是一个笑话啊。坦白地说，我们中国作家协会中写古体诗词懂得平仄的没几个人，甚至连莫言写的七言诗都笑话连篇。我们没有几个人能写出像样的中国古体诗词，但这是我们的文化血脉。传统是以诗文取士的，诗道的衰落其实就是中国文脉的衰落。

曹：也就是说在西方国家眼里，他们认为我们是历史悠久的，但是那些悠久的历史传统我们现在找不着了。

苏：是的，我们自己找不着了，或者只能到日本去看唐代的建筑，到韩国去看宋代的东西。作为在海外的中国人，看到这种现象，我感觉很难受。但是我也有觉得安慰的地方，就是一些很简单的中国的成语，有时候稍微跟学生解释一下，他们就真的是瞪大了眼睛。比如说，我经常用的一个例子就是问他们，你们英文的浪漫怎么说？学生答 Romantic。我说你们英文多乏味，知道中文怎么说吗？他们都问怎么说。我说每个字你们都懂的，就是风花雪月。他们就觉得漂亮得不得了，风花雪月是很浪漫的表现。我在耶鲁教学的二十年，是我重新认识我们自己母语魅力的二十年。你会发现我们自己的母语有深刻的魅力，这种魅力你不在另外一个语境中是感受不到的。比如最简单的"青梅竹马"。我说你们猜猜青梅竹马什么意思，他们当然猜不出来，我说就是你们英文说的 childhood friendship，就是儿童时代的友谊。为什么叫青梅竹马呢？我解释完之后，他们都感叹说中文怎么会那么漂亮。这种故事我可以讲一个晚上都讲不完。比如夸女孩子漂亮，我经常开玩笑说你们英文太乏味了，顶多是 breath taken，让我呼吸不上来。你们猜中文里怎么说？因为当时我在讲王安忆的《长恨歌》，里边有沉鱼落雁、闭月羞花，我说你们知道什么叫沉鱼落雁吗？他们就会吃惊,女孩子的漂亮居然让鱼沉到了水底,让天上的雁掉下来。你再进一步解释,这背后还有中国四大美人的故事。一个美,就可以让学生觉得中文不得了,这就是中国文化的魅力。

曹: 您是一位华人,那您认为海外华人华侨在中华文化传播上的贡献表现在哪些方面?

苏: 有很多,比如说我讲到的张充和。现在我们的昆曲成为联合国的非物质文化遗产,跟张充和有直接关系。因为张充和在美国这些年有一个纽约昆曲社,这个昆曲社里辅助张充和的一个吹笛子的人叫陈安娜,她就是联合国的中文翻译。联合国把昆曲当作非物质文化遗产的第一个提案的时候,张充和和陈安娜起了直接的作用。当年 NASA 在外太空寻找别的有智慧的生物时,用来代表人类声音的其中一首古琴曲就是《高山流水》。为什么呢?这就是周文中提出来的。周文中是哥伦比亚大学的音乐教授。他向 NASA 提出来,应该用古琴代表中国人的声音,进而古琴就引起了西方注意。所以这些是比较直接的。因为我们身在西方的语境里,可以直接为中国文化代言,这是一些具体的事情,但更多的是以言传身教的方式潜移默化地影响着外国人,同时传播着中华文化。我有一个叫温侯廷的学生,有一次他说了一句话把我震惊到了。他现在在中山大学当写作课的老师,已经当了两年了。中山大学给外教的待遇很低,其实他如果在美国申请一个工作,待遇要高得多,但他后来决定还是到中山大学去。在他犹豫的时候,他说了一句话把我吓了一跳。他说,苏老师你知道我为什么接受中山大学这个职务吗?主要是我突然发现学了这么多年中文,想了解中国,苏老师你就是我的中国,但这是远远不够的。他说他应该到真实的中国去。他这句话把我震了一下——在他心目中,我就是他的中国。这个时候你才意识到,你自己其实在某种意义上是一个中国符号,你这个中国符号会影响别人对中国的一些基本的判断。这个符号如果能正面地影响他们的人生,就是好的,但如果这个符号是负面的,比如说我提到的一些充满了语言暴力的华人华侨,那给西方孩子的影响就是让他们觉得中国文化非常粗鄙。我们为什么说学生学中文,口音是最重要的,要先准后快呢?就是因为你应该学一种高雅的中文。英文里 London east 的意思就是伦敦东部的口音,是低级的。中国普通话里也有俗的普通话,如北京的"大院话"。

我们需要把最地道的汉语教给学生，如果学生说出话来就像是一个没有文化的人，这是不行的。这也是雅文化的传播。所以后来温侯廷就到中国来，拿着很低的薪水在中国教了两年英文写作。例如张充和，如果你跟她说她有传播中国文化的使命感，她会反感你这个说法，她不喜欢戴这顶大帽子。她说这就是她的生活本身，她就是把中国文化最精髓的部分，比如琴棋书画、昆曲、诗词变成她人生的一部分，她的存在就是中国文化最美的一部分。

坦白地说，还有些人，包括最近去世的严幼韵，就是顾维钧的太太，她就是中国优雅的古代仕女文化的现代留存。还有我在网上看到一个被称为"比利时的中国母亲"的叫钱秀玲的女性，在希特勒统治下救了好多比利时人。她们那种优雅的女性形象真的就代表了中国文化最好的部分。还有海外华文文学，这几年，像严歌苓这些人现在都可以跟国内顶尖作家相匹敌，可以说，国内现在没有多少人能写得过他们。坦白地说，他们，也包括我自己用中文写作，都在用自己的笔把中国文化最好的东西变成一种可以量化、可以看得到的东西。这些东西就不分中外了，我觉得没有内外之别，好的华文文学不一定生长在国内，海外也有很好的华文文学。

曹： 您在讲座上谈到海外的中国学和汉学的研究，它们对西方国家的影响如何，又是以一种怎样的方式影响国外社会的呢？

苏： 影响很大或者影响很小的概念其实都是我们中国式的概念，坦白地说，影响不大。现在中国对外影响大的不是文化，而是中国的经济发展。中国的经济发展这几年取得的惊人成就是中国在世界上产生影响最大的原因，这在客观上就是国家实力，只有一个国家有实力，它的文化才能产生一定的影响。当然，哪怕在中国最贫穷的时候，中国几千年的文化还是很有影响的。所以文化其实大于政治，也大于经济。从根本上来说，我们今天要做的文化传播，就是要建立这个概念，把具有永恒分量的文化因素强调出来。比如说我刚刚讲到的衣食住行几个方面，就是需要我们重新确立我们自己民族的服装文化、陶瓷文化甚至豆腐文化，现在全世界最好吃的豆腐是日本的，而不是中国的。这些东西很具体，但是你要做好都不容易。比如为什么现在中国陶瓷在世界上不值钱，不像古代卖得那么贵，又比如茶道，这些东西都很具体。我们怎么把每一个细的东西做好、做精致，让西方人接受，让世界接受，这些不是简单地开一两次会就能解决的，真的是要靠滴水穿石。而且 20 世纪我们已经有点积重难返，可以说全世界没有哪个民族把自己的民族文化摧毁得那么彻底。其实这就涉及我们的领导人，我们的管理者，他们要高雅，要有雅文化的概念，要有文化的基本的品味，要做成这样很不容易。这个涉及我们整个国家的管理阶层，要整个提高自己的文化素质。

曹：谢谢苏老师，您刚刚结束一个讲座，又接着进行了访谈，让您受累了，我们也学习到很多东西。您的访谈一定会对中国文化建构和传播的研究与实践工作起到很大的作用，作为同样关注这项工作的我们，对您深感敬佩，再次感谢您的辛苦回答。

苏：不敢当！

中华文化"走出去"战略研究

当代中华文化海外传播的影响力分析

林　坚*

摘　要：中华文化在海外的传播是历史的延续。当代文化的国际传播是全球化的表现。中华文化对海外华人及国际社会有深远的影响。中华文化的影响力主要可从以下方面考量：文化符号的认知、认同度，文化载体的辐射、作用力，文化传统的熏陶、感染力，思想理念的扩散、渗透力，等等。我们要加强人文交流，积极开拓国际文化市场，创新文化"走出去"模式，增强中华文化国际竞争力和影响力。

关键词：中华文化　海外传播　影响力　软实力

中华文化是世界上几大原生文化之一。它在独立起源和演变、文明发达的程度、对周边文化的影响等方面，都具有典型意义。在海外，通过"汉学"的传播，中华文化精神发挥了重要作用，特别是对海外华人产生了深远的影响，进而影响到当地社会。

伴随着"一带一路"（"丝绸之路经济带"和"21世纪海上丝绸之路"）倡议的推进，中国将在全球治理中发挥更重要的作用，其中，文化是一个不可或缺的因素。研究中华文化在海外的传播及其影响力的状况，提出改进措施，对于联络和凝聚海外华人的感情、扩大中华文化软实力的影响，具有十分重要的意义。

---

*　林坚，中国人民大学国家发展与战略研究院研究员、社会系统工程研究中心主任，《中国人民大学学报》编审，兼任北京自然辩证法研究会常务副理事长。

一　中华文化在海外传播的状况和作用

（一）中华文化在海外的传播是历史的延续

中华文化在海外的传播是一个复杂的过程。各民族文化的交流及融合，在历史上表现为波澜壮阔的图景。中华文化不仅在内部各族文化的相互融汇、相互渗透中得到发展，而且在与外部世界的接触中，先后接纳了中亚游牧文化、波斯文化、印度佛教文化、阿拉伯文化、欧洲文化等，或以外来文化作为补充，或消化、吸收异域文化，使整个文化系统保持旺盛的生命力。古丝绸之路，开辟了中外文化交流的道路，陆上丝绸之路和海上丝绸之路都留下了辉煌的印迹。中华文化向世界各地传播，如日本、朝鲜、越南、老挝、柬埔寨、泰国、缅甸、印度、伊朗、印度尼西亚、阿拉伯国家、法国、德国、英国、俄罗斯、西班牙、美国、拉丁美洲、非洲等，与各民族文化互动，产生了巨大的影响。随着华人向世界各地的迁徙，以及外国来华人员的积极宣传、介绍，中华文化不断向海外扩散，当然也吸收了世界各地的文化，从而形成不同的韵味。

中华文化在历史上对世界有过突出的贡献，尤其是中世纪以来，中国的哲学、审美方式、价值观等对西方近代世界的形成产生了巨大的影响。中华文化不仅促进了西方资本主义的形成和文艺复兴运动的兴起，到了启蒙时代更成了西方一些国家崇拜的对象，但是近代以来这种贡献少了。中国的和平崛起对世界格局的演进带来深刻的影响，中国的和平发展道路能够从容规避一些传统强国之路的局限性，是对人类社会发展规律的新探索，具有鲜明的时代特色和世界意义。

（二）当代中华文化在海外传播的基本状况

中华文化的海外传播已经形成初步的规模，但仍然存在一些问题。近年来，中国经济日渐崛起令世人瞩目，然而，由于忽视了对传统文化资源的改造和创新，中国优秀的传统文化资源的优势并未充分转化成强大的现实生产力，与之相匹配的文化魅力和影响亟待拓展。诸多历史和现实的原因导致中华文化的国际影响力与国力并不相称。

思想传播、语言文学、文艺演出、图书出版等文化领域面临着"文化赤字"，使海外对于中国文化形象的认知存在一定的偏差。各种海外文化传播机构和途径都不同程度地存在着重形式求热闹、轻内涵缺深度的现象。中华文化在海外或被当作历史遗产，或被当作礼仪、奢侈品、工艺品，而没有渗透人心，其影响力自然也受限。概括起来，主要体现在以下方面。

第一，内容设置缺少总体设计，显得支离破碎。中华文化是一个整体，如何体现整体性、系统性、全面性，需要进行总体设计、规划，完整、准确地体现中华文化的内涵和特质。

第二，文化符号不突出、不清晰。应精心选择中华文化的代表性符号，如经典古籍、诗歌、书法、中国画、传统音乐、园林、服饰、中医、武术、节日、饮食、茶叶、丝绸、瓷器等。

第三，渠道建设需要加强整合。需要把文化传播渠道建设放到突出位置，需要整合多种传播渠道，包括网络及人际渠道等。

第四，传播主体不明确，缺乏传播人才。传播主体应包括政府、外交外贸机构、非政府组织、文化企业、媒体等。在海外传播环节上缺乏既了解海外市场又了解中华文化、熟悉海外文化传播事务的人才。

第五，传播对象未形成体系、层次。文化传播没有针对不同的人群、不同的地域、不同的民族、不同的文化系统而设计，未形成差异化的、独特性的传播策略。

第六，融投资体制的束缚，即缺乏灵活高效的海外文化传播融投资体制。我国对外传播机构的资金来源一般有两种：一是国家拨款，二是媒介母体的资助和支持。靠国家补贴的文化企业的"走出去"并没有达到预期的效果。

（三）当代文化的国际传播是全球化的表现

在全球化时代，文化传播和交流不可阻挡，并展现为更为丰富多彩的内容和形式。文化的国际传播并非孤立的文化现象，而是和政治、经济、法律体系、社会结构、生活方式等的传播相互交织在一起。当代文化融入了新的因素，在全球化过程中我们要高扬中华文化的旗帜。

中国要担当新的世界体系倡导者的角色，提供一种适合人类生存和生活的方式，需要在人类共享的基本价值观体系中贡献自己的智慧。

（四）文化软实力的重要作用

文化是维系一个国家和民族团结与社会和谐稳定的心理基础，是综合国力的重要组成部分。中华文化为西方的近代文明提供了物质基础和精神保障。中华文化世代相传、绵延承续，以其独特性和连续性丰富了世界文明的内涵。中华文化不仅惠及东亚邻近国家，而且对世界其他民族的文化也有深远影响，未来也将对世界文化的发展起到更大的作用。文化软实力作为现代社会发展的精神动力、智力支持和思想保证，越来越成为民族凝聚力和创造力的重要源泉，越来越成为综合国力竞争的重要因素。一个民族的复兴，必须有文化的复兴作为支撑。中华文化博大精深、源远流长，是我国文化软实力的首要资源和重要基础，也是团结海内外同胞、增强中华民族凝聚力和创造力的重要源泉。文化软实力是综合国力竞争的重要因素，是一种主动吸引、吸纳、效仿和崇拜的榜样力量。实现中华民族的伟大复兴必然伴随着中华文化的繁荣兴盛，而繁荣兴盛中华文化，必然以提升我国文化软实力为根本途径。

二 衡量中华文化影响力的指标

在不同的历史时期和不同的国家，中华文化的传播具有不同的境遇。在当代，如何衡量中华文化在海外的影响力，是一个非常现实的课题。

影响力是"影响"和"力"的复合词。所谓"影响"，是对别人的思想或行动所起的作用。"力"是指力量、能力，具有大小、方向和作用点三个要素。

影响力是一个传播学概念，指的是"行为主体通过自己与其他主体的交互活动过程影响和改变他人的思想和行动的能力"[1]。斯克鲁顿在其《政

---

① 朱瑞博、刘芸：《智库影响力的国际经验与我国智库运行机制》，《重庆社会科学》2012年第3期，第110～116页。

治思想词典》中解释道："影响力是权力的一种形式，但与控制力、力量、强迫和干涉截然不同。它通过告诉他人行动的理由，这些理由或者是对他人有利的，或者是道义上以及善意的考虑，来对其行为进行影响，但是这些理由和考虑必须是对他有分量的，从而影响其决策。"[1]

文化影响力具体表现为文化各要素对别人的思想或行动所起的作用的大小、方向和作用点。

文化软实力既与本国的基础国力和文化实力（基础变量）有关，也与本国文化传递能力（传导变量）有关，还与本国文化在他国所产生的影响力大小（结果变量）有关。文化软实力是一个动态的过程，由文化资源力、文化传播力、文化影响力构成。文化软实力的实现，是一国的基础文化实力在该国文化传播力作用下产生文化影响力的过程。中华文化的国际影响力是中国文化软实力的一个组成部分。

关于文化影响力评估指标的研究主要如下。

（1）中国现代化战略研究课题组、中国科学院中国现代化研究中心认为，文化影响力既是一个国家通过国际文化互动对国际环境施加的实际影响的大小，也是一个国家的国际影响力在文化领域的一种表现。文化影响力的评估指标包括3个二级指标和15个三级指标：文化市场影响力（文化贸易份额、文化商品贸易份额、文化服务贸易份额、国际旅游收支份额、国际旅游人次份额）；文化资源影响力（世界文化遗产份额、图书种类份额、电影产量份额、宽带网普及率、电视普及率）；文化环境影响力（民主化程度、劳动生产率、国际移民份额、森林覆盖率、国民文化素质）。[2]

（2）林丹、洪晓楠提出文化软实力综合评价体系，把文化软实力分为五个组成部分：激励中华民族形成强大向心力的文化凝聚力；获得国外仿效的文化吸引力；推动发展、追求领先的文化创新力；将文化要素组织成效能最大有机整体的文化整合力；向外界正确表达意图的文化辐射力。其中，文化凝聚力是内核要素，文化吸引力是基础要素，文化创造力是倍增

---

[1] Roger Scruton, *A Dictionary of Political Thought* (London: The Macmillan Press, 1982), p. 224.

[2] 中国现代化战略研究课题组、中国科学院中国现代化研究中心:《中国现代化报告 2009——文化现代化研究》，北京大学出版社，2009，第 277～283 页。

要素，文化整合力是集成要素，文化辐射力是表象要素。①

（3）上海社会科学院花建主持的"全球化背景下的中国文化软实力战略及对策研究"课题，提出文化软实力评估指标体系，分为六个方面：认同性——文化动员力指标；培养性——文化环境力指标；创新性——文化贡献力指标；规模性——文化生产力指标；扩散性——文化传播力指标；民生性——文化消费力指标。其指标体系是对国内和国际文化软实力的综合评估，但重心放在国内文化软实力评估上。②

（4）陈开和提出衡量国家文化软实力的 3 个一级指标和 12 个二级指标：国家内部指标（文化核心价值的国内吸引力、国家制度的国内吸引力、本国学术界的理论创新力、国内社会的文化传播力）；国际互动指标（吸引外国人到访本国的能力、本国文化产品的国际竞争力、本国外交政策的本国吸引力）；国家形象指标（本国核心价值的国际吸引力、本国文化产品的国际吸引力、本国公民和公司的国际吸引力、本国国家制度的国际吸引力、本国外交政策的国际吸引力）。最后，再细分为 41 个三级指标。③ 这个指标体系同时兼顾了文化资源、传播过程和影响效果。

（5）关世杰的《中华文化国际影响力调查研究》汇集了两项国家社科基金重大项目"我国对外传播文化软实力研究"（2008）和"增强中国对外传播文化软实力深度研究"（2014）的课题成果，提出了中华文化国际影响力的评估体系，分为 4 个一级指标和 13 个二级指标：文化的物化现实（文化符号、文化产品）；文化精神内核（价值观、思维方式、信仰）；文化传播渠道（民众与杰出人物，文化团体、企业，大众传媒）；国家发展状况（经济、政治、外交、国家形象、文化形象）。最后再细分为 49 个三级指标。影响力的测量分成三个层次——认知、态度、行为，运用定类变量、定序变量和定比变量进行测量。④

① 林丹、洪晓楠：《中国文化软实力综合评价体系研究》，《大连理工大学学报》（社会科学版）2010 年第 4 期，第 65~69 页。
② 花建等：《文化软实力：全球化背景下的强国之道》，上海人民出版社，2013，第 70 页。
③ 陈开和：《国际文化传播软实力的格局结题报告》，国家社科基金重大项目"中国对外传播文化软实力"子课题，2012。
④ 关世杰：《中华文化国际影响力调查研究》，北京大学出版社，2016，第 146~155 页。

我们认为，对当代中华文化在海外影响力的衡量，可以从器物符号、民众态度和心理、精神和理念、文化载体、对思想及行为产生作用的状况等方面去测度和分析。中华文化在海外的影响力最重要的衡量指标就是人们认同、接受的程度，所以我们着重从以下方面考量。

第一，文化符号的认知度、感受度。文化符号指能代表一国文化的突出且具高度影响力的象征现实系统。海外民众对中华文化符号的认知度、感受度乃至认同度，是中华文化海外影响力的直观衡量指标。

第二，文化载体的辐射力、作用力。文化载体主要包括：媒体（报刊、图书、广播、电视、网络）、器物（如琴棋书画）、人员等。人是文化主体，也是最重要的文化载体。文化即人化。

第三，文化传统的熏陶力、感染力。文化传统是指长期形成的持续对一个民族起作用的某一文化体系，它是在一定时空范围内形成的价值观念、思维模式、行动准则、道德规范、风俗习惯等的总和，对人们的行为影响很大。节庆、民俗活动是文化传统生动的表现形式。

第四，思想理念的扩散力、渗透力。文化最深层的内核是思想、理念和价值观。在现代以及未来，中华文化中的一些精神财富，如人文理想、和谐精神、民本理念等，在协调人与自然、人与人、人与社会的相互关系方面，蕴含着极其丰富的思想，可以给现代人诸多教益，特别在思维方式层面对现代思维的形成具有培本固元的价值。中华文化精神和理念如何在海外产生影响，这是最深层次的问题。

三　提升中华文化海外影响力的途径

在全球化时代，中华文化应该发挥更加重要的作用。

在今后一段时间，我国的重点是文化的对外传播。在对外传播的过程中，我们应该努力提高传播能力和传播效力，积极地向世界推广我国的优秀文化，进一步提升我国软实力的国际水平。这意味着我国现阶段不但要积极地开展对外政治传播，努力争夺国际话语权，改进自己的传播策略，而且需要我们努力挖掘中华文化精髓，积极传播优秀传统文化，全面提升软实力。我们处于一个不同文化交流、交融、交锋不断加剧的时代，文化在综合国力竞争中的地位和作用日益凸显。现阶段，维护我国文化安全的任务更加艰巨，增强文化软实力、中华文化国际影响力的要求更加紧迫。中国以世界文化大国和文化强国为目标，必须积极开拓国际文化市场，创新文化"走出去"模式，增强中华文化国际竞争力和影响力，提升国家软实力。这要求我们区分对象和层次，针对不同国家和地区，采用不同策略。

第一，发掘传统文化，推进文化创新，用中华文化的理念和精神凝聚人心。

要加强对中华文化的阐释和宣传，充分发掘中华文化的优势，取其精华，去其糟粕，使其与时代特征相适应、与现代文明相协调、与人民的生活和国家的行为相联系，自觉实现民族文化现代化的转换。

大力发掘中华文化中积极的处世之道和治理理念，弘扬中华文化精神。中华文化精神包括：天人合一、知行合一、同真善、兼内外的融通精神，维护民族团结和祖国统一的爱国精神，民为邦本的民主精神，坚持通变的革新精神，丰富的辩证思维方式，善于包容的传统，以及德业双修观念、变化日新观念、社会改革意识、厚德载物的文化包容意识、不走极端的时中精神等。

中华传统文化以儒、道、佛为主体。以社会政治、伦理道德为核心的儒家，以对自然、人生的审视为核心的道家，以关注心灵、参悟禅理为核心的佛教互相交织、彼此吸收，逐步形成了天人合一、以人为本、贵和尚中、刚健有为的中华文化基本精神。[1]

提炼中华民族在思考和处理人与自然的关系、群己关系、公私关系、义利关系、理欲关系、仁智关系等问题上的传统智慧，总结传统文化与当代社会相适应、与现代文明相协调的途径和经验。要大力推进民族文化创新，引领世界文明潮流。

第二，采用多种方式构建传播体系，展现中华文化的感染力、吸引力、作用力。

中华文化具有丰富的内涵和多姿多彩的形式。要通过文化"走出去"战略，进一步增强中华文化的国际输出能力，使我国在经济总量列为世界

---

[1]　张岱年、方克立主编《中国文化概论》，北京师范大学出版社，2004，第286～296页。

强国以后，自觉转型为价值和文化意义上的强国。

根据文化传播的不同内容和不同对象选择最为适合的传播形式，使我国悠久的历史、灿烂的文化通过各种媒体传递到世界各地，使中华文化为世界上更多的人所了解、理解和认同。加快构建传输快捷、覆盖广泛的文化传播体系，加强文化传播数字化、网络化。

中华文化不仅具有历史文献和文明遗产的价值，还是中华民族共有的精神家园，是中华民族生生不息、团结奋进的不竭动力，并以包容性的特征彰显其全球性价值。要把中华文化放在世界文化发展的视野下，通过沟通、交流、融合，构建人类命运共同体。

第三，开展交流培训，举办全球论坛，加强与海外华人的联系、沟通、合作。

海外华人约有3000万，其中东南亚占2400万。随着华人在全世界的播迁，中华文化及其精神发挥了重要的作用。我们要增强中华文化的凝聚力，在价值观念、文化艺术、信息网络等方面积极引领和互动，共建生活家园和精神家园。

我们要吸引国际人士和海外侨胞到中国学习和培训，加强与海外华人社团（包括研究机构、地区性组织、商会、宗族联谊会等）的沟通和交流。同时，改进孔子学院的教学方式，准确传播中华文化并组织中华文化全球论坛。

第四，加强统一战线，发挥文化的作用，增强综合国力。

在海外统一战线工作中，应确立"大统战""大文化"的概念，以广泛的统一战线为目标，以提升文化影响力为重心。文化是民族和社会重要的精神支柱。强调文化的力量，既能丰富人民的社会生活，也能创造不同于科技、经济等的新的发展动力。我们要充分发挥统一战线工作中文化的作用，塑造共同体意识，重视共同的价值观在凝聚人心方面的作用，努力提升中华文化在海外的影响力，并将其提到战略高度来认识。

充分发挥统一战线工作中文化的作用，塑造共同体意识，需要有正确的价值导向。要坚持互信、互利、平等、协商，尊重多样文明，信守"亲、诚、惠、容"的方针。同时，要增强命运共同体、利益共同体、责任共同体、价值共同体意识，坚持合作、共建、共享，用全新的理念构筑全新的国际公共产品。

　　具体而言，为使中华文化的海外传播取得更好的效果，提升影响力，必须采取切实可行的措施。对此，我们提出如下对策。

　　第一，组织全球性的中华文化高峰论坛并在海外轮流举办，打造高端文化品牌，形成世界性影响。

　　第二，鼓励我国的各种文化主体、文化企业积极进行海外文化传播、文化贸易活动，促进文化与经济的结合。帮助文化传播企业进行跨区域、跨行业的组合，培育具有规模的龙头文化企业，进行个性化设计，提高文化贸易的效率和水平，打造世界性文化品牌。

　　第三，转变政府职能，由管理功能转变为服务功能。政府为文化传播机构和企业提供服务，进一步扶持、鼓励各种文化传播机构和企业"走出去"，搭建国际交流平台，以各种灵活、有效的方式参与文化传播活动。

　　第四，建立多元化传播渠道。加强海外文化传播渠道建设，逐渐形成多元化、全方位、立体式、多层次的传播渠道。紧密结合已有的海外传播机构，如各地的孔子学院等。在有条件的地方建立中华文化中心，作为文化传播基地。充分利用互联网和新媒体传播，形成受众群体的清晰定位。

　　第五，精心选择传播内容，制作有中国文化元素、渗入多元文化要素、融合世界文化的包容性内容的节目，提高文化产品的思想内涵，注重艺术性和可接受性。提高传播效果，包括注重媒体覆盖范围、媒体传播时效、信息显著度和到达率、受众互动参与质量等方面。

　　第六，完善融投资体制。积极推进文化产业的融投资体制改革，形成多元化、社会化、市场化的融投资体系。采用民间投资、外资、股权融资等形式，利用资本市场资源，运用资本手段，实现企业扩张，开拓世界市场。

　　在"一带一路"倡议实施过程中加强文化的力量，实现文化沟通、民心联通。联合外交、文化、教育、科研、旅游、商贸、体育、侨务等各个部门，同心合力，构建命运共同体。积极扩大中国在"一带一路"沿线国家和地区的文化影响力。要重视"一带一路"的语言文化建设，语言通、文化通对于民心相通至关重要。"一带一路"需要民族性的、平等的、包容性的、合作交融的文化，要把提升中华文化软实力和在海外的影响力作为实现中华民族伟大复兴的新的着眼点。

参考文献

［1］朱瑞博、刘芸：《智库影响力的国际经验与我国智库运行机制》，《重庆社会科学》2012 年第 3 期。

［2］Roger Scruton, *A Dictionary of Political Thought*（London：The Macmillan Press, 1982）.

［3］中国现代化战略研究课题组、中国科学院中国现代化研究中心：《中国现代化报告2009——文化现代化研究》，北京大学出版社，2009。

［4］林丹、洪晓楠：《中国文化软实力综合评价体系研究》，《大连理工大学学报》（社会科学版）2010 年第 4 期。

［5］花建等：《文化软实力：全球化背景下的强国之道》，上海人民出版社，2013。

［6］陈开和：《国际文化传播软实力的格局结题报告》，国家社科基金重大项目"中国对外传播文化软实力"子课题，2012。

［7］关世杰：《中华文化国际影响力调查研究》，北京大学出版社，2016。

［8］张岱年、方克立主编《中国文化概论》，北京师范大学出版社，2004。

中国文化海外教学中的国家形象塑造

——基于在沪留学生访谈的研究

张雪梅　李思渊 *

摘　要：随着汉语国际教育事业的发展，中国文化的教学也越来越受人关注。有不少学者从教育规划者的角度对中国文化"教什么"和"怎么教"做过研究，而本文则从学习者的角度反向探索中国文化教学对塑造中国形象的影响。我们以在上海的留学生为样本，通过访谈挖掘他们来中国前后对中国认识的变化，讨论留学生对中国形象的构建，反映以往汉语教学中获得的成绩与存在的不足，也反思今后如何在汉语教学中向世界展示一个更真实、更完整的中国。

关键词：汉语国际教育　中国文化　半结构式访谈　留学生

一　研究背景

随着中国经济的发展和国力的强盛，世界越来越需要中国，人们越来越关注中国，这为汉语国际教育事业带来了巨大发展。仅以孔子学院为例，作为中国官方的汉语教学机构，孔子学院承担着向世界推广汉语和传播中国文化的使命，截至 2015 年年底，共有 135 个国家建立了 500 所孔子学院和 1000 个中小学孔子课堂，中外专兼职教师总数达到 4.4 万人，注册

---

* 张雪梅，上海外国语大学中国外语战略研究中心教授，博士生导师；李思渊，上海外国语大学中国外语战略研究中心博士生。

学员 139.4 万人，① 世界对汉语的需求仅仅从孔子学院的规模就可见一斑。

"语言为津梁，文化为舟楫。"② 语言和文化相互包含、密不可分，汉语国际教学的发展也是中国文化海外传播的契机。中国文化"走出去"，让世界有机会观察和体验中国，是世界认识中国的重要途径，对塑造中国在国际社会的形象起着重要作用。③ 被公众认识的国家形象有客观性和主观性的双重特征，客观性是组成国家的有形物质和客观存在的现象，而主观性则是公众对于该国的主观认知，这种认知基于公众自身形成的知识体系，也会受到媒体宣传的影响。在汉语国际教学中，中国文化的传播可以让公众建立对中国的认知，所以让什么样的中国文化"走出去"，才能帮助塑造良好的国家形象、帮助增强中国国际影响力、提升文化软实力，就是实践文化"走出去"战略中的关键问题。

二 研究综述

对语言教学中文化定位的探索，最早可以追溯到洪堡特时代，索绪尔、萨丕尔、梅耶分别从语言的形式与意义、语言与说话者的关系、语言与社会的关系等角度论述了语言和文化之间的紧密联系，他们认为语言不可能脱离文化而存在，而真正将文化带入语言教学的是海姆斯和他的"交际能力"概念，后经卡耐尔和斯韦恩发展，"交际能力"成为语言教学，特别是二语教学的目标——除了在教学中培养学生的语言能力之外，还应该培养他们的社会文化能力。从此语言教学中的文化教学越来越受到人们重视。

在汉语国际教育领域，有关中国文化教学的研究主要从教育规划者的角度进行。

首先，在国家政策层面，张国祚在《中国文化软实力研究要论选（第

---

① 孔子学院总部/国家汉办：《孔子学院年度发展报告》，2015，第 4 页。
② 崔希亮：《汉语国际教育与中国文化走出去》，《语言文字应用》2012 年第 2 期，第 25 ~ 27 页。
③ 范红：《国家形象的多维塑造与传播策略》，《清华大学学报》（哲学社会科学版）2013 年第 2 期，第 141 ~ 152 页。

一卷)》中谈到孔子学院传播什么文化和怎么传播决定了它是否有利于提高中国文化软实力；崔希亮从"中国文化走出去"的角度强调汉语国际教育在其中的重要作用；韩凤芝从提升中国国际影响力的角度讨论中国文化传播的重要性。

其次，在教学理论层面，研究的视角比较广。李春梅、宋珉映提出文化导入的原则是循序渐进、纵横适度、善作对比、弘扬精华；张英从内容出发，将文化分为文化因素和文化知识，指出需要区分二者的教学手段，共同培养学生的跨文化交际能力；冯仁芳从新旧 HSK 考试对比的角度讨论文化传播；胡炯梅以课程设置为视角，研究留学生的汉语教学中的文化导入机制；白雪以地方特色文化为出发点，为短期国际交流生设计了展现地方文化的教学模式。

最后，在教材编写层面，现有研究主要分为综述类和针对特定教材的研究。朱志平、江丽莉、马思宇综述了 1998～2008 年对外汉语教材在内容、编排等各方面走向丰富化的过程；王尧美从跨文化传播视角梳理了对外汉语教材的演变与发展；张英综述了对外汉语教材中的文化教学内容，认为教材选择虽然丰富，但是文化教学内容宽泛，缺乏针对性；在针对特定教材的研究中，有针对汉语综合教程中的文化教学的研究。

以上研究对汉语国际教育中的文化传播起到了重要的尝试和规划作用，随着汉语教学在全世界的深入，学生群体在不断扩大，单从教育规划者的角度出发制定文化传播的内容已经显得单一，因此有必要从外国学生的角度出发，研究他们对中国形象的构建，阶段性反思以往中国文化传播中的成绩和不足，为今后的汉语教学和中国文化传播指明方向。

"跨文化适应"（Acculturation）由美国民族事务局鲍威尔（J. W. Powell）在 1883 年提出，是指非本族文化者对新文化中的行为模仿导致的心理变化，因此早期主要用于研究移民对新社会文化的认知以及由此产生的心理健康问题。20 世纪 80 年代后，"跨文化适应"积累了大量理论基础和案例研究，研究对象也从长期身处异质文化的移民扩大到短期旅居者，所以身处不同文化的外国旅居者和留学生也进入了研究视野。针对国内的留学生群体，杨军红对全国 6 所高校 200 多名留学生进行了"跨文化适应"的问卷调查和访谈，元华则在此基础之上按照留学生的不同国别修改了问卷，做了更细致的调查，涉及韩国、日本、越南、泰国、英国、美国、俄罗斯等不同国家的文化背景，涉及留学生生活和学习的各方面，为留学生管理人员提供了有效的建议。

以上两位学者的研究主要通过问卷调查和访谈的形式进行，从社会文化的各个方面设计问题，主要研究两大问题：留学生对文化现象的认知和他们的心理调节过程。但是本研究仅需要了解留学生来华前后对中国文化的认识差异，不涉及心理适应，因此仅参考以上两位学者的研究框架和问题设计方法，并针对我们的研究内容做了适当修改：不使用询问心理压力方面的问题，在认识社会文化方面有选择地保留了"生活环境"和"人际交往"中的部分内容，将"服务模式"、"公德意识"和"社会支持"合并为"日常生活"。最终我们设计的访谈问题包括饮食、住宿、交通、娱乐方式、少数民族文化和国别文化、社会安全、科技与现代生活、人际关系和家庭关系、社会服务 9 个方面，以此了解被访者来中国前后的认识变化。

三　研究方法

（一）研究问题

以 2017 年 3 月 1 日教育部新春发布会公布的留学大数据为例，2016年来华留学生总人数突破 44 万，中国成为亚洲留学第一大国，其中有 38.2% 的留学生来华学习汉语，而更多的学生选择学习其他专业，这说明不仅在海外汉语学习的需求数量有所增加，而且学习目的也日趋多样化。作为一小部分有机会来到中国的留学生，以往的汉语学习让他们接触中国文化，而来中国以后的日常生活让他们有机会认识更全面、更真实的中国，这种认识的前后差异能够反映出我们在文化传播中取得的成绩与存在的不足，反馈在教学上，可以指导我们怎样将一个真实中国展现在更多的没有机会来到中国的学生面前。

基于以上的理论框架，我们的研究问题如下。

（1）留学生来中国之前认识中国的渠道。

在自己国家时有哪些学习资源？

除了学习以外，是否有家庭、工作等其他接触中国的渠道？

社会文化提供了哪些接触中国的渠道？

（2）留学生来华前后对中国文化的认识转变。

来华前后对于中国文化的认识有哪些差异？

这些差异可以归纳出留学生对中国的认识有什么特点？

留学生前后认识的变化对汉语国际教育中的中国文化传播有什么启示？

（二）研究对象

据统计，2016 年来上海的外国留学生达到 59887 人[①]，仅次于北京，位居全国第二。我们以在上海各高校的国外留学生为研究对象，选择来自不同国家和地区的留学生进行访谈，计划每个国家和地区选择 2 名及以上学生。在实际操作中，考虑到学生和研究者的语言能力以及研究规模，最终选取了分别来自阿根廷、秘鲁、墨西哥、西班牙、突尼斯和约旦的共 10 名学生，其中有华裔背景的 1 名。被选取的学生虽然不能代表整个留学生群体，但是阿拉伯国家、欧洲国家、拉丁美洲国家三个地区文化背景差异明显，可以在一定程度上反映出世界对汉语学习的多样化需求。同时，来自拉丁美洲国家的学生有相似的社会文化背景，但国别差异又可以反映出细化的个性需求。

所有被访学生年龄均在 20～30 岁，这也是大部分来华留学生的年龄分布。性别选择上为女生 6 人，男生 4 人。在学生汉语能力的选择上，熟练使用汉语的留学生人数非常少，并不是整个留学生群体的典型代表，因此我们仅选择 2 名汉语专业学生；对于其余大多数学生，选择汉语水平在 HSK3～HSK4 的，因为处于这个汉语水平的学生能够用中文与当地人进行基本沟通和自我表达，可以保证他们在日常生活中与周围社会有所接触。

---

① 教育部：《2016 年度我国来华留学生情况统计》，http://www.moe.gov.cn/jyb_xwfb/xw_fbh/moe_2069/xwfbh_2017n/xwfb_170301/170301_sjtj/201703/t20170301_297677.html，2017 年 3 月 1 日。

考虑到"跨文化适应"中的"U形曲线"理论①，即在中国的时间长短会影响留学生对社会文化现象的观察和心理评价，我们尽量做到选取来华时间相近的学生进行访谈。所有被访学生信息见表1。

表1　被访学生信息

编号	性别	国籍	汉语水平	来华时间
A	女	阿根廷	HSK3	2016.9
B	男	阿根廷	HSK6	2015.9
C	女	秘鲁	HSK4	2016.9
D	男	秘鲁	N/A	2016.7
E	女	墨西哥	HSK2	2016.9
F	男	墨西哥	HSK3	2016.9
G	女	西班牙	HSK4	2016.9
H	男	西班牙	HSK3	2016.9
I	女	约旦	汉阿翻译硕士	2013~2014/2016.9
J	女	突尼斯	汉语专业博士	2009.8

（三）研究开展和资料收集方法

针对以上研究问题和"跨文化适应"的研究框架下设计的问题，我们以半结构式访谈的形式开展研究。在正式访谈开始以前，第一轮选择一名汉语博士和一名汉语翻译硕士进行预访谈，语言为汉语，各持续2小时左右。预访谈中有两个发现：第一，不同知识背景的学生在回答问题时需要背景信息作为补充，因此我们决定在正式访谈中采用根据回答内容微调问题的表述方式；第二，我们发现语言水平对于被访者回答表述有很大影响，因此在挑选被访学生时决定在保证科学抽样的同时也考虑研究人员的语言能力，因此确定了抽样范围（详见以上"研究对象"部分），并且在正式访谈中使用被访学生的母语。第二轮开始正式访谈，每次访谈根据回

---

① "U形曲线"理论由 Lysgaard 于1955年提出，指的是在适应新的社会文化的过程中，旅居者大体上经历三个阶段，即最初调整阶段（initial adjustment）、危机阶段（crisis）和再度调整阶段（regained adjustment），文化适应的过程依据文化适应者的满意度的变化（从高到低再到高）呈现为一个U形曲线。

答内容多少而调整持续时间，一般约为 2 小时，回答内容由研究人员记录。

在正式访谈中，虽然研究人员会补充提问的背景信息，但是由于学生的文化背景不同，并不是每个问题都能够得到有效回答。被访学生 G 对于"少数民族"的概念界定不清，因此对于"少数民族文化"的问题回答内容很少。被访学生 I 和 J 因宗教信仰原因对于中国饮食和娱乐方式的回答内容很少。以下发现和讨论仅针对有效回答进行总结。

四　发现和讨论

（一）被访学生来中国之前通过什么渠道了解中国？

针对第一个研究问题，我们在访谈开始时都会询问被访问学生以往接触中国文化的渠道。由于在挑选样本时我们不对学生背景做限制，所以学生的回答明显呈多样化分布，这在一定程度上能够反映留学生群体的真实情况，详见表 2。

表 2　被访学生以往了解中国的渠道

编号	了解中国的渠道
A	科尔多瓦大学汉语选修课、华人朋友接触、网络微课视频
B	工作中接触汉语后开始学习
C	秘鲁天主教大学孔子学院
D	秘鲁天主教大学孔子学院、华裔家庭、华人周边环境
E	朋友学中文后推荐
F	父亲工作业务接触
G	华文学校兴趣班、华人朋友
H	本科所学专业涉及中国历史
I	中文专业、华人朋友
J	中文专业、华人朋友

分析表 2，可以看到汉语学习资源会因为国家不同、学习能力和学习意愿等不可控原因而呈不平均分配，而汉语课堂是大多数汉语学习者的共

同渠道，教材、教师和教学内容是主要学习资源，基于课堂内容，学生可能会有所延伸，接触到网络视频等资源。由此可见，在汉语教学中传播的中国文化对于学生对中国的认识起着重要的基础作用。

除了个人学习，工作、家庭和社会文化也是接触汉语的渠道，说明学生的学习动机和学习需求多样化。比如被访学生 C 和 D 都来自秘鲁，秘鲁是拉丁美洲国家中受中国文化影响最深的国家之一，所以他们所处的社会文化也在衣食住行等生活的各个方面反映出华人在秘鲁留下的痕迹。被访学生 D 认为在秘鲁的汉语教学中应当因地制宜地弘扬中国人在秘鲁的历史文化，让如今的秘鲁社会更好地认识华裔和当地"土生"的华裔文化。

（二）留学生来华前后对中国文化的认识有什么特点？

针对研究问题"来华前后对于中国文化的认识有哪些差异？"，我们用基于"跨文化适应"的研究框架设计的 9 个问题进行询问，记录被访学生的回答内容；针对研究问题"这些差异可以归纳出留学生对中国的认识有什么特点？"，我们在记录被访学生的回答后整理和归纳了所有的回答内容，将研究发现具体总结如下。

（1）被访学生对中国传统文化的认识多于现当代文化。来中国以前，学生们对中国的认识略显陈旧，他们对中国的传统食品、传统出行方式、传统建筑等方面的认识比较多；来中国以后，发现自己对日常饮食、现代交通、网络购物和便捷支付、国际化城市面貌的认识比较少。以往对中国认识的陈旧和局限让学生们感觉中国遥远而古老，甚至有可能造成他们对现代中国的误解，而来了中国以后接触到的现代化生活方式，让他们看到了古老中国的新活力。

（2）同一文化现象会受到褒贬不一的评价和不同的关注度，即学生的心理评价和关注内容都以自己以往的知识体系为立场。例如，阿拉伯国家的被访学生 I 和 J 都提到家庭关系中的女性地位；拉丁美洲的被访学生关于上海的社会安全方面给予了高于其他被访学生的评价；与其他被访学生不同，来自西班牙的 G 和 H 对于学校的住宿条件不甚满意……这说明以往我们的文化传播比较多地从教育者的角度做规划，较少考虑学生的不同文化背景和差异化的理解能力。在学生数量增多和地理分布范围扩大的今天，我们有必要在此基础上，从学生的角度有针对性地选择中国文化的传播内容和传播方式，让来自不同文化背景的学生接受它，并且做出客观的心理评价。

（3）对外传播的中国文化内容有较明显的"一刀切"的特点，国别化的文化传播不到位。被访学生虽然背景各异，但是对于中国文化的认识差别不大，且对于中国和自己母国的交流方面了解较少，学生们自己也建议增加这方面的教学内容。以拉丁美洲国家为例，中拉间的交往历史悠久，如今的经贸和人文往来欣欣向荣，但是拉美国家的被访学生却对这方面缺乏系统的认识，这会影响学生对中国形成正确的认识，也会让以工作为学习目标的学生缺乏对中拉之间国家政策的正确解读。

（4）正确的文化传播方式至关重要。我们在访谈中发现，通过不适合的传播方式，原本正确的信息会让学生误读。例如：被访学生 J 说以"迷路"和"问路"为主题的课文和大量练习曾让她误以为中国的交通状况很糟糕；被访学生 I 说原来接触到的中国电影为数不多，其中大部分以功夫为主题，这会让学生和他们的家人形成中国社会治安不好的错误认识。

（三）留学生前后认识的变化对汉语国际教育中的中国文化传播有什么启示？

以上访谈结果既体现了以往从教育者的角度规划文化传播内容所取得的成绩，也反映了这种方式的局限性，印证了本研究的出发点，即不管是在文化传播内容还是传播方式上，从学生角度出发都有很多内容值得补充和修正，具体总结如下。

首先，现当代的中国文化应成为汉语国际教育的基本内容。[①] 我们的访谈也证实了，虽然传统文化是中国文化的源头，但却和现实世界的发展脱节，而现当代文化却能帮助世界认识和认同成长中的中国。同时，与徐霄鹰、王蓓针对教材使用进行的问卷调查结论相同，与"大 C 文化"相

---

① 李宇明、施春宏：《汉语国际教育"当地化"的若干思考》，《中国语文》2017 年第 2 期，第 245 页。

比，"小 c 文化"即日常生活文化①在教学中更受师生欢迎，它能融入衣食住行，拉进与学生的距离，引起学生共鸣。传统文化、当代文化，尤其是日常生活文化，三者共同作用，可以让学生从不同角度认识一个古老、充满活力又亲切的中国，促进世界对中国文化的正确认识和接受。另外，抓住学生喜爱现当代文化的特点，我们认为注重展示中国的国际化也是让世界全面认识中国的一种方式。在访谈中我们发现，被访学生对上海公共服务人员的双语能力、双语版本的公共设施等城市的国际化标志有较好的评价，这些标志对消除理解障碍、提升城市形象起到了积极作用。可见在汉语国际教育中不能单单"求异"以展示中国特色，还要适当"求同"，即向世界展示中国与世界的融合性，城市的国际化既可以展现全面的中国，又可以减少学生与中国的疏离感，拉近中国和世界的距离，增进相互理解。

其次，语言学家韩礼德曾说："汉语教师的绝大部分仍是以汉语为本族语的人，他们是否接受过用外国人的眼光看待汉语的训练？"②他认为目前的汉语国际教育仍然对外国学习者眼中的中国文化缺少研究，也指出了在教学中考虑不同接受群体的文化背景和知识体系、选择文化内容和调整教学方式的必要性。但是，这并不是完全将教材和教学方式进行"国别化"区分，也并不是要完全贴近外国学生的思维、习惯和生活，③而是尊重学生的多元文化背景，确定好导入中国文化的基本内容和导入方式，④力求在讲好中国故事的同时又不让其对学生而言是无源之水、无本之木那样无根可寻。比如，可以在教学中增加中国和目的国的交往历史、华侨历史和外交现状，让学生能够有根基地、顺畅地接受中国文化的外传，或者

---

① 学界一般将教学内容的文化分为"大 C 文化"即高雅文化，和"小 c 文化"即日常生活文化。徐霄鹰、王蓓：《汉语文化教材用户调查分析报告》，载周小兵主编《国际汉语》第 1 辑，中山大学出版社，2011，第 104 ~ 111、118 页。
② 韩礼德等：《教外国学习者汉语要略》，载周小兵主编《国际汉语》第 2 辑，中山大学出版社，2012，第 8 ~ 13 页。
③ 李泉：《汉语教材的"国别化"问题探究》，《世界汉语教学》2015 年第 4 期，第 526 页。
④ 阮静：《在对外汉语教学中把握"以学生为本"原则》，《教育与职业》2016 年第 17 期，第 116 ~ 118 页。

增加文化对比,[①] 让学生树立对中国的正确认识,总之不宜单从规划者的角度将同样的内容以同样的方式输送给全世界的学生,这样才能起到消除误解、增加认同的作用。

最后,应以多样的方式促进中国文化的外传。李泉就对外汉语教学的针对性做过五点归纳,其中就包括要适合学习者的社会特点和学习需求,我们的访谈结果也显示,学生基于各自的文化背景和学习需求,对同样的教学设计、教学方法有可能产生不同的理解,所以课堂教学内外的中国文化传播方式需要有明确的针对性和多样性。比如张英曾经指出中国文化的教材内容宽泛、力求包罗万象但缺乏针对性;李宇明也曾提出要"建立强大的助学系统",将中国文化通过有声读本、分阶段读本等多种形式展现出来。如今中国的科技进步在很多国家都有体现,在教学中结合现代文化产业和技术手段开发趣味性强、易操作的学习产品也是一种尝试,既能丰富传播手段,又能提升中国企业在海外的影响力和知名度。

五 结语

汉语学习者对中国国家形象的构建可以基于课堂学习、课外资源和真实的来华生活等。据我国教育部的来华留学生数据统计,2016年来华人数超过44万,比2015年增加11.35%。世界范围内的汉语学习者越来越多,而这其中只有一小部分能够到中国,这44万的背后隐藏着一个更庞大的基数。作为凤毛麟角的"幸运儿",这些来华留学生有机会在实际生活中体验到一个真实的中国,中国的形象在他们眼中能够被构建得更加丰满和完整。而更多的海外汉语学习者只能通过课堂和课外学习资源中对中国文化的描述构建对中国的认识,可见中国文化教学在国家形象塑造方面起着重要作用。本研究以来华留学生为切入点,发现了以往的汉语教学在中国文化的传播上已经取得的成绩,也指出了不足,这将对于帮助海外学习者更全面地认识和认同中国起到重要作用。

---

① 徐霄鹰、王蓓:《汉语文化教材用户调查分析报告》,载周小兵主编《国际汉语》第1辑,中山大学出版社,第104~111、118页。

参考文献

［1］中国外文局对外传播研究中心课题组，于运全、张楠、孙敬鑫：《2015 年度中国国家形象全球调查分析报告》，《对外传播》2016 年第 9 期。

［2］李泉：《汉语教材的"国别化"问题探讨》，《世界汉语教学》2015 年第 4 期。

［3］姚君喜：《外籍留学生对中国人形象认知的实证研究》，《当代传播》2015 年第 4 期。

［4］赵金铭：《国际汉语教育中的跨文化思考》，《语言教学与研究》2014 年第 6 期。

［5］王少爽、田国立：《文化软实力建设与中国文化的对外传播》，《河北学刊》2014 年第 1 期。

［6］范红：《国家形象的多维塑造与传播策略》，《清华大学学报》（哲学社会科学版）2013 年第 2 期。

［7］崔希亮：《汉语国际教育与中国文化走出去》，《语言文字应用》2012 年第 2 期。

［8］徐霄鹰、王蓓：《汉语文化教材用户调查分析报告》，载周小兵主编《国际汉语》第 1 辑，中山大学出版社，2011。

［9］亓华、李美阳：《在京俄罗斯留学生跨文化适应调查研究》，《语言教学与研究》2011 年第 2 期。

［10］阮静：《论在对外汉语教学中传播中国文化的基本原则》，《西南民族大学学报》（人文社会科学版）2010 年第 6 期。

［11］李禄兴、王瑞：《国别化对外汉语教材的特征和编写原则》，载许嘉璐主编《第九届国际汉语教学研讨会论文选》，高等教育出版社，2018。

［12］亓华：《汉语国际推广与文化观念的转型》，《北京师范大学学报》（社会科学版）2007 年第 4 期。

［13］张英：《对外汉语文化教材研究——兼论对外汉语文化教学等级大纲建设》，《汉语学习》2004 年第 1 期。

中国价值的国际表达：纪录频道
对中华文化的海外传播

郭讲用[*]

摘　要： 中华文化是世界文化的重要组成部分。"'夷狄而中国，则中国之；中国而夷狄，则夷狄之'——这是中国的思想正宗。它不是国家至上，不是种族至上，而是文化至上。"[①] 在当今文化全球化时代，中华文化如何"走出去"，并通过有效的海外传播反哺世界，挖掘其在涵养性灵、天人合一、身心和谐、和而不同等方面的智慧及社会内涵，是让世界正确认识中国、增强中国文化软实力的重要议题。本文以中央电视台纪录频道为案例，分析了纪录片作为跨文化、跨时空的电视媒介形式，在中华文化海外传播方面的独特优势，指出纪录片的真实性、仪式性、艺术性等特征能超越语言、概念、编码译码等传播障碍，以移情、共鸣等直击心灵的方式传播中华文化的意境及形而上之美，达到"人同此心，心同此理"的传播效果。论文主要从频道的核心理念"中国价值"与"国际表达"两方面剖析了央视纪录频道以电视技术为传播手段的跨文化之"用"，以及传播中华民族共同体的文化价值之"体"。同时亦指出央视纪录频道部分纪录片强调娱乐性、大众性，为了收视率而稀释甚至消解中华文化内涵，在精英文化与大众文化传播的协调方面有所失衡等问题。

关键词： 纪录频道　中华文化　中国价值　国际表达

---

[*]　郭讲用，华东政法大学人文学院教授。
[①]　梁漱溟：《中国文化要义》，上海人民出版社，2005，第144页。

在新媒介技术建构的全球化时代，中西文化的反向传播已成为文化传播的新景观。在此时代背景下，纪录频道"为时代中国存像，为民族心灵著史，与大千世界共鸣，与文明进程同行"的价值诉求得到彰显。央视纪录频道自 2011 年开办至今，以"全球视野、世界眼光、中国价值、国际表达"为核心理念，在中华文化的海外传播方面取得了显著成果。频道（中英文双语）开播迄今，累计观众规模已突破 2 亿。目前频道已在全球 60 个国家和地区落地，拥有近 4000 万国际用户。纪录片的真实性与历史性决定了它是民族文化与国家形象的最佳载体之一。早在 2010 年，中央电视台即提出了央视对外传播的"六加二"的格局，"六"是指英语、西班牙语、法语、俄语、阿拉伯语加上央视第四频道，"二"是指一个驻外记者站的视频平台，一个中央电视台纪录片频道。由此可见，纪录片频道承载着政府和央视推进中华文化海外传播的雄心与愿力。以下从"中国价值"之"体"和"国际表达"之"用"两方面剖析央视纪录频道对中华文化的海外传播。

一 中国文化的价值传播

（一）内容为王——中华民族共同体的文化整体价值

央视纪录频道英文国际版目前共设有《精彩放送》（内容为中国经典纪录片）、《人文地理》（内容为自然地理、人文科技类纪录片）、《时代写真》（内容为社会纪实类纪录片）、《特别呈现》（内容为中国纪录片特别节目）、《发现之路》（内容为历史探险类纪录片）、《历史传奇》（内容为文献档案类纪录片）六大板块。从现有节目来看，纪录频道海外传播的主要内容为中国历史文化、自然地理、社会生活等方面，旨在向海外观众系统地展现中国文化的图景。从频道创办迄今播出的节目来看，频道旨在传播中华民族共同体的整体价值，而不仅仅是儒家文化及其现代化重构或者是以汉族文化为主的"大汉族主义"文化。其表现在于，在海外获得影响的不仅有《故宫》《颐和园》《本草中国》《舌尖上的中国》等传统的中华人文历史节目，也有以少数民族文化为主的《秘境追踪》《黔之南》以及从横向和纵向角度展现中华文化风貌全景的《美丽中国》《中国通史》等节目。

　　纪录片运用的技术、视觉语言等符号是显性的，然而其背后的文化价值理念是隐性的。如何借有形之载体准确传播无形之精神，始终是纪录片制作中的难题。中华文化受儒家、道家、汉传佛教等传统文化母体及总体封闭的地理环境影响，形成了主静尚柔、追求和谐、自察内省的一体特性，在静柔的整体特性中又"和而不同"，呈现出多元化的特点；受兵家、墨家文化以及少数民族的粗犷文化与边缘开放的地理环境影响，部分中华文化积淀形成勇猛刚健、旷达放逸、强调竞争的文化特性；部分中华文化尤其是少数民族文化受原始宗教与巫文化的影响，具有图腾崇拜、神灵敬祭、玄秘精深的文化色彩。因此，中华文化的海外传播是中华民族共同体的文化整体价值的传播，而不局限于一两种主流文化。从传播的价值层面看，中华文化在涵养性灵、天人合一、身心和谐、和而不同等方面的生命智慧及社会内涵，是在以工业文明为主、人心动荡的全球化时代吸引海外受众的核心价值。这些文化内涵在《武与舞》《扎西桑俄》《从当下出发》《敦煌》《玄奘之路》《功夫少林》《我们的家园》《舌尖上的中国》等优秀纪录片中均有所体现。"植根中国，从灿烂辉煌、丰富多彩的中国历史与现实土壤中挖掘素材，并用符合中国百姓的价值诉求、审美趣味和风格气质进行加工、提炼与处理。在世界纪录片的大格局中彰显中国风度、中国气质和中国样态。"如胡智锋先生所言，这正是纪录频道海外传播中一以贯之的理念。在纪录片制作方面，中国化、本土化始终是央视纪录频道坚守的传播准则。

　　考虑到当前所处的时代背景，频道在价值观的表达过程中，并没有固守传统而不知变通，这体现于频道既重视以中华文化为核心的传统价值观，同时也尊重全球化时代的价值理念，即"人同此心，心同此理"，相信全球每一个人内心深处都有着深沉的对"真、善、美"的追求以及对天地自然的敬畏与热爱。

（二）中国元素——中华故事的视觉传播

　　2001 年 11 月 2 日，联合国教科文组织在第三十一届会议上讨论了现代化给文化多样性带来的负面影响，并通过了《世界文化多样性宣言》。宣言强调，每个民族都有自己文化的发展空间和发展成果，文化的多样性如同生物的多样性一样，是不可避免的。越是民族的，越是世界的。面对自 20 世纪 80 年代迄今的西方文化霸权，中华文化如何自觉？如何有效反哺世界？对此，央视纪录频道在中华文化的传播方式上，尤其重视"传播符号的中国化"以及"叙事方式的中国神韵"。

1. 传播符号的中国化

考虑到视觉符号在跨文化传播中的直接性与有效性，中国中央电视台纪录频道在创办之初，即邀请 Trollbäck + Company 公司为频道设计了"竹子、电子、冰洞、大都市、瓷器、空间站" 6 个立方体标志，表现自然历史、人类活动、文化启蒙、艺术、进步和基础设施，试图涵盖传统与现代中国的方方面面。从雨后湿润宁静的竹林到北京央视总部大楼的动画图案，每个标志都被设计成具有不同材料属性的多面立方体台标。其中的竹子、青花瓷代表着以不变应万变的中国传统文化之魂魄，其他符号则代表着随机应变的中华现代文化之圆融精神。竹子一直是儒门谦谦君子的象征：碧绿高洁，寓意正直、心地纯净、表里如一；潇洒挺拔、清丽俊逸，寓意君子之风；空心澄澈，象征谦虚。一管虚竹正是淡泊、清高、正直的中华文化的内在追求，如元人杨载在《题墨竹》中所云："风味既淡泊，颜色不斌媚。孤生崖谷间，有此凌云气"。青花瓷作为西方理解中国的文化符号，更是在简洁清朗中蕴含着"大道至简"的中华文化精髓。青花瓷经过千般火烧、万重淬炼，终得晶莹透亮、素洁高雅，在中华文化中被誉为"火中凤凰"，既寓意着"凤凰涅槃，浴火重生"的精神，亦是《易经》中"无极生太极，太极生两仪"的象征，如龚轼在《陶歌》中所言，"白釉青花一火成，花从釉里透分明。可参造化先天妙，无极由来太极生"。一组符号寄托的是传统中国与现代中国的文化诉求与民族气节，探讨的是人类从哪里来、到哪里去、如何生、如何死的终极命题。

在色彩方面，频道主色调一改央视惯常的红色或黄色，而被设计成青花瓷的明洁蓝色，巧妙跨越了意识形态宣传这一跨文化传播的译码障碍，强化了中西文化的互通性，比较符合西方世界对中国文化的认知，其海外传播的效果是明显的。2012 年 6 月，央视纪录频道在有世界电视形象设计

"奥斯卡"之誉的第五十七届国际电视包装设计大会上提交的两件作品夺得"电视文案"银奖和"标识演绎短片"铜奖,成为大会唯一入围的亚洲作品,也是中国电视媒体首次荣获全球最具权威的电视包装行业大奖。

2. 叙事方式的中国神韵

相较于西方文化,中国传统文化含蓄内敛,讲求意会、默契而轻视言传,自有一种"言有尽而意无穷"的深沉典雅。随着纪录频道播出节目的日益多元化(越来越多的独立制作人纪录片与小众纪录片进入播出平台),频道在整体叙事方式上也有意淡化《望长城》《话说长江》《大国崛起》等早期纪录片着眼于宏大主题、宣传意味明显的制作套路,而有意重拾中华人文传统,注重在小人物中观大历史,于小故事中见真精神。在此以两部纪录片为例。其一是《功夫少林》,该片由中央电视台与河南电视台联合制作,共分 5 集,是一部集中展现中华少林武术博大精深的文化内涵与中国传统功夫的高清纪录片。摄制组用长达两年的拍摄周期,详细、深入地展现了少林功夫在全国乃至世界各地的发展状况。该片围绕少林武僧与少林功夫展开,同时深入现代社会各生活领域,向全球观众展示在 21 世纪的今天,功夫人的生活经历与真实传奇,揭秘传统武术背后深藏着的中国人的生存智慧与生命哲学。易筋经、龟息功、少林童子功、少林禅医、少林禅七……片子采用宏观结合微观的叙事角度,多用慢镜头与延时摄影技术,以小见大,展现了不为世人所知的一项项少林绝学。表现少林武术与禅学时,片头运用中国传统的说书形式,配合漫画,镜头语言既生动活泼,又清洁空灵。其二是纪录片《黔之南》,该片分 4 集,展现了黔南州独特的喀斯特地貌以及丰富多样的民族文化,揭示了生活在这片土地上的布依族、苗族、水族、侗族、瑶族等少数民族对自己传统民族文化的坚守以及在现代化冲击下面临的精神困境,是一部具有民族志色彩的人文地理纪录片。该片完全以生活化的场景叙事,真实自然。该片在展现各少数民族文化时,通过延时摄影、多景别镜头切换,试图营造一种神秘、灵秀、幽远的文化意境。一花一草、一人一事中包含天地,通过微小片段来完成对黔南州民族志的书写。

在宏观主题的展演上,频道播出的纪录片也一改过往解说词配画面、主旋律色彩过浓的制作惯例,而更注重"天圆地阔、天人合一"的文化内

涵。譬如由中宣部和国务院新闻办发起、央视科教频道制作的大型纪录片
《一带一路》，跨越亚、非、欧、美四大洲，重构了中华悠久的丝绸之路文
化，传播着人类同宗同源、结为一个命运共同体的"天下大同"的价值理
念。片子通过对张骞出海、郑和下西洋等历史文化事件的回溯，唤醒久远
的华夏历史记忆。该纪录片国际版被翻译成英语、法语、德语、俄语、西
班牙语、葡萄牙语等多国语言。片子的拍摄多以远景、全景等大景别为
主，并采用延时摄影技术，画面融宽广辽阔、雄浑沧桑与意蕴绵长为一
体，具有浓浓的中国传统文化神韵。再如中视传媒和英国 BBC 合拍的 6 集
纪录片《美丽中国》，其拍摄时间历经 3 年，摄制组行程跨越 26 个省、自
治区和直辖市，拍摄了 50 多个国家级的野生动植物和风景保护区，86 种
中国珍奇野生动植物，以及 30 多个民族的生活故事，拍摄的高清影像素材
总长超过 500 小时。从极北的赫哲人的生活场景，到云南的亚洲象；从中
华民族标志性的长城，到西南边陲的苗族村寨；从青藏高原的藏羚羊，到
秦岭的野生大熊猫⋯⋯片中 80% 的画面是自然取景。该片在西方播出后，
深受观众喜爱。片子大量采用航拍、远景交替高清晰度的特写镜头，将华
夏地理融汇于人文画卷和老百姓的生活之中。一流的制作团队、丰富的自
然资源和精致的后期制作使得该片荣获第三十届"艾美奖新闻与纪录片大
奖"最佳自然历史纪录片摄影奖、最佳剪辑奖和最佳音乐与音效奖。该片
采用宏观叙事与微观叙事相结合的叙事方式，使西方电视观众一方面惊异
于中国的山川辽阔、大美无言，另一方面又震撼于中国文明的神秘、古老
与深广，不仅穿越了物理空间层面达到国际传播的效果，而且穿越了心灵
交通的精神空间层面，使西方电视观众对中华文化所蕴含的深刻生命观、
价值观、宇宙观都有了一定的理解。

二 中华精神的国际表达

（一）跨文化传播的障碍穿越

跨文化传播的理论认为，每一个个体都来自不同的感官世界。身处一
种文化圈中的人根据其文化感知模式而获得的生活体验会完全不同于其他

文化圈中的人。同时,在文化身份确认笼罩下的人们往往把他者视为自己所不可预测的、不可控制的一部分。当不同文化圈的人交流时,就会因为文化差异而形成传播障碍,若要达到准确有效的交流效果,就必须超越文化屏障,把生命个体从潜意识中的文化网络中解脱出来。纪录片是一种能超越文化屏障的跨文化传播载体。"纪录片是一种真实记录历史与现实的节目形态,较新闻而言,意识形态特征弱,但客观性与趣味性强;较影视剧而言,娱乐性与情节性弱,但真实性与可信性强。美国的探索频道、国家地理频道,英国广播公司,日本放送协会等国际电视机构的纪录片都在国际上享有盛誉,对其国家形象的传播发挥了很大作用。"① 在跨文化传播方面,纪录片的真实性、仪式性、艺术性等特征能超越语言、概念、编码等传播障碍,以移情、共鸣等直击心灵的方式传播中华文化的意境及形而上之美,达到"人同此心,心同此理"的传播效果。与新闻资讯及娱乐类节目相比,纪录片的真实性更具有可信度与公信力,相对容易克服意识形态及文化形态间的障碍。中华文化独特的生命观、自然观、伦理观通过纪录片的镜头语言,能够打破因文字而带来的隔阂,从而为海外观众所接受。

鉴于此,央视纪录频道多数作品在策划理念和制作方式上,力求打破区域性的文化障碍,以跨文明、跨语言、跨族际的思维和表达方式赢得国际观众普遍的心理共鸣和情感体验。在此以在海外赢得巨大声誉的《故宫》为例。该片是中央电视台与故宫博物院为纪念博物院建院80周年而作,于2005年10月26日播出以后,引发收视热潮。央视纪录片频道在面向海外传播时,考虑到海外观众的收视心理,将《故宫》海外版命名为《解密紫禁城》,片长压缩至两个小时。其原因在于,纪录片《故宫》里关于瓷器、书法、哲学等中国文化的内容过多,且过于专业,不同文化背景下的西方人可能难以领会和接受。对此,《解密紫禁城》改变了《故宫》的叙事模式,以讲故事的方式述说紫禁城里的朝代更迭、男男女女,诉说着中国600年的宫廷变迁和人世沧桑。片子的戏剧性很强,通过故事里那

---

① 李苒:《纪录频道国际版海外传播现状分析》,《中国广播电视学刊》2013年第2期,第86页。

些个性鲜明的历史人物，海外观众能感同身受地融入他们的悲欢离合之中，达成情感共鸣，在虚拟环境中亲历中国历史时间纵轴与紫禁城空间横轴上动人心魄的历史事件。这样的改编成功穿越了因不同语言与意识形态、思维习惯造成的障碍，防范了因编码、译码、解码造成的文化误传与误读，直击心灵，取得了良好的传播效果。"《解密紫禁城》还有一大亮点就是请国际知名影星陈冲担任解说。陈冲曾在贝托鲁奇导演的《末代皇帝》扮演皇后婉容。改编者通过把这一西方观众熟悉的角色和演员作为一个'触媒'，巧妙地融合到编码系统里，唤起西方观众进行'解码'的兴奋。"①《解密紫禁城》的成功也带动了原版《故宫》在海外的传播热潮。原版《故宫》被翻译成 6 种语言在 100 多个国家签约出售，发行超过 30 万套，创下中国纪录片海外发行的新高。美国国家地理频道亚洲首席运营总裁简树贤认为："在海外落地的中央电视台纪录频道英文版节目也架起了一座连接中国和世界的桥梁，通过这个频道，我们了解到了一个更为真实、更为丰富、更为精彩的中国。"②

（二）采用国际合作的多元传播方式

央视纪录频道总监刘文表示："纪录频道彰显并传播的时代主流价值，应该包括以下三方面的内容：人类普遍认同的共同价值、中华文化的核心智慧以及社会主义核心价值观。"而跨文化传播理论的提出者爱德华·霍尔认为："理解和洞见他人心理过程的工作比我们多少人愿意承认的困难得多而且情况也严重得多。"③ 为了探索与适应海外电视观众的收视心理，纪录频道除了重点传播中华文化的独特价值之外，还追求人类普遍认同的共同价值，积极采用国际合作的多元传播方式来策划、制作、播出纪录片。

一方面，央视纪录频道采用国际合作的方式制作重点纪录片，谋求与国际接轨。2011 年至 2012 年，频道与各大国际电视机构先后启动了 12 部

---

① 高峰、赵建国：《中国纪录片跨文化传播的障碍与超越》，《现代传播》2009 年第 3 期，第 84 页。

② 王春丽：《央视纪录频道牵手国际知名纪录片制作机构》，http://news.sina.com.cn/c/2011 - 11 - 14/125823462855.shtml，2011 年 11 月 14 日。

③ 〔美〕爱德华·霍尔：《无声的语言》，刘建荣译，上海人民出版社，1991，第 32 页。

共 30 余集的国际联合摄制纪录片项目，其中包括《秘境中国——天坑》（与美国国家地理频道联合摄制、英国独立电视台承制）、《喜马拉雅大淘金》（与法国国家电视集团、德国电视一台、奥地利国际电视台联合摄制）、《China·瓷》（与英国大英博物馆联合摄制）、《云与梦之间》（与英国纪录片导演菲尔·阿格兰联合摄制）和纪录片《春晚》国际版（与美国国家地理频道合作）。另一方面，频道还积极购置国外优秀纪录片频道的作品，如对美国国家地理频道、历史人文频道的节目进行二次改编创作。据中国纪录片战略发展研究课题组统计，2009 年中国纪录片首播量在 5000 小时以上，这 5000 小时由全国 83 档栏目共同创造，而且 5000 小时中至少有 50% 播出的是国外纪录片。

2012 年，央视纪录频道与美国国家地理频道共同签署了互播意向协议，央视纪录频道的节目顺利进入美国国家地理频道的播出平台。另外，其节目还在美国弗吉尼亚公共电视台、土耳其国家电视台、俄罗斯国家电视台等播出。除了在电视频道中播出，一些纪录片精品还以文化产品的方式在国际市场上销售，有效拓展了传播渠道。其中，以《故宫》《颐和园》《舌尖上的中国》为代表的一大批具有"中国特色、中国风范、中国内涵"的优秀纪录片取得了较好的销售成绩。《舌尖上的中国》被译成英语、法语、西班牙语、葡萄牙语多语言配音的国际版本，其电视播映、音像制品、网络点播等海外传播渠道的发行突破了中央电视台以往纪录片发行的最好成绩。此外，在制作团队提高方面，频道聘请了国际纪录片大师、法国电影人雅克·贝汉为国际顾问。雅克·贝汉的作品享誉全球，包括《微观世界》《喜马拉雅》《迁徙的鸟》《海洋》等。

三 问题——为了收视率而稀释中华文化内涵

在时空维度上，文化记忆是对物理属性的时间、空间赋予文化意义的独特的建构与认知。它关乎的是民族文化中核心和强韧的部分，如神圣的信仰。将中华文化的核心价值与信仰传向全球、反哺世界，这也是中央电视台纪录频道创办之初即确定的理念。然而在具体的传播过程中，为了收视率与海外营销，一些纪录片不得不采用时下大众热衷的娱乐方式进行策划和制作。表现在叙事方式上，便是运用"故事、细节、悬念、寓教于乐、猎奇"等大众文化传播的技巧，这在一定程度上稀释、消解了中华文化的内涵。

以频道的《探索·发现》栏目为例，该栏目从创办之初，便明确地将宗旨确定为要拍摄"好看"的纪录片。"央视索福瑞公司民意调查结果表明，观众对电视节目的需求第一位是娱乐消遣，第二位是获取信息，第三位是方便交流。"[①] 栏目据此倡导纪录片的娱乐化与大众化，不再执着于对精英立场的坚守，而是将娱乐手法大量杂糅于传统纪录片创作的精英主义模式之中。这主要表现在选题新奇、摆噱头，叙事讲求故事化和悬念化，对戏剧性电影语言的借鉴学习等方面。在节目内容的设置上，《探索·发现》将西方商业片的成功经验，甚至是好莱坞的类型化操作模式，移植到本土纪录片的生产与运作中。譬如收视率较高的《龙门盗影》《黄帝大猜想》《揭秘宋陵地宫》《三星堆·消失与复活》《濮阳星图之谜》《发现虞弘墓》等纪录片，表面上是取自历史文化题材，实质上是借历史故事满足电视观众的猎奇和娱乐心理，以拍摄电影的手法拍摄纪录片。节目虽然通过对历史文化的加工与窜改赢得了收视率，但中华文化内在的精神价值却在某种程度上被稀释、消解甚至异化了。相反，《探索·发现》栏目有 3 部作品荣获国际电视节目奖，分别是《红柳的故事》获 2002 年法国儒勒·凡尔纳电影节"科技与社会奖"，《寻找滇金丝猴》获 2002 年英国自然银幕电影节"TVE 大奖"，《楠溪江》获 2002 年联合国国际环境、自然和文化遗产电影节"评委会大奖"。此 3 部作品后来通过纪录频道向海外播出。与栏目以大众化和娱乐化手法拍摄的纪录片不同，这 3 部获奖的作品完全坚守纪录片的精英主义立场，秉承了地理人文纪录片的拍摄理念，质朴、真实、唯美、动人。由此可见，真正有思想文化内涵的作品才具有生命力，才能长久地赢得观众。

---

① 蒋晶：《央视品牌栏目〈探索·发现〉的美学研究》，《电影文学》2012 年第 4 期，第 126 页。

四 结语

为深入贯彻中央关于深化文化体制改革、加快文化产业发展的部署，有效落实国务院《文化产业振兴规划》和国办《关于促进电影产业繁荣发展的指导意见》，2012 年，国家广电总局制定了《关于加快纪录片产业发展的若干意见》，将纪录片生产与国家形象和文化产业紧密结合在一起。可见，纪录片已成为国家文化工程中的重要一环。需要清醒看到的是，虽然央视纪录频道在海外传播取得了一定的成绩（过去不到 20 年间，有 30 部以上的中国人文社会纪录片在国际影展中获得大奖），但距国家借此在全球提升国家形象、提高文化软实力的宏伟目标仍有不小差距。

央视海外传播中心副主任崔屹平接受媒体采访时表示，现在央视所有频道在世界上可以统计到的观众人数不到 1.5 亿，基本上主要集中在华人社区。在发达国家主流媒体或社会，说起"CCTV"，很多人以为是城市闭路监控系统。"反观美国的 Discovery 公司虽然在美国本土只有 13 个频道，但其在全球却有 20 多个频道。总体上来说，中央电视台纪录片的国际传播还存在发展的瓶颈，缺乏对外传播的规模效应。"① 如何在本土与全球、精英与大众、传统与现代之间求得平衡，既坚持文化自信，又与时俱进、融会贯通，以更高的国际制作标准，深度挖掘中国历史文化、自然地理、生命智慧的内涵，是央视纪录频道未来发展以及海外传播的关键所在。

---

① 吴立斌：《中国媒体的国际传播及影响力研究》，博士学位论文，中共中央党校，2011，第 124 页。

海外社交媒体对国家形象塑造的
文化传播策略研究

刘煦尧　许　静[*]

摘　要： 随着互联网技术的日益更迭，文化传播成为国家形象塑造的重要环节。社交媒体的兴起，为文化传播提供了更为多样的形式，使得中国对外传播中的国家形象塑造具有跨文化交流的功能和效果。本文以 Facebook 社交媒体平台中的央视网 CCTV 全球页账号作为研究对象，选取该账号自 2017 年 1 月 1 日至 3 月 31 日期间发布的所有帖文作为研究样本，采用数据统计和内容分析的研究方法，对中国海外社交媒体传播的现状做一总结，并对海外社交媒体在文化传播中的国家形象塑造策略进行分析。研究发现，以 CCTV 全球页账号为代表的中国官方媒体在海外社交平台中具有显著的文化传播导向，在账号传播过程中运用模式化的文化传播策略，文化类题材内容能够引起国际受众较高的媒介感知度，并能够强化国际受众对中国国家形象的文化心理认知与认同，对于塑造国家形象、增强国家软实力起到了积极的推动作用。

关键词： 海外社交媒体　国家形象塑造　文化传播

一　研究背景和意义

全球化的概念由西方学者于 20 世纪 90 年代提出，进入现代社会以后，

---

* 刘煦尧，北京大学新闻与传播学院 2015 级硕士研究生；许静，北京大学新闻与传播学院教授。

人们逐渐认识到，整个世界正在不断紧密联结，而社交网络的飞速发展使得全球趋向某种意义上的一体化。传统的"主权国家－民族"的政治权力结构正在被网络日益瓦解，人类的个体关系不再受地域和时间的限制，媒介带来的虚化图景不断加强对人们日常行为方式的解构和重构。在全球化浪潮的推动下，世界范围内的经济政治关系发生了深刻的变化，同时，这种变化也映射在不同文明之间的交往行为中，"文明冲突论"由此产生。

在很长一段历史时期中，由于世界政治的霸权倾向和中国内部的非稳定环境，学术领域并未出现对国家形象研究的关涉。2001年11月中国正式加入世界贸易组织（WTO），以此为节点，中国在世界舞台上开始以正常的主权国家形象开展经济和政治活动。但是，随着经济和政治领域的交流日益加深，中国遇到了前所未有的阻力和变数，首先体现在世界其他国家对于中国的认知问题，由认知区隔所产生的恐惧、怀疑、不信任等情绪，最终导致了中国在世界范围内的负面国家形象。

社交网络的兴起，改变了传统意义上以国家、民族或宗教为主体的文化交往形态，世界开始进入一个崭新的传播话语体系时代。在新的传播话语体系下，国家形象的塑造与国际关系的增进，不再简单依靠经济往来与军事合作的硬性力量推动，一种自为与自在的"软实力"开始发挥日益重要的形塑作用。文化传播正是"软实力"在传播领域中的显著特征，通过文化传播，可以将具有包容性的中国文明内核向世界各国传递，在文化传播过程中，一种超越政治倾向和权力对抗的积极的国家形象可以不断被建构起来。

国家形象关乎着他国政府和民众心目中所形成的对该主权国家的认知态度，而认知态度的差异，则影响着主体的情感倾向和行为方式。塑造国家形象的最大意义，在于扭转国际社会对于本国的整体看法，并最终实现国际地位和国际话语权的提高。本研究通过对中国媒体海外社交平台的传播行为，包括媒体布局、媒介内容、受众行为等指标进行策略化分析，评估中国媒体对外传播的文化国家形象塑造效果，总结中国媒体在海外社交平台中的传播规律、特点、存在问题以及对中国未来对外传播的启示，在理论和实践上具有重要的借鉴意义。

二 研究方法

本文采用数据统计和内容分析相结合的研究方法，针对中央电视台官方网站——央视网利用 Facebook 社交媒体平台进行文化传播和国家形象塑造是否有效的问题，进行媒介策略研究。鉴于时间跨度和数据成本较大，本文选取部分媒介信息样本作为研究对象，分析 2017 年 1 月 1 日至 3 月 31 日之间 Facebook 中 CCTV 全球页账号发布的所有帖文信息，共计 1073 条。

本文从效果指标及策略导向的层面进行样本的内容分析，以点赞、评论、分享三大传播效果机制作为考量因素，将样本中的文化社会类帖文作为文本内容分析的主要类别对象，并对其进行文本内容的编码与解码。

三 研究内容及发现

（一）央视网 Facebook 社交媒体平台的传播现状

Facebook 作为全球知名的社交网络服务网站，自 2004 年开通以来，不仅为人际社会的网络交流提供了多元化的媒介体验，而且以其强大的生命力，迅速渗透社会生活的各个层面，创建了一个信息多元化的交互式平台，给传统媒体带来了极大的冲击和挑战。

2009 年，Facebook 账号 "CCTV" 开通，发布主体为中国中央电视台，信息推送服务由中央电视台官方网站 "央视网" 提供。2009 年所开通的 "CCTV" 账号，实际上是该账号英文页面的第一次建立。2009 年至 2014 年之间，该英语账号由央视网内部的网页端小组逐步进行内容运营，但内容发布数量较少，没有形成完整的账号集群式运营。

经过 5 年左右的探索阶段后，央视网开始正式开拓 Facebook 平台。2014 年，"CCTV 中文" 账号建立，同年 10 月，账号粉丝数突破百万。2015 年 9 月，央视网开始对 Facebook 平台账号进行统筹规划。在此时间节点，央视网组建专门的运营团队，成立央视网国际传播事业群，并在群组之下设立海外社交中心，通过专门的机构、部门、团队运营央视网旗下的

Facebook 公共主页账号。

截至 2016 年 9 月 28 日，CCTV 全球页账号的 Facebook 粉丝数已达 3521 万，超越 BBC NEWS（粉丝数 3352 万），成为 Facebook 中拥有粉丝数量最多的媒体账号，在开设 Facebook 账号的中国媒体中也居于首位。从初步涉足到飞速增长，央视网在短时间内成为拥有最大海外社交平台影响力的中国官方媒体。目前，CCTV 全球页账号在全球媒体类账号用户关注度中排名第二，仅次于 CGTN（中国环球电视网），粉丝数突破 4000 万（见表 1）。

表 1　CCTV 全球页账号发展历程

时间	事件	影响
2009 年	"CCTV" 全球页账号英语页面开通	央视网开始涉足海外社交媒体，进入新媒体转型探索阶段
2014 年	"CCTV 中文" 账号成立	成为央视网在 Facebook 平台上最早取得较大影响力的公共主页账号，同年 10 月，该账号粉丝数量突破百万
2015 年 7 月	央视网 Facebook 账号 "CCTV 中文" 粉丝数量近 200 万	粉丝活跃度高达 30.1%，远超国际一流媒体，成为 Facebook 上用户数最多、影响力最大的中国主流媒体中文账号，帖文累计曝光超过 25.4 亿次
2015 年 12 月 21 日	央视网 Facebook 账号 "CCTV" 粉丝数突破 2000 万	账号粉丝位居国内主流媒体首位，在国际主流媒体中仅次于 BBC NEWS，位居全球第二位
2016 年 4 月 11 日	央视网 Facebook 账号 "CCTV" 粉丝数量首次超过 BBC，同时，央视网熊猫频道 Facebook 账号粉丝数突破 100 万	"CCTV" 成为 Facebook 平台中关注度最高的媒体类账号

央视网是中国最大的网络视频新闻数据库平台，通过央视网发布的信息，在一定程度上代表着中国对外传播的整体话语导向，并在很大程度上反映出中国官方和媒体向世界传递信息的内容和姿态。CCTV 账号的创建和传播，不仅仅是新媒体时代国家级媒体抢占海外舆论宣传阵地的迫切需要，也同时为中国借助海外开放式互联网信息平台开展国际传播探索了新的思路。

（二）CCTV 的 Facebook 媒介传播总体情况

1. 媒介传播的基本指标呈现

在报道数量方面，统计结果显示，CCTV 在样本时间段内共发表帖文
1073 条。根据内容题材的不同，本文将 CCTV 所发布的帖文样本分为政
治、经济、外交、文化社会、军事科技、医疗卫生和灾难伤亡七个类别，
具体数据如图 1 所示。

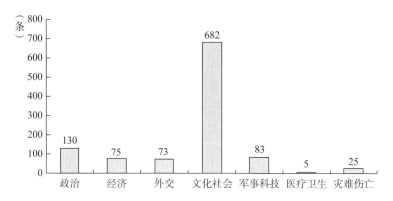

图 1　2017 年 1 月 1 日至 3 月 31 日 CCTV 帖文分类数量

根据图 1 可知，CCTV 在样本时间段内发布内容最多的为文化社会类，
共 682 条（占比 63.56%），接下来依次是政治类 130 条（占比 12.12%）、
军事科技类 83 条（占比 7.73%）、经济类 75 条（占比 6.99%）、外交类
73 条（占比 6.8%）、灾难伤亡类 25 条（占比 2.33%）和医疗卫生类 5 条
（占比 0.47%）。

2. 媒介传播策略的总体设计

CCTV 在 Facebook 平台上注重"泛传播"的媒介理念。目前，CCTV
每天平均发布 20 条以上信息，在内容选择上，除立足中国国情外，还具有
较为宽广的国际视野，涉及中国国内时政、社会热点、风土人情、国际时
事热点等多个领域。在信息传播过程中，CCTV 充分发挥议题设置的媒介
功能，输出具有代表性的优质内容，作为媒介"把关人"的角色在社交网
络平台上发挥着强大的舆论引导作用。同时，CCTV 充分把握习近平总书
记提出的"提升我国软实力，讲好中国故事，做好对外宣传"的观点，向

世界传递中国声音，讲述中国故事，向世界展现出"文明大国形象""东方大国形象""负责任大国形象""社会主义大国形象"。可以说，央视网 CCTV 已经搭建起一个多向性的基本构架，覆盖全球 200 多个国家和地区，实现多语种、多平台、多账号、多形式的央视精品内容的国际传播。

以 Facebook 社交平台的点赞、评论、分享三大传播效果机制为考量标准，CCTV 的每一条内容都获得千次以上的点赞和分享，账号运营具有充分的主动性和策略性。根据三大指标在数值上呈现的一般性规律，我们对 2017 年 1 月 1 日至 3 月 31 日间 CCTV 帖文的三大指标进行了统计：CCTV 单条帖文点赞数大于 10000 的共 132 条，占比 12.3%；单条帖文分享数大于 1000 的共 116 条，占比 10.8%；单条帖文评论数大于 100 的共 87 条，占比 8.1%。在这三项指标中，CCTV 与国内同类型媒体账号相比均具有较大优势，但与国外媒体账号（如 CNN）相比，尤其在评论数和转发数两项指标上，则差距较大。这说明，CCTV 在 Facebook 平台上逐渐得到了国际受众的关注，但在具体媒介事件的参与程度和引导能力方面还有待加强。

（三）CCTV 的文化传播内容分析

从帖文数量上来看，涉及文化社会类的帖文在所有发布类型中具有明显的数量优势，CCTV 在海外社交平台中具有极强的文化传播导向。

1. 文化传播内容的指标呈现

首先，我们引入"国别"分类指标，将文化社会类帖文分为中国/涉华和国际两类。在样本时间段内，中国/涉华类的文化社会帖文共 572 条，占文化类帖文总数的 84%，国际类的文化社会帖文共 110 条，占比 16%。由此可见，文化社会类帖文以中国本土内容为主，注重本土化的文化信息传播。

其次，笔者对样本进行观察，发现 CCTV 文化社会类帖文在题材和内容上具有一定差异，具体来看，可以细分为七个小类别，分别是：熊猫主题、人文历史、其他动物主题、综艺节目、自然地理、社会新闻和节日风俗，图 2 为各帖文主题的发布情况。

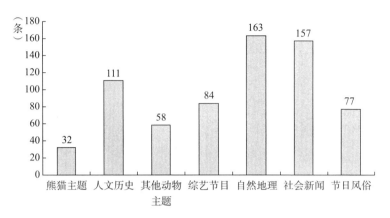

图 2　2017 年 1 月 1 日至 3 月 31 日文化社会类帖文发布情况

由图 2 可知，在样本时间段内，不同主题的文化社会类帖文发布数量由高到低分别为自然地理类（共 163 条，占比 24%）、社会新闻类（共 157 条，占比 23%）、人文历史类（共 111 条，占比 16%）、综艺节目类（共 84 条，占比 12%）、节日风俗类（共 77 条，占比 11%）、其他动物主题类（共 58 条，占比 9%）和熊猫主题类（共 32 条，占比 5%）。需要特别说明的是，在进行样本统计分析时，我们无法忽略具体媒介事件所带来的指标影响。例如，本文选取的样本时间段，适逢中国传统节日春节，所以，与春节、春晚有关的帖文具有相对较高的议题设置度。而通过笔者对 CCTV 账号的长时期观察，其他时间段内发生的重大文化社会类事件，如 2016 年 8 月里约奥运会的举行，同样会影响到 CCTV 文化社会类帖文的整体分布情况。所以，文化社会类帖文的主题排序仍需进行长期的数据跟踪，但在本文研究的时间周期内，主题排序则显示出了图 2 所示的样本数据分布规律。

以 Facebook 的点赞、评论、分享三大传播效果机制为考量标准，CCTV 文化社会类帖文的排名又出现了与发布数量排名相异的情况，具体如图 3、图 4、图 5 所示。

由图中数据可知，综艺节目类帖文同时获得了最高点赞总量（约 186 万，占文化社会类帖文点赞总量的 40.74%）、最高评论总量（约 4.3 万，占文化社会类帖文评论总量的 64.57%）和最高分享总量（约 98 万，占文化社会类帖文分享总量的 77.27%），而发布数量排名第一的自然地理类帖

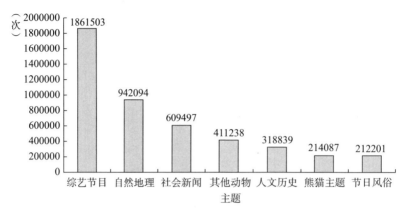

图 3　2017 年 1 月 1 日至 3 月 31 日文化社会类帖文点赞总量排名

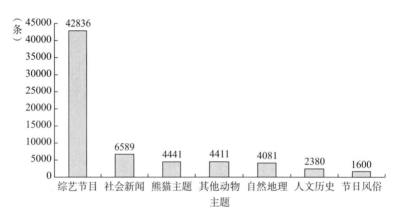

图 4　2017 年 1 月 1 日至 3 月 31 日文化社会类帖文评论总量排名

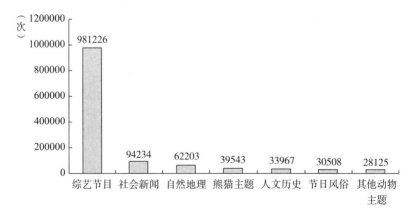

图 5　2017 年 1 月 1 日至 3 月 31 日文化社会类帖文分享总量排名

文在三大指标中并不占据绝对优势。具体来看，综艺节目类帖文以《出彩中国人》《挑战不可能》《非常 6 + 1》和央视春晚、元宵晚会的精彩节目片段为主，整体内容体现出创意度高、趣味性强和受众参与度高三方面的传播特征。

最后，统计结果显示，获得单次最高点赞量的为自然地理类帖文——2017 年 3 月 2 日发布的"伊犁杏花开放"摄影类帖文，获得 15 万点赞量；获得最高评论量的为综艺节目类帖文——2017 年 1 月 22 日发布的春晚"冰与火"杂技表演，获得 3876 条评论；获得最高分享量的同样为综艺节目类帖文——2017 年 3 月 29 日发布的"八岁男孩纸片切水果"节目视频，获得 9.9 万转发量。

2. 文化传播在国家形象塑造中的整体观

20 世纪 90 年代，国际政治学者约瑟夫·奈（Joseph Nye）提出"软实力"（soft power）概念，即"主权国家在处理国际事务中和实现自身所追求的国家利益时，不是借助有形的硬性强迫实力，而是依靠自身的感召力和吸引力"[①]。国家软实力来自文化、价值观和外交政策三方面，在这里，奈将文化作为特定视角，对全球政治的整体形势进行解读，认为"文化力"在全球政治生态中起到愈发重要的博弈作用。近代世界历史发展中，尤其是二战结束后，作为一种区别于硬性强迫形式的力量，文化随即成为影响国家形象和国际关系的重要变量。文化传播在"软实力"的世界话语体系中，被赋予了新的意义，对国家形象的建构起到形塑作用。

曾经一段时间，中国的文化传播面临着来自国内传统观念和国际文化价值冲击的双重压力，传播未能获得充分的有效性。进入网络时代后，新媒体迅速兴起，使得国家形象的塑造不再简单依靠舆论宣传和外交博弈。作为国家层面的发声渠道，包括央视、《人民日报》、新华社等在内的国家媒体进行了网络化技术实践，通过改造和变革自身的传播理念和技术，成为中国全球传播的重要力量。

央视网 CCTV 在利用 Facebook 进行媒介传播时，形成了自身独特的媒介呈现样式，并以文化内容获得高媒介关注度，由此，国家形象建构便有

---

① 吴友富：《对外文化传播与中国国家形象塑造》，《国际观察》2009 年第 1 期，第 9 页。

了文化传播层面上的整体观。

第一，文化作为国家"软实力"的重要呈现形式，在国家形象塑造的过程中占有不可或缺的地位。从社会和个人的心理归属认知角度来看，国家形象"是个人对某一个国家的亲身经历、领悟、观点、回忆和印象的总和，它包括个人对这一国家的情感和审美"①。CCTV 以本土文化为特色，在内容呈现上，发布一系列极具中国鲜明文化特征的信息素材，通过文化内核的整体传播，中国的国家形象获得了比以往更高的关注度。

第二，注重类型化信息的传播有效性，是央视网在使用 Facebook 社交平台进行国家形象塑造时的重要策略。CCTV 以文化类帖文作为媒介传播的内容定位，发布中国的自然风光、民风民俗、历史人文等信息，展现中国国家形象的历史底蕴和文化内涵，同时整合"硬新闻"和"软新闻"，进行信息内容的多面性生产。与同类型媒体 Facebook 账号相比，CCTV 具有更为多元的文化取向，注重文化类内容的精细化处理，充分结合 Facebook 社交平台的传播特性，在所发布的每一条信息中运用文字、图片、视频相结合的形式，对文化类内容进行融合性媒介传播，坚持文化内容的原创性，包括文字的编辑原创性、图片的新闻和艺术原创性、视频的央视内部素材来源的独立性。

第三，文化内容具有更高的受众认知度。作为一种沟通介质，媒介在当下的现实环境中，为世界不断建构出一个完整而复杂的图景。通过向外界展示中国的文化风貌，CCTV 的文化类帖文为受众提供了一个更为丰满的文化中国形象，在对外传播的过程中，更容易获得受众认可，满足了外部世界对于了解中国制度化信息之外的文化心理需求。

结　语

从 CCTV 全球页账号良好的文化传播效果来看，国际化社交媒体平台的传播具有如下优势。

---

① 虞定海、张茂林：《口碑传播视角下健身气功国际化推广与中国国家形象构建》，《上海体育学院学报》2010 年第 6 期，第 73 页。

第一，在形式上，国际化新媒体平台的传播实践，打破了以往传统媒体过于强调正面宣传的单调、抽象和僵化的传播形式。

第二，在内容上，通过内容创新，更加生动而全面地向世界展现中国的本土文化，吸引来自世界各国的 Facebook 用户关注，推动对话和交流。

与此同时，当前以央视网为代表的中国官方媒体，在使用社交媒体平台进行全球文化传播和国家形象塑造时，还存在着创新性和前瞻性不足、传播理念固化、传播内容模式化等问题，仍有很大改善空间，具体措施如下。

一是加快形成更为整体和系统的文化传播理念。要在战略传播的层面，进行总体性的设计，制定更为明确的文化传播目标和策略行动计划，尽量避免文化传播的偶然性和被动性。在进行国家形象塑造时，应树立"品牌国家"意识，将中国强大的文化资源转化成真正的品牌资产，通过有效的品牌传播管理，发挥在全球传播态势下的品牌优势，形成具有中国鲜明本土特征的文化品牌。

二是提高文化传播内容、形式和手段的创新力度。文化具有潜移默化的印象形成作用，当前，CCTV 全球页账号所发布的文化类内容，与传统媒体发布的内容具有极高的相似度，忽视了新媒体传播的特殊性，成为传统媒体的新媒体平台延续，难以根本改变全球受众对中国固有的国家印象。在今后的媒介运营中，应弱化官方的宣教色彩，以平民化和大众化的视角进行文化内容的选取和发布，并掌握更为活跃的新媒介传播形式，如短视频、直播、弹幕等，强化国家形象建构方式的新媒体属性。

三是立足新媒体平台，重视新媒体时代中的受众主体性作用。Facebook 就其本质来说，是一个注重人际传播的社交媒体平台，具有自发性、互动性、即时性等特征。媒介使用者既是信息传播的主体，又是信息接收的受体。如果没有充分的互动和赋权，新媒体便失去了受众的基础支持。所以，中国媒体应充分发挥 Facebook 平台节点化、网络化、社区化的传播优势，与全球范围内的媒介使用者进行高频度互动，注重文化传播的双向性，摆脱目前账号文化传播中"阅读－评论"的单一受众模式，争取文化内容更高的传递效果，培养用户群网络社区，扩展网络传播效应，有效提升文化传播水平和文化传播能力。

　　四是积极寻求文化传播的认同价值。在以往的媒介行为中，文化传播实践受"刺激－反应"行为模式影响，忽略了认同的力量。曼纽尔·卡斯特尔（Manuel Castells）认为，多元主义时代中的"文化认同"（culture identity）是网络社会的重要特征。而社交媒体时代的全球化发展和国家形象塑造，"使世界范围内的社会文化出现多样性展示、流变性呈现和断裂性改变"①。中国媒体的海外文化传播，必须建立在多样性的文化展示基础之上，以寻求更高层次的文化认同，避免以自我为中心的本位思想，重视与具有共同价值的全球受众进行互动，而非单向性的自我价值展示。

　　总之，中国媒体有必要也有能力在社交网络和海外社交平台的发展中突破现实束缚，积极探索更为灵活和有效的文化传播形式，充分利用文化传播对国家形象塑造的独特作用，在全球传播的竞争中争取更好的发展势头，促进中国与世界各国之间的相互包容和理解。

---

① 薛潇、高治东：《外语学习者文化身份的特征与构建》，《延安大学学报》（社会科学版）2015 年第 3 期，第 102 页。

"一带一路"传播研究

"一带一路"与中国软实力构建

丛培影[*]

摘　要：中国已经成为世界第二大经济体，未来将面临软硬实力发展不均衡的现实挑战。与硬实力相比较，中国在软实力构建方面存在明显不足。长远来看，作为一个全球大国，除了在经济和军事实力方面保持领先之外，中国应该更加注重本国软实力的构建与提升。目前，中国正在积极推进"一带一路"建设。虽然"一带一路"的主要目标是加强中国与沿线国家经济合作，推动区域共同发展，但其长远战略目标将着眼于加强中国与沿线国家之间的文化交流与往来，实现不同文明之间的包容与互鉴，不断提升自身的软实力。在推进"一带一路"建设的历史进程中，中国可以借鉴和参考西方社会对中国软实力的理解与认知，不断发现自身在该领域存在的问题与不足，积极探索软实力构建的现实路径。

关键词："一带一路"　软实力　理性认知　构建路径

目前，中国正在积极推进"一带一路"建设。"一带一路"旨在促进资源整合，优势互补，推动沿线各国实现政策协调，开展更大范围、更高水平、更深层次的区域合作，打造开放、包容、均衡、普惠的区域经济合作架构。[①] 与此同时，"一带一路"也是亚、非、欧几大文明相互交流的通道，将中国与亚、非、欧三大洲的国家连接起来。通过古代丝绸之路，三大洲的国家开始了解和认识中国，并对中华文明和华夏民族产生浓厚的兴

---

[*]　丛培影，中央团校"一带一路"战略研究院副秘书长、以色列海法大学亚洲研究系博士后。

[①]　国家发展改革委、外交部、商务部：《推动共建丝绸之路经济带和21世纪海上丝绸之路的愿景与行动》，http://zhs.mofcom.gov.cn/article/xxfb/201503/20150300926644.shtml，2015年3月30日。

趣。"一带一路"赋予古代丝绸之路新的时代内涵，焕发出新的生机与活力。"一带一路"的重要目标之一是实现沿线国家和地区民众之间的心灵相通。事实上，加强经贸往来和民心相通两者之间相互影响、相互促进，而且实现民心相通是加强经贸往来的基础和保障，积极的经贸往来也会促进不同国家民众间的相互理解与认同。在西方国家主导的国际话语体系中，"一带一路"往往被外界误读为中国版的"马歇尔计划"、"门罗主义"、争夺海洋霸权、推行"新殖民主义"等。① 如果沿线国家受到这些偏见的误导，"一带一路"建设将会遭遇挑战和麻烦，因此，正面地宣传和系统地阐述"一带一路"的理念显得十分重要。近年来，中国政府越来越重视国家软实力的提升，党的十七大报告明确运用了"文化软实力"的概念，党的十八大报告明确提出建设社会主义文化强国的宏伟目标。② 作为世界第二大经济体和新兴大国，中国需要注重软、硬两种实力的同步提升，"一带一路"建设的推进需要在亲善友好的大环境中实现合作共赢，"一带一路"建设应该与中国软实力构建同步推进，并实现两者之间的相互促进。

一 西方社会对中国软实力的理解与认知

"软实力"（soft power）是由哈佛大学教授约瑟夫·奈（Joseph Nye）在 1990 年提出的。此后，他对这一概念进行了系统的补充与完善。③ 他认

---

① 黄日涵、丛培影：《"一带一路"的外界误读与理性反思》，《中国社会科学报》2015 年 5 月 13 日，第 B02 版。

② 胡锦涛：《坚定不移沿着中国特色社会主义道路前进 为全面建成小康社会而奋斗——在中国共产党第十八次全国代表大会上的报告》，人民出版社，2012，第 30 ~ 34 页。

③ 1990 年，约瑟夫·奈出版了《注定领导世界：美国权力性质的变迁》（*Bound to Lead*: *The Changing Nature of American Power*），并于同年在《外交》（*Foreign Affairs*）发表了题为《软实力》的文章。2002 年他出版了《美国霸权的困惑：为什么美国不能独断专行》（*The Paradox of American Power*: *Why the World's Only Superpower Can't Go It Alone*），2004 年出版了《软力量：世界政坛成功之道》（*Soft Power*: *The Means to Success in World Politics*），2011 年出版了《权力大未来》（*The Future of Power*）。同时，他还发表了大量关于软实力的学术文章和评论。在这一系列著作和文章中，约瑟夫·奈对软实力的概念进行了系统的论述和阐释。

为，在国际政治中，一个国家完全有可能因为他国的追随、支持而得偿所愿。那些国家仰慕其价值观，并处处效仿，渴望达到与其不相上下的繁荣和开放程度。软实力靠的是诱导而不是强迫，依赖于一种塑造他人偏好的能力，是一种吸引力。① 他在其著作中特别提到软实力依靠的是共有价值观所产生的吸引力，以及实现这些价值观所需要的正义感和责任感。他认为其来源包括三个方面：文化（在其能发挥魅力的地方）、政治价值观（无论在国内外都能付诸实践）、外交政策（当其被视为合法，并具有道德权威时）。②

奈在谈及中国软实力的来源时，认为中国魅力无穷的传统文化，正在进入全球流行文化领域。③ 例如，中国留学生数量在不断增长，外国游客数量大幅上升；中国在世界各地创建了数百个传授语言和文化的孔子学院，中国国际广播电台增加了英语广播节目。推动中国发展的"北京共识"比"华盛顿共识"对于很多发展中国家更具有吸引力。④ 他强调，软实力不一定是零和博弈。如果中国决定在国际事务中扮演一种新型的"负责任的理想相关方"角色，那么其硬实力和软实力的结合将为世界做出积极贡献。⑤

卡内基国际和平研究院的访问学者约书亚·科兰兹克（Joshua Kurlantzick）认为，中国发展同亚洲周边国家的关系的外交实践，丰富了软实力的内涵。软实力可以包括除安全领域以外的所有要素。他认为，中国第一次成功地提升了自身软实力是在1997年东南亚金融危机中，中国承诺人民币不贬值，这个决策对于整个亚洲国家渡过危机具有重要意义。更为重要的是，中国清晰地表达了希望与东南亚国家发展"双赢"（win - win）关系，并得到了东南亚国家的积极认可。⑥ 中国主要运用其软实力和文化外

---

① 〔美〕约瑟夫·奈：《软力量：世界政坛成功之道》，吴晓辉等译，东方出版社，2005，第5～10页。

② 〔美〕约瑟夫·奈：《软实力：权力，从硬实力到软实力》，马娟娟译，中信出版社，2013，第15页。

③ 〔美〕约瑟夫·奈：《权力大未来》，王吉美译，中信出版社，2012，第125页。

④ Joseph S. Nye, "The Rise of China's Soft Power," *Wall Street Journal Asia*, December 29, 2005.

⑤ 〔美〕约瑟夫·奈：《权力大未来》，王吉美译，中信出版社，2012，第127页。

⑥ Joshua Kurlantzick, "China's Charming: Implications of Chinese Soft Power," June 2006, http://carnegieendowment. org/files/PB_47_ FINAL. pdf.

交，创造出了一种"好邻居"（good neighbor）的观念，这是因为中国与邻国之间存在共有的价值和历史遗产，是美国和其他西方国家无法企及的。①

外交学者网站（The Diplomat）特约评论员特雷弗·莫斯（Trevor Moss）认为软实力主要存在于思想层面，没有国家是通过强迫的方式让对方喜欢自己的，而是通过吸引力使自己变得被人喜爱和理解。他提出了提升国家软实力的关键在于"因地制宜"。他认为，在一个国家实行的成功案例可能在另一个国家就不成功，这是由于不同的文化、政治和历史因素在其中发挥了关键作用。在他看来，西方国家喜欢揣测中国提升软实力的行为和背后的动机，并得出带有偏见性的结论。但是，非洲人对于中国的援助则并没有这种反应，非洲人认为这是"贫者在帮助贫者"，中国在帮助非洲的过程中，非洲人对中国表示出尊重。对中国颇有微词的一些非洲人，也不得不承认，有很多人把中国视为救世主、伙伴和榜样。②

世界邮报主编内森·加德尔斯（Nathan Gardels）认为，过去三十年，中国的软实力有两个基础。一个是让人羡慕的"治理体系"，它可以达成共识，代表中国人民为了长期目标而一以贯之的执行政策。"治理体系"让数以亿计的人摆脱了贫困。高速铁路网的建立、上海学生在全球的出色成绩、对腐败问题的严肃处理、对环境问题的不断重视，这些都是中国软实力提升的体现。另一个基础就是中国创造性地提出"和平崛起"的理念。但是他认为，中国不应该陷入一个让硬实力伤害自己的软实力的"陷阱"。他认为，美国就是最好的例证，入侵伊拉克、关塔那摩监狱虐囚事件都对美国所倡导的民主、和平理念造成严重冲击。他认为，中国需要在全球气候变暖等一些关乎人类社会未来发展的重大议题上做出贡献，以获得更广泛的认可。③

美国著名中国问题专家沈大伟（David Shambaugh）在《外交》杂志上

---

① Joshua Kurlantzick，"China's Soft Power，"March 25，2011，http：//thediplomat. com/2011/03/chinas - soft - power/.

② Trefor Moss，"Soft Power? China Has Plenty，"June 4，2013，http：//thediplomat. com/2013/06/soft - power - china - has - plenty/？ all = true.

③ Nathan Gardels，"Is China's Hard Power Undermining Its Soft Power?" *The World Post*，June 16，2014.

发表了题为《中国软实力的决心》的文章。他对于中国软实力的现状进行了分析。总的来看，其观点有严重的误导性并且存在很大偏见，这和他此前对华态度的转变有很大关系。他认为中国提升软实力最常用的手段是金钱。虽然大国都会利用金融资产购买影响力并塑造他人行为，但中国有些例外，因为无论回报有多低，中国都能够接受。他从官方机构、媒体、信息、教育等多方面对软实力进行了解读，认为中国软实力的优势是3000多年的文明遗产、中国的艺术、中国正在大批出现的世界级的古典音乐家，以及中国开始抢占世界市场份额的电影业。①

奈提出，软实力是对以美国为代表的西方国家的价值理念和意识形态，采取的一种更加巧妙的传播方式。冷战时期，美国通过构建"民主国家联盟"的方式，获得了自身的合法性。但在冷战结束后，美国迫切希望通过西方价值观的传导和散播，稳固自身霸权的合法性。软实力是控制方式上的改变，它只是在手段方式上区别于"大棒"的强迫和"金钱"的收买，是一种利用规则设置以限制对方的行为选择或利用发展优势吸引别国效仿的方式。② 软实力一般通过民众满意度表现出来，现实中很难对其做出精准的评估。奈本人也曾经承认软实力类似于"爱"，很容易被体验，却很难被界定和评估，③ 即使做出了评估，也很难摆脱外界政治因素的干扰，因此，软实力的评估结果只具有参考价值。中国与西方国家在历史文化、价值理念、意识形态和道路选择等方面存在着巨大差异，西方国家对中国产生认知偏见是客观存在和难以消除的。此外，中国的软实力还受到与西方大国双边关系整体走势的影响。比如，西方国家主导的民意调查机构就在某种程度上主导软实力评估指数的话语权。如皮尤研究中心、盖勒普民意调查机构都会在一些重要的时间节点选择公布对中国不利的软实力指数。

---

① David Shambaugh, "China's Soft - Power Push," *Foreign Affairs*, July/August 2015, https://www.foreignaffairs.com/articles/china/2015 - 06 - 16/china - s - soft - power - push.
② 唐庆、冯颜利：《国外对软实力与中国软实力建设的研究——兼评约瑟夫·奈的软实力理论》，《国外社会科学》2015年第2期，第6页。
③ Xie Tao, "China's Soft Power Obsession," April 14, 2015, http://thediplomat.com/2015/04/chinas - soft - power - obsession/.

应该看到，西方学者对于中国软实力的理解与认知也存在一定共识。首先，中华传统文化具有很强的吸引力，对中国提升软实力将发挥积极作用。其次，中国的发展和治理模式对于很多发展中国家具有借鉴意义。最后，中国的软实力在非洲和拉丁美洲等地区有较好的基础，而在西方国家则相对薄弱。因此，构建和提升自身的软实力确实需要"分清主次，因地制宜"。虽然关注重点不尽相同，观点差别也很大，但这些西方学者对中国软实力的不同理解和认知对"一带一路"建设具有重要的参考价值，需要中国正确对待并进行必要的反思。

二 对中国软实力的重新理解与反思

中国要成为一个具有世界影响力的全球大国，就必须注重构建自身的软实力。长期以来，中国都强调需要提升自身经济与军事实力，这样可以增加自身在国际社会的话语权。因而，中国在发展自身实力的时候特别注重硬实力的提升，而对于软实力的构建关注不够。中国在崛起之前，关注的重点是发展经济，但在实现崛起之后，就应该更加关注综合、全面和可持续的发展，既要注重硬实力的提升，更要关注软实力的构建。未来，中国在加强"一带一路"进程中的软实力构建方面，需要特别注意以下五个方面的问题。

（一）注重培育的方法与技巧

不可否认，中国软实力的稳步提升得益于改革开放以来经济发展取得的成就。但对于一个国家而言，不是经济强大就会受到欢迎、被人接受。国家需要实现自身不同实力之间的相互转化。实力转化是一种综合能力，是大国崛起必备的条件，这也就意味着单纯依靠经济实力不能解决所有问题。在奈看来，经济实力是硬实力，是可以转化为软实力的资源。[1] 哥伦比亚大学金砖国家研究中心主任马科斯·特洛吉（Marcos Troyjo）十分关

---

[1] 〔美〕约瑟夫·奈:《软实力:权力，从硬实力到软实力》，马娟娟译，中信出版社，2013，第41页。

注中国强大的经济实力。他认为，中国的影响力由经济实力推动，但是经济实力必须通过正确的方式才能转化为"吸引力"，这种转化需要技巧，是一门艺术和科学，需要在实践中不断探索。[1] 软实力的培育需要注意方式和方法，需要注意对象和场合。西方社会特别注重政治营销的过程。一位西方学者以其亲身经历，表明了中国在培育软实力过程中存在的问题。他认为中国在构建软实力过程中，首先需要了解外部世界，其次要注重方式和方法，要与当地的主流文化相契合，最后要注重受众群体的感受。软实力不是一种强制性的输出，而是一种宣导，如果定位出现偏差，就会产生事倍功半的效果。[2] 软实力的构建主体是多元的，包括学者、官员、媒体人、艺术家、科学家、企业家、留学生和身处海外的中国公民等。奈指出，中国在软实力方面的投资得到的回报有限，主要原因是没有很好地调动民间的资源。同时，软实力构建的方式和载体也是多样的，大众文化、教育和文化交流、旅游、市场、商品、体育等都能成为软实力的载体。[3] 一个国家的软实力，不可能是通过一条渠道和一种声音来支撑的。[4] 因此，如果仅仅局限于单一主体和单一手段，就很难达到预期目的。在未来的"一带一路"建设中，中国需要不断创新软实力构建的手段与方式。

（二）注重投入与产出对比

外界认为，对中国的政策制定者而言，只要有资金投入，软实力就会自然提升。但事实上，一味地进行资金投入而不顾及投入和产出比，反而会伤害自身软实力。西方国家按照传统思维，会对公共外交的投入和产出比进行分析。如果中国只注重大规模投入，而不对产出进行评估，就会给对中国存有偏见的西方官员和学者进行事实歪曲留有可操作空间。在政策操纵层面系统地分析提升软实力的实质，会发现它更多是一种精神的感召

---

① Marcos Troyjo, "China's 'Soft Power' Is The Money of Power," June 15, 2015, http://app. ft. com/cms/s/7ffc4d94 – f87b – 3c84 – b8b7 – 4a37eb6508e6. html.

② "Can China Do Soft Power?" *The Atlantic*, April 11, 2013, http://www. theatlantic. com/china/archive/2013/04/can – china – do – soft – power/274916/.

③ 王希：《软实力的硬内容：国家制度和核心价值观》，载李希光主编《软实力与中国梦》（修订版），法律出版社，2013，第190页。

④ 丁学良：《中国的软实力和周边国家》，东方出版社，2014，第72页。

力，不能完全依靠直白的购买手段，而是要通过投入到产出的渐进过程。通过金钱购买政治影响力是不可靠的，这种方式在短期之内可能会收到一定效果，但长期来看则存在很大问题。另外，中国的软实力构建长期由官方全面主导，而忽视对民间机构和资源的整合，导致投入很大，产出却不理想。软实力构建最终要靠理念影响和争取人心，通过分析很多国家的成功案例不难发现，如果有效进行资源整合，适当地分担成本，将会出现很好的效果。此外，缺少健全规范的对外援助也存在严重隐患。一般而言，对外援助需要建立完善机制和模式。援助要有步骤、有规划，否则很容易产生援助方与被援助方之间的过度依赖关系。一旦由客观因素导致援助减少，被援助方很容易产生对援助国的误解，使作为援助者的中国之前的良好形象受到损害。对于基础设施建设的援助，很多国家误解为中国是为了获取其国家的资源而进行所谓的"新殖民主义"。因此，中国在外交实践中，也不能过度强调援助的义务性和非回报性，应该明确表明援助的目标是实现互利双赢和受援国的长远发展。

（三）注重把握关键时机与重要议题

中国在过去能够实现经济高度增长，主要是获得了宝贵的战略机遇和和平稳定的周边环境。提升软实力也需要注重把握时机。在西方学者的论述中，对中国提升软实力印象深刻的是中国在东南亚金融危机爆发时做出的承诺和实际行动。不难看出，在危机时刻的行动和举措对于软实力的提升能够起到事半功倍的效果。危机时刻可以分为两类：一类是对全球或区域历史进程产生重大影响的时刻，比如亚洲金融危机和 2008 年全球金融危机；另一类是某个国家的重大历史时刻，比如美国全面撤军后的阿富汗重建、大地震后的尼泊尔重建等。这都是中国面临战略选择的重大历史时刻。实践证明，中国在这些历史时期给其他国家输送其需要的资源和人力，会赢得更多的支持。作为最大的发展中国家和世界第二大经济体，中国应当承担与自身实力地位相符的国际责任。在危机状态下，如果中国能够顶住压力，通过实际行动帮助受困方成功渡过危机，就能收到更好的效果。历史的经验也证明，"雪中送炭"往往让受援国更加印象深刻。20 世纪 50、60 年代，中国在财力有限的条件下，还对非洲国家施以援手，得到了非洲国家的赞赏，其积极影响一直延续至今。除此之外，对于关乎人类命运和发展的重要议题，如气候变化、环境保护等，中国发挥着更大的作用，表明中国在自身发展后，愿意承担更大的国际责任，这对中国树立大国形象、构建国家软实力具有积极意义。在"一带一路"建设进程中，我们也需要正确把握关键时机与重要议题。

（四）注重"中国模式"的正面阐述

"中国模式"是对国家治理模式的一种探索，能够起到集中力量、着眼长远的积极作用。很多发展中国家并不适合西方的发展道路和模式，中国几十年的经济发展和减贫政策是其他发展中国家不可能不关注的。如果这些国家完全照抄西方的模式，就会陷入混乱和无序状态，严重影响国家发展和民众福祉。西方学者也承认，几乎没有哪个拉丁美洲国家或者非洲国家在按照"西方模式"进行改革后，实现了自己经济的腾飞。[1]"中国模式"是中国通过30多年的实践和探索而获取的现实经验，对很多国家聚合力量、开拓创新、着眼长远发展具有重要的指导意义。巴基斯坦前驻华大使马苏德·汗就曾撰文指出，对中国而言，最好的道路就是坚持自己的独特模式。这种模式创造性地吸收了20世纪两大主导形态——社会主义和资本主义的最好特质，并与中国传统的经济特质和文化习俗融合到了一起。[2] 民主制度需要有经济基础作为保障，如果国民的生计都无法保障，民主将变得毫无价值。很多发展中国家在国家发展阶段需要的不是一步跨入民主，而是要在稳定的环境中进行国家建设，在完成自身建设后，逐步实现民主。"中国模式"所追求的是在循序渐进的实践中不断纠错，通过渐进改革的积累完成改革大业，实践也证明这是一条行之有效的路径。[3]不可否认，"中国模式"还有很多不成熟和不完善之处，但是它却使世界上人口最多的国家在短时间内最大限度地摆脱了贫困，并在经济建设方面

---

[1] 〔美〕约书亚·科兰兹克：《魅力攻势：看中国的软实力如何改变世界》，陈平译，中央编译出版社，2014，第52页。

[2] 〔巴基斯坦〕马苏德·汗：《中国发展模式中的普世价值》，载李希光主编《软实力与中国梦》（修订版），法律出版社，2013，第141页。

[3] 张维为：《中国震撼：一个"文明型国家"的崛起》，上海人民出版社，2011，第107页。

取得巨大成功。"中国模式"是一种发展中的模式，是世界经验和中国本
身经验的积累，"中国模式"的进步对于中国和世界同样重要。[①] "中国模
式"是在发展中不断进行探索与实践，对世界上的很多发展中国家具有重
要的借鉴价值。现实中，负责外宣的相关政府机构需要对"中国模式"进
行系统提炼和概括，不断总结经验与不足，并通过各种渠道和方式让发展
中国家政府清晰、系统地了解"中国模式"。

（五）注重挖掘中华传统文化

中华传统文化是中国在全球化时代重要的名片，它不仅承载了中华民
族 5000 年的悠久历史和灿烂文化，还对东亚和世界文化产生了重要影响。
中华传统文化经常被认为是博大精深、内涵丰富的。宣传中华传统文化、
改善中国形象，对于构建软实力具有极为重要的意义。首先，为了让中华
文化能更好地被外界理解和接受，中华传统文化需要被具体和清晰地阐
述。比如，"和文化"是中华传统文化中十分重要的理念。对于传统文化
的宣传与解读需要强调国家和民族特色，关于"和文化"含义的解读，如
果只把其理解为爱好和平就过于简单和片面，因为这与世界上其他国家的
理念并没有区别，而需要强调中华传统文化中的"和"更重要的内涵是
"和谐"。中华传统文化中的核心理念是"仁"，"仁"需要被赋予新的时
代内涵，应将其贯穿于中国发展同其他国家关系的主线中。中国人崇尚
"礼"，现实中，需要我们对中国的传统礼仪做出蕴含时代特征的诠释。其
次，中华传统文化需要有合适的载体和媒介，让人更好地去感知与接受。
日本作为中国的邻国，其影响力最大的就是日本的动漫。动漫已经成为日
本的文化名片，通过潜移默化的形式在创导日本人的思想和生活方式。同
样的，汉堡、可口可乐、好莱坞大片和美元等，都是美国的"文化符号"。
但中国在这方面却十分欠缺，未来还需要大力发展具有国际影响力的中国
"文化符号"。最后，中国的传统文化需要借助现代的传播手段，并赋予其
新的时代内涵，需要将"和""仁""礼"等中华传统文化理念与外交实
践结合起来，使这些理念契合于国际关系主流价值。这对于中国改善国际

---

① 郑永年：《中国模式：经验与困境》，浙江人民出版社，2010，第 100 页。

形象，消除"中国威胁论""中国崩溃论"的影响具有积极意义。

目前中国所推进的"一带一路"是一项宏大的构想与规划，需要经过长时间的不懈努力，才能收到成效。再好的倡议也需要在实践中探索有效的实现路径，但无论如何，其实施环境将起到关键作用。因此，在推进"一带一路"建设的进程中，选择提升构建软实力的正确路径就显得尤为重要。

三 "一带一路"构建中国软实力的路径选择

软实力并不是一个完全意义上的学理概念，一般趋向于将其理解为一种政策选择。约瑟夫·奈认为，软实力是一个描述性而非规范性的概念。[①]因此，在政策认知层面上，不能将软实力的概念弄得太复杂。简而言之，软实力就是人心所向、理念制胜。中国推动"一带一路"建设，其目标很简单，就是让周边国家分享中国发展的成果，释放中国的诚意和善意。在这个进程中，如果忽视软实力构建的方式与手段，就会遇到麻烦。因此，在"一带一路"建设中，注重构建自身软实力，会让中国变得更"可爱"、更受欢迎、更被信赖，并有助于实现这一宏大工程的目标。具体而言，笔者认为有以下几条路径可以选择。

（一）寻求共识，举办"一带一路"国家认可的文化活动

"一带一路"倡导的民心相通是五大任务之一，更是建设"一带一路"的根基。"一带一路"建设是一项争取民心的工程，只有让所在国的民众理解，才会最终实现民心相通。民心相通的前提条件是加强相关国家对中国的理解和认知，因此，在"一带一路"中构建软实力需要创造合适的文化产品。全国政协委员、中国文化遗产研究院研究员张廷皓此前就对"一带一路"建设提出建议，可以互办文物展览、举办高规格的学术研讨会、开展文化节庆活动，让沿线国家和人民与我们共享当代中国的发展成果，了解中国和平发展的意愿。[②] 学者梁海明在英国金融时报网站上发表文章

---

① 〔美〕约瑟夫·奈：《权利大未来》，王吉美译，中信出版社，2015，第 115 页。
② 叶飞、宋佳烜、陈璐：《"一带一路"释放文化软实力》，http://news.xinhuanet.com/book/2015–03/16/c_127584516.htm，2015 年 3 月 16 日。

认为，中国在推动"一带一路"建设中，应该更加积极推动诸如影视、美食文化、中医药、现代农业和相对比较"轻"的产业走出去。① 影视作品、美食都可以作为一种文化纽带，使两国的双边关系联系得更加紧密，达到"一带一路"倡议中提出的"民心相通"的目的。中国需要发掘自身美食文化的优势，让"一带一路"国家产生一种立竿见影的感受。美食文化看起来只是生活的一部分，但可以起到润物无声的作用，让中国的影响力直接辐射到民间，带来更多的互访、旅游交流和商业机会，促进双边的民心沟通、旅游和商业合作。因此，未来中华美食文化活动的开展对构建中国软实力也将发挥不可忽视的作用。

（二）精耕细作，打造适合"一带一路"国家的文化产品

奈在谈及中国软实力时，曾直言不讳中国还没有像美国好莱坞那样的文化产业，而且其影响力和美国还不可同日而语。② 很多国家都有其标志性的文化产品，提到美国，就不得不提及好莱坞和迪士尼；提到日本，就不得不提及动漫文化；提到韩国，就不得不提及韩剧……但是提到中国，似乎并没有让人印象深刻的文化产品。上述国家的标志性文化产品的最大优势在于容易被认可和接受，并可以很快普及，具有独特性或唯一性。更为重要的是，文化产品可以形成一个产业链条，进而形成一个"系统"，文化产品可以围绕核心主题不断地进行创新，如果总是一副面孔、一个声音，时间久了就会让人产生审美疲劳。中共中央党校赵磊教授认为，要打造一批能够理直气壮推销的轻资产项目，如现代农业、中国餐饮、民俗文化、中医药等，但前提不是仅仅卖历史久远、独一无二的稀缺资源，而是要通过资源的整合与转化，严丝合缝地对接国际需求，在"必需品"上做文章。③ 同时，在瞬息万变的全球化背景下，要能够不断推陈出新。既然中华传统文化在世界上广受青睐，就需要对其进行深入的挖掘，赋予其新的时代内涵。在讲中国故事的时候，也需要讲得更贴近人心，不要注

---

① 梁海明：《"一带一路"应轻装上阵》，http://www.ftchinese.com/story/001063514？page＝2，2015 年 8 月 17 日。
② Joseph S. Nye, "The Rise of China's Soft Power," *Wall Street Journal Asia*, December 29, 2005.
③ 赵磊：《找准"一带一路"的关键点》，《学习时报》2015 年 6 月 29 日，第 2 版。

重形式而忽视目的，要让人感同身受、印象深刻。在打造文化产品方面，中国还有很长的路要走。同济大学教授朱大可认为，中国的文化产业严重缺乏创意。他在文章中谈道："没有创意的文化产业是没有任何前途的，所以必须把创造放到文化产业里面去，这就是我提出文创产业这样一个概念的前提。"[①] 未来，在建设"一带一路"进程中，要发挥中国人的聪明才智，特别注意文化产品，既要量身打造，又要注重细节处理。

（三）放低姿态，学会在"一带一路"沿线国家开展民间交流

中国在发展与其他国家的双边关系时，具有明显的优势，即渠道畅通、技巧娴熟，但在同民间打交道的方式和手段上还略显不足。毕竟，"一带一路"沿线很多国家都是民主选举社会，领导人需要通过定期选举产生，社会的各种政策和措施是协商的结果，效率不高，而且要照顾到不同的利益群体，很可能改变了政策的初衷。如果只同现政府打交道，总会面临政权更替的问题，在外交实践中，缅甸、斯里兰卡的政权更替就让中国外交变得十分被动。"一带一路"沿线国家多为中小国家，中国在同中小国家打交道时可以借鉴美国和日本等国家的成功经验，选择借助于民间团体和半官方机构的力量，这比单纯依靠政府机构显然更为有利。[②] 当然，中国在这方面也在不断地改进。"中国－东南亚民间高端对话会"在印尼举办，柬埔寨副首相索安、印尼前国会议长马祖基、东盟副秘书长穆克坦等政要、前政要、非政府组织、企业、媒体等 200 多名代表出席活动。[③] 2015 年 9 月初，第四届中非智库论坛在南非比勒陀利亚成功举办，来自中国和非洲国家智库的 100 多名学者参加了论坛，并就未来的中非关系进行了讨论。[④] 笔者认为，这个问题可以从以下几方面入手。首先，在大数据

---

① 朱大可：《中国文化产品严重缺乏原创力》，《晶报》2014 年 5 月 23 日，第 B08 版。
② 李帅宇：《对话〈小国与国际关系〉作者韦民：中国该如何与小国打交道?》，http://www.thepaper.cn/newsDetail_forward_1337260，2015 年 6 月 15 日。
③ 《第二届"中国－东南亚民间高端对话会"在印尼举行》，http://finance.people.com.cn/n/2015/0601/c1004-27082869.html，2015 年 6 月 1 日。
④ Yun Sun, "China-Africa Think Tanks Forum: China Broadens Soft Power Campaigns in Africa," October, 2015, http://www.brookings.edu/blogs/africa-in-focus/posts/2015/10/01-china-africa-think-tank-forum-sun。

时代，中国的外交工作也要掌握最新信息，尤其是研究沿线国家民意和社会发展状况的顶级智库，它们需要提供准确和专业的信息。其次，要培育和利用好中国自己的民间机构，尤其是中国半官方性质的工会、青年团、妇联、文联、残联等社会群团组织，可以发挥积极作用。最后，也应该充分利用网络平台，打造"新丝路"网络媒体宣传平台，让沿线国家了解到"一带一路"的最新进展和其中蕴含的商机。

（四）发挥优势，利用文化载体传播"丝路"理念与文化

建设"一带一路"的重要目标是构建中国与周边国家友好互助、密切合作的"丝路文化"。千百年来，中国与周边国家保持密切的文化交流，也存在着很多共同的历史记忆。"一带一路"的建设是在书写世界历史，也是探索区域合作，实现文化互通、民心互动的一次伟大探索，应该借助文化载体将中华传统文化与"丝路"理念和文化实现有效融合。目前，中国的媒体正在积极拍摄并将陆续推出以"一带一路"为主题的大型纪录片，这对国内外民众更加全面深入地了解"一带一路"的历史渊源和承载的文化具有重要意义。未来，此类活动会将"丝路"国家的拍摄和创造团队纳入其中，使内容更加符合受众的需求，也更加国际化。近期，中国与相关国家已经举办了以"丝绸之路"为主题的一系列文化活动。2015 年 8 月，"丝路之光"2015 年中韩雕塑邀请展览在兰州举办，来自中韩两国的 60 多位雕塑家参加了雕塑展。① 2016 年 4 月，国务院新闻办公室发起成立了"一带一路"媒体传播联盟，共有中国五洲传播中心、美国国家地理频道、探索频道、历史频道等 17 家媒体机构签署了"一带一路"媒体传播联盟倡议书，标志着联盟正式启动。② 2017 年 2 月，福建省在伦敦举办了"闽茶海丝行"活动，由副省长黄琪玉带领的 20 家福建茶叶企业，与英国政界、商界、媒体人士和驻英国的外国外交官见面，以茶会友，共谋

---

① 《"丝路之光"2015 年兰州中韩雕塑邀请展开幕》，http://gs.cnr.cn/gsxw/kx/20150817/t20150817_519563398.shtml，2015 年 8 月 17 日。

② 万月：《"一带一路"媒体传播联盟获响应》，《人民日报》（海外版）2017 年 4 月 24 日，第 7 版。

合作。① 中国国家文物局印发《国家文物事业发展"十三五"规划》。规划提出增进与"一带一路"沿线国家及文化遗产国际组织的交流合作，建设"一带一路"文化遗产长廊。② 总之，"一带一路"的研究不能全部集中于经济领域，而应该加强对于文化领域的关注。因此，在注重开展各类与"丝路文化"相关的活动的同时，中国政府也要注重打造系统深入研究"丝路文化"的学术团队和研究机构，同时注重借助新的传播手段，打造"一带一路"自身的新媒体平台，积极传播"丝路文化"，使其在沿线国家与地区生根发芽、开花结果。

四 结论

"一带一路"的目标是加强中国与周边国家的密切联系，打造中国与"一带一路"沿线国家的"利益共同体"、"发展共同体"和"命运共同体"，实现和平、合作、和谐和共赢。但这一切都要从国家之间的相互信任开始。"国之交在于民相亲，民相亲在于心相通"，必须在国与国之间、国民与国民之间建立一种友好关系，彼此之间要有情感认同，才能交朋友，成为朋友才能更好地开展交往与合作。"一带一路"是沿线国家不同文化深入交流的融合剂。不同文明之间的交流互鉴，是当今世界文化发展繁荣的主要渠道，也是世界文明日益多元、相互包容的时代标签，文化传承与创新是各国经济贸易合作的"软"支撑。③ 在实现了"软硬兼顾"后，中国才能成为真正具有全球影响力的大国，才能在实现中华民族伟大复兴的进程中续写辉煌。

① 林卫光：《以茶会友加强中英"一带一路"对接》，http://news.gmw.cn/2017-02/24/content_23808687.htm，2017年2月24日。
② 应妮：《中国官方将建设"一带一路"文化遗产长廊》，https://www.yidaiyilu.gov.cn/xwzx/gnxw/8241.htm，2017年2月22日。
③ 北京市中国特色社会主义理论体系研究中心：《"一带一路"下的文化传承与创新》，《经济日报》2015年1月24日，第13版。

"一带一路"百人论坛文化传播的议程设置及传播策略

田建平　孟令仪[*]

摘　要: 民心沟通是"一带一路"建设的保障,也是建设的目标之一。民心相连源自不同文化系统的交流。本文认为百人论坛文化传播的议程设置覆盖了文化活动的正式、非正式、特定三个层次,包括开拓文化传播的实践活动、弘扬文化传播的精神、论述文化传播的理论。在传播策略方面,百人论坛秉承文化是交流产生的理念,坚持互惠性理解的传播态度,传播中国文化注重对话的传统,形成各国认同的一元化价值观念,打造中国企业的整体形象及自身的品牌文化。

关键词: "一带一路"　文化传播　议程设置　传播策略

一　对文化传播的理解

文化传播中的"文化"产生于文化系统。文化系统划分的标准如下:第一,根植于其他高级生物形式普遍共有的生物活动,本质上与过去具有一定的联系;第二,能不参照其他系统而凭借自身进行分析,由一些独立的成分构成,这些成分能构成更复杂的单位;第三,既能反映其他文化,也能为其他文化所反映。爱德华·霍尔(Edward T. Hall)将一个文化系统明确划分了10个基本的信息系统——互动、联合、生存、两性、领土、时

---

* 田建平,河北大学新闻传播学院教授;孟令仪,河北大学新闻传播学院硕士研究生。

间、学习、消遣、防卫、利用。① 10 个基本系统做成二维的表格后构成
"文化之图"，两两基本信息的组合形成人们日常的活动，如"互动"和
"互动的"组合是"口语交流、适合动力语言"，"两性"和"组织的"组
合是"婚姻团体"。基本信息系统衍生了文化系统的具体内容——文化。
文化就诞生在文化系统内部的互动之中。人类学家泰勒（E. B. Tylor）对文
化所下的定义是："一团复合物，包含知识、信仰、艺术、道德、法律、
风俗以及其他凡人类因为社会成员而获得的能力及习惯。"②

对文化的理解需要在社会环境中解释。社会环境是区别于生物学的，
尽管文化系统根植于高级生物形式，但是从生物学的角度是无法理解文化
的。克娄伯（Kroeber）在《人类学》中这样举例：黑人的厚嘴唇和黑脸
孔是遗传的，可以用生物的原理来说明，但他们也会唱美国的歌，做浸礼
会的教徒，雨天也懂得穿外套，这也是遗传吗？③

文化传播中的"传播"在传播学者施拉姆（Wilbur Schramm）看来
是"人类社交的基本过程"④。传播是一种工具，社会之所以成为社会全依
赖这一工具。传播是人类之间的交流，这种交流本身没有感情色彩，既包
括无声的传播，也包括有声的传播。传播顺利时的结果是"协调一致"，
传播不顺时，便会产生误解。

因此，文化传播可以理解为人类关于文化系统内容的交流，通过交
流，人们获取了对社会环境的认识。

二 "一带一路" 百人论坛文化传播的
议题设置

麦库姆斯（Maxwell Mccombs）和肖（Donald Shaw）认为，大众传播
具有一种为公众设置"议事日程"的功能，传媒的新闻报道和信息报道活

---

① 〔美〕爱德华·霍尔：《无声的语言》，刘建荣译，上海人民出版社，1991，第 40~41 页。
② 转引自林惠祥《文化人类学》，商务印书馆，1991，第 4 页。
③ 转引自林惠祥《文化人类学》，商务印书馆，1991，第 5 页。
④ 〔美〕威尔伯·施拉姆、威廉·波特：《传播学概论》，何道宽译，中国人民大学出版社，
2010，第 2 页。

动以赋予各种"议题"不同程度的显著性的方式，影响着人们对周围世界"大事"及其重要性的判断。这些议题的选择表明了传播的价值观和报道方针。

百人论坛的文化传播的议题设置有三个层面的表现，这三个层面也符合爱德华·霍尔人类文化活动运行的三种形式。人的活动可划分为正式的、非正式的、特定的三种，三个层面适用于文化活动。在任何特定场合下，只以一种形式为主导。正式的活动是通过教诲和告诫而传授的，其方式是带有感情的责备过程：学习者尝试、犯错，并被纠正。[1] 非正式的主要学习途径是仿效，其主要因素是提供模仿的模型。在非正式文化的学习中，整个行为模式是同时学习的，通常学习者自己根本察觉不到他在学习，也觉察不到有某种规范或者规则在约束他们。[2] 技术文化的学习方式通常是，老师以明确的术语通过口语或者书写形式传授给学生。在这种学习开始之前，经常要先做一种逻辑分析，然后再以连贯的概括形式来进行学习。[3]

百人论坛文化传播的三个议题与正式、非正式、特定三个层面相对应的活动分别是开拓文化传播的实践活动、弘扬文化传播的精神、论述文化传播的理论。

（一）开拓文化传播的实践活动

百人论坛文化委员会委员陈平女士，作为联合国教科文非物质文化遗产保护政府间委员会咨询专家，国际民间艺术组织（IOV）全球副主席、中国区主席，在访问捷克期间获得了欧洲艺术联盟会员资格，是全球第31位获奖者。这意味着陈平女士将在今后有资格向组委会推荐来自全球的顶尖艺术家参加欧洲艺术联盟大奖的竞选，特别是选送并推荐来自中国的顶尖艺术家，这给中国优秀艺术家提供了难得的平台。陈平女士还参加了在联合国举行的"二十四节气"申请非物质文化遗产保护的认定活动，其后

---

① 〔美〕爱德华·霍尔：《无声的语言》，刘建荣译，上海人民出版社，1991，第71页。
② 单波：《跨文化传播的基本理论命题》，《华中师范大学学报》（人文社会科学版）2011年第1期，第106页。
③ 〔美〕爱德华·霍尔：《无声的语言》，刘建荣译，上海人民出版社，1991，第74页。

撰文《文化遗产是有温度的民族记忆》，她在文中谈道："只有更加主动融入，积极发出自己的立场，发表自己的见解与声音，积极融入，真诚相待，才是占领联合国地位并树立真正威信的王道。"① 位于大栅栏历史文化保护区东北角的北京坊建筑集群正式落成时，百人论坛积极推广在"北京坊"内的各种活动，组织了百人论坛委员的线下调研活动。这些实践活动报道是对文化传播有体验、有温度的传播，是百人论坛各委员会委员带有感情的尝试。

（二）弘扬文化传播的精神

非正式的学习活动一般在不被人感知的情况下进行，它由成千上万个细节构成，当规则被打破时，我们才能意识到它们的存在，并在整体行为中代代相传。因此，利用模型进行非正式学习是非常有效的。百人论坛文化传播部分的推送稿件有于殿利在商务印书馆建成120周年之际写的回顾；有社长、总编辑娄晓琪总结《文明》杂志15年来关于中国文化"走出去"的心得；有一篇记录王府井10平方米"广义修笔店"的文章，让读者记住了一位手艺人"钢笔张"的能力和坚持。百人论坛提及的具体文化传播事件，是人们在今后传播过程中的榜样。前人在文化传播过程中的试验与成功，会变成后人在文化传播中的精神动力。

（三）论述文化传播的理论

在百人论坛各委员会的委员中，学者占到了总体数量的55%，因此登载关于文化传播的理论论述成为主体内容。理论论述的一种情况是结合某一具体领域或者地点提出文化传播的建议，比如对城市和文化传播、影视作品和文化传播等献计献策，专门谈丝绸之路上的"香文化"。理论论述的另一种情况是用抽象概念去谈论文化，如中国人民大学国际关系学院教授、百人论坛专家委员会委员王义桅在论述软实力悖论时，认为约瑟夫·奈（Joseph Nye）提出的软实力概念是有宗教情节的，是为了反对美国衰落论、提高美国霸权合法性而发明的，里面有"自认为正确"的

---

① 陈平：《文化遗产是有温度的民族记忆》，"一带一路"百人论坛，2016年12月3日。

错误前提。① 此外，中国社会科学院文学研究所研究员孙歌在《寻找亚洲原理》中认为，寻找亚洲是寻找一个可以论述的范畴。亚洲自近代受西方殖民后，无法以自足的逻辑整合为统一的现实。② 如今，亚洲原理又是否会在我们的好奇心和相对主义的态度中孕育而生，成为一元化的普遍性知识？这些关于文化的理论论述和建议都是基于逻辑的一种概括，专属于文化学习活动的范畴。

三　百人论坛倡导的文化传播策略

（一）宣传文化传播有益于"一带一路"的全面建设

"一带一路"本身主要内容就是"五通"——政策沟通、设施联通、贸易畅通、资金融通、民心相通。无论是专家、学者调研，还是理论论述，百人论坛始终都强调"软"联通，一直将旅游、留学、人员等"软"联通放在与铁路、通信光缆等"硬"联通同等的地位。谈及历史上丝绸之路的文化交流，百人论坛有关"香文化"的文章认为丝绸之路的开通带来了品种繁多的域外香料，促成了中国"香文化"的产生。例如，传承自东汉的"被中香炉"技艺的唐代香具、香囊传入西亚、北非，当地仿制的"香球"又传入意大利威尼斯，这符合人类文化传播论派的说法。德国传播论派的学者弗·格雷布内尔（F. Graebner）提出"文化波"，认为"地理位置分割开的不同文化可能会由于人对物质和富裕生活的需求而开始了文化间的互动"③，各民族文化的相似性即便不是全部，也有大半可以由历史上的接触而发生的传播或"借用"来解释它。人类的创作力微不足道，发明本是很罕见的事，而不同的民族有相同的发明，尤为绝无仅有。④ 故百人论坛始终强调联通，认为文化的联通是"一带一路"的基础，既可推

---

① 〔美〕约瑟夫·奈：《中国软实力的崛起》，《华尔街日报》2005 年 12 月 9 日。
② 孙歌：《寻找亚洲原理》，《读书》2016 年第 10 期，第 136 页。
③ 单波：《跨文化传播的基本理论命题》，《华中师范大学学报》（人文社会科学版）2011 年第 1 期，第 104 页。
④ 林惠祥：《文化人类学》，商务印书馆，1991，第 36 页。

动"一带一路"硬件设施的进步,也可提供融洽氛围,是"一带一路"的重要目标之一。

(二) 坚持互惠性理解的文化传播态度

互惠性理解指在文化差异中形成互补性知识,强调文化观念的互相印证。一般错误的做法是将建立在刻板印象、民族中心主义、意识形态等基础上达成的理解当作对他者的敌意,正确做法是努力基于生活事实与文化动态发展进行对话式理解。拥有正确的文化传播态度涉及两方面。① 一方面是百人论坛对外进行文化传播时需要应对西方对东方文化的误解。如何理解中国文化的崛起对西方来说是一个难题,很多西方人对东方人的理解多建立在刻板印象上,也会受到意识形态的影响。百人论坛意识到西方对东方的刻板印象这一问题,在对外传播时会提出自己对于文化事物、精神的见解,同时也传播美国汉学学者对中国儒家文化的学术理解。另一方面是百人论坛本身为避免西方加深对我们的刻板印象,需要积极同外界进行生活上、艺术上的社会交流。我们首先要努力弱化感知文化差异的跨文化敏感,了解其他文化环境。跨文化敏感是一个人在跨文化交流中可以建立积极的情绪去理解和欣赏文化差异,并促进恰当和有效的行为的能力 (an individual's ability to develop a positive emotion towards understanding and appreciating cultural differences that promotes appropriate and effective behavior in intercultural communication)。② 在文化交往中,人们的跨文化敏感度会变得越来越弱。百人论坛的报道曾让读者了解到中亚孔子学院的学生情况,让读者了解到英国对"中式"宝塔的维护,也让读者身临其境地感知联合国非物质文化遗产的申报。这些报道都让读者接触到了真实的文化动态。

(三) 打造"软"联通的一元化价值观

这里的一元化,与以多元化为名而造成人们之间相互冷漠的"政治正

---

① 单波:《跨文化传播的基本理论命题》,《华中师范大学学报》(人文社会科学版) 2011 年第 1 期, 第 110 页。

② Chen G. M. , W. J. Starosta, "A Review of the Concept of Intercultural Sensitivity," *Human Communication* 1 (1997): 5.

确"相对。现代发达的理性与审慎习惯使人们大大加强了相互的理解，但人们容易在文化多元论或文化相对主义的语境下，表面上做到相互尊重，实际上却互不关心、相互歧视。20世纪以来，人类面临的新形势就是世界上各种文化传统（如中国文化等）和文化共同体（如女性主义等）获得了自己的话语权，并且开始发展了话语自圆其说的辩护能力。① 主体性观念在中国的急速发展发生在20世纪80年代。然而，现代以来的"主体性"原则（它是各种现代观念如个人主义、自由主义、民主思想包括法西斯主义等观念的共同哲学基础）已经远远处理不了在全球化背景下产生的思想新形势。② 这既是中国在"一带一路"过程中面临的文化传播的核心问题，也是中国改革开放引入主体性后面临的问题。"一带一路"涉及东方文化、西方文化。如果每个文化共同体都各行其是，提出自己的观点、论据，但做不到理解、接收其他文化共同体，那"一带一路"的开放将只停留在对"新事物"的理解阶段。百人论坛在初期就开创了中国与马来西亚合作的中马钦州产业园和马中关丹产业园的企业生产模式。铁路、光缆、港口等经济发展方面的"新事物"在"一带一路"实施过程中受到的阻力较小，沿线及相关的国家对拉动经济增长的新事物不会排斥，但是理解其他文化共同体却不容易。百人论坛讨论过英国《经济学人》2015年公布的世界软实力国家的排行榜，认为英语、1215年《自由大宪章》、文学艺术作品都是英国位居榜首的促成因素。可见，"一带一路"对文化的开放应该包括另一个阶段的开放——对异质事物的理解。异质事物与"新事物"不同，它永远体现在他者文化或者价值体系的深处，往往与我们深层的文化或者价值体系格格不入。因此，如今中国需要打造一种获得"一带一路"沿线及相关各国共同认可的一元化价值观念。这项任务任重道远，我们首先要做的是倾听和理解。倾听是接受的前提。理解不仅是要比过去知道得多一些，更重要的是要创造一种对话，借助于对话，让双方的思想和问题得以

---

① 赵汀阳：《理解与接受》，http://www.cssn.cn/zhx/zx_zrzl/201507/t20150715_2080775.shtml，2015年7月15日。

② 赵汀阳：《理解与接受》，http://www.cssn.cn/zhx/zx_zrzl/201507/t20150715_2080775.shtml，2015年7月15日。

被质问与讨论，从而在这种对话中生产出建设性的结果。① 目前，百人论坛在打造共同价值方面有充足的认识，但是还缺少具体做法的理论论述和实践。

（四）提倡尊重、对话的中国传统理念

百人论坛认为"一带一路"上的文化传播、"软"联通要始终坚持、发扬中国传统的价值观和儒家精神。王义桅教授还提出了"软实力悖论"的说法。"软实力"是中国引进美国等西方国家的一种理论，在中国落地生根后开始有了更多的中国内涵，并没有在美国背景下该种理论具有的误区。西方和东方恰好处在了某些文化研究的两端。《希腊精神》的最后一章"现代世界的方式"提到了古希腊之后没有人再把精神真理和理智真理平衡起来。每一代人都尽力平衡，使内心世界的图画适合于这变动不居的外在世界画框。结果是，东方人能够舍弃画框从而放弃斗争，西方人却成为理智的仆从。② 爱德华·霍尔认为文化中有一条不准原理，即观察者研究一个层次上的抽象物越是精确时，在另一个层次上就越不精确。所以，传播中国特有的理念有助于世界理解中国提出的政策内涵，减轻文化本身具有的民族中心主义倾向所带来的冲击。百人论坛认为在推广中国文化时要直面外来的误解，质疑"中国文化崛起"产生的威胁，提倡注重发展与对话的中国价值理念，将发展中国文化看作中国人和外国人"重新发现"中国传统的哲学、宗教、文化、艺术的伟大的过程。百人论坛希望可以为与中国交往的国家提供理解世界的新途径，反对"文化是单一的"这种说法，不认为文化的崛起就意味着这个国家在竞争中的胜利，相信中国文化可以做到和而不同。中国传统哲学从根本上说是政治哲学——无论儒家、道家还是法家，都承认人民知道自己需要什么样的幸福。与西方一致听从先知的宗教理念不同，中国最受人尊敬的圣人告诉人们什么是实现我们真正想做的事情的最佳途径。面对冲突与误解，百人论坛提出的策略始终做

---

① 赵汀阳：《理解与接受》，http://www.cssn.cn/zhx/zx_zrzl/201507/t20150715_2080775.shtml，2015 年 7 月 15 日。

② 〔美〕依迪丝·汉密尔顿：《希腊精神》，葛海滨译，华夏出版社，2008，第 309 页。

到尊重、了解价值体系不同这一前提，坚持倾听他者，认为"软"联通需要得到别人的认同、信任和尊重。

（五）提倡塑造中国企业文化

企业是"一带一路"执行环节的中坚力量。资金、技术固然重要，但企业文化可以提供良好的口碑，使企业产品在当地落户生根。一方面，中国企业应该集体树立讲信誉、讲创新等一系列意识。百人论坛提到企业文化建设或者对外传播建议时都会讲企业应该收获当地的尊重与信任。另一方面，全球化并不等同于同质化，中国每个企业应该打造属于自己的品牌文化。品牌文化是企业自身的精神追求和当地商业需求的结合。全球知名传播集团奥美集团全球董事长兼首席执行官迈尔斯·扬（中文名杨名皓）在接受新华社记者专访时指出，中国企业"走出去"还需加强市场调研，更多地了解当地文化和消费者需求，特别是物质以外的精神、情感方面的需求，提升软实力，加强品牌建设和创新意识。企业文化来自企业本身对品牌的热爱，赋予品牌适当的意义和精神，使客户真正爱上品牌是企业获得长久利润的保障。百人论坛探讨过日本经营了150年以上的商业品牌。东京商工调查公司2016年发表的一份调查报告表明，全日本超过150年历史的企业达到21666家，2017年将又有4850家企业满150岁生日。而有资料显示，我国企业的平均寿命是7~8年，小企业的平均寿命是2.9年。培养企业文化，可以在现实层面反映中国文化发展的趋势，使当地人真实地体会到中国文化的状态。

四　总结

百人论坛文化传播的议程设置符合爱德华·霍尔提出的有关人类活动的三个层面的观点。在正式层面上，百人论坛文化委员会委员走访、对话"一带一路"沿线国家，积极融入世界文化交流的活动。在非正式层面上，百人论坛通过一个个在不同领域获得经验的案例，提供文化传播的模型，引导人们进行有益的尝试。在特定学习的层面，百人论坛利用自身专家资源的强大优势，为"一带一路"文化传播引发的"软"联通摇旗呐喊，希望如今的"一带一路"也能成为文化交流之路。在三项主要议程上，百人论坛提出了具有实际性、方向性的策略。百人论坛秉承着文化依靠互通、交流产生的理念，号召不同文化的人们在交往时克服刻板印象、弱化自身的跨文化敏感度，传播中国文化注重对话、尊重的传统，希望中国与"一带一路"沿线及相关国家达成一元化的价值观念，同时，希望中国企业在拥有整体良好形象的基础上，也能打造出自身的品牌文化。

海上丝绸之路沿线华文媒体
与中国近现代化进程

曾庆江[*]

摘　要： 以海上丝绸之路沿线华文媒体为代表的海外华文媒体在中国近现代化进程中担当着重要的作用。在中国近代化进程中，它们催生了中国现代意义上的报刊媒体，并成为中国启蒙与救亡运动的重要舆论平台。在中国现代化进程中，它们成为中国改革开放伟大成就的重要展示平台，是传播和实现中国梦的重要信息平台，也是实施"一带一路"倡议的重要沟通平台。

关键词： 海上丝绸之路　海外华文媒体　中国近现代化

19 世纪中叶以来，中国开始了艰难的近代化历程。在海内外华人的共同努力下，经过将近一百年的奋斗，中国基本上于 20 世纪中叶完成了近代化。1949 年中华人民共和国成立之后，我们又开始了艰苦卓绝的现代化进程，于今已经卓有成效。当下，中国上下正齐心合力、团结一致，在中国共产党的领导下，为实现中华民族伟大复兴以及繁荣之路的中国梦而奋斗不息。在一百多年的中国近现代化的进程中，以海上丝绸之路沿线华文媒体为代表的海外华文媒体担当着非常重要的作用。

由于古代对外贸易的实际发展情况，海上丝绸之路成为中国和海外相关国家和地区进行贸易往来和文化交流的海上大通道。在这种情况下，近代海外华文媒体也多在海上丝绸之路沿线诞生并发展壮大，时至今日，东南亚和欧洲依然是海外华文媒体发展势头最好的两个地区。可以说，海上

---

* 曾庆江，海南师范大学新闻传播与影视学院教授、硕士生导师。

丝绸之路沿线，聚集了最有实力、影响最大的海外华文媒体，为论述方便起见，本文将海上丝绸之路沿线华文媒体简称为海外华文媒体（尽管海外华文媒体并不局限于海上丝绸之路沿线）。随着时代的发展，海外华文媒体得到迅猛发展，而且得到当地主流社会的进一步重视，成为增强海外华人凝聚力的重要纽带，因此拥有比较稳定的受众群体。在未来，海外华文媒体更是传承中国传统和当代文化、展示中国形象的重要平台。因此，正确认识海外华文报刊在中国历史和当下所发挥的作用，有着非常重要的理论意义和现实意义。

一　中国近代意义上的报刊媒体的催化剂

18 世纪 60 年代以后，英国由于对华贸易量的日益增加，比其他国家更迫切地企图打开中国紧闭的大门，多次向清政府提出放宽限制、扩大贸易交流等要求，但是清政府采用闭关自守的方式不予理会。为了抢夺市场，英国率先采用传教、办学、行医以及出版书报等方式进行文化传播和意识形态渗透，以配合其经济侵略。在这个大的时代背景下，位处东南亚的英属殖民地先后出现了不少华文报纸，如 1815 年马礼逊、米怜等人在马六甲（今属马来西亚）创办了《察世俗每月统记传》。这份诞生在海外的报纸对于中国来说不同凡响，因为它是近代意义上第一份中文报纸，从而具有"史"的价值。由于马六甲距离中国很近，周边又有大量华人居住，且和广州等中国大陆城市往来方便、联系紧密，报纸很容易传播到中国大陆。随后又有多家中文报纸在海外诞生，比如麦都思在雅加达创办的《特选撮要每月纪传》等。

这些海外中文报纸均为传教士创办，并成为历史上第一批海外华文媒体。它们在内容上，一方面宣传教义，另一方面宣传西方文化。随着社会形势和受众需求的变化，这些报刊的宗教宣传色彩渐趋淡化，加大了政治、经济、文化等内容的比重，与社会对接日趋密切，新闻传播特性越来越明显。后来，一些传教士纷纷前来中国进行办报活动，与中国社会对接更加紧密。从总体上讲，传教士报刊的创办者以传教为根本目的，且大多精通中文、熟悉中国国情，属于典型的"中国通"。这些报刊注意运用

"本土化"策略融入中国当地民情和文化，在内容上经历了从宗教传播到文化传播的转变，都有开发民智观念和传播西方文明的意识。这些传教士报刊对我国产生了积极的推动作用。19 世纪 50 年代，中文报纸开始在香港出现并形成办报高潮，再后来，上海成为中国本土又一个办报中心。可以说，中国本土的办报高潮是在海外传教士华文报刊的推动下出现的。据统计，自 1815 年的《察世俗每月统记传》创办开始至 19 世纪末的不到 100 年时间里，外国人在中国一共创办了将近 200 种报刊，大多为传教士报刊，占当时中国报刊总数的 80% 以上。

虽然传教士报刊的最初目的是传教以及为列强的侵略行为"张本"，但是客观上对中国报刊近代化起到了相当大的推动作用，至少可以做以下理解。

其一，传教士报刊中体现的新闻传播观念，使中国人逐步认识到报刊的功能，即汇集信息、传播新知、指导舆论的功用，同时还能作为政党的工具。其二，传教士报刊给封闭的中国带来西方近代报刊的形式，给中国读者耳目一新的感觉，同时也启发了新一代报人进行模仿和改进。其三，传教士报刊传来了近代报刊采写编译等新闻业务模式，对我国报刊的近代化观念产生了极大的推动。其四，传教士报刊给中国带来西方近代印刷技术和设备，并为中国培养了最早一批近代报刊印刷工人。其五，由于传教士报刊在当时的中国报刊中所占比例甚大，不少中国人参与其中的相关工作，成为"秉笔华士"，为中国培养了具有近代传播观念的报刊人才，为中国自主性办报打下了坚实的基础。

中国办报历史虽然悠久，但都是传统理念的产物。无论是有官方背景的"邸报"，还是明清以来出现的民间报纸，都存在周期过长、以书代刊、信息量小、服务性不强、覆盖面相对狭小等问题。正因为以传教士报刊为代表的海外华文媒体的率先垂范，中国报业才不断与西方接轨，从而呈现出新的面貌。从总体上讲，传教士报刊在海外以及中国的诸多实践，带动了中国民间办报的高潮，推动并加速了中国报刊近代化的进程。中国报刊的近代化，推动了国人睁开眼睛看世界的进程，逐步加大了中国与海外相关国家和地区的联系与交往，在中国社会近代化过程中功不可没。

二 中国启蒙与救亡运动的重要舆论平台

近代中国可谓多灾多难。在西方列强的染指下，中国逐渐沦为半殖民地半封建社会，人民生活在水深火热之中。志士仁人开始寻找救亡图存之路。在近代，中国先后经历了太平天国运动、洋务运动、维新变法运动等，再后来，以孙中山为代表的革命党人倡导以暴力推翻腐朽的清政府统治。新文化运动掀起了中国启蒙运动的高潮，随后以马克思主义为主体思想的中国共产党登上历史舞台，经过 28 年艰苦卓绝的斗争，终于带领全国人民实现了民族解放，建立了新生的中国。可以说，自 1840 年鸦片战争以来的 100 余年，是国人民族意识不断觉醒的时期，尤其是进入 20 世纪以来，中国社会更是呈现出"启蒙与救亡的双重变奏"。海外华文报刊成为启蒙与救亡运动的有力倡导者和推动者，尤其是在中国国内媒体管制严厉的时候，更成为重要的舆论载体，发挥着重要的作用。

1898 年，维新变法运动历经 103 天宣告失败，其中主要的领袖人物康有为、梁启超等人分别流亡法国、日本继续开展相应的活动。梁启超等人在日本先后创办了《清议报》《新民报》等。其中《清议报》是维新派在海外创办的第一个机关报，宣扬"主持清议，开发民智"。所谓的"主持清议"就是抨击慈禧把持朝政，呼吁还政于帝；所谓的"开发民智"就是宣传西方民主思想，对人们进行反封建的思想启蒙。辛亥革命前夕是日本华文媒体的黄金时代，政界人物和留学生创办了相当数量的华文报刊，比如《东亚报》《新译界》《东洋新报》《中国新报》等，它们在对中国思想启蒙方面发挥了重要作用。1894 年，孙中山在檀香山成立兴中会，立志暴力推翻清政府统治。他和其他革命党人非常注重打造舆论平台，先后在海外创办了很多华文报纸，结交革命同人，宣传革命主张，如 1905 年创办的《民报》就是其中的典型代表。同时，以孙中山为代表的革命党人还与以康、梁为代表的保皇派在海外华文媒体上展开了言论激战，并最终获得全胜，争取到世界各地华人华侨对革命的支持，为革命的高潮赢得了相当大的舆论支持。1911 年，辛亥革命推翻清政府，获得胜利，作为保皇派代表的梁启超深谙媒体的功用，认为"报馆鼓吹之功最高，此天下公言也"。

新文化运动以来,游学海外的进步青年也纷纷创办报纸,宣传思想启蒙。例如 1922 年,周恩来等人在欧洲创办了《少年》《先声》《赤光》《明星》等报纸杂志。在北美、东南亚也先后出现很多华文报刊。这些海外华文媒体的创办,一方面在海外宣传了中国的新文化运动的主张,另一方面团结了广大的海外学子,使他们成为新文化运动的重要力量。

抗日战争爆发后,各地华人华侨大量创办华文报刊,传达中国抗日的消息,号召华人华侨募捐,以支持祖(籍)国的抗日斗争,为"中国必胜"提供了大量的舆论支持和物质支持。例如,当时有影响的东南亚华文报纸就有《南洋商报》《星洲日报》等。特别值得一提的是,新文化运动的代表性人物郁达夫在 1938 年携家眷到新加坡,出任多家华文报纸副刊的主编,宣传抗日主张。1941 年太平洋战争爆发后,郁达夫到印度尼西亚的苏门答腊避难,隐藏身份担任日军翻译。借此身份,他保护和救助了大量文化界流亡人士、爱国侨领以及当地居民。1945 年,郁达夫被日军识破身份,最终喋血苏门答腊,从而书写了中国文人悲壮的一笔。郁达夫的被害,是海外华文媒体的重大损失。

在中华民族追求民族解放的 100 多年征程中,海外华文媒体作为重要的舆论平台发挥了重要作用,尤其是在中国本土对新闻媒体管理非常严格的时候,海外华文媒体更是成为各种政党、思潮流派宣传救亡图存的重要平台。其一,这些海外华文媒体为中国革命保存了相当大的文化力量(抗日战争爆发之后,有不少革命文人被迫流亡海外,并借这些华文媒体作为栖身之所)。其二,这些海外华文媒体大力宣传报道中国革命的实际情况,为争取国际舆论支持和国际友人支持提供了机会。其三,这些海外华文媒体由于在华人华侨中具有广泛的影响,从而为整合海外救亡图存、民族解放的力量发挥了重要作用。

三　中国改革开放成就的重要展示平台

1978 年,中共十一届三中全会确立了改革开放的基本政策,中国社会呈现出日新月异的变化,国家综合实力得到显著增强,国际地位也得以大幅度提高。但是,由于几十年相对封闭的国际环境,海外不少国家和地区对中国存在明显的偏见与误读。在这个情况下，海外华文媒体就成为展示中国改革开放成就的重要平台，而这一时期也是海外华文媒体发展的重要时期。

据不完全统计，在中国改革开放刚刚起步的1980年，海外共有华文报刊211种，其中日报70种。到20世纪90年代中期，海外华文报刊则达到490种，其中日报78种，且大部分分布在东南亚和北美。21世纪以来，海外华文报刊更是有500多种，日报100多种，可以说，在中国改革开放的新时期，海外出现了一个华文媒体办报高潮。这一方面是和华人的海外流动有着密切的关系（改革开放以来，留学族、外出务工族、经商族、移民族等数量不断增加，这是海外华文媒体剧增的重要原因），另一方面，中国改革开放日新月异的成就为这些媒体的生存和发展提供了鲜活的土壤。随着时代的发展，海外还出现了一定数量的华文电台、电视台以及网站等，而且在21世纪以来呈现发展迅猛的态势，并在不同程度上走向融合发展的道路，从而推动传统媒体不断升级，这是海外华文媒体在新的历史时期发展的新特点。中文报刊、中文电台、中文电视台以及中文网站等共同丰富着海外华文媒体大家庭。

在众多的海外华文媒体中，特别值得关注的是新加坡的《联合早报》。《联合早报》是1983年由《南洋商报》和《星洲日报》合并而成，在世界华人圈里有极强的认可度。《联合早报》中最为人称道的是评论和言论，它们以国际化的视野、犀利而独到的分析、轻松活泼的语言而著称于世，经常为世界各国重要媒体所引用和转载。《联合早报》把忠实报道新闻作为自己的职责和矢志不渝的追求，在首期《我们的话》中曾公开承诺："作为一份独立和民营的报纸……我们绝对不徇私。不偏袒任何人和集团，我们鼓励公正的公众舆论与批评，但绝不为任何个人或集团利用，因而损及国家和社会整体利益。"① 《联合早报》除了新加坡本地新闻外，因为接近性，中国新闻和马来西亚新闻占有相当大的篇幅，其中有关中国的内容占整个报纸的15%以上，不少言论、时评也与中国相关。由于历史发展，

---

① 陆建义：《一份厚重的华文报纸——新加坡〈联合早报〉印象》，《联合早报》2008年9月11日。

东西方文化和观念在新加坡交会，这使得《联合早报》能够用国际化的眼光审视和观察中国的发展变化，而且力求理性客观，从而为人们认识中国和了解中国提供了一个不同的参照视角，成为中国海外形象展示的重要平台。这显然是中国媒体不具备的特点，也是《联合早报》独特的区位优势所在。

在欧洲，《欧洲时报》《星岛日报》也是重要的华文报纸，它们的销量不断攀升，还和当地主流媒体合作，介绍海外华人与中国大陆的相关信息，成为中国形象展示的另一个平台。在北美洲，《星岛日报》《世界日报》《明报》《现代日报》四大华文报纸有深厚的受众基础。可以说，这些报刊媒体在展示中国硬实力和软实力方面功不可没。2003年9月于湖南长沙举办的第二届世界华文传媒论坛，有五大洲约30个国家及地区的近180家海外华文媒体的200名高层人员与会，时任菲律宾《纵横》杂志社社长兼总编辑的资深媒体人黄栋星认为："海外华人拥有一个世界人口最多的祖籍国，它既是海外华人的文化发源地与精神中心，也是经济发展巨大的市场驱动力，是海外华人在21世纪特有的机遇。"[1] 在2015年的第八届世界华文传媒论坛上，众多与会媒体在热烈讨论后形成三点共识：第一，海外华文媒体的薪火传承与中国民族历史命运唇齿相依。第二，中国发展与民族复兴为海外华文媒体发展提供了重大机遇。第三，新时代海外华文媒体应肩负起自身使命担当、创造新荣耀。[2] 这可以说恰如其分地表达了海外华文报刊的基本定位以及未来发展机遇，当然更彰显了海外华文媒体在未来中国发展中不可或缺的作用。

四 传播和实现中国梦的重要信息平台

2014年6月，习近平主席在会见第七届世界华侨华人社团联谊大会代表时指出，当前，中国人民正在为实现"两个一百年"奋斗目标、实现中华民族伟大复兴的中国梦而努力。在这个伟大进程中，广大海外侨胞一定

---

[1] 李鹏：《综述：强大的中国成海外华文传媒发展机遇》，第二届世界华文传媒论坛，2003年9月23日。

[2] 李红：《第八届世界华文传媒论坛圆满落幕 达成三点共识》，http://news.cri.cn/gb/42071/2015/08/23/3245s5076604.htm，2015年8月23日。

能够发挥不可替代的作用。

作为连接中国与世界的独特纽带和重要桥梁，海外华文媒体因其独特的区位优势和受众定位，不仅在历史上为中国革命、建设、改革事业做出了不可磨灭的贡献，而且在当前向世界阐释中国梦、传播中国梦、推动中国梦的过程中发挥着不可替代的作用，是中国媒体重要而有益的补充。中国作为祖（籍）国有必要进一步关心和重视海外华文媒体，推动其健康发展进而不断壮大，从而发挥更有价值的作用。

首先，海外华文媒体作为团结全球华人华侨的重要阵地，能够最大限度团结海内外同人，积聚力量，为中国的社会主义建设和中华民族的复兴之路贡献心智和实际力量。在实现中华民族伟大复兴的中国梦道路上，中国大陆同胞、港澳台同胞以及海外华人华侨应当同心一体，共同努力，有条不紊地推动各项工作发展。改革开放以来，有不少海外华人华侨就是通过海外华文媒体了解祖（籍）国的发展变化，从而回到中国进行各种投资和文化交流，为中国的经济文化发展提供了更多的机会与平台。"中国梦"概念在中国深入人心之后，对海外华人华侨也产生相当大的影响，激发了他们的民族自豪感，他们必将为祖（籍）国的发展贡献新的力量。

其次，在实现中华民族伟大复兴的中国梦道路上，良好的外围环境是非常重要的。虽然和平与发展两大主题已经成为人类共识，但是局部不安定的现象在国际上屡有发生，依然有一些国家和人士怀着对中国的敌意、偏见或者误解，散布"中国威胁论"，近些年中国经济增速放缓，进入"新常态"，也有些人不怀好意地开始散布"中国衰落论"。这些都对中华民族的繁荣发展带来一定的障碍。海外华文媒体（包括报刊、广播、电视、网站等）从客观的角度报道中国建设取得的相应成就，在一定程度上可以改变相关国家和人士的偏见与误读，从而为我国经济文化的发展营造更好的外部环境。当年，一部《红星照耀中国》让世界各国充分认识到中国共产党在抗日战争中的巨大作用。如今，海外华文媒体在构建公正、平衡、合理的国际话语新体系和舆论平台方面也将会发挥更大的引导力。

最后，海外华文媒体由于管理体制迥异于中国，其发展格局、经营理念等也与中国媒体不尽相同。在实现"中国梦"的道路上，中国媒体必将和海外华文媒体进一步交流融通，海外华文媒体先进的管理理念、经营理念等对中国媒体会产生相应的启发作用，推动中国媒体的发展，从而更好地为实现"中国梦"贡献力量。21世纪以来，海内外华文媒体在人员交流和业务合作方面越来越频繁，中国媒体越来越彰显"国际范儿"，而海外华文媒体则对中国的报道力度空前加强。

海外华文媒体一直将中国的相关内容作为报道重心，甚至还在中国设置相应的记者站或者办事处，以便更快更好地采集相应的新闻资讯。而在中国的大型政事活动或文化、体育活动现场，也时时闪动着海外华文媒体的身影。比如每年的全国"两会"就有不少海外华文媒体参与报道，成为传达中国声音和展示中国形象不可或缺的阵地。在实现中华民族伟大复兴的"中国梦"道路上，海外华文媒体必将发挥重要的舆论作用，书写浓墨重彩的一笔，让我们拭目以待。

五 实施"一带一路"倡议的重要沟通平台

2013年秋季，习近平主席先后提出了建设"丝绸之路经济带"和"21世纪海上丝绸之路"（简称"一带一路"）的构想，此后他在其他重要场合又多次阐释"一带一路"的内涵与外延，从而得到国际社会的高度关注与认同。2015年3月，中国政府制定并发布了《推动共建丝绸之路经济带和21世纪海上丝绸之路的愿景与行动》，习近平主席也在2015年博鳌亚洲论坛开幕式上强调，"一带一路"建设不是要替代现有地区合作机制和倡议，而是要在已有基础上，推动沿线国家实现发展战略相互对接、优势互补。在2016年博鳌亚洲论坛开幕式上，李克强总理再次强调，中方愿将"一带一路"倡议与地区国家及区域组织发展战略对接，打造规划衔接、生产融合、协同跟进的地区发展新格局。而与"一带一路"倡议相关的行动也一直在积极推进之中。2014年12月，"丝路基金"在北京注册并开始运营；2015年2月，中央成立"一带一路"建设工作领导小组，由中央政治局常委、国务院副总理张高丽担任组长；亚洲基础设施投资银行（简称"亚投行"）在紧锣密鼓筹备之后于2015年12月25日正式成立，共有成员国80多个……这些言论和相关举措推动着"一带一路"倡议落实为实际行动并进一步形成国际共识。在 2017 年的博鳌亚洲论坛上，国务院副总理张高丽指出，2017 年 5 月，我国将在北京举办"一带一路"国际合作高峰论坛，共商合作大计，共建合作平台，共享合作成果，为解决当前世界和区域经济面临的问题寻找方案，为实现联动式发展注入新能量，让"一带一路"建设更好地造福各国人民。

"一带一路"倡议作为中国原创的国际性大手笔，贯穿亚、欧、非三大洲，一头是活跃的东亚经济圈，一头是发达的欧洲经济圈，中间是极具发展潜力的非洲大陆。而且，作为一种构想，"一带一路"并没有严格的范围框定，任何国家和地区都可以根据实际情况融入其中，这无疑使得它的覆盖面在将来会更加广泛。同时，"一带一路"倡议不仅仅着眼于相关国家和地区之间的贸易往来和文化交流，更是构建人类命运共同体的伟大探索和实践。在这种千载难逢的历史机遇中，遍布世界各地的海外华文媒体成为实施"一带一路"倡议的重要沟通平台，体现了时代的担当精神。

其一，海外华文媒体关注沿线各国和地区在"一带一路"倡议中的商机与作为，成为经济发展的助推器。"一带一路"倡议从长远看是一块巨大而无形的蛋糕，对于区域内国家如此，对于区域内的地区经济体更是如此。它带来的将是一场经济社会飞跃的变革，一场资本扩张的盛宴，一个经济结构调整、企业实现跨越发展的良好契机，必定对世界经济文化产生本质性的推动。如果搭上了这趟快车，经济社会发展就能够跟上甚至超越时代的发展步伐，如果错失了这趟经济快车，将错失重要的发展机遇。① 海外华文媒体关注所在国家与地区的商机与作为，可以给其他国家与地区提供相应的信息参考，从而可以引导相关国家和地区更多的企业和人士参与到"一带一路"倡议中，在真正意义上实现信息共享和机会均等的社会效果。

其二，海外华文媒体有助于大众了解"一带一路"倡议沿线相关国家与地区的信息。据相关部门统计，"一带一路"倡议沿线涉及亚洲、欧洲以及非洲的相关国家和地区 26 个，覆盖人口多达 44 亿（占世界总人口

---

① 郭祖莹：《海南"一带一路"蛋糕在哪？6 大机遇要抓准》，《海南日报》2015 年 4 月 16 日。

60%以上），可以说超越了先前任何经济体的总量。但是"一带一路"在性质上又不能简单等同于先前意义上的单一经济体，而是依靠中国与有关国家和地区之间既有的双边、多边机制，借助既有的、行之有效的区域合作平台，又很好地借用以和平发展为主要目的的"丝绸之路"这一历史经济文化符号，主动而立体地发展与沿线国家的经济合作伙伴关系，共同打造以政治互信、经济融合、文化包容等为前提的"利益共同体、命运共同体和责任共同体"，从而吸引更多的国家和地区融入其中，在真正意义上给全人类带来巨大福祉。在这一国际重大倡议面前，分布于世界各地的海外华文媒体发布的相关信息，虽然彼此有不同的侧重点，但是综合而言，会对中国企业乃至全世界相关国家和地区的企业提供相应的信息参考，帮助其做出相应的抉择。

其三，海外华文媒体更能够彰显"国际范儿"。改革开放以来，我国经济、文化等各方面发生了翻天覆地的变化，得到国内外的高度认同，并越来越融入国际社会。在这种情况下，我国企业和相关文化产品"走出去"的比例越来越大，而海外企业也纷纷"走进来"，前来我国投资落户，双边乃至多边经济、文化交流越来越频繁。随着改革开放力度的进一步加大，作为由中国倡导的却又能造福于全人类的"一带一路"倡议，其效果可以想见，在此基础上我国经济、文化的"国际范儿"将越来越明显。在这种情况下，我们更需要媒体的"国际范儿"。我国的主流媒体《人民日报》、中央电视台、中国国际电视台、中央人民广播电台、中国国际广播电台、人民网、新华网等"走出去"的步伐越来越快，但是光靠国内的主流媒体还远远不够，如果能够将国内主流媒体和海外华文媒体的相关信息进行参照比较，一定会使我们的信息更具有"国际范儿"，这样将会更加助力于"一带一路"倡议的纵深发展。

从总体上讲，在中国近现代进程中，海外华文媒体发挥了和正在发挥重要的作用，它们或者对中国媒体的发展提供了相应的启发作用，或者和中国媒体相互配合做好相应的舆论引导工作，或者站在公平公正的立场上报道中国，为中国的发展营造良好的外围环境。海外华文媒体在中国近现代进程中厥功至伟，这一点必将成为海内外华人的共识。同时，海外华文媒体也将在中国经济、文化发展的大背景下，得到更快更好的发展。

跨文化传播研究

朱舜水思想在日本的跨文化传播研究[*]

周逢年[**]

摘 要：朱舜水是明末清初逃亡日本的儒学者，被尊称为"日本孔夫子"，其"实理实学"的核心思想在日本影响深远。本文运用跨文化传播理论，从六个方面梳理朱舜水思想在日本传播的研究，并阐述朱舜水思想在日本传播有效性的原因。

关键词：朱舜水思想 跨文化传播 文化价值认同 实践行为

只有文化进行传播，人类文明才可持续发展，文化在不同的文化群体间相互交往与传播才能使文化发展呈现多元化，人类社会才能丰富多彩。文化之间的交往通过物质交换、旅游、战争、传教等形式呈现出跨文化传播的自我实现、焦虑、思考和争辩等，不至于使文化近亲繁殖而趋向僵化和死亡。中国儒家文化在外来文化如佛教文化、西方文化等的不断影响下，在哲学、教育、宗教、文学和艺术诸方面有较大发展。同样，中国儒家文化也恩惠于他国，比如日本，其受惠于中国儒家文化深而久远。日本是封闭的岛国，他们的思想变化须有外来文化的影响，加上他们自身的自信力和向上力，对外来的优秀文化总是不断吸取。戴季陶先生认为："一个关闭的岛国，他的思想变动，当然离不了外来的感化。在他自己本身，绝不容易创造世界特殊的文明。而接受世界的文明，却是岛国的特长。"[①]

* 本文系浙江省哲学社会科学规划课题"朱舜水思想在日传播研究"（项目批准号：16NDJC284YB）、浙江省哲学社会科学重点研究基地课题（项目批准号：15ZDDYZS04YB）的成果。

** 周逢年，中国计量大学艺术与传播学院副教授。

① 戴季陶：《日本论》，吉林出版集团，2011，第16页。

朱舜水思想在经过日本本土化的适应、吸收、消化之后，对日本文化及社会实践产生了非一般的影响。

一　文化即传播

跨文化传播学由美国人类学家、跨文化研究学者爱德华·霍尔（Edward T. Hall）在《无声的语言》一书中首次提出，其英文为 "intercultural communication" 或 "cross - cultural communication"。它指的是不同文化背景下的社会成员之间进行的人际交往与信息传播活动，以及各种不同文化要素在全球化社会中，不断迁移、扩散、变动，及其对不同群体、文化、国家乃至人类共同体的影响。霍尔在该书中指出，不同文化背景的社会成员在使用时间、空间时，所表达的意义有明显的差异。文化具有显形文化、隐形文化和技术性文化三个层次。显形文化能够看得见、容易表述。隐形文化看不见，就是专业素养高、训练有素者也难以描述，不过，通过认真观察和思考是可以学习到的。技术性的文化是通过教师教、学生学的方式获取知识，这种学习方式主要取决于学生的学习和分析能力。对于学习者来说，将这三种文化并存起来学习便于文化快捷、准确、深入传播。霍尔还指出"文化即交流"的思想理论。他说道："交流理论是对诸如语音学、正字法、电话和电视信号等现象进行概括的理论……谈话的时候，人们在使用任意的语音符号，以描述已经发生的事情或将要发生的事情。……因此，可以说，书写是一种符号的符号（symbolization of a symbolization）。交流理论将这个符号化的过程再推进一步。"[1] 美国人类学家克利福德·格尔兹（Clifford Geertz）在《文化的解释》一书中指出："文化是一种通过符号在历史上代代相传的意义模式，它将传承的观念表现于象征形式之中。通过文化的符号体系，人与人得以相互沟通、绵延传续，并发展出对人生的知识及对生命的态度。"[2] 可以看出，两位学者都认为，文化是可以交流

---

[1] 〔美〕爱德华·霍尔：《无声的语言》，何道宽译，北京大学出版社，2010，第76页。

[2] 〔美〕克利福德·格尔兹：《文化的解释》，纳日碧力戈等译，上海人民出版社，1999，第1页。

的，是代代相传的、可以进行沟通的，是人与人互动过程的象征性行动。
美国著名语言学家萨丕尔（E. Sapair）也认为，文化即传播，两者是同构、
同质的。传播被视为文化的工具，文化传播是将文化中的精华继承下来、
传播出去，使之代代相传并与其他文化碰撞、融合的过程。浙江大学传媒
与国际文化学院吴飞教授把文化传播的共识总结为："传播是一个选择的
过程；传播是互相的、双向进行的；文化传播的范围或借用的程度决定于
两个民族之间接触的持续时间和密切程度；相似文化的群体容易相互适应
和借用量大具有相似文化的群体；接受的一方对新引进的文化特质和文化
丛体在形式、功能和意义上的改变，以适应自己的需要，这就是所谓的
'重新解释'（reinterpretation）。"①

　　朱舜水思想在日本的传播也如霍尔所说的"文化即交流"理论一般。
日本知识阶层及民众努力学习朱舜水的有关思想和实践技术，既有隐形模
式的学习方式，也有显形模式的学习方式和技术性模式的学习方式。如霍
尔所言："学习隐形模式的最佳途径是选择楷模并尽量模仿；学习显形模
式要依靠规诫；学习技术性模式则需要清楚的阐述。"② 朱舜水思想在日本
良好的传播和影响用霍尔的文化三层次理论解释，那就是显形文化诸如实
理实学思想、释奠礼仪在日本社会中被很好地落实和执行；隐形文化诸如
朱舜水的高尚品德和思想方式潜移默化地感染了弟子和民众并被接受和学
习；技术性文化是朱舜水亲力亲为地教授日本弟子及匠师的技术和操作方
式。这也可以说明，朱舜水不仅谙熟自己的文化规则，还熟悉日本的文化
规则。这是朱舜水思想在日本成功传播的一个重要因素。

　　文化能够传播是因为不同文化之间存在一定的差异，并且交流双方彼
此需要对方的文化，这是跨文化传播存在的前提和基础。爱德华·C. 斯图
尔特（Edward C. Stewart）在《美国文化模式——跨文化视野中的分析》
一书中指出："没有文化差异和评论，跨文化交流学就没有存在的基础。"③

---

①　吴飞：《火塘·教堂·电视：一个少数民族社区的社会传播网络研究》，光明日报出版社，
　　2008，第 64 页。

②　〔美〕爱德华·霍尔：《无声的语言》，何道宽译，北京大学出版社，2010，第 100 页。

③　Edward C. Stewart, *American Cultural Patterns : A Cross - Cultural Perspective* (Intercultural
　　Press Inc. , 1972).

当然，文化得以交流是因为它还有意义价值、文化意蕴和内涵，受传方愿意学习和接受。从文化哲学角度说，"文化的核心就是意义的创造、交往、理解和解释"①。文化在本质上体现的是这个民族或国家的精神特质，这种精神特质获得受传方的尊重和需要，那么，它在所在国的社会交往中就会得到广泛传播和传承，并在其社会中产生吸引力。

朱舜水思想对于当时的日本来说，无疑是至关重要的。朱舜水所掌握的思想理论和生活实践技术基本能够满足日本当时社会所需，所提供的思想和实践技术能够及时解决日本当时社会所出现的问题，效率高、见效快。朱舜水将中国先进的农业、医药、建筑、工艺技术、茶叶文化、服装文化、生物地理知识等传授到日本，把明朝的典库制度，多种工艺、石桥、房子的设计方案，明代衣冠制作、祭器、量具、饮食（如拉面）等介绍到日本。他还著述《诸侯五庙图说》《学宫图说》等书，率弟子习释奠礼，改定仪注，详明礼节。现在东京最大的孔庙——汤岛圣堂是根据朱舜水《学宫图说》监造的，圣堂供奉的孔子像是朱舜水从舟山带去的三尊孔子像中的一尊。"《谈绮》卷上关于信函笺疏的式样，神主棺木的制法，都详细图解，卷中说孔庙的构造，大有《营造法式》的派头，令人不得不佩服。"② "近来偶阅新井白石的《东雅》，见其中常引舜水说，以关于果树竹，禽鸟鳞介各门为多，有些注明出于《朱氏谈绮》，我这才知道他对于名物大有知识，异于一般的儒者。"③ 也就是说，朱舜水所具有的知识体系对德川幕府来说，其意义、价值和文化内涵对当时日本社会具有巨大影响。日本在明治维新之前，所吸收的外来思想文化基本是来自中国，即便是德川幕府后期有学习"兰学"的学者，也只是小范围学习他们的医学和科学技术，到18世纪中后期，"兰学"才开始对日本产生重大影响。

朱舜水的弟子和友人在向他学习和交流的过程中有共同感受，认为其知识渊博、学问殷实。安积觉所撰《明故征君文恭先生碑阴》记载："凡古今礼仪大典，皆能讲究，至其精详。至于宫室器用之制，农圃播植之

---

① 周兑、许钧：《文化和传播译丛总序》，载〔英〕尼克·史蒂文森《认识媒介文化——社会理论与大众传播》，王文斌译，商务印书馆，2001，第1~3页。
② 知堂：《关于朱舜水》，《中国文艺》第1期，1940年9月。
③ 周作人：《药味集》，北京十月文艺出版社，2012，第132页。

业，靡不通晓。"① 今井弘济、安积觉所著《舜水先生行实》也记述："虽农圃梓匠之事，衣冠器用之制，皆审其法度，穷其工巧。识者服其多能而不伐，该博而精密也。"② 弟子人见竹洞在《赞》一文中写道："自少以孔、孟为志，经史文章，礼乐刑政，无不博穷而旁通，至若宫室庠序之制，农事考工之法，衣冠职方之品，冠婚丧祭之仪，各精且详矣。"③ 颍川入德寄安东省庵书记载（柳川古文书馆藏）："生顺至政所谓镇公曰：'朱公博学鸿儒文章高古，体貌庄严，可法可则，吾儒中第一人也。'"

二 "文化陌生"致使文化需求

日本对中国儒家文化的需求和学习一直到明治维新时期才渐趋弱化，转向西方学习科学技术。日本大力学习中国儒家文化：一是明治维新前的日本文化相比于中国文化较为落后，中日文化之间存在较大差异，且日本对中国文化也存在一定陌生感；二是日本在东亚因地理位置和落后的经济而被孤立，为了打破这样的不利局面，日本不断派遣使团到政治、经济、文化较为发达的中国学习；三是日本为了在朝鲜半岛获得一定的利益，需要对朝鲜的保护国中国有不断的了解和技术上的沟通。在这样的背景下，日本持续不断向中国派遣使节，在隋唐时期最盛。以遣隋使为标志，中日文化交流的序幕拉开，日本选派归化汉人的后裔、学生和僧人，这便于学习中国的儒学、佛法等文化和律法、典章制度。此现象在唐朝时期最盛，从公元 7 世纪初至 9 世纪末大约 264 年的时间内，日本先后派遣遣唐使团达十几次。使团人数一般为 100～500 人不等，最多时近 700 人，使团人员有留学生、僧人、使节、判官等，以及文书、医生、画师、乐师等各类随从和工匠。他们热衷于学习中国的儒家文化，学成之后归国，将所学的文化知识运用于日本社会的各个领域。

日本如此"兴师动众"向中国派遣使者学习，如果使用跨文化传播理

---

① （明）朱舜水：《朱舜水集》，朱谦之整理，中华书局，1981，第 631 页。
② （明）朱舜水：《朱舜水集》，朱谦之整理，中华书局，1981，第 624 页。
③ 徐兴庆编注《新订朱舜水集补遗》，台湾大学出版中心，2004，第 251 页。

论解释的话，一是自我认识的需要、"我思故我在"的需要，二是对新知识的需要，同时也是扩充精神交往的需要。武汉大学单波教授在《跨文化传播的基础和障碍》一文中指出："跨文化传播首先来自人与人之间的文化差异和文化陌生感。或者说，它就在有文化距离感的个体间发生。这时，跨文化传播更多地表现出人类认识自我的需要、对新奇的需要、通过认识'他者'而扩大精神交往的需要，这些需要始终是跨文化传播的内在心理动因，并且构成了人的跨文化特性的重要组成部分。"① 从学术渊源来看，20世纪初，德国哲学家乔治·齐美尔（Georg Simmel）在《陌生人》一文中提出"陌生人"概念，齐美尔认为："天狼星的居民对我们来说并非是真正陌生的——至少不是社会学意义考虑上是陌生的，而是他（它）们根本不是为了我们而存在的，他们处于远与近之外，没有远近之分，无所谓远近。"② 当然这里的"陌生人"要打上双引号，它并不是指真正意义上的陌生感，只是相互之间的沟通和交流偏少而显得陌生，其实"陌生人"与我们共同存在于相互依存、相互关联的统一整体的空间中。因此，齐美尔进一步解释道："陌生人是群体本身的一个要素……它的内在的和作为环节的地位同时包含着一种外在的对立……进行叛逆的和引起疏离作用的因素，在这里构成相互结合在一起和发挥作用的统一体的一种形式。"③ 美国社会学家罗伯特·帕克（Robert Park）在其老师齐美尔的基础上进一步提出"边际人"概念。他认为"边际人"是"一种新的人格类型，是文化混血儿，边际人生活在两种不同的人群中，并亲密地分享他们的文化生活和传统，他们不愿和过去以及传统决裂，但由于种族的偏见，又不被他们所融入的新的社会完全接受，他们站在两种文化、两种社会边缘，这两种文化从未完全互相渗入或紧密交融"④。从某种意义上说，"边际人"往往起着纽带、"意见领袖"的作用，如同恩格斯称但丁是"中世纪的最后一位诗人，同时又是新时代的最初一位诗人"⑤ 一般。吴飞教授

---

① 转引自王怡红、胡翼青主编《中国传播学30年》，中国大百科全书出版社，2010，第661页。
② 〔德〕齐美尔：《社会是如何可能的》，林荣远译，广西师范大学出版社，2002，第342页。
③ 〔德〕齐美尔：《社会是如何可能的》，林荣远译，广西师范大学出版社，2002，第342页。
④ Robert Park, "Human Migration and the Marginal Man," *American Journal of Sociology* (1928): 33.
⑤ 《马克思恩格斯文集》第2卷，人民出版社，2009，第26页。

认为："而这些陌生人，与我们的利益休戚相关，关乎我们的情感投向并构成生活意义的一部分。因此，如果现代生活要持续下去，就必须保持和培养陌生关系。"[①]

1975 年，Berger 和 Calabrese 提出"减少不确定性理论"，1985 年，Gudykunst 对此理论扩展到跨群体交往范畴，将"社会身份理论"融入该理论中，提出"焦虑/不确定性管理理论"（AUM）。该理论认为，有效的交流是个人处理紧张感和焦虑感的能力，调节交流中的焦虑感和不确定感，可以达到与对方进行有效交流的目的。该理论有四个假设前提：人们在许多人际交往的场合会产生不确定性；不确定性是一种让人厌恶的状态，会产生认知压力；当陌生人见面时，他们首先关心的是减少他们的不确定性或提高预测能力；人际交流是一种渐进的过程，会经历数个阶段。[②]为了减少焦虑或不确定性，交流双方寻找动机采取减少不确定性的策略，通过减少交流双方的不确定性减少误解，从而增加跨文化传播的有效性。一般而言，陌生人进入新的文化领域，会对该文化领域人员的知识体系、宗教信仰、价值观以及态度行为方式产生不确定性。为了适应新文化和新环境，陌生人须有意同居住国文化人员进行有效交流，交流程度的高低决定交流双方的相互理解深度。交流期间可能会产生文化冲突，若"留意"对陌生文化的理解和适应，调整对陌生文化的焦虑情绪，控制对陌生文化过强或过弱的不确定性，以开放的心态和不同视角的观点意识进行平等对话，那么准确预测相互的陌生文化也成为可能。研究表明，交流时间越长，不确定性的减少也就越多。正如吴飞教授所言："如果现代生活要持续下去，就必须保持和培养陌生关系。"

朱舜水思想对于德川幕府时期的日本社会来说相对陌生，而他的弟子安东守约和德川光国等日本当时社会的知识分子和上层精英并没有把朱舜水当作"陌生人"看待。德川光国派遣门客小宅生顺同朱舜水不断沟通和交流，双方坦诚相待，就现实社会和学术问题进行真实、开放的交流，增

---

① 杨建娟、吴飞：《理解"生活在别处"的"边际人"——兼谈帕克的底层关怀意识》，《新闻界》2012 年第 10 期。

② 严明主编《跨文化交际理论研究》，黑龙江大学出版社，2009，第 82 页。

进了相互了解并达成文化共识。最终，德川光国邀请朱舜水去江户讲学并竭力拜其为师，门人弟子通过书信、书简、问答、办学等方式同朱舜水讨论和学习有关学术问题，进行对话交流。因此，朱舜水并不像吉登斯所说的：在传统社会，"陌生人"指的是来自其他地方、不与当地人进行对话交流的人。当然，与当地人对话交流，需要有对话的资本和交流平台，否则，仪式性的客套和寒暄会导致双方礼貌地疏远。当时的日本社会或者说德川光国需要治国理政的文化思想指导，需要指导现实生活的实践技术，于是，德川光国等人积极寻找并"拥抱陌生人"——朱舜水。

德川光国、安东守约等日本知识精英积极拥抱"陌生人"朱舜水，从某种意义上说，这是对异文化的向往或者说对异文化认同的表现。日本东京大学教授青木保认为："对于异文化的向往，是对自己平常接触的事物截然不同的东西所抱有的关心，希望从那里去找到自己文化中所没有的东西，或许可以说是一种'对缺乏之物的渴求欲望'吧。"① 日本知识精英渴求异文化并同朱舜水在文化认同上达成共识，对朱舜水思想及其学术观点持积极肯定态度，并且追随其学术价值。他们之间的文化交流，表现的是包括人格意义在内的主体间的平等性互动，朱舜水没有将自己的思想观点强加给日本相关人士，"每个人都不能把自己的选择强加于他人"②。他也没有像贝尔特伦给文化帝国主义所下的定义那样："一个国家将本国的信念、价值、知识、行为准则以及整体的生活方式施加于其他国家身上。"③武汉大学的单波教授指出："跨文化传播所预设的重要条件是平等、平和、平实的社会环境与心理环境，人一旦处于这样的环境，就有可能理解他者文化，自由往来于多重文化世界。"④ 朱舜水与日本学界和政界之间的文化传播关系如休斯顿·史密斯所言："当历史学家回首我们这个世纪，最激动人心的事不是太空旅游或核能的应用，而是整个世界上的人们可以真诚

---

① 〔日〕青木保著、王敏主编《异文化理解》，于立杰、陈潇潇、吴婧译，中国青年出版社，2009，第 31 页。
② 秦晖：《"差异权"，还是文化选择权？——评塔吉耶夫〈种族主义源流〉》，《南方周末》2004 年 8 月 12 日。
③ 〔美〕萨马迪：《国际传播理论前沿》，吴飞、黄超译，中国传媒大学出版社，2016，第 225 页。
④ 单波：《跨文化传播的问题与可能性》，武汉大学出版社，2010，第 132 页。

相对，互相理解。"① 朱舜水以古圣贤的标准要求自己，将自己所学思想理论知识运用到日本生活实践中去，并以自己言行一致的示范性作用影响自己的弟子，对弟子小宅生顺说："仆事事不如人，独于'富贵不能淫、贫贱不能移、威武不能屈'，似可无愧于古圣先贤万分之一；一身亲历之事，固与士子纸上空谈者异也……若果士大夫专意兴圣人之学，此诚天下国家莫大之福、莫重之典、莫良之务，惟台台共相敦勉焉。仆虽远人，不惟举手加额，亦日夜拭目思见德化之成也！"② 日本学者稻叶君山研究认为："学者也罢，武士也罢，所有人对朱舜水的学问和品德表示十分尊敬，也是如此之思考。总之，朱舜水的一言一行，对于当时诸侯的政治和教育来说，都产生了显著的影响，对朱舜水全集也完全不怀疑。"③

倘若坚持种族中心主义的一己之见，基本是损人不利己，既隔离了自己，也没有认识他者。封闭状态下的社会文化空间会腐烂不堪。罗兰·巴特（Roland Barthes）在《神话学》一书中指出："异国风情和种族中心主义是同一座山的阴面和阳面。它们成为跨文化交流的障碍，为双重的无知提供借口，首先当然是不自知，这道理其实非常简单，不识己何以识人。识人和识己其实是一回事。"④ 因此，首先要反对文化霸权，反对民族中心主义，坚持平等互动原则。王柯平教授认为，要反对"文化霸权""种族中心""文化中心"而倡导"文化多元。"⑤ 在这样的思想意识下，跨文化交流才成为可能，自我的文化诉求才能在外来文化的影响下获得提升和完善。

三 文化价值认同有益于跨文化传播的效度

上文简要谈到跨文化认同的表现，从哲学角度强调了不同民族间的文化关系是如何达成共识的。本节承上启下，具体谈谈文化价值认同与跨文

---

① Huston Smith, *The World's Religions* (New York: Harper Collins, 1991), p. 7.
② （明）朱舜水：《朱舜水集》，朱谦之整理，中华书局，1981，第311页。
③ 朱舜水紀念會編『朱舜水』朱舜水紀念會事務所、明治45年、51頁。
④ 转引自多米尼克·哥伦波《远距：超现代化传媒所必需的非地域性范式——研究中国交流情况后的提议》，载单波、石义彬主编《跨文化传播新论》，武汉大学出版社，2005，第196页。
⑤ 王柯平：《走向跨文化美学》，中华书局，2002，第99页。

化传播的效度关系。文化和价值是相互作用的关系，文化价值只有受到接受方的认同，它的传播效度才能广泛展开。美国学者哈罗德·尼伯格认为："文化来自价值的相互交流，价值的交流是在社会组织的一切层次上同时展开的。今天，由于文化间的接触日益增加，这样的交流以加速的跨文化交流的形式展开。"① 门罗·爱德蒙森（Munro S. Edmonson）认为："价值是文化结构中最富有文化含量的成分……为所有的文化建构普遍的相似性。"② 正因为文化具有价值，有了适合的土壤，文化才有传播的可能，有令人满意的落脚点。美国学者克莱德·克拉克洪（Clyde Kluck-hohn）认为："价值是一种观念，或显或隐，是个人或群体的特色，令人满意，它影响人的选择，人们根据价值从现有的模式、手段和行为的目的中做出选择。"③ 日本社会及其相关人员选择朱舜水及其思想，有其价值判断和选择标准。朱舜水有学术思想，又有实践技艺，民族气节刚烈，而且阅历丰富，朱舜水与日本的交流和接触广泛而深入，相互之间的了解也颇深。朱舜水思想及其技艺前文已有初步介绍，在此不再赘述。他的经历也非同寻常。朱舜水不受南明朝的奉诏，为免于被捕，流离失所，与家人不辞而别。为了抗清复明，他流落、奔走在浙江、福建沿海一带，以及日本、安南、巡逻等地，并且还受到清朝军队的威胁，先后达 15 年之久。即便晚年逃亡日本，最初几年，他也是过着衣不蔽体、流离失所、风餐露宿，甚至生命都受到威胁的惨淡生活，好在他的弟子安东守约以半俸的俸禄，甚至放弃自己的亲人来照顾他。

关世杰教授将跨文化交流涉及的三个方面的要素概括为：认知要素、言语语言和非言语语言。④ 直接影响认知和传播的主要社会因素是文化价值观、世界观和社会组织。根据本文主要讨论的内容的特点，本节更多地从文化价值认同角度进行讨论。朱舜水的思想对于当时的日本社会来说，

---

① 〔美〕迈克尔·H. 普罗瑟：《文化对话：跨文化传播导论》，何道宽译，北京大学出版社，2013，第 155 页。
② 〔美〕迈克尔·H. 普罗瑟：《文化对话：跨文化传播导论》，何道宽译，北京大学出版社，2013，第 143 页。
③ 〔美〕迈克尔·H. 普罗瑟：《文化对话：跨文化传播导论》，何道宽译，北京大学出版社，2013，第 144 页。
④ 关世杰：《跨文化交流学》，北京大学出版社，1995，第 51 页。

无论是在思想层面还是物质层面，它的实用性价值都对日本社会产生了积极的影响，对日本上层建筑的思想构建和社会的基础性治理有很大帮助，也得到了日本社会的肯定。再者，他在与日本相关人员交流的过程中，很少涉及宗教、社会组织等方面的问题，即便有所接触也是从学术角度、文化价值层面进行讨论，更多关注的是师生间的学术交流和教育思想等。

文化认同理论是美国精神分析家埃里克松（Eriksson）在 20 世纪 50 年代初期提出的重要理论，该理论被广泛运用于社会、政治、文化、历史等领域。"文化认同"被描述为心灵的归属和价值观的认可，将"我"和"群体"进行共同身份的"确认"，达成一个有意义的、共同的价值空间，如亨廷顿所说，"文化认同对于大多数人而言是最有意义的东西"①。冯天瑜教授认为，文化认同是一种肯定的文化价值判断。②胡百精教授在《说服与认同》一书中指出："在情感、伦理、灵韵和精神层面达成的价值认同……与此相应，作为认同的凝结和秩序化的产物，人类社会的共同体亦可以分为三：信息共同体、利益共同体和价值共同体。"③由此而推之，文化认同的核心是文化价值的认同，价值体现了文化发展和形成共识的意义所在，是追求自我文化诉求的动力源。

朱舜水的弟子克服各种困难挽留朱舜水并拜其为师，一个很重要的原因就是认同朱舜水思想即儒家文化在日本存在的价值，认为它能够为德川幕府时期的日本解决很多实际意义的问题。比如统一教化思想，能为安邦治国平天下起到基础性作用，另外，他的实践性技艺也能为日本的基层社会解决基础性的衣食住行问题。现在日本很多大公司的管理方式来源于儒家思想，虽难以考证这是受朱舜水思想的影响，但至少朱舜水的实学实理思想或者是强调实践性的理念多少都给了日本企业一些启示，再退一步说，至少强化了日本社会对儒家文化价值的认可和赞同。也就是说，日本社会认同了朱舜水的学术思想和实践技艺在日本社会存在的价值。

朱舜水将自己所学、所记、所掌握的文化和技艺传授给了日本弟子和

---

① 吴玉敏：《中华文化核心价值与民族凝聚力探源——中华"大一统"、"天下"观等传统思想之现代解读》，《江苏省社会主义学院学报》2010 年第 4 期，第 52～55 页。
② 冯天瑜主编《中华文化辞典》，武汉大学出版社，2001，第 20 页。
③ 胡百精：《说服与认同》，中国传媒大学出版社，2014，第 2 页。

工匠，使日本在短时间之内深层次掌握了制衣方法、建筑技术、教育理念等信息内容，为以后学习西方科学技术打下了良好的物质基础和思想基础。朱舜水对教育的重视，启发了日本人对教育重要性的认识；朱舜水接地气的实践技艺加快了日本社会的进步，加速了日本人学习西方现代科技的进程。这些文化信息得到日本当时社会的接受和认同，并很快消化于相应的社会空间和对应的载体上，效度颇高，这是由于信息、利益和价值达成了一个共同体。那么，在跨文化传播和交流过程中如何提高效度？显然，文化价值认同是一个重要的因素。

四 文化适应是跨文化传播的前提条件

文化具有适应性特点。文化在国与国、民族与民族之间交流的过程中，有相互适应的关系，文化适应是跨文化传播的前提条件。两种或两种以上的独立文化相互接触交流所形成的结果，就是"当一个社会接触到一个更为主导性的文化并受其影响发生文化急剧嬗变时，文化适应随之产生"①。中国儒家文化对于日本来说，相较于西方文化更具有适应性。日本自中国秦汉时期以来，逐渐由一般性转向系统性地学习中国的各种文化，更有甚者，连自己的文字符号也运用或借用中国的文字。一般而言，能成功适应外来文化的因素有很多，比如原文化的适用性、固有文化价值观被修正的程度、文化适应者对外来文化的适应程度等。

朱舜水的实理实学思想、史学思想、教育思想等思想在当时的日本社会受到普遍欢迎。在教育方面，朱舜水认为应重视学校建设。朱舜水在回答小宅生顺关于建圣庙的问题时说："古者建学必于国都，大事于此焉出，其后饮至策动，行至太庙，而献馘（guó）献囚，必于泮宫，所以圣庙与学校不宜相去也……厉世磨钝之大者，莫过于学宫……国籍成德达材之用，而家裕温恭孝弟之规，法至善也。所以圣庙不宜与学校悬隔也。"② 在

---

① 〔美〕萨默瓦、波特等：《跨文化传播》（第4版），闵惠泉等译，中国人民大学出版社，2010，第33页。
② （明）朱舜水：《朱舜水集》，朱谦之整理，中华书局，1981，第322页。

人才培养上，朱舜水在日本提出因材而笃、教无定法的思想理念。"教人之道，有一定不易者，有因人而施者，俗儒执一不通，其误人也多矣。"①在师生关系上，朱舜水认为，既要周详，也要谨慎对待。他在《谕五十川刚伯规》中说："师弟子事重，不可草草。五伦之中，惟父子兄弟为天亲，而君臣夫妇朋友皆人合。故国君进贤，如不得已，而婚姻之始，各择德焉。朋友则志同道合，然后定交，然朋友尚可徐徐而契合；至于师弟子，今日一拜之后，更无迁变。故须审察明白，然后择吉行礼，万万不可苟且造次。"②朱舜水在给弟子及友人作"记"时，根据其不同特点作不同的"记"，这也体现其因材而笃的理念。比如他为加藤明友作《勿斋记》，希望其追求圣人之道，要做到"非礼勿视，非礼勿听，非礼勿言，非礼勿动"的行为；为白井伊信作《子中记》，希望其灵活把握权衡之计，切不可"执中无权，犹执一也"；为奥村庸礼作《德始堂记》，希望其树立德行；为古市务本作《典学斋记》，希望其多多学习古圣贤之道；为辻达作《端亭记》，希望其修炼内心，规范言行，如《周易·系辞》中的"敬以直内，义以方外"；希望古市主计"存心贵实，善性欲灵"；等等。另外，百姓的衣食住行等基本生活方面受到实理实学思想的影响，《大日本史》在其史学思想影响下编撰而成，白须老人扶杖听其讲学，等等。

当然，适应外来文化，不是照单全收式适应，而是补充自己所欠缺的，仍然要坚持原文化的价值、生活习俗以及交流模式。文化的深层次结构一般是拒绝根本性改变的。中国有句俗话："一方水土养一方人。"基本的民族服饰、餐饮文化、居住习惯、伦理道德等深植于民族文化之中。"一个社会接纳不同的文化并不是将那些文化的行为方式和信仰照单全收。"③朱舜水虽然将明朝服饰详细地介绍到日本，但没有改变日本和服的根本特色，而是将汉服的因素纳入和服之中；将中国拉面介绍到日本，也没有改变日本以寿司为主的饮食习惯，反倒是增添了日本餐饮的丰富色彩；儒家的"忠孝"文化增强了日本"忠"的内涵和坚定的意志。所以

---

① （明）朱舜水：《朱舜水集》，朱谦之整理，中华书局，1981，第322页。
② （明）朱舜水：《朱舜水集》，朱谦之整理，中华书局，1981，第578~579页。
③ Bates, D. G & Plog, F., *Cultural Anthropology* (3rd ed.), (New York：McGraw - Hill, 1990), Print.

说，文化交流需要文化适应，而文化适应是为了不同文化间更好地交流，形成多元文化的世界。正如巴恩罗德（Barnlund）所言："佛教、伊斯兰教、基督教以及儒教并没有使社会趋向单一，而社会总是通过另一个途径，坚持使宗教适应其文化传统。"①

五　文化霸权阻碍跨文化平等交流

文化具有强大的力量，这种力量潜移默化地进入人的思想意识中。文化能够解决人们生活中基本的物质性问题和精神性问题，服务于人们的基本需求、对生存环境的理解以及对未来的预测。比如英国作家富勒（Fuller）所言："文化使所有问题简单易懂。"② 同时，文化又给了我们很多不同的知识和更广阔的视野，促进人类精神文化的发展，推动人类向更理性、更文明的方向前进。英国诗人、评论家马修（Matthew Arnold）说："文化，让我们开阔视野，见贤思齐，紧跟人类精神前进的脚步。"③

文化在现实社会和跨文化交流过程中，往往又会造成他国或其他民族文化的萎缩或消失。某些相对落后的文化在强权文化的侵袭或洗礼下，会慢慢淡化本来的文化传统而逐渐被文化权力控制，强权文化对市民社会使用非暴力手段进行道德和精神文化的领导，最后实现对民族或国家的控制。葛兰西所说的文化霸权，其实质是强权文化对落后文化的领导，其特性是隐蔽、潜移默化。葛兰西认为，在西方社会，资产阶级的统治并非主要依赖政治社会及其代理机构进行维持，而主要依赖于其对意识形态领导权的占有，通过对市民社会的控制从而使大众接受着一定的道德观念、行为准则和价值体系。他把政治社会比作外围的堑壕，而市民社会就如同其背后牢固的防御工事，国家机器容易被摧毁，稳固、复杂的市民社会则难

---

① D. C. Barnlund, *Communicative Styles of Japanese and Americans: Images and Realitties* (Belmont, CA: Wadsworth, 1989), p. 192.

② 〔美〕萨默瓦、波特等：《跨义化传播》（第 4 版），闵惠泉等译，中国人民大学出版社，2010，第 26 页。

③ 〔美〕萨默瓦、波特等：《跨文化传播》（第 4 版），闵惠泉等译，中国人民大学出版社，2010，第 ix 页。

以突破。一旦统治阶级在文化和意识形态上的领导权受到削弱，国家也就进入了危机状态。① 这种权力以其背后隐藏着的强大的政治、军事、经济作支撑。也就是说，不平等的跨文化交流在不同历史时代的现实社会中始终存在，先进而高民主程度的资本主义社会通过文化软实力领导落后文化。马丁（J. N. Martin）和那卡雅马（T. K. Nakayama）精辟地说道："在跨文化的相遇中，我们不是平等的，也永远不会平等。长久以来的帝国主义、殖民主义、剥削、战争、屠杀等问题使文化群体在交流时无法保持平衡。"② 武汉大学的单波教授认为："现实的跨文化传播总是不成功的，充满着霸权、曲解、对峙乃至冲突。我们希望全球化能基于人的生命共同体的意愿促进各文化圈的对话，可是它常常借助于政治、经济的力量导致霸权的流行。"③ 假使在跨文化传播中，以强权形式并带有利益性目的推动文化在他国或其他民族中传播，久而久之，会使文化传播处于被动地位或受到所在国家或民族的抵制直至文化传播停滞。美国在中东推行美国式民主自由文化而受到严重挫折；中国在"一带一路"的行进过程中，虽然取得较好的初步成效，但也存在担忧之处。一些企业家认为"一带一路"就是向落后国家转移落后、过剩产能，就是压榨这些国家的人民，就是利用、掠取这些国家的自然资源和人力资源，而这些国家应该无条件地给我们提供各种优惠和便利，这就是完全将自己看成"宗主国"的代表，将所在国看成"殖民地"。（此话可能重了些，但确实有这样的主观倾向）④ 这样的思想认识和行为方式已经受到所在国的抵制和反对，加剧了企业和员工之间的矛盾。假使这样的思想认识存在于多数企业家的意识中，跨文化的平等交流和传播则会难以维持下去，势必会影响中国的文化崛起战略。正如史密斯所指出的："允许习惯性屈从或权力在人类交往中占有一席之地将

---

① 李震：《葛兰西的文化霸权理论》，《学海》2004 年第 4 期，第 56 页。
② J. N. Martin, T. K. Nakayama, *Intercultural Communications in Context* (Mountain View, CA: Mayfield, 1997), p. 103.
③ 单波、王金礼：《跨文化传播的文化伦理》，《新闻与传播研究》2005 年第 1 期，第 36 页。
④ 邵建明：《重新认识"一带一路"：中国企业践行者的声音》，"一带一路"百人论坛，2016 年 7 月 24 日。

必然导致闭塞。"①

由此可见，文化霸权阻碍了文化在国与国、民族与民族间的交流和传播。跨文化传播的基本前提是双方遵守平等互利共赢，一方愿意接受、尊重另一方风俗习惯的原则。须尊重、接受文化他者的主体性，尊重其民族的文化特性，并试图理解文化他者，实现平等对话和交流，丰富本民族的文化。正如单波教授所言："唯有通过跨文化大众传播达成不同文化体系之间的和谐对话，在这种对话中求同存异，相互从对方文化中吸取思想性精华，从而达到本土文化的意义增殖与其文化中生活方式的多样化。"②

朱舜水在日本传播中华儒家文化并没有以强势文化自居，而是用谦恭的态度、客观真实的学术思想，依据日本的现实状况以实际行动为日本社会解决现实问题。朱舜水的平等交流思想、指导日本市民社会的基本技艺，获得日本幕府时期的上层社会和普通百姓的普遍认可。日本学者松元纯郎氏认为："我们仰仗的根本国体，是受师于舜水而立。"③日本学者还说："天佑以还，儒学以经世治民为要道，不务空理虚论，皆舜水所赐也……不惟后来明治维新受此良好之影响，即于朱氏学说本身发扬而光大之，其功亦伟矣！"④在跨文化传播过程中，朱舜水并没有用文化"权力"绑架其他目的来获取自己的利益。通过史料以及朱舜水研究者的分析来看，他用自己全部的知识能力真实有效地帮助日本德川幕府和市民社会，从不以任何理由拒绝任何来访者，对不同的弟子和友人，其交流方式不同，给予的指导也各异。他对宰相德川光国十分尊重，以商量的口吻讨论国家大事；对弟子安东守约的有关学术问题严厉批评；对弟子安积觉也严加管教；等等。他对任何弟子和友人都是以诚相待，以信为基石，以礼为前提，论礼而不言利。可能有学者会产生怀疑，认为这也许是他作为亡国之人无路可走而为了生存所选择的必然手段。不过，从朱舜水的经历和秉

---

① 转引自〔美〕萨默瓦、波特等《跨文化传播》（第 4 版），闵惠泉等译，中国人民大学出版社，2010，第 241 页。
② 单波、王金礼：《跨文化传播的文化伦理》，《新闻与传播研究》2005 年第 1 期，第 42 页。
③ 松元纯郎『水户学の源流』朝仓书店，1945、国书刊行会が1997 年に復刻，238 ～ 239 页。
④ 《朱舜水·大明遗民"日本的孔夫子"，德川诸侯家族墓地唯一外族人》，《宁波日报》2008 年 11 月 18 日。

性来看，他并不是苟且偷生之人，而是言行一致、思想真实、具有社会实践精神和意识的儒学者。

六　实践行为在跨文化传播中的作用

美国传播学者雷蒙德·罗斯（R. Rose）认为："在人际传播活动中，人们所得到的信息总量中，只有35%的传播是用语言来进行的。你说话时，你提供的信息有65%是以语言之外的形式传递的——比如语调、动作，甚至是站立姿势或衣着，其中仅仅面部表情就可传递65%中的55%的信息。"① 心理学家艾伯特·梅拉宾（Albert Mehrabian）也认为非语言符号的作用远远超过声音和言辞。诸位专家学者的表述有两层含义，一是非语言传播的强大作用，二是非语言符号起到示范性作用，协同言语更好地帮助理解传播者的意图。中国在传统教育方面有句成语叫"言传身教"，强调的是实践行为的示范性作用。由此可以推导出，实践行为往往比语言符号的传播效果要强很多，至少在跨文化传播中发挥着无法取代的作用，尤其是语言符号难以表达或语言不通时，实践行为就更有传播力。正如跨文化传播学者萨默瓦（Samovar）所说："文化是看不见的，是无所不在的，是可以习得的。"② 霍尔所说的"沉默的语言""隐藏的空间"是对实践行为进行跨文化交流的最好解释。③ 本杰明·富兰克林（Benjamin Franklin）说："蚂蚁最善于讲道，可它却什么也不说。"④ 蚂蚁不说话，并不表示它什么也不做。实践行为是用一种切实可行的、最能说明问题的方式对特定情境下的文化进行最好且最准确的诠释，尤其是对于陌生人之间的跨文化交流来说，实践行为就更具有文化间的交流意义了。非洲有句谚语叫"沉默也是讲话"。沉默在特定语境下发挥着特殊的跨文化传播作用，不失为一种强有力的传播方式。据说美国哲学家爱默生（Ralph Waldo Emerson）

---

① 〔美〕雷蒙德·罗斯：《演说的魅力》，黄其祥译，中国文联出版社，1989，第4页。
② 〔美〕萨默瓦、波特等：《跨文化传播》（第4版），闵惠泉等译，中国人民大学出版社，2010，第200页。
③ 〔美〕爱德华·霍尔：《超越文化》，何道宽译，北京大学出版社，2010，第3页。
④ 〔美〕本杰明·富兰克林：《富兰克林自传》，贝桑出版社，1791，第95页。

和英国作家卡莱尔（Thomas Carlyle）曾经沉默"交谈"数小时，双方告别时，爱默生说"交谈"成果丰硕，并热情告别且互表道贺。朱舜水流亡日本后，在同日本弟子的交流过程中，很多时候是通过实践行为的交流方式获得了他在日本的影响力并扩展了中华儒家文化在日本传播的深度和广度，而不是通过夸夸其谈的方式。7000年前的波斯诗人萨迪（Sa'di，Moshlefoddin Mosaleh）说过："任何一个人如果学会了知识却不去实践，那么他就像是耕了地却不播种一样。"①

朱舜水在日本传播中国古建筑文化时，经常手把手地教授日本工匠技艺，并且亲自按比例制作学宫等建筑模型，直观地展示给日本工匠和知识界人士，通过言传身教来教授日本弟子。这样做一是直观，二是易懂，基本能够避免非语言交流的意义模糊性，三是传播效果良好。这种传播形式对于国与国、民族与民族之间的跨文化传播起着基础而实效性的作用。

朱舜水刚到日本时因语言不通，口语交流十分困难，就用书简等笔语形式交流。对于忠、孝、义、勇、释典礼仪、恩爱等概念，用实践行为表现出来要比用语言符号传播的效果好很多。正如佛教语所说："真实的东西说出来就不真实了。"朱舜水毕生保持明朝装束，并且要求子孙拜见自己时，也要以明朝装束为宜，以显示其对明朝的忠诚；他高度礼赞楠木正成，显示其忠勇；一直到去世前，他都断然拒绝德川光国要他娶一妾以服侍其起居生活的建议，显示了他对爱妻的怀念。他还以示范性行为向日本民众诠释释典礼仪。在逝世前几日，朱舜水知晓自己时日不多，便精心准备后事。他细心沐浴，认真更衣，整理自己的物品，以隆重礼节答谢亲朋好友，几日后从容辞世。这些事例都是朱舜水在用实践行为方式进行跨文化的传播。从历史资料来看，朱舜水在日本受到莫大的尊敬。巴恩罗德说得好："你会根据对这些非语言信息的理解来评价你与他人关系的好坏。非语言交流是表达你对他人感情和亲情的有力工具。"② 这也说明这种实践行动的传播方式效果好、直观真实。正如两千多年前赫拉克利特（Heraclitus）

---

① 转引自〔美〕萨默瓦、波特等《跨文化传播》（第4版），闵惠泉等译，中国人民大学出版社，2010，第246页。

② M. P. Keeley, A. J. Hart, "Nonverbal Behavior in Dyadic Interaction," in S. W. Duck, Ed. *Understanding Relationship Processes* 4 (Thousand Oaks, CA: Sage, 1994), pp. 135 – 161.

所说的："更准确的见证人是眼睛而不是耳朵。"

结　论

通过以上分析可知，朱舜水思想在日本的传播深入有效，获得日本国民的尊敬，与他提出的对于日本来说较为实用的实理实学思想的跨文化传播方式密不可分，与他厚实的品行、卓越的学识、坚定的意志和执行力密不可分。实理实学思想本身不仅因日本社会所需而产生跨文化传播，而且在形式上，文化在异域可持续性传播，需要有相互平等和尊重、互惠共赢的文化交流平台和基础，并且反对文化霸权。文化价值认同和文化适应是跨文化传播成功的前提，实践行为是跨文化传播效果的补充手段。也就是说，跨文化传播的有效形成，既需要有思想理论的阐述，也需要有实践行为，两者的结合才可能成为跨文化传播的更好手段。

中国现代汉英双语作家与抗战时期
中华文化的欧美传播

——以熊式一、蒋彝及其作品为中心的考察*

布小继**

摘　要： 在中国现代文学史上，熊式一、蒋彝与林语堂一样都是著名的汉英双语作家。抗战时期，他们身处异邦，以"多元文化人"的身份娴熟地运用英语进行创作，体现出了东西方文化的"杂交性"品格。围绕中华文化主体性的确立、中华文化与受众的持续对话而进行的传播，既为赢得欧美受众对中华文化的认同、欧美盟国对中国的民意支持创造了条件，也有利于消解和否定"东方主义""恩扶主义"，建构起特殊时期中国的国家形象。

关键词： 中国现代汉英双语作家　抗战时期的中华文化　欧美传播　熊式一　蒋彝

中国现代汉英双语作家是中国现代文学史和中国现代文化史上的一个独特的存在。他们借助汉英双语创作的优势，"两脚踏中西文化，一心写宇宙文章"，不仅"中情西达"，更重要的是为自近代以来在中西文学、文化交流中处于弱势的中国一方重新开辟了跨文化传播的新天地，为中华文化在现代欧美的传播揭开了新的一页，展现出了中华文化不完全同于此前的姿态。这些汉英双语作家，除了在欧美文坛上广为人知的林语堂外，还

---

* 本文系国家社科基金项目"中国现代汉英双语作家研究"（项目批准号：14XZW020）的阶段性成果。
** 布小继，云南红河学院人文学院副院长、教授。

有熊式一、蒋彝、凌叔华、张爱玲等定居欧美的作家，也有萧乾、叶君健、杨刚等旅居欧美又先后归国服务的作家。

自"九一八"事变起，在长达 14 年的抗日战争期间，中华文化并未停止过对外传播，从服务抗战大局、高举爱国主义旗帜和加强与欧美盟国联系这一点上来看，抗日战争为中华文化的欧美传播提供了一个良好的契机。熊式一、蒋彝都是在 1932 至 1933 年间先后到达英伦三岛的，他们与林语堂一样，身处异邦，又都成了中华文化的海外传播者。但他们各自有不同的传播方式和传播路径，产生的效果也不尽相同。本文将以熊式一、蒋彝的文学作品为考察中心，具体阐述中国现代汉英双语作家在抗战时期的中华文化传播之内容、方式、贡献和带来的启示。

一

近代以来，欧美国家中华文化的传播主要是由林乐知（Young John Allen）、明恩溥（Arthur H. Smith）等传教士，以及埃兹拉·庞德（Ezra Pound）、赛珍珠（Peral S. Buck）、埃德加·斯诺（Edgar Snow）、罗素（Bertrand Russell）、斯宾格勒（Oswald Arnold Gottfried Spengler）等学者和作家来完成的。前者如明恩溥，他的《中国人的气质》等英文著述，出版后得到了极高的评价，影响了西方若干受众的中国观，被西方世界奉为经典，但"由于文化的隔阂和宗教的偏见，他们仍然不可能对中国问题做出客观的评价或客观的分析"[1]。后者如赛珍珠，她 1938 年获得诺贝尔文学奖的《大地》，尽管有对中国东部农村的农民和土地的关系深情和精细的描写，但她本身就有着无法超越的视角局限和意识偏差，因而"他们的描述中还存在着大量的想象和虚构的成分以及'舞台化的模式'，使得博大精深的中国智慧难以得到真实的再现"[2]。就西方而言，无论是文化保守主义者还是开明人士，或为意识形态所局限，或为一管之见、一孔之知所遮

---

① 冯智强：《中国智慧的跨文化传播——林语堂英文著译研究》，中国海洋大学出版社，2011，第 27 页。

② 冯智强：《中国智慧的跨文化传播——林语堂英文著译研究》，中国海洋大学出版社，2011，第 29 页。

蔽，都无法洞见悉知中国文化表象背后更为广大和深刻的内涵及其历史成因，常常失之于谬误或谬赞，难以真正进入中国文化体系内部，进行深层次的解读。这也就使得中国、中国人及中华文化无法被西方尤其是欧美受众所真正了解。

熊式一对20世纪30年代前后的西方社会之中国观感的表述很有代表性。"自从欧洲的冒险人士到过那个远在天边的中国以来，一班想象力特别丰富的写作家，以之为他们乱造谣言的最理想根据地……我看过多多少少欧美人士托名翻译自中国诗、中国故事，全是他们独出心裁的创作，奇文谬论……普通一般的欧美人士，大都认为中国人多半是心地阴险的怪物，差不多随时可以运用魔术。他的眼睛，小得不能再小，开时只能半开，闭时也只算半闭。他的两颧高高的，耸入云际，齿若獠牙，头颈下缩于两肩之间，脑后拖一根长长的辫子，他的手指也长如鸟爪，不过你不容易看到，因为他的袖子也长，平常两只手总是藏缩于双袖之中。如此这种，都微不足道，不过是天赋的外表而已。最令人注意的是你们都相信他可以完完全全控制他的情感，无论他最痛苦也好，他最快乐也好，他总是脸上无一点表情，永远仿若无事……照好莱坞的恐怖影片看起来，最可怕的杀手，大都是吸鸦片的中国人……当初我真不明白，他们为了什么总不肯相信我的解释，三十多年以来，我们再也没有蓄辫子，而且早在很久之前，妇女也不缠小脚。他们一口咬定我们两夫妇都竟已过于洋化了，不足信以为真正中国人的好模范。一直到最近，我为我几个小孩子选几册英文教科书的时候，我才知道这种谬误的观念早已种在西方人心中，根深蒂固了，绝非我几句话可以解除的。"[1]

正是在这种谬误"根深蒂固"、作家任意编造的语境之下，熊式一改编自京剧《红鬃烈马》的话剧作品《王宝川》（*Lady Precious Stream*）就显出了其及时性。《王宝川》在1934年出版（至1940年共计发行了10万余册），1935年至1937年三年间在伦敦共有900余场演出，1936年起在纽约百老汇、芝加哥共有300余场演出。《王宝川》对平民薛平贵通过自身努力把握了参军机会，为国效力、勇猛征战，终于成为西凉国国王并归国的

---

① 熊式一：《大学教授》，中国文化大学出版部，1989，第169～172页。

荣耀之赞赏，对王宝川慧眼识英雄、不嫌薛平贵出身卑微甘愿委身于他并寒窑苦等18年的钦佩，对二人忠贞于爱情和婚姻的称许，是对中国传统伦理道德观念和英雄观念的一段极好注脚。有人曾撰文分析了其受到热捧的原因："大概是因为外国戏剧大都是大同小异的，换换这新鲜口味，所以得人欢迎，但是最重要的原因还是在旧道德观念上，英国人素重保守，自欧战以后，男女的恋爱太自由，朝秦暮楚，毫无贞操观念。于是英国一班守旧的老头子同老太太们，大叹世风日下。王宝川能够十八年之久等候其夫，富贵不能移其志，在欧洲是找不出的。平贵回窑尚调戏其妻，以验其操守，很多老太太们看到此地，莫不泪下如雨，手巾都湿透。可知中国旧道德感人得深了。"① 而在同时期的英国评论家看来，"《王宝川》配得上最高的赞誉。从本质上来说，它是现实主义的，它反映了当时中国人的家庭生活和习俗。通过该戏剧以及熊式一以后的创作，欧洲将能更好地了解中国"②。着眼点不同导致了对该剧评论的分野明显，这在熊式一由王实甫的元杂剧《西厢记》改写改译成的诗剧《西厢记》（*The Romance of The Western Chamber*）中同样存在。他尽可能地传达出作为中华文化瑰宝之一的《西厢记》之思想内涵：反叛封建家长制而追求自由恋爱，以获取功名作为婚姻生活的保证，男才女貌的夫妇彼此忠贞。该诗剧也尽量还原该杂剧在艺术描写、意象设计、意境营造、情节结构等诸多方面的匠心设计。时人曾评点说："译者第一把原书宫调的用韵打破，他译唱词不用韵，但读起来却如 R. Tagore 的散文诗，有一种自然谐美的韵味，所谓 spoken tone。所以这译文的本身，已多少带有些创造性……可见东方的东西，到底还是东方人译来深刻些，有味些，因为东方人比较领会得多些。"③ 萧伯纳认为："我非常之喜欢《西厢记》，比之喜欢《王宝川》多多了！《王宝川》不过是一出普普通通的传奇剧，《西厢记》却是一篇可喜的戏剧诗，可以和我们中古时代戏剧并驾齐驱。却只有中国十三世纪才能产生这种艺术，把它发挥出来。"④ 熊式一从通俗剧《王宝川》之改写改译向严肃剧

---

① 卫咏诚：《伦敦"宝川夫人"观演记》，《良友》第 118 期，1936 年。
② Eduard Erkes, "Books Reviews," *Artibus Asiae*, Vol. 6, No. 1/2（1936）：152.
③ 藏云：《〈西厢记〉的英译》，《图书季刊》第 3 期，1936 年。
④ 熊式一：《八十自述》，海豚出版社，2010，第 66 页。

《西厢记》之改写改译的转变,无疑是具有特别意义的。他自己也坦承:
"但不得不把《西厢记》尽我之所能,每日孜孜不倦地继续在十一个月之中,把这本十三世纪的元代巨著,逐句甚至逐字译为英文,以示我国文艺精品之与一般通俗剧本之差别。"① 熊式一由俗趋雅的努力看起来更像是一次为中华文化正名的行动,这和他抵英不久即创作发表的独幕剧 Mencius Was a Bad Boy (《顽童孟子》,又译为《断杼教子》) 可以联系起来考察。二剧都是对既有故事版本的改写改译,意在以比较纯正的儒家文化伦理精神作为跨文化写作和传播的主旨,但后者的故事设计较为平淡,"孟母三迁"所涉及的相关文化背景显然要复杂和严肃得多,其"戏说"的成分还不足以引起受众强烈的接受欲。与此类似,《西厢记》的单行本和商业演出效果与《王宝川》相比差距极大,在普通受众中的反响平淡。

之后,熊式一奉"全国文人战地工作团"(1937年)和"文协"国际宣传委员会(1939年)之命在英国做中国抗日救国国际宣传的工作。② 基于达成使命之目的,1939年熊式一创作出版了三幕话剧 The Professor from Peking (《大学教授》),该剧讲述了某大学的张教授在1919年"五四运动"后参与营救爱国学生,"大革命"期间以似右实左的立场介入了党派之争,抗战开始后尽力照顾各方面关系,为国家、民众生存而奔走联络等事迹。该剧与萧伯纳晚年的杰作《查理二世快乐的时代》在欧美嘉宾云集的文艺戏剧节同台演出。"我顺便要说明,那时萧翁年近九十,而我才三十几岁!这事我虽然认为我很替我国争了大面子,国内却从来没有过半字的报道,五十年以来,很少有人提起过这件事,戏剧界好像不知道我写过这一本发乎爱国性的剧本!"③ 该剧本因为纳粹空军空袭伦敦,"二战"爆

---

① 熊式一:《大学教授》,中国文化大学出版部,1989,第3页。
② 全面抗战爆发后,熊式一与宋庆龄、郭沫若一起被推举为上海"文人战地工作团"主席团成员,此后三人分赴英、美、德做抗日宣传工作。参见林荣清《熊式一诞辰一百周年纪念座谈会举行》,《人民日报》(海外版) 2002年7月6日,第4版。1939年2月,"文协"国际宣传委员会在重庆召开会议,计划将中国的抗战文艺运动及其作品介绍到国外,以便推进抗战文艺运动,使中国的抗战文艺运动与世界反法西斯文艺运动融为一体。会议决定加聘林语堂、谢寿康、肖石君为驻法代表,熊式一、苏芹生为驻英代表,肖三为驻苏代表,胡天石为驻日内瓦代表。参见文天行、王大明、廖全京编《中华全国文艺界抗敌协会史料选编》,四川省社会科学院出版社,1983,第413页。
③ 熊式一:《大学教授》,中国文化大学出版部,1989,第1页。

发，人员疏散，未能连续演出，致使其影响受到了限制，也使熊式一雄心勃勃的创作计划部分地落空了。①

真正使他在由俗趋雅的创作道路上获得极大成功的是 1943 年出版的长篇小说 The Bridge of Heaven（《天桥》），该小说通过李大同从一个被地主李明购买抚养的穷苦农民之子在风云变幻的大时代中成长为一个具有坚定的信仰并付诸实践的革命者之故事，力图揭示中国革命具有并不亚于英法大革命的进步性以及它与世界民主革命潮流的同步性。熊式一把中国近现代史上的两大历史事件——戊戌变法和辛亥革命进行了系统描述，并且把李大同的成长过程与这两大事件的发生过程加以深度融合，同时不忘展现主人公丰富的情感生活、既重义又尚德的君子品质和以德报怨的儒家人格，使李大同及其所代表的新一代青年革命者具有了全新的魅力，足以担负起拯救风雨飘摇的国家于水火之重任。《天桥》初版本上有英国桂冠诗人约翰·梅斯菲尔德（John Masefield）的序诗《读〈天桥〉有感》，其评价极为熊式一本人所看重；英国作家 H. G. 威尔斯（Herbert George Wells）认为，"我觉得熊式一的《天桥》是一本比任何关于目前中国趋势的论著式报告更启发的小说，从前他写了《王宝川》使全伦敦的人士为之一快，但是这本书却是绝不相同的一种戏剧，是一幅完整的、动人心弦、呼之欲出的图画，描述了一个大国家的革命过程"；著名史学大师陈寅恪则拟写了两首七绝、一首七律以抒怀，其一为"海外林熊各擅场，卢前王后费思量，北都旧俗非吾识，爱听天桥话故乡"。② 史学家余英时认为，该诗"通篇借林语堂来衬托熊式一，字面上几乎句句偏向熊式一"③。该书除了写出了陈寅恪祖辈的沉痛往事外，也可看出熊式一此时期的海外影响力。确实，1943 年 1 月《天桥》出版后，当年至 1946 年的四年之间，各再版了四次、四次、两次和一次，卖出版权若干种，海外反响极好。

几乎与熊式一同时，蒋彝以 The Chinese Eye（《中国绘画》）登上欧美

---

① 曾有记者采访熊式一，他说："我的译作剧本，除了《王宝川》外还有《孟子》《财神》《西厢记》《大学教授》《意大利》……"事实上，笔者遍阅资料，《意大利》一剧就难觅其影踪。参见品藻《熊式一先生印象记》，《新时代》第 7 卷第 4 期。

② 熊式一：《天桥》，外语教学与研究出版社，2012，封底。

③ 熊式一：《天桥》，外语教学与研究出版社，2012，第 6 页。

文坛，一举成名。该著作中，蒋彝对中国绘画艺术的来龙去脉、艺术技巧、使用工具、类别以及绘画与哲学、文学的关系做出了比较清晰的界定和说明，其中还插入了唐宋元明清五个朝代的 24 幅名家画作。在熊式一为该书所作的《序》中，他给了这样的评价："现有的关于中国艺术的书籍，全都是西方评论家所写，他们的概念，尽管有价值，但其所作的解释必然与中国艺术家完全不同。我想你们一定会同意，这些中国艺术家，真可惜，应当有他们的发言权。此书作者对绘画的历史、原则、哲学的处理，深入浅出，读者既获益无穷，又其乐融融。这本书不算厚，谢天谢地，也不是一本学术巨著！蒋先生写出了这么一本毫不枯燥、毫无学究气的中国艺术专著，仅此而言，作者和读者都值得大大庆贺一番。"① 该书刚出版，就有评价说："《中国绘画》是对过去活跃的文人艺术家和诗人的推论性质的研究，描述了中国主流的绘画与诗歌之间的亲密联系，没有太多的关于中国画家作画的方法和材料的信息。比起以前提到的有关中国艺术的大部头的书，作者对这个问题的介绍不够清楚。插图的规模比较小，所举例子相对二流，标准不高。但这本书肯定会让那些希望了解中国人的绘画态度的读者感兴趣，因为它可能被描述为郭熙一篇名文中所说的那种现代化的扩张，具有更广泛和更实际的前景。"② 甚至蒋彝自己也力荐该书："我愿意推荐该书，其价值在于《中国绘画》中所说的艺术兴趣具有共同性而不仅是个别性，我一直觉得除了画具和技巧，东西方艺术没有多少真正的区别。技艺也不具有排他性。绘画艺术各自的构成和着色对另一方也会有所启示。看到这本书的插图可能容易产生错觉，如第三幅《枯树》，在一幅西洋画中，寺庙屋顶间的轻雪、远处的树木和左下角的落款是不会并置的，这就是中国绘画中的一个不同寻常的组合。六到十一世纪的中国画是非常现实主义的。"③ 蒋彝自该书的写作开始，就有了一种文化传播的自

---

① Chiang Yee, *The Chinese Eye: An Interperetation of Chinese Painting* (London: Methuen & Co., Ltd., 1935), p. x.

② C. J. H., "Review," *The Burlington Magazine for Connoisseurs*, Vol. 67, No. 393 (Dec., 1935): 281 – 282.

③ Chiang Yee, "A Collection of Chinese Paintings," *The Burlington Magazine for Connoisseurs*, Vol. 73, No. 429 (Dec., 1938): 236, 262 – 264.

觉，有意识地拉近中国文化与西方文化的距离。据统计，该书在 1935 年 11 月、1936 年 2 月和 1937 年各出版了一次。

这种自觉意识在 *Chinese Calligraphy*（《中国书法》）中同样有明显的表现，该书副标题"美学与技艺方面的介绍"透露出它其实是一本介绍普及性质的书，内附插图 22 幅、说明附图 157 幅，可谓图文并茂。蒋彝从中国文字的起源、构成说起，结合书法技法、笔画、结构、练习方式、抽象美展开，再论述它的美学原则及其与绘画和其他艺术形式的关系。该书于 1938 年出版后，获评该年度的 50 本最佳书籍之一，[①] 分别在 1954 年、1973 年和 2002 年各再版过一次，至 2002 年已经是第 13 次印刷了。有人评价说："蒋彝的《中国书法》介绍了中国书法艺术的巨大魅力。蒋彝介绍的艺术方法与近代西方的抽象艺术方法很接近，而事实上，不少西方现代作家正是汲取了中国书法的艺术方法而进行创作的。"[②] 在哈佛大学出版社关于该书的宣传网页上，引用了《伦敦时报》的评语："这是一部了不起的著作，书里介绍的砚台就足以引起人们的好奇。蒋彝先生是以一种严肃而又充满想象的方式进行写作的。"[③] 在 A. Bulling 看来，"蒋彝把读者从汉字的起源及结构引入到了诸如汉字的演化及不同书写形式这一重要的领域，从而使西方人能认识到中国书法在艺术中的重要位置"[④]。揆诸实际，不难发现，蒋彝对汉字书法艺术与绘画等关系的论述，不仅深化了西方人对颇显神秘的汉字的直观认识，也从中国人的哲学思想源头上予以厘清。同时，绘画与书法作为中华文化艺术形式之重要二维和独具特色的艺术手段在"哑行者画记"系列作品中的运用，是蒋彝能够扬名欧美文坛的一大法宝。

在他 1937 年出版的第一本画记 *The Silent Traveler in Lakeland*（《湖区画记》）中，他以游历日记的形式描写了对英格兰湖区公园的几个重要湖泊——瓦斯特湖（Wastwater）、德韵特湖（Derwentwater）、八德连湖与昆默刻湖（Buttermere and Crummockwater）、温德米尔湖（Windermere）、莱

---

① 郑达：《西行画记——蒋彝传》，商务印书馆，2012，第 134 页。

② Jules Menken, "The Spectator Archive," *Spectator*, February 18, 1955, p. 201.

③ http://www.hup.harvard.edu/catalog.php? isbn = 9780674122260&content = reviews.

④ A. Bulling, "Review," *The Burlington Mazine*, Vol. 98, No. 640 (Jul. 1956): 244 - 245.

得湖与格遇斯迷湖（Rydal Water and Grasmere）的游览经过，通常先介绍风景，述说风土人情，中间讲述中国文化（故事），在中英风土人情、风俗和文化的比较中求同存异，进而获得打动或感染人心的力量。在艺术技法上，他在英文中加入了毛笔书法、自己即兴完成的中国古体诗和写意画，开创了英文游记写作的新篇章。把异域风景之美和中国文化之美、人文之美有机地结合起来，这一技法贯穿了他的 10 余本画记。在莱得湖与格遇斯迷湖游历时，蒋彝顺道拜谒了华兹华斯（William Wordsworth）的墓地，由纪念诗人的方式想起了与中国大诗人李白相关的每年两次的地方性纪念活动，在书的结尾部分把白居易的《登香炉峰顶》一诗全文照搬。该书先后出版了 9 次之多。

在 The Silent Traveler in London（《伦敦画记》）中，对伦敦这个国际大都市从四季景色到日常生活做了细致的描绘，其中不断地将其和江南景色、中国古老的文化传统进行对比，内附 18 幅插图，包括两幅单色插图，多数属于水墨画。该书到 1951 年在英国和美国已经出了 8 版，其受欢迎程度可见一斑。在 The Silent Traveler in Oxford（《牛津画记》）中，以比较随意的结构和小品式的笔法来书写所见所闻，不再刻意去注重整体面貌的勾勒或走马观花式的描述，意图再现牛津的历史和现实情景。两书比较，前者拘谨而线索清晰，后者活泼而内容庞杂。在 1944 年 11 月 5 日至 11 日的一周内，《牛津画记》荣居 6 本"最受欢迎"的书籍之列。《利物浦邮报》公布该城市 11 月间 8 本最畅销的书，其中包括《牛津画记》，赫赫有名的社会史学家 G. M. 特里维廉（G. M. Trevelyan）的作品也名列其中。①

此时期，蒋彝创作出版的著作中值得注意的还有 The Silent Traveler in Wartime（《战时画记》）和长篇小说 The Man of the Burma Road（《罗铁民》）。前者以蒋彝在战争时期伦敦周边的所见所闻为中心，比较集中地叙写了德国对英国开战后的各种见闻和感受，具有急就章的性质。该书在写法上和《牛津画记》类似，通过对人们日常生活发生明显变化的细节描绘，突出战争所带来的巨大影响以及在这种影响下伦敦人乃至英国人的乐观精神和领袖的卓越品质。其中既有对国内抗战局势的牵挂和必胜的信

---

① 郑达：《西行画记——蒋彝传》，商务印书馆，2012，第 201 页。

念，也有不少把英国现实人物和中国古代名人进行比照或戏仿的部分，如把张伯伦（Arthur Neville Chamberlain）首相比作中国古代传说中持伞的瘟疫鼻祖吕岳，让他把瘟疫种子投放到敌国的魁首那里去。其他重要的大臣如 Kingsley Wood 化身为能够呼风唤雨的雷震子、Leslie Hore - Belisha 变身为指挥若定的三国将领周瑜、John Anderson 和 Anthony Eden 分别为左、右门神，还各自以简笔画形式惟妙惟肖地勾勒出他们的神态。

《罗铁民》是蒋彝根据萧乾的转述，结合想象来完成的。萧乾曾任《大公报》记者，1939 年到了云南中缅边境，并创作了《血肉筑成的滇缅路》一文。在 1940 年的一次空袭躲避中，萧乾等人在蒋彝寓所借宿过几日，他们一起谈到过书中所述的问题。[①] 在该书的扉页上，蒋彝特别注明："TO HSIAO CH'IEN WHO WITNESSED THE COMPLETION OF THE BURMA ROAD AND TO THOSE WHO GAVE THEIR LIVES TO THE ROAD THEIR LABOUR AND SACRIFICE WILL NOT BE IN VAIN."[②] 这表达了他对萧乾及在滇缅路修建过程中付出血汗甚至牺牲性命的人们的特别赞美和尊敬之情。小说借助对罗铁民父子及李小梅父女等人的描绘，从国内民众抗战热情的高涨、修筑滇缅路的热火朝天的场面等来讴歌中国军民的团结一致，表达了中国人殊死抗战、一定会击败侵略者的决心。书中有若干幅插图，表现了边疆地区人们的服饰、习俗和劳作等生活状态，以及筑路的场景。蒋彝创作该小说还有驳斥歪曲事实者、还原真相的意图，借此为中国普通农民辩护。该书出版后，又由作家改写改译成中文，由英国远东情报局在香港散发。从这两部作品中可以看到蒋彝以笔为旗、愿意为国抗战呐喊助威的拳拳报国之心。

二

被誉为清末民初学贯中西第一人的辜鸿铭曾在英文写就的《中国人的精神》一书中，把中国人尤其是知识分子的精神归为强烈的同情心等几个

---

① 郑达：《西行画记——蒋彝传》，商务印书馆，2012，第 188 页。
② Chiang Yee, *The Man of the Burma Road*（London：Methuen & Co. Ltd.，1942），p. v.

方面。① 该书向西方宣传中国传统文化，阐扬中华文明的价值，具有为中国人、中华文明、中华文化辩护的强烈意味，后被翻译为德文等多种语言，在西方产生了极大的轰动。林语堂深受辜鸿铭之影响，"解开思想的缆绳，进入怀疑的大海"②，在赛珍珠的邀约下开始创作 *My People and My Country*（《吾国与吾民》，1935）、*The Importance of Living*（《生活的艺术》，1937）、*The Wisdom of China and India*（《中国印度之智慧》，1942）等传播中华文化的作品，又亲自操刀完成了小说 *Moment in Peking*（《京华烟云》，1939）、*Leaf in the Storm*（《风声鹤唳》，1940）等。前者可以归为文化散文，借表现中国文化名人的智慧观、文化观和生存哲学及其具体的表现形式，来阐扬中国的人文主义，宣传推介其"半半哲学"和"抒情哲学"。③后者以中国文化为基础，融会贯通中西方文化哲学，然后把这些生活艺术、哲学观念通过长篇小说中典型人物塑造的书写方式进行形象化的展示。"林语堂正是站在中西文化融合的高度，以传统儒释道为依托，塑造着理想中的人物与人性，并企图通过这种人生智慧在西方的传播，成为补救西方世界的一剂良药。"④ 亚马逊书店的销售数据表明，《吾国与吾民》《生活的艺术》等作品多次再版，畅销至今，其影响力不可谓不大。⑤ 与赛珍珠的《大地》相比较，林语堂的系列英文著述立足于更为宏阔的文化空间和更为久远的文化时间，笔下的中国人不再是蝇营狗苟的偷生之辈，而

---

① 辜鸿铭：《中国人的精神》，李晨曦译，上海三联书店，2010。
② 转引自冯智强《中国智慧的跨文化传播——林语堂英文著译研究》，中国海洋大学出版社，2011，第39页。
③ 有论者认为，林语堂的"半半哲学"是"一种集感性与理性于一体的情理互动的精神。它以情感为基础，以理性为指导，以实现通情达理、近情明理为目标。在情理交融中解构和融化了理性与感性的对立与冲突，从而升华为一种中国特色的动态平衡的智慧形态，也是中国贡献给世界的最宝贵的精神财富"。"抒情哲学"是"从中国文化的人文主义精神出发，以人和人生作为哲学及其他一切人文学问的出发点和归宿，强调对人类现实幸福的关怀，同时以真实的人生、人生实践和人生感悟作为哲学及其他一切人文学问立足的基点……也被其本人称为'闲适哲学'、'生活哲学'或'快乐哲学'"。转引自冯智强《中国智慧的跨文化传播——林语堂英文著译研究》，中国海洋大学出版社，2011，第56～57、62页。
④ 冯智强：《中国智慧的跨文化传播——林语堂英文著译研究》，中国海洋大学出版社，2011，第155页。
⑤ 冯智强：《中国智慧的跨文化传播——林语堂英文著译研究》，中国海洋大学出版社，2011，第180页。

是被置换为知识阶层和有闲阶级，中国文化也绝不仅仅是和土地相关的文化，更是以土地文化为基点，建基于高度发达的农业文明之上的成熟文化体系。其文化底蕴的丰赡、文化品位的高雅、文化意味的悠长、文化哲学的自成一体都在其著述中得到了比较集中和完整的体现。在辜鸿铭等前辈的基础上，林语堂建构了一个相对系统化的文化体系，这一体系的显著特征是以中华文化及其人文精神为核心、为主体，融汇中西，把包括西方文化在内的其他文化的精华或者值得学习的东西拿过来，冶成一炉，兼收并蓄，以进行跨文化传播。该体系既足以看出作家创作过程中的灵活性，也充分体现出了作为他言说依据和对象的中华文化的包容性。

同时处在西方文化语境中的熊式一与蒋彝，在中华文化传播的主体性之确立上采取了不同的方式路径。熊式一对通俗剧《王宝川》的改写改译，有着他对当时的欧美戏剧和欧美受众接受心理的完整体认。"说实话，我最得力的导师，是伦敦各剧院的观众！在这一段期间，凡在伦敦上演的戏剧，成功的也好，失败得一塌糊涂的也好，我全一一欣赏领略，我专心注意观众们对台上的反应，我认为这是我最受益的地方。"① 因而，《王宝川》中古代人物的"一夫一妻制""吻手礼"等西方现代文明礼仪的强行植入，以及对英国贵族口吻的模仿、台词对白的"英国味"、"空舞台"的处理形式，都成为该剧能够全面斩获成功的重要保障，也是普通受众好评如潮的重要原因。在《西厢记》的改写改译中，从元杂剧转为话剧时，作者对中国古诗词意境和曲牌名称的翻译进行简化或忽略处理，本想求得目标群体中大多数受众的认同，但文化背景转译的困难和优美曲词在翻译中的意义流失，使得该剧在普通受众那里再难讨巧。至于话剧《大学教授》，他明显舍弃了取悦欧美受众的表现方式，而是把张教授置于历史漩涡的中间，借助人物命运和国家命运之间的关联来言说历史和抗战呼求。《天桥》更进一步，他对近代中国革命规律的揭示，对中国普通民众觉醒的过程之论述和对中国革命前途走向的预见性都具有了和欧美资产阶级革命一较高下的意味。换句话说，中国近代资产阶级革命之彻底性、完整性和民众力量的爆发是远远超过英法美诸国的。该剧不断突出和放大李明封建迷信、

---

① 熊式一：《八十自述》，海豚出版社，2010，第30页。

自私保守的特性以强化他作为旧时代人物的代表性，与其弟李刚的开明自由、博学仁爱形成了鲜明的两极对立，在思维方式上又足以取巧。可见，熊式一的中华文化传播以历史叙述为主。《王宝川》《西厢记》部分是中国人的情感史叙述，是优雅贤淑的古典美；部分是中国人与命运抗争的方式叙述，认为个人不能简单地屈从于命运的安排，唯有对抗命运，才会争取到个人存在的价值。主角们最后的成功显然是对这种抗争的报偿，这与西方文学和文化中一贯推崇的"个人奋斗与抗争"主题具有极大的相通性。类似人物诸如《红与黑》中的于连、《安娜·卡列尼娜》中的同名主人公以及易卜生笔下的娜拉。《大学教授》和《天桥》基本上联结起了晚清到抗战的历史，在这一点上有"姊妹篇"的性质。当个人不能独自掌握自身命运之时，人们或者去当时代革命的推手，或者自甘堕落而被抛弃，显然，两剧的主人公都选择了前者，在汹涌澎湃的时代大潮中逐浪而行、勇敢拼搏，真正体现出了中国知识分子的骨气、傲气和精气神。

所以说，熊式一是在"由俗趋雅"的书写过程中逐渐确立了"由小趋大"的历史书写主题，抗日战争所激发的爱国主义的精神力量尤其起到了重要作用。这种力量促使他摒弃了惯用的、成功的书写方式，从中华文化传播需要和抗战大局出发，改迎合受众为引导受众，改戏说历史（人物）为正说历史事件，改戏谑幽默的语言风格为规整严肃的话语呈现，达到了较好的效果。

蒋彝以《中国绘画》和《中国书法》为代表的文化艺术著作赢得了声誉，它们都是从当时英国人的需要出发而完成的。作为中国文化智慧、艺术思维和哲学理念的重要载体，绘画与书法都与中国人的宇宙观息息相关，其独特性不证自明，因此，二书为了让欧美受众理解方便而加入了大量的图片信息。前书是应英国百灵顿画院举办国际中国艺术展览会（1935）之邀约而写的介绍性出版物，后书是蒋彝为了完成伦敦大学博士论文而写的，出版后所获得的好评证明了蒋彝对受众心理的了解和把握确实是非常准确的。他采取的是亲近普通受众的路线，即设身处地进行思考，把复杂问题尽量简单化，以达到普及、了解的目的。同时，他对艺术形式所表现出来的平衡、匀称、优雅、动态、力量等美学原则和抽象理念的提炼升华，作为中国美学思想的核心，在后续著作中得到进一步表述。

显然，创作主客体之间有一个相互激发的过程，有一个内部和外部环境不断适应的过程。在《湖区画记》《伦敦画记》《约克郡画记》《牛津画记》中，作家不断回到九江、庐山，回到江南，回到古典诗词的意境中，又借助古典诗词形式写景抒情、咏物言志，借书法具象中国文化精神，借绘画来呈现虚实相生的美学境界。这些作品中不仅存在着一个文化心理中的"思故乡－还故乡"结构，还有一个"化他乡－他乡化（他乡故乡化）"的结构，这可以通过诗、书、画的出现比例得以证明。在《湖区画记》中，多表现为前一结构，诗、书、画几种形式频繁交替出现，大量地甚至过多地摄入中国文化。[①] 在《伦敦画记》中则有了不一样的表现，已有不少其他文化素材进入其中，逐渐向后一结构靠拢。以《伦敦的雾》为例，其中引用了《笨趣》上发表的诗歌、卡通画，中国诗、书、画的材料使用比例有了减少。[②] 在《战时画记》中诗歌、书法出现的比例有了显著降低，但在其后的《牛津画记》中，画作包括整页彩色插图和其他文化素材所占的比例得以大幅增加，在《爱丁堡画记》《波士顿画记》中也有类似情形。这是蒋彝在创作中越来越自信、越来越熟练的过程，也是他的中华文化传播的主体性得以确立的过程，不再需要对中国文化进行比较生硬的联想、想象和强行接入，而是以明确自然的方式使中国文化精神融汇其中。

其他的中国现代汉英双语作家也经历过类似情况。萧乾作为《大公报》驻欧洲的战地记者，旅居英国期间同样有不少著译作品。例如 *Etching of a Tormented Age*（《苦难时代的蚀刻》，1942），副标题为"现代中国文学鸟瞰"，它比较系统地向西方世界的英语读者介绍了中国自新文化运动以来所取得的系列成就，也不讳言其中所存在的问题。"总的来说，战争对中国文学尤其小说称得上祸中得福。抗战前，中国作家身上大多存在着两种令人惋惜的症状：他们或者缺乏对现实生活的坚实基础，或者所用辞藻离人民太远。战事把作家赶到生活中去了……最重要的是他们跟人民——居住在远离沿海、完全不曾欧化过的人民，有了直接接触。此外，他们还

---

① 如《德韵特湖》，在 2 万余字的文本中，有古体诗作 8 首，相对应的书法作品 8 幅，画作 5 幅。见蒋彝《湖区画记》，朱凤莲译，人民出版社，2010，第 60～112 页。

② 《伦敦的雾》一节有 6000 多字，单页画作 1 幅，简笔画 1 幅，古体诗和对应书法作品各 2 幅。见蒋彝《伦敦画记》，阮叔梅译，人民出版社，2010，第 75～87 页。

经历着战争，目睹战争的残酷以及人们在战时所表现出的英勇。因此，我们可以寄厚望于战后的中国小说家。"① 这些文字把战争与文学关系做了全新的对外演绎。翻译则被视为"一项至关重要的工作"，"除了英国文学自身的影响，英语在中国无可比拟的受欢迎程度也使其大受裨益。许多欧洲其他语种的文学名著，中国的翻译家不易得到，像易卜生和安徒生，就都是从英文本转译过来的"②。同时期出版的 *China But Not Cathay* （《中国并非华夏》，1942）一书，集中介绍了中国历史状况、地理形式、抗战情况特别是国共合作坚持抗战的情形，并附有 80 余幅照片和 1 幅地图。这两部书带有介绍普及性质，主要目的是对 20 余年的中国现代文学发展历程、中国国内抗日战争情况进行跨文化传播，以期为英美人士所了解。*The Dragon Beards Versus the Blueprints* （《龙须与蓝图》，1944）之副标题名为"战后文化的思考"，由几篇演讲稿汇编而成。其中就注重了中西文化的比较、英国文学文化对现代中国的影响和关系之思考，打通中国和西方作家之间关联的路径，洞悉二者间存在的差异及其可资中国现代文学、文化吸取的优秀质素。在萧乾自选自译的散文小说集 *Spinners of Silk* （《吐丝者》，1944）中，他一方面着力于表现中国平民百姓中不同层次的民众之生活状况和生活情趣，呈现人们之间巨大的生活差距和生活态度，是对中国社会的写真；另一方面，该书体现出人道主义和爱国主义精神，书写了民众发自本能的觉悟和被损害、被侮辱者的愤怒与反抗。另一部书 *A Harp with a Thousand Strings* （《千弦琴》，1944）为萧乾主编，汇集了众多西方文化人和知识分子自 13 世纪以来从不同角度、不同层面和不同理念出发所写的关于中国的文章，具有更多沟通中西的意味。其中借助西方作家的理解来介绍中国和中国文化，试图获得亲近感；同时也把中国作家笔下的中国推介出去，以获得西方受众的理解。归结来看，萧乾从需要迁就读者的、普及性强的宣传逐渐转向融合中西文化、弥合文化鸿沟之桥梁，不仅专注于宣传的广度，也注重宣传的针对性，同样是中华文化传播主体性确立之表

---

① 萧乾著，文洁若编《龙须与蓝图——中国现代文学论集》，外语教学与研究出版社，2014，第 25 页。

② 萧乾著，文洁若编《龙须与蓝图——中国现代文学论集》，外语教学与研究出版社，2014，第 57 页。

征。但由于其系统性思考在战争时期事实上的不可能，作品深度显然受到了干扰。或如他自己所说："我认为关于一个人的写作真正的评价，应该主要来自本国人。他们知根知底，不猎奇，不因异国情调和吸引而忘却美学标准。也正因为如此，在外国被捧为'杰作'的，回到本国未必这样。"[1]

所以，从林语堂到萧乾，他们的中华文化之欧美传播，无一不是经历了从对中华文化的普及推介为主到宣传阐扬中华文化精神为主的过程，这一过程也是在创作中由倾向于照顾迁就欧美受众的"以他为主"逐渐转向引导受众接受中华文化精神的"以我为主"之过程，在这一过程中，作家们的主体意识之增长和中华文化传播的主体性之增长几乎是同步的。

跨文化传播（crosscultural communication）通常是指不同文化的成员接触时发生的传播，或文化代言人接触时发生的传播，或在比较不同文化的语境下发生的传播，也可以称为 transculture communication。跨文化传播往往是集体传播，单向，是有诸多计划而系统的互动，一般只有常规化或仪式化的回应。[2] 即是说，跨文化传播经常是围绕不同文化群体而发生，并由代言人来完成的。它也经常是一种有组织的文化行为，譬如代表国家对外传播意志的出版社所推出的系列丛书。为了更为便利地论述林语堂、熊式一、蒋彝、萧乾等中国现代汉英双语作家的传播行为，我们不妨将之称为文化对话，即身在欧美国家的他们因某种机缘的触发而在一段（很长）时间内开始了几乎不间断的中华文化对外传播，自觉自愿地充当了中华文化的代言人，以系列作品来与异域文化的受众对话，借助对话获得了自我文化身份的某种确认。正如林语堂受赛珍珠之邀约而创作了《吾国与吾民》这一在欧美人看来能够清楚表述中国文化深层内涵的作品一样，熊式一受到伦敦大学导师聂可尔（Allardyce Nicoll）教授夫妇的启发和鼓励而创作了《王宝川》，蒋彝受伦敦麦励书局经理艾伦·怀特之邀约开始了《中国绘画》之创作，萧乾受伦敦笔会中心秘书长贺尔门·欧鲁德之鼓励而完成了《苦难时代的蚀刻》，之后他们就开始不断推出新的作品。从这

---

① 萧乾：《文学回忆录》，北方文艺出版社，2014，第284页。
② 〔美〕迈克尔·H. 普罗瑟：《文化对话跨文化传播导论》，何道宽译，北京大学出版社，2013，第225页。

个意义上说，他们的文化对话之所以能够持续不断发生，与他们第一部作品（文化对话处女作）的切入角度、主题、表述方式和作品推出后的受欢迎程度呈现出正相关的态势。

文化对话要持续有效地进行，又离不开作家们所选择的与创作题材相关的对话方式、对话策略，以及可资利用的对话平台和所处异邦的语境氛围。就对话方式来说，起初的迁就读者就带有投石问路的试探性质，在一般的欧美受众中获得一次好评并不是特别困难，但一味地迁就就容易产生审美疲劳，同样的题材无法再度引起共鸣。文化对话的发出者和编码者应设计出合乎需要的话题供给受众（解码者）进行解码，同时为保持对话的平等性，中国现代汉英双语作家首先要改变自己的文化身份和文化思维方式，其效果直接关系着文化对话能否顺利畅通地进行。美国学者彼得·阿德勒（Peter Adler）提出了"多元文化人"的观点，认为他们共有的品格是"矢志不移地寻求世界各地人们的基本相似性，同时他们毫不动摇地承认人的千差万别"。"多元文化人既不完全是自己文化的一部分，也不会完全脱离自己的文化。相反，他们生活在边界上。"① 显而易见，中国现代汉英双语作家就是这样的一群人，他们在创作上不断地寻找欧美受众可以接受的打开中华文化的正确方式，以此为依据来做出合适的反应。

就对话策略来看，如果不能在欧美一般受众可以接受的范围内进行持续有效的对话，势必就会变成自说自话，基于此，求同存异就成为其时比较好的选择。不妨借用文化的"杂交性"（hybridity）② 这一概念进行指称。所谓文化的"杂交性"，其缘起于霍米·巴巴（Homi K. Bhabha），后来经过多位学者的演绎，已经具有异质性文化相互汇通之含义。熊式一和蒋彝在各自的创作中采用了不同的对话策略。前者在以中国题材为对象的创作中，采用化中就西的对话策略，以戏谑、幽默、简化、对立等技巧进

---

① 〔美〕迈克尔·H. 普罗瑟：《文化对话跨文化传播导论》，何道宽译，北京大学出版社，2013，第59页。

② "他（罗伯特·扬）将这个术语单独提出来，进行了历史追溯，并将其从种族理论发展为文化批评概念，以之说明20世纪文化交会的状态。罗伯特·扬认为，'杂交性'不同于非此即彼的常规选择的'双重逻辑'，正可以作为20世纪的特征，与19世纪的辩证思维相对立。"参见〔澳〕比尔·阿西克罗夫特等著《逆写帝国——后殖民文学的理论与实践》，任一鸣译，北京大学出版社，2014，第10页。

行文本加工，在基本核心要义不变的前提下，添加若干欧美现代文化元素，化解弱势的中华文化面对强势的西方文化时所面临的巨大传播压力和传播可能失败的风险。后者在以西方题材为对象的创作中，采用文化嫁接的对话策略，以联想、引用、借用、点化等技巧进行文本加工，在不断回溯中华文化基本精神的书写模式中，给不同的书写对象嫁接了不一样的中国故事或文化元素，成为文化对话可以持续发生和吸引受众的关键。即是说，文化的"杂交性"程度与作家所受的传播压力、对异质文化的融汇程度及创作内部驱动力大小关系密切。

对话平台的稳定性在文化对话中起着压舱石的作用。欧美商业出版机制的成熟运作——出版经理人的甄别遴选、出版印刷装帧设计各环节的把握，以及图书定价权和版税的有无都会对类似熊式一、蒋彝这样的传播者产生极大的影响。一个稳定的传播平台，是作家及其代理人和出版社、评论家乃至普通受众博弈或合谋的结果。有利可图的出版物必然潜伏着容易被普通受众接受的因素，也潜伏着容易被出版商和作家看好的市场前景。稳定甚至不断扩大的受众群体，以及相对和平的经济环境也是至关重要的。蒋彝的《战时画记》销量惨淡的重要原因之一就是战争时期纸张短缺，恰成对照的是一年后出版的 *A Chinese Childhood*（《儿时琐忆》）在欧美地区多次再版。他与伦敦梅修恩出版公司及纽约诺顿出版公司的长期合作也可以印证该点。

特别值得注意的是所处异邦的对话语境氛围。中国抗日战争全面爆发后，为了赢得战争，夺取最后的胜利，国民政府一方面坚决抵抗战争初期敌人的凌厉攻势，另一方面积极派人到欧美宣传、演讲，进行外交斡旋，以争取到国际舆论尤其是欧美反法西斯盟国的同情和支持。萧乾旅英期间就多次进行演讲，熊式一、蒋彝也常常参加各种援华活动和演讲会。叶君健 1944 年应英国政府战时宣传部邀请，前往英国对政客、官员、民间团体、群众等不同人群演讲，一年多的时间有 600 多场次，宣传中国人民的抗日战争。凡此种种，都为文化对话创造了有利的语境氛围。萧乾对此深有体会。珍珠港事变后，他乘坐公共汽车时，一个醉鬼知晓他是中国人而非日本人后，又是敬礼，又是无限感慨地说："啊，中国，李白的故乡！啊，中国，火药的发明者！"每次感叹之后就是握手仪式，甚至作家提前下车后，他还热情地挥动鸭舌帽。"我无限惭愧地想：一刹那我成为祖宗的光荣和当代中国人为反法西斯斗争所建立的功绩的化身了。"① 正是在这种有利的对话氛围中，在大的目标——打倒德意日法西斯的统领下，在底层民意中有良好基础的情况下，文化对话双方才能够在摒弃成见、暂时放下历史和现实恩怨的前提下维持平等。

余　论

据记载，美国于 1941～1942 年根据《租借法案》援助中国的资金约为总援助额的 1.5%，1943～1944 年降为 0.5%，1945 年为 4%。1942 年 2 月，蒋介石国民政府申请美国援助的 5 亿美元资金在众议院获得通过。② "在美国的带动下，英国也于 1941 年向中国提供 1000 万英镑的借款和贷款。同时，英国还逐步扩大了对日本的出口管制，以削弱日本的战争潜力。"③ 外来援助对全民族抗战最终获得胜利显然是有着极大帮助的。抗战胜利成果的得来确实不易，除了战争、军事、外交的努力外，中华文化的欧美传播也有其贡献所在。

近现代以来的"东方主义"是西方借助自己的话语权对东方进行想象性改造的理论总结。赛义德（Edward W. Said）认为，西方对东方有着若干信条，包括"其一是理性、发达、人道、高级的西方，与离经叛道、不发达、低级的东方之间绝对的、系统的差异。另一信条是，对东方的抽象概括，特别是那些以代表着'古典'东方文明的文本为基础的概括，总是比来自现代东方社会的直接经验更有效。第三个信条是，东方永恒如一、始终不变、没有能力界定自己，因此人们假定，一套从西方的角度描述东方的高度概括和系统的词汇必不可少，甚至有着科学的'客观性'。第四个信条是，归根到底，东方要么是给西方带来威胁（黄祸、蒙古游民、棕

---

① 萧乾：《未带地图的旅人》，出自《萧乾全集》第 5 卷，湖北人民出版社，2005，第 406 页。
② 转引自〔英〕拉纳·米特《中国，被遗忘的盟友——西方人眼中的抗日战争全史》，蒋永强等译，新世界出版社，2014，第 242 页。
③ 步平、荣维木：《中华民族抗日战争全史》，中国青年出版社，2010，第 343 页。

色危险），要么是为西方所控制（绥靖、研究和开发，可能时直接占领）"①。西方看待东方的眼光在事实上决定了西方人士在文艺创作上对东方的普遍态度，他们把东方推向了与西方隔离和完全对抗的境地，即东方是他者、是异己的存在。这也可以解释为什么有关中国的美国话剧尤其是1920年前后的话剧总是在对中国进行女性化的强势叙述。

有学者研究认为，赛珍珠的《大地》系列作品实际上是恩扶主义话语的产物。"恩扶主义就其英语本义来说，表达了由父亲主导的父子关系。如果父亲所控制的子女和顺乖巧，恩扶主义话语就表现得亲善，尤其当父亲看到在自己的权力调控下，子女长得越来越像自己，这种'欣赏之情'就会溢于言表。杰斯普森（Jespersen T. C.）在其研究中发现，从20世纪30年代起，美国媒体常使用类比法生产关于中国的恩扶主义话语，譬如将上海称为'中国的纽约'、南京为'中国的华盛顿特区'、北京为'中国的波士顿'、武汉为'中国的芝加哥'等。以美国人所熟知与理解的形象，使美国民众相信美国化的中国可能带来的好处，改造中国始终被看作美国国家成功的象征。作为美国在华利益的分享者，不管赛珍珠主观上是否愿意，客观上，她是这一恩扶主义话语流水线上的生产者之一。"② 也就是说，赛珍珠中国题材的作品有意无意之间成为美国对中国在意识形态方面的美国化改造成功的一个象征与标志。它背后所折射出的，其实是两种或多种文化话语在族际和国家间的争夺战。

林语堂、熊式一借助中国知识阶层代表性人物姚思安、张教授、李大同等所进行的历史叙述，建构了与传教士笔下极不一样的现代中国；林语堂、蒋彝借助对美英国内的智慧书写和文化书写，阐明文化对话的可能性、可能的途径及同大于异的基本假定；蒋彝、萧乾小说中的农民形象及其所具有的反抗性和实践活动，是对顺从、驯服、固化的中国人形象的驳斥。另外，对中国文化现实、抗战形势之翻译介绍和形象塑造的作品，不

---

① 〔美〕爱德华·W. 赛义德：《东方学》，王宇根译，生活·读书·新知三联书店，2007，第385~386页。又参见 Edward W. Said, *Orientalism* (London: Pantheon Books, a Division of Random House Inc. 2003), pp. 300–301.

② 朱骅：《美国东方主义的"中国话语"——赛珍珠中美跨国书写研究》，复旦大学出版社，2012，第269页。

仅可以唤起受众对东西方截然对立、非此即彼的质疑乃至拒斥，也可以让他们在同情的基础上增添对中国的了解。基于文化对话之目的，以"多元文化人"身份所进行的文化"杂交性"创作，致力于融汇中西文化，弥合文化冲突，消解东方主义和恩扶主义，在中华文化的欧美传播的持续运作中获得主体性，体现出中华文化同化、包孕和吸纳其他文化的强大活力。同时，一度被矮化、碎片化、歪曲化和片面化的中国国家形象嬗变为充满智慧、勇于抗争、不屈不挠、善于应变和民众团结、将士用命的国家形象。

美国生态女性主义文学批评在中国

华媛媛*

摘　要：美国生态女性主义文学批评自诞生之日起就因其独特的视角和包容的姿态在世界范围内引起了较大反响，本文尝试梳理美国生态女性主义文学批评在中国的接受与发展的基本情况，分析中国学术界研究美国生态女性主义文学批评的基本特点，从而探讨新时期构建中国特色的生态女性主义文学批评理论的可能性。在20世纪90年代我国哲学领域研究生态女性主义思想的影响下，21世纪初我国文学批评领域开始了对生态女性主义的关注，接下来的10年是我国生态女性主义文学批评研究的快速发展期。和美国生态女性主义的发展历程一样，生态女性主义文学批评在中国也走了一条极为相似的从边缘分支到独立的发展道路。

关键词：美国　生态女性主义文学批评　发展　中国

巴勒斯坦裔美国文学与文论批评家爱德华·W. 赛义德（Edward W. Said）在论文集《世界、文本与批评家》（*The World, the Text, and the Critic*）中提出了"理论的旅行"（traveling theory），该理论为美国生态女性主义文学批评从美国到中国的旅行提供了理论支持。"理论的旅行"，概括而言，描述一种理论如何从一个地方向另一个地方进行运动，以及该理论在这种运动过程中如何被借用、接受或拒绝。爱德华·赛义德将此旅行过程用四个阶段进行概括："首先，有一个起点，或类似起点的一个发轫环境，使观念得以生发或进入话语。第二，有一段得以穿行的距离，一个穿越各种

---

*　华媛媛，大连外国语大学英语学院副教授。

文本压力的通道，使观念从前面的时空点移向后面的时空点，重新凸显出来。第三，有一些条件，不妨称之为接纳条件或作为接纳所不可避免之一部分的抵制条件。正是这些条件才使被移植的理论或观念无论显得多么异样，也能得到引进或容忍。第四，完全（或部分）地被容纳（或吸收）的观念因其在新时空中的新位置和新用法而受到一定程度的改造。"①

笔者认为，赛义德的"理论的旅行"可以用来考察美国生态女性主义文学批评在中国旅行的过程，或者说该理论更有助于我们分析美国生态女性主义文学批评在中国的旅行现处于何种阶段，进而对美国生态女性主义在中国文学批评领域的发展有一个较为全面的认识。

新旧世纪之交，可以视为这种发轫的起点，尤其是21世纪以来，美国生态女性主义文学批评传入中国，中国学者开始对该理论进行关注，这也使得美国生态女性主义作为一种文学批评方式或理论开始了在中国的旅行。那么，中国的文学批评家们对这种批评理论是怎样看待的？这种理论在中国的旅行经历了哪些阶段，每一阶段呈现出哪些特点？中国的批评家和学者是否对其进行了本土化改造？本文试图对这一理论在中国的旅行进行梳理。

一 旅行路径：从哲学到文学

我国当前面临着严峻的生态危机，同时由于长时间受封建思想的压迫，无论是从思想根源还是现实语境来说，女性在社会中很难取得与男性同等的社会地位。面对生态破坏和性别歧视的双边危机，以及改革开放后西方学术思想的引进和影响，我国学者对生态女性主义文学批评的关注始于对生态女性主义思想的关注。这种关注始于20世纪90年代中期，和西方学术界相比，晚了近20年。而生态女性主义文学批评在中国的兴起，则是2000年以后的事情。

1995年第四次世界妇女大会在北京怀柔召开，为中国了解、认识和研

---

① 〔美〕爱德华·W.赛义德：《赛义德自选集》，谢少波、韩刚等译，中国社会科学出版社，1999，第138~139页。

究国外研究的各种女性主义的热点问题提供了难能宝贵的机会，女性主义研究开始成为中国学术界的热点，尤其是把"环境"归纳为最应予重视的问题之一，使我国开始了解女性在环境议题中参与的重要性，为我国生态女性主义的发展奠定了基础。格里塔·加德（Greta Gaard）也认为1995年在北京举行的"联合国妇女大会"是"生态女性主义跨文化交流"的有益行动，是第三世界的女性主义者、活动家和一些第一世界的女性主义者自觉的、积极的生态女性主义互动交流。

　　20世纪90年代，我国对生态女性主义的研究主要是哲学和思想研究，几乎没有涉及文学领域。清华大学刘兵教授、曹南燕教授和关春玲教授，以及著名学者李银河、张妮妮等先后发表论文论述西方生态女性主义，开启了我国研究西方生态女性主义思想的先河。1995年，清华大学刘兵教授发表的《"自然之友"·生态女性主义·人与自然》从"人与自然"的关系入手，对美国生态女性主义进行初步探讨。"目前在我国关于人与自然问题的研究中，对国外一些相关的新进展的关注还有些不够。在这方面，一个值得我们注意的动向，就是西方生态女性主义的理论研究。"[1] 该研究尤其是对麦茜特（Carolyn Merchant）的生态女性主义思想进行了初步介绍。"生态女性主义者呼吁由妇女带来一场生态的革命，来解决我们面临的生态问题。"刘兵教授同年发表的《生态女性主义》，对生态女性主义者沃伦（Karen J. Warren）和普卢姆伍德（Plum Wood）等生态女性主义学者的哲学观点加以介绍。他之后又于1996年接连发表两篇论文——《生态女性主义及其意义》和《从西方生态女性主义的视角看中国的"天人合一"》，对生态女性主义各代表人物的观点和代表作品进行了翔实的概括与推介，认为生态女性主义是一种新的价值观和伦理学。1996年关春玲在《国外社会科学》第2期上发表了《西方生态女性主义研究综述》，简介了西方生态女性主义的研究状况及特色，为我国后来的生态女性主义研究奠定了一定的基础。

　　可以说20世纪90年代中期的《国外社会科学》给这一阶段美国生态

---

[1]　刘兵：《"自然之友"·生态女性主义·人与自然》，《自然辩证法研究》1995年第10期，第66~67页。

女性主义哲学思想的引进提供了便利舞台，刘兵、关春玲、曹南燕等学者积极引进美国生态女性主义者的思想理论，1997 年第 6 期《国外社会科学》更将美国生态女性主义代表斯普瑞特奈克（Charlene Spretnak）列为专题学术人物，译介了她的《生态女权主义建设性的重大贡献》和《生态女权主义哲学中的彻底的非二元论》。这些译介为我们了解国外生态女性主义打开了一扇窗户，同时为国内生态女性主义的研究提供了重要的资料。1997 年张妮妮译介了斯普瑞特奈克的《生态女权主义哲学中的彻底的非二元论》，这篇文章 1997 年收录在沃伦主编的《生态女性主义：女性、文化与自然》中，体现了斯普瑞特奈克的“彻底的非二元论”的立场和观点。文章认为生态女性主义虽然有对二元论问题的不同理解，但是“将注意力集中在女权主义对二元论的态度上”是正确的，认为“非二元论的最低要求是承认这样一个观点：人与其他实在物从本性上讲是自主的实体，他们以某种与他物相互依赖的关系而存在”。与之区别的“彻底的非二元论走得更远”，它“断言存在是统一的整体，是形式、运动、空间与时间微妙一体的格式塔”，文章的目的是“促进生态女权主义的彻底的非二元论态度”。① 同期秦喜清的译作《生态女权主义建设性的重大贡献》是较为重要的一篇，斯普瑞特奈克的这篇文章讲述了生态女性主义的中心观点，包括它的政治性、哲学性，它的缘起以及它与深层生态学的论战，虽然没有深入地探究，但是这篇文章作为了解生态女性主义哲学理论的入门确实是很好的选择。②

　　1999 年吴国盛翻译的卡洛琳·麦茜特的《自然之死》，作为“绿色经典文库”的其中一部，是我国引进国外生态女性主义理论和文本的重要译介。另外一部重要作品是苏珊·格里芬（Susan Griffin）的《自然女性》。苏珊·格里芬和卡洛琳·麦茜特都是美国早期生态女性主义的代表人物，这两部作品的译介对我国生态女性主义的理论研究和文本分析具有重要的意义。不同的是，《自然女性》是随着女性主义潮流引入我国的，《自然之

---

① 〔美〕C. 斯普瑞特奈克：《生态女权主义哲学中的彻底的非二元论》，《国外社会科学》1997 年第 6 期，张妮妮译，第 56~61 页。
② 〔美〕C. 斯普瑞特奈克：《生态女权主义建设性的重大贡献》，《国外社会科学》1997 年第 6 期，秦喜清译，第 63~66 页。

死》是随着我国生态和环境意识的高涨而引进的。正如吴国盛在开篇总序的第一句："环境和生态问题事关人生的生存大计。"① 麦茜特虽然没有把自己定位为生态女性主义者，但是《自然之死》这部"生态女性主义理论"著作里充斥着麦茜特的"自觉"的生态女性主义思想，无论是开篇就重点提及的"生态女性主义视角"会议，还是各国开展的"生态女性主义运动"；无论是"妇女与生态""自然作为女性""妇女论自然"等重要章节的重点研究，还是对女性与自然受到的不公正的"概念化"的联结的批判，整部著作充斥着对父权制科学观指导下的机械论导致的"自然之死"的鞭笞，是作者"自觉"生态女性主义伦理观的系统表述，是我国初期了解麦茜特生态女性主义思想非常好的理论教材。② 但是，这部书并没有用生态女性主义来为某一篇章进行命名，对其他生态女性主义者的思想也较少提及，主要还是麦茜特个人对自然与女性之间关系的思考。

20 世纪 90 年代我国生态女性主义理论和思潮的引进主要是在高校的哲学领域，未成体系，未见专著，这几篇零星的文章却为我国学者认识、了解西方正在形成和发展的生态女性主义打开了一扇窗，是国内研究生态女性主义重要的准备工作。哲学领域的介绍为随后国内许多学者关注和研究女性主义、生态女性主义，以及生态女性主义在文学领域的发展奠定了一定的基础。

20 世纪初期，发展中的生态女性主义从哲学领域走上了女性主义研究的讲堂。2002 年艾晓明等人翻译引进罗斯玛莉·童（Rosemarie Putnam Tong）的《女性主义思潮导论》，该书是英美大学女性主义以及妇女研究课程的必读书目，共分八章，涉及以下女性主义思潮派别："自由主义女性主义""激进（自由主义的和文化的）女性主义""马克思主义和社会主义女性主义""精神分析和社会性别女性主义""存在主义女性主义""后现代女性主义""多元文化与全球女性主义""生态女性主义"。这部著作明确把生态女性主义作为女性主义的一个分支和一个流派加以介绍，论述了生态女性主义的内涵，阐明了生态女性主义与传统女性主义、与深

---

① 〔美〕卡洛琳·麦茜特：《自然之死》，吴国盛等译，吉林人民出版社，1999，第 1 页。
② 〔美〕卡洛琳·麦茜特：《自然之死》，吴国盛等译，吉林人民出版社，1999，第 1 页。

层生态学等环境哲学之间的关系，以及它对后两者的继承与超越，最后对生态女性主义批评进行了简要的总结。[1] 可以说，这部译著使我国的女性主义研究领域从一开始就把生态女性主义作为女性主义的一个分支或一个流派进行解读和分析，对生态女性主义在我国女性主义研究中的发展起到了重要作用。2005 年，李银河的女性主义研究代表作《女性主义》，同样将生态女性主义作为女性主义的一个分支加以研究，在第三章第六节里从哲学理论上宏观概括了生态女性主义"反对人类中心和反对男性中心"[2]的主要观点、主要信念和七个细分的主要流派，即文化生态女性主义、社会文化生态女性主义、自由文化生态女性主义、激进文化生态女性主义、批判文化生态女性主义、原住民文化生态女性主义和第三世界文化生态女性主义，并简单阐明了各个流派在生态和环境问题上的基本立场和态度，对我国生态女性主义在哲学层面的分析起到了重要的推动作用。同年，张妮妮的论文《麦茜特和生态女性主义——女性视角的生态智慧》也是从女性主义视角为出发点对麦茜特的生态女性主义观点进行研究，探讨"具有女性象征意义的自然是如何在具有男性象征意义的劳动（包括科学、技术、经济以及政治等用于改造环境的因素）中成为被动地接受改造的对象的"[3]。

总而言之，这种哲学层面的关注为生态女性主义介入文学和文学研究领域奠定了坚实的基础。

二 旅行特点：从无意到自觉

美国的生态女性主义文学批评作为世纪之交独具特色的文学批评理论之一虽然兴起时间不长，却在全世界范围内掀起了一股新的批评浪潮，对全世界的思想、文化产生了强烈的冲击。

生态女性主义文学批评在中国的初现最早可以追溯到20世纪晚期对国

---

[1] 罗斯玛丽·帕特南·童：《女性主义思潮导论》，艾晓明等译，华中师范大学出版社，2002。

[2] 李银河：《女性主义》，山东人民出版社，2005，第90~92页。

[3] 张妮妮：《麦茜特和生态女性主义——女性视角的生态智慧》，《北京教育》（高教版）2005年第7~8期，第34~37、34页。

外理论和文学读本的译介活动，尽管这一时期的研究者在翻译国外被认为是生态女性主义文本的代表作品之时，并不具有"自觉"的生态女性主义的意识，但这种前期的"无意识"的译介工作确实为我国后来生态女性主义在哲学及文学领域的兴起和初步发展奠定了基础。

1979 年由吕瑞兰翻译、科学出版社出版的蕾切尔·卡森（Rachel Carson）的环境主义巨著、生态女性主义文学文本的代表作——《寂静的春天》，可被看作对生态女性主义理论或文学文本的最早译介。该书"于一九七二至一九七七年间陆续译为中文，开首几章曾在中国科学院地球化学研究所编辑出版的学术刊物《环境地质与健康》上登载，全书于一九七九年由科学出版社正式出版"①。然而遗憾的是，该书出版时并没有引起学术界的广泛重视，在 20 世纪 70 年代初期的中国，"连政府中不少高级领导人也还浑然不知环保为何事"。② 直到 1997 年再版之时，伴随着我国生态意识的觉醒，该书才在我国文学理论界引起了极大的反响，后又经上海译文出版社在 2008 年 1 月重新出版。尽管笔者在梁从诚先生的序和吕瑞兰、李长生所作的后记里面没有发现任何有关生态女性主义的描述和介绍，但吕瑞兰和李长生却提到了卡森的其他作品——"《在海风下》《海的边缘》《环绕我们的海洋》，这些著作使她获得了一流作家的声誉"③，这些作品更能代表卡森文学创作的功力，也为批评家们从生态女性主义视角来分析卡森的伦理观提供了更多的文学文本。

1988 年张敏生和范代忠翻译并出版了《自然女性》，这部著作是生态女性主义作家苏珊·格里芬 1978 年的代表作，也被视为她最有影响力的作品。遗憾的是，当时对这部女性主义文学作品的译介引进并没有引起任何反响。这部作品后来被毛喻原重新翻译，以《女性与自然：她内在的呼号》名称于 2007 年重新出版，而后引起一定重视，赶上了我国的生态女

---

① 〔美〕蕾切尔·卡森：《寂静的春天》，吕瑞兰、李长生译，上海译文出版社，2008，第 357 页。
② 〔美〕蕾切尔·卡森：《寂静的春天》，吕瑞兰、李长生译，上海译文出版社，2008，第 2 页。
③ 〔美〕蕾切尔·卡森：《寂静的春天》，吕瑞兰、李长生译，上海译文出版社，2008，第 358 页。

性主义文学批评正大规模兴起的这一时期。

由此可见,我国在20世纪90年代以前,还没有形成生态的、环境的意识,更不用谈对生态女性主义文学研究的学术自觉性了。上述作品,尤其是《自然女性》,是踏着我国女性主义文学批评的高潮得以译介的,但无论如何,上述作品都对我国蓬勃开展的生态的或生态女性主义的思潮提供了回溯的源头,也为早期生态女性主义批评家的研究工作提供了中文译本,其社会价值和学术价值不容忽视。

在20世纪90年代我国哲学领域研究生态女性主义思想的影响下,21世纪初我国文学批评领域开始了对生态女性主义的关注,接下来的10年是我国生态女性主义文学批评研究的快速发展期。和美国生态女性主义文学批评的发展历程一样,生态女性主义文学批评在中国也走了一条极为相似的从边缘分支到独立的发展道路。

21世纪初,我国学者开始了对美国生态女性主义文学批评的零星探讨,这种探讨始于当时大热的对西方生态批评或西方女性主义文学批评的研究。鲁枢元先生的《生态文艺学》用生态学的视野和基本理论对文学艺术现象进行了系统考察,其中专门探讨了生态、女性与艺术的关系:"女性、自然、艺术三者之间似乎有着天然的同一性……当自然遭逢劫掠时,女性也受到奴役,艺术也将走向衰微。"① 他的观点非常有见地,得到了国内生态女性主义文学批评家的赞同,而其对于自然、女性和艺术的联姻观点也在一定程度上引起了人们对生态女性主义文学批评的重视。同年,陈厚诚、王宁主编的《西方当代文学批评在中国》,把关春玲引进的生态女性主义放在西方女性主义文学批评的框架下,提出"生态女性主义把建构女性文化作为解决生态危机的根本途径,尊重差异,倡导多样性,强调人与自然的联系和同一,解构男人/女人、文化/自然、精神/肉体、理智/情感等传统文化中的二元对立思维方式,确立非二元思维方式和非等级观念"②,这是我国较早的对生态女性主义和文学批评领域相结合的介绍,开启了我国生态女性主义文学批评热的先河。湘潭大学的罗婷教授的主要研

---

① 鲁枢元:《生态文艺学》,陕西人民教育出版社,2000,第90页。
② 陈厚诚、王宁主编《西方当代文学批评在中国》,百花文艺出版社,2000,第449页。

究方向是女性主义批评，她在《女性主义批评在西方与中国》中对中西女性文学的兴起和发展进行了深入全面的比较研究，也进行了把生态女性主义作为文学批评理论的探讨。罗婷发表在《求索》的《生态女性主义与文学批评》，把生态女性主义在文化中的表现与在文学中的表现相联系，并指出生态女性主义文学批评"以解放女性和拯救自然为使命，探讨文学中双重统治的联系，深化对父权制文本的批判"①。山东大学文艺美学研究中心主任、著名生态批评家曾繁仁先生在《生态女性主义与生态女性文学批评》中根据美国生态批评的发展阶段，提出了生态女性主义文学批评应该"将生态女性主义的诸多观点，如上所说的对有机论与自然母亲观点以及生态理想社会建设的倡导，对机械论与自然之死的批判等等运用于文学艺术的批评之中"②，并尝试初步提出了五个方面的生态女性主义文学批评的理论建构，分别是批判男性中心主义、发掘大地母亲形象、注重女性特有的场所的描写与阐释、重新评价女性文学与女性作家、鼓励生态女性文学写作。曾先生的论文发刊后，促进了我国生态女性主义文学批评热情的高涨，并给本文提供了重要的思路。山东大学文艺美学研究中心也在曾先生的带领下成为我国研究生态思想、生态美学和生态批评的主要阵地。

在上述学者的专著和译介的推动下，一些学者开始在文学领域对生态女性主义进行批评和研究。这一时期除罗婷和李银河把生态女性主义纳入女性主义批评的框架下进行研究外，许多学者认为生态女性主义文学批评是生态批评的分支。其中，兰州大学的陈晓兰是较早地提出生态女性主义是生态批评领域内"最具有潜力"的批评的学者，"因为女性深知自然和女性被压迫而带来的教训"③。在《为人类"他者"的自然——当代西方生态批评》中，她首次在我国引进了帕特里克·墨菲（Patrick D. Murphy）、凯特·苏博（Kate Soper）、海伦娜·西苏（Helen Cixous）的生态女性主义思想，虽然只是寥寥数句，但为我国从生态批评视角研究生态女性主义思想敞

---

① 罗婷：《生态女性主义与文学批评》，《求索》2006 年第 1 期，第 33 ~ 37 页。
② 曾繁仁：《生态女性主义与生态女性文学批评》，《艺术百家》2009 年第 5 期，第 67 ~ 71 页。
③ 陈晓兰：《为人类"他者"的自然——当代西方生态批评》，《文学理论与批评》2002 年第 6 期，第 42 ~ 48、42 页。

开了大门。2003 年韦清琦的《生态女性主义：文学批评的一枝奇葩》① 也是一篇较早对生态女性主义文学批评进行探讨的论文。当时韦清琦在北京语言大学比较文学研究所师从我国著名文学批评家王宁教授。生态文学和生态批评是韦清琦博士论文的研究方向，正因如此，美国生态批评家劳伦斯・布依尔（Lawrence Buell）对生态女性主义的些许探讨引起了他的注意和兴趣。这篇论文虽然也是把生态女性主义置于生态批评的研究框架之下，但其重要之处在于，这是我国将生态女性主义作为文学批评的分支进行重点研究的首篇论文，该文探讨了它的现状与依据、方法与实践。它标志着我国赶上了国外生态女性主义文学批评的脚步，开始了文学批评领域的新征程。

在上述探讨生态批评领域内生态女性主义文学批评的论文的影响和推动下，20 世纪中期的几篇研究生态批评和生态文学的优秀博士论文也同样把生态女性主义文学批评置于生态批评的理论框架下进行了研究，在其对相关领域内的理论进行研究的学位论文里专门设置了一章或一节对生态女性主义文学批评进行初步探讨。迄今虽然还没有专门以生态女性主义文学批评作为研究对象的博士论文，但是这些已经颇有成效的初探，为本课题的研究铺垫了道路。2005 年胡志红在其博士论文《西方生态批评研究》第三章第三节中尝试从后现代文学批评理论视角出发，对生态女性主义文学批评进行定义。该论文认为它是一种 "发展中的批评理论，借鉴、超越了后现代主义的批评策略，以生态女性主义思想为思想基础，探讨文学与自然、阶级、性别以及种族四个范畴之间的相互关系，是一种开放式、包容性的文学批评，正在向国际多元化的趋势发展。它试图揭示人对自然的统治与人对妇女的统治之间的一致性，同时也致力于探讨二者获得解放的策略与途径，凸显自然解放与妇女解放的关联性和复杂性"②。

总的来讲，生态女性主义文学批评在我国的研究在 21 世纪初期还处于初步兴起的阶段，或是对生态女性主义思想和哲学观点加以译介，或是将其置于生态批评或女性主义批评的大框架之下。加德认为："经过了 20 年

---

① 韦清琦：《生态女性主义：文学批评的一枝奇葩》，《学术前沿》2003 年第 4 期，第 17~20 页。
② 胡志红：《西方生态批评研究》，中国社会科学出版社，2006，第 123 页。

的努力，生态女性主义文学批评已经在美国、澳大利亚、欧洲扎根，并于近十年内向日本、中国大陆和中国台湾的生态批评领域延伸。"①

加德认为亚洲的生态批评领域"已经接受了生态女性主义"，但是，"植根于亚洲文化的生态女性主义政治或生态的文学批评尚未产生"。② 她看到了亚洲对生态女性主义的接受，"生态女性主义者已经提出一些策略，用来发展跨文化的生态女性主义、区分伦理问题和生态正义问题，以期避免虚假的二元论"。她希望生态女性主义者们要"牢记伦理关系的不同层次、历史与环境语境以及这些变量不断变化的方式"，同时也对亚洲的生态女性主义发展提供了方向，"最重要的是，生态女性主义者应当找到那些与女性主义和生态女性主义者的价值观和目标一致的跨越文化国界的人，支持他们，并且与他们建立联系"。③

我国研究生态女性主义文学批评的热忱除了上述文学批评研究内部的推动以外，还得益于蓬勃开展的跨文化学术交流活动。在这一系列的活动中，有一位学者身体力行，为交流活动做出了巨大的贡献，他就是帕特里克·墨菲。他热爱亚洲文化，致力于生态女性主义文学批评的跨文化交流。墨菲的文学研究著作在西方世界和东方世界被翻译为西班牙语、日语、韩语和中文等语言，广为传播。墨菲在亚洲的学术活动最早始于中国台湾和日本。早在 1990 年 9 月，墨菲就参加了台湾辅仁大学文学与宗教第二次国际会议，并发表了专题演讲。他后来又多次访问台湾，并于 20 世纪末应邀与台湾淡江大学、台湾大学和静宜大学进行频繁的学术交流活动。台湾淡江大学也因与美国生态女性主义文学批评家及美国生态批评家的广泛交流而成为亚洲相关研究领域的前沿阵地，如淡江大学英语系主任黄逸民曾多次邀请墨菲和加德等生态女性主义批评家到台湾进行交流和沟通。加德在她的文章中也多次提到她在 2009 年 7 月所教授的主题为"生态女性

---

① Greta Garrd, "Strategies for a Cross - Cultural Ecofeminist Literary Criticism," ECOZON@ 2010, Vol. 1, No. 1, p. 47.

② 格里塔·戈德（本文译作格里塔·加德）、耿娟娟：《生态女性主义的新方向：走向更深层的女性主义生态批评》，《江苏大学学报》（社会科学版）2011 年第 3 期，第 36 页。

③ 格里塔·戈德、耿娟娟：《生态女性主义的新方向：走向更深层的女性主义生态批评》，《江苏大学学报》（社会科学版）2011 年第 3 期，第 36 页。

主义文学批评"的淡江大学研究生研讨班。① 墨菲与日本高校进行的学术交流也开始于 1990 年，他应日本冲绳县琉球大学英语系之邀参加学术交流活动并做主题讲座。1996 年 5 月，墨菲在日本广岛大学举办了题为"生态批评、生态女性主义和后现代主义：机构、转型及未来走向"和"生态女性主义：文学研究的启示、介绍和分析"的讲座，这是墨菲最早在亚洲进行的生态女性主义文学研究领域的交流活动。墨菲与日本大学在 20 世纪末期也进行了较为频繁的学术交流活动。

我国学界对生态女性主义哲学和理论的研究为生态女性主义文学批评的研究奠定了基础，并成就了从 2005 年开始到现在热度不减的生态女性主义文学批评研究。我国大陆地区也积极地致力于和国外的学术文化交流，墨菲在中国大陆的学术活动开始于 21 世纪早期，确切地说，应该是 2003 年 12 月应广东省汕头大学邀请而举办的题为"走向生态批评"的讲座。但是墨菲有关生态女性主义文学批评的学术讲座则开始于 2007 年，他分别在上海师范大学、曲阜师范大学和汕头大学举办了题为"生态文学及文化批评研究""生态文学批评和第三世界生态女性主义文学批评"的讲座，加速了我国研究生态女性主义文学批评的热潮。而后，他又于上海外国语大学、浙江师范大学、大连理工大学、浙江工商大学、郑州大学、郑州外国语学院、山东大学、山东师范大学、北京语言大学、清华大学、广西大学、湖南大学等高校举办关于生态女性主义文学理论和批评的学术讲座或参加相关领域的国际会议，促进了我国生态女性主义批评理论的进一步发展。尤其是在 2012 年北京语言大学研究生院和比较文学研究所开展的跨文化的国际学术会议中，墨菲与我国比较文学界的专家学者如曾繁仁教授、王宁教授、曹顺庆教授、李庆本教授等进行了学术交流，会后又和与会的青年研究者就生态批评和生态女性主义文学批评进行了深入的探讨。

---

① Greta Garrd, "Strategies for a Cross - Cultural Ecofeminist Literary Criticism," ECOZON@ 2010, Vol. 1, No. 1, p. 51.

三 研究现状梳理

随着哲学领域深厚的理论基础的奠定、文学批评领域深入的研究和探讨，以及跨文化交流的频繁进行，我国在 21 世纪初期开始见证生态女性主义文学研究的快速发展。总体而言，近 10 年来，尤其是最近 5 年，研究生态女性主义文学批评的文章如雨后春笋般出现，笔者现将这期间生态女性主义文学批评研究的情况进行初步梳理。

（一）对国外文学作品的生态女性主义文学批评个案研究

采用国内个案研究批评方式对某一作家的文本进行生态女性主义解读的学术成果，成为国内研究生态女性主义文学批评的主体。这方面的学术成果大多来源于我国的英语语言文学专业，其中一篇比较文学与世界文学专业的博士论文尤为突出。2012 年《生态女性主义文学批评视域下的薇拉·凯瑟小说研究》是可查到的博士论文中唯一一部以"生态女性主义文学批评"为关键词的（个案）研究，孙凌以生态女性主义文学批评为视角，对美国 20 世纪初期女性作家薇拉·凯瑟（Willa Cather）的六部作品《啊！拓荒者》《我的安东尼亚》《一个迷途的女人》《教授的房子》《死神来迎接大主教》《邻居罗西基》分为三个阶段进行解读，从"妇女和土地博大的生产力与创造力及其相互依存和爱等生态女性主义所倡导的女性文化理念建构和谐生活的建设性作用两个方面"[1] 入手对凯瑟关于人与自然之间、男性与女性之间关系的思考进行了探讨，得出了凯瑟是"一位具有强烈的生态整体意识和生态女性主义意识的作家"[2] 的结论，并赞扬了凯瑟的创作观。"凯瑟在其创作中对人类与自然之间的亲密关系进行了不懈的、发人深省的探索，同时又揉进了性别、父权等生态女性主义者所关心

---

[1] 孙凌：《生态女性主义文学批评视域下的薇拉·凯瑟小说研究》，吉林大学比较文学与世界文学博士学位论文，2012 年 6 月，第 II 页。

[2] 孙凌：《生态女性主义文学批评视域下的薇拉·凯瑟小说研究》，吉林大学比较文学与世界文学博士学位论文，2012 年 6 月，第 II 页。

的话题，树立了女性新的性别和文化身份。"① 这篇论文也意味着我国博士群体开始对日益兴起的生态女性主义文学批评进行关注，而这种关注始于比较文学与世界文学学科。

博士论文和专著中以生态女性主义文学批评为工具对作家作品展开个案研究的成果较少，硕士论文中就相对丰富些。此外还有较多硕士论文或其他单篇论文运用生态女性主义文学批评思想对作家作品进行个案研究，在此不一一论述。但纵观这种个案研究的全貌，我国现在多集中于对薇拉·凯瑟、爱丽丝·沃克（Alice Walker）、欧内斯特·海明威（Ernest Miller Hemingway）、哈代（Thomas Hardy）、多丽丝·莱辛（Doris Lessing）、劳伦斯（David Herbert Lawrence）等重要作家的代表作品的研究与批评，虽也有个别学者关注了简·斯迈利（Jane Smiley）的《一千英亩》等生态女性主义意识较强的写作外，对国外非主流作家或主流作家的非重要作品的关注稍显欠缺，另对墨菲等从事生态女性主义文学批评的理论家关注不足，多运用沃伦等生态女性主义哲学家的理论对女性笔下自然的特殊性或与男性作家的差异性进行探讨。

（二）对生态女性主义文学批评的理论研究

博士论文中对生态女性主义文学批评的理论研究还稍显欠缺，但值得一提的是四川大学吴琳的博士论文《美国生态女性主义批评研究》中把生态女性主义文学批评纳入生态女性主义的研究中，采用理论和实践相结合的批评方式，用一个章节进行了较为全面的研究，是国内较早以生态女性主义的哲学理论为研究对象的博士论文，具有重要的学术意义。此外，胡志红、朱新福、韦清琦、宋丽丽等博士的优秀论文也单辟章节对生态女性主义文学批评进行介绍，这些从哲学视角或从生态批评视角进行的文学思考都对本文的展开有着重要的意义。

此外，还有许多文章致力于采用生态女性主义文学批评理论对国内作

---

① 孙凌：《生态女性主义文学批评视域下的薇拉·凯瑟小说研究》，吉林大学比较文学与世界文学博士学位论文，2012 年 6 月，第Ⅱ页。

家如林白、萧红、沈从文、迟子建等的作品进行分析，从而进行我国生态女性主义文学写作和批评的建构。有年轻学者致力于生态女性主义文学批评的理论和话语建构，但是有关生态女性主义文学批评在中国的传播与接受的研究在我国还处于初级阶段，未成体系。也有研究者从哲学层面进行对文学批评理论的探讨。另有研究者从我国古代的生态思想出发，探讨我国生态女性主义文学批评的理论建构，也有学者从中国传统思想中寻求和生态女性主义的对话，如陈霞的《道教贵柔守雌女性观与生态女权思想》就是致力于中西比较的优秀论文，可谓把中西生态女性主义联系起来的力作，她的"道教与可持续发展"获得国家社科青年项目。有学者致力于国外理论和国内文学作品的比较研究，并主张建立自己的话语体系，如陈凤珍的《生态女性文学批评的话语建构》《"生态女性文学"身份的确立》《生态女性文学批评的文化理念建构》《女性文学的创新与中国立场》对生态女性主义文学批评在中国文学作品的应用方面提供了有益的理论建构等。上述不同学术背景的研究者都从自己的专业视角出发对生态女性主义文学批评进行了某种层面的研究，这为我国生态女性主义文学批评的研究提供了大量的基础资料。

从单篇论文的发表情况来看，我国学界对生态女性主义和生态女性主义文学批评的研究逐年增多。根据中国知网（http://www.cnki.net）上数据库的索引结果，1995 年初该理论被引进时只有零星几篇"生态女性主义"专题论文，2010 年 8 月，以"生态女性主义"为关键词检索到的研究论文有 400 多篇，到 2017 年 9 月重新检索之时，相关论文数量已经高达 3000 余篇，其中不乏优秀之作。生态女性主义文学批评在国内的热度，由此可见一斑。

在我国现阶段的研究中，生态女性主义仍是生成中的理论思潮，生态女性主义文学批评更是处于起步阶段。我国的研究者看到，这一理论正处于国内外学术领域的前沿，有着广阔的发展前景，必将掀起一种新的文学批评热潮。我们在该领域的研究与西方学术界几乎同步，通过努力，相信能抓住机遇、与西方学术界对话，在交流中共同进步，发出中国的声音。

四　总结

综上所述，从 21 世纪初开始，10 年的学术研究和积淀掀起了我国对生态女性主义文学批评的研究热潮，同时也发现，我们要做的还有很多。正如加德对亚洲生态女性主义文学批评的接受给予肯定的前提下，提出了"女性主义生态批评的其他分支和文化背景都还有工作要做，比如，从环境健康、地方和特性、行动主义的意义与实践和生态女性主义在具体文化背景下发展传播的策略等方面来探讨文学和文化文本"①。虽然我国现阶段的生态女性主义文学批评研究还属于发展初期，没有形成一定规模，也没有在国内或国际学术舞台上占据一定的位置，但我们应该扩展视野，在积极与国外进行交流对话的前提下，促进我国生态女性主义文学批评研究的发展。虽然我国目前的研究还存在一定的局限性，研究作品的视野相对狭窄，对批评家的理论研究相对不足，但是作为一个发展中的批评理论，这是必经的阶段，研究者应该积极地向外寻求对话，争取更多来自文学和哲学界以及其他相关领域的关注。如何展开对话和合作并扩大影响，把生态女性主义文学批评置于更广阔的跨文化、跨学科的视野中进行考察，是目前生态女性主义文学批评最紧迫的任务。

---

① 格里塔·戈德、耿娟娟：《生态女性主义的新方向：走向更深的女性主义批评》，《江苏大学学报》（社会科学版）2011 年第 3 期，第 36～37 页。

中国动画日文版跨文化传播研究

张　迪　王昕彤[*]

摘　要：本研究旨在考察中国动画的跨文化传播现象，尤其是在日本落地播出的日文版中国动画体现出何种中国传统文化符号，重点关注主角角色性别倾向、角色关系和主角类型如何作用于中国的传统文化符号的展示。基于五部点击率最高的日文版中国动画，本研究发现，热血题材和武侠题材是最常见的日文版中国动画类型。热血动画是动漫的常见题材，热血题材重点突出作品的男性化倾向，在动画作品中，男主角的预测作用主要作用于人物类文化符号和色彩类文化符号，随着剧情的深入，男主角越呈现出女性化正性倾向和负性倾向越容易显现出中国传统人物形象，这与日本国内的中性化风潮有一定的关系。另外，动画的女主角更多地呈现中国的物质与精神文化符号。

关键词：跨文化　中国动画日文版　角色关系　文化符号　性别倾向

一　研究背景

动画是社会生活和思想潮流变化的折射，其历史在某种程度上可以看成是艺术形态的传播史，其传播几乎涵盖了传播的所有途径，包括动画影片、OVA、唱片、动画频道、动画教育、文化交流、主题公园、衍生品、周边等，是人们交流互动、娱乐休闲的重要方式。中国动画自诞生之日起

---

* 张迪，大连理工大学人文学部在读研究生；王昕彤，大连理工大学人文学部在读研究生。

便广受关注，随着网络连载动画的发展，中国动画呈现出不同以往的价值观念新变化，给中国动画的发展带来了新的课题，中国动画的产业化也引起了社会的广泛关注。2015 年 12 月，国家新闻出版广电总局办公厅发布《关于开展"百部中国梦电视动画片扶持计划"的通知》，将于 2016 年至 2020 年每年拿出 300 万元专项资金，扶持 100 部中国梦国产动画片[①]，凸显了国家对于动漫的大力扶持力度。《2016 中国数字创意产业发展报告》显示，动漫行业要素指数在数字产业领域排名第三，高于平均水平。动画作品中具有一定的文化内涵，体现了一定的思维范式，大多数的动画都有着共同的题材，如热血、历史、搞笑、仙侠等，它们经过不同的组合、演绎、变体，展示出中国特有的文化符号和文化象征。

在以往的研究中，对于动画的跨文化传播研究内容主要是日本或欧美动画的跨文化输入，鲜有对中国动画剧集的输出分析。而近年来，中国动画加大海外市场的扩展力度，2016 年，《从前有座灵剑山》成为首部落地日本播放的动画片，标志着中国动画正式走出国门，参与到动漫市场大、竞争激烈、动漫制作水平处于领先地位的日本动画领域的角逐中，预示着中国动画从"旁观者"到"参与者"的转变。这种转变对于中国动画而言是历史性的进步，由此引发我们对于整个中国动画跨文化传播现状的思考：何种动画被选取为跨文化输出载体？其代表的跨文化因素为何？本研究旨在通过梳理中国国产动画剧集日文版传播现状，寻求跨文化传播规律，以期对中国动画的跨文化传播提出有益见解。

二　文献回顾

（一）动画的概念及特征

在动画研究相关的文献中，"动漫""动画""漫画"三个词语出现较为频繁，其概念和特征各有不同，其中"动漫"是包含"动画"和"漫

---

① 魏芳：《总局启动"百部中国梦电视动画片扶持计划"》，http://game. people. com. cn/n/2015/1209/c40130 - 27905715. html，2015 年 12 月 9 日。

画"在内的复合概念，"漫画"指的是静态的绘画，"动画"指的是动态的影像，三者不可混为一谈。

"动画"一词在中国最早出现在 20 世纪 80 年代，由日本引入。广义的动画，根据国际动画电影协会（International Animated Film Association）的定义，指"除了真人实景的拍摄方法以外，借由各种技术的操控来创造动态影像"①。根据日语辞书《广辞源》中的记载，在第二次世界大战结束以前，日本人用"动画"指线描类型的漫画式的影片，在第二次世界大战以后，日语中的"动画"多指含线描填色、偶动画等技巧制作的影片。②近年来随着 CG（computer graphics）技术的发展，动画的领域随之扩宽，不同媒介平台播放的动画也有所不同。考虑到传播途径的特殊性，本文主要研究的是商业公司制作的商业网络动画（original net anime），即电脑制作的二维或三维动画连续剧集。该类型动画的特征为：第一，动画公司独立制作完成；第二，网络为首发播放平台；第三，观看人群为 16 岁以上人士；第四，情节具有连续性，剧集按照固定的周期更新。

动画的情节设置，如日本动画研究专家津坚信之所言："或许只有展示'错综复杂的人物关系、故事情节以及影片主题'，才堪称日本动画最主要的特性。"③ 由此可见，动画中人物形象关系的构建是组成动画的最主要特征。此外，罗伯特·麦基强调了影片类型的重要性，认为影片的类型是首先要处理的问题，它界定了故事的背景、事件和价值，题材是界定影片类型差别的元素之一。④

据此，我们提出研究问题一：何种题材和人物角色关系类型的动漫最容易被改编成日文版？

远藤誉教授认为，中国的动漫作品缺少好的原创内容。日本 Niconico 动画网站的网友对《从前有座灵剑山》的评论认为，中国动画缺少优质动画内

---

① 黄霁风：《中国传统艺术在现代动画中的运用》，《艺术与设计（理论）》2009 年第 9 期，第 325～327 页。

② 蔡文林：《中国动画造型设计的风格特征研究》，硕士学位论文，苏州大学，2008，第 7～8 页。

③〔日〕津坚信之：《日本动画的力量：手塚治虫与宫崎骏的历史纵贯线》，秦刚、赵峻译，社会科学文献出版社，2011，第 6 页。

④〔美〕罗伯特·麦基：《故事》，周铁东译，天津人民出版社，2014。

容，他们更希望金庸的小说被改编成动画。中国的侠义精神可以看作中国传统文化的抽象表达，体现了中国特有的文化元素，而热血动漫作为动画的常见题材，具有较大的文化共同性，利于不同文化背景的受众理解故事背景。

据此提出研究假设一：体现中国武侠题材的动画是国产动画日语版的主体。

（二）跨文化传播

作为传播活动的组成部分，跨文化传播由爱德华·霍尔在《无声的语言》一书中提出，他将文化分为显形、隐形和技术三个层面。霍尔将文化与传播相连接，提出"文化即交流"的命题，即不同文化背景下，人们在交流过程中会出现差异性。[①] 石井敏认为跨文化传播是指在人际传播、群体传播、组织传播或者公共传播的语境中，在有着互异性的文化背景的人们之间，互动地发送和接收语言和非语言信息，从而进行文化上互相联系的认知、情感和行为活动过程。[②] 该定义同样强调了文化的差异性因素，并从互动角度将跨文化传播解读为思想和认知层面的过程。爱德华·斯图尔特认为："没有文化差异和评论，跨文化交流学就没有存在的基础。"[③]国外的传播学者大多从差异性的层面出发，探讨跨文化传播的可行性。由此可见，缩减不同文化之间的差异性是跨文化传播成功的关键因素。日本文化与中国文化有着千丝万缕的联系，日本的和服借鉴了中国隋唐的服装，日本的茶道由日本僧人荣西在南宋绍熙二年传入日本，日本的儒学也源于中国。中国动画的日文版体现了中国动画逐渐走出国门，为其他文化所接受的过程。那么，在这一过程中，中国动画如何展现中国传统文化，求同存异，最大限度地实现跨文化传播，这一问题值得思考。

1. 性别关系层面

对于不同国家的文化差异，社会学家吉尔特·霍夫斯塔德测量了不同文化的尺度。男性化与女性化是其跨文化六维度理论之一，主要看某一社会代

---

① 〔美〕爱德华·霍尔：《无声的语言》，何道宽译，北京大学出版社，2010。
② 孙英春：《跨文化传播学导论》，北京大学出版社，2008。
③ 史红星：《日本动漫〈海贼王〉的跨文化传播研究》，硕士学位论文，西南政法大学，第10页。

表男性的品质如竞争性、独断性更多，还是代表女性的品质如谦虚、关爱他人更多。男性度指数（Masculinity Dimension Index，MDI）的数值越大，说明该社会的男性化倾向越明显，男性气质越突出；反之，则说明该社会的女性气质突出。不同文化对男性和女性的社会角色有不同的规定。在本次选择的动画样本中，部分动画由日本公司制作，会对影片的文化维度产生一定的影响。

历史人物和神话人物是跨文化传播的重要组成部分，得益于其自身的故事性，其承载的文化内涵更易于被其他国家的受众接受。从文化符号的角度出发，人物类文化符号是最容易受到性别关系影响的文化因素。儒家"五伦"中界定了最基本的社会关系，董仲舒认为，社会秩序应符合"三纲五常"的基本伦理。中国与日本的传统文化由于受到儒家文化的影响，都认同男主外、女主内的社会模式。符号化的人物形象带有更多的传统文化色彩。也就是说，如果男性主人公或女性主人公体现出更明显的男性化或女性化特质，其与传统文化的契合度就越高，那么在该动画中出现历史人物和神话人物的可能性就越大。

据此，提出研究假设二和三：在男主角女性化倾向明显或女主角男性化倾向明显的动画中更容易出现历史人物；在男主角男性化倾向明显或女主角女性化倾向明显的动画中更容易出现神话人物。

另外，色彩在中国传统文化中扮演重要角色，在动画《画江湖之不良人》中，主要反面角色李存勖佩戴不同的京剧脸谱表现不同的心理特征。性别关系也是心理倾向的体现之一。据此，我们提出研究问题二：不同的性别角色是否对剧集色彩类型的体现有影响？

2. 文化符号层面

索绪尔将符号定义为"能指"和"所指"，即每种符号可以分为符征（signifier）与符旨（signified）两种层面，指代物体呈现出的符号形式和物体潜藏在符号背后的思想内涵。[①] 作为中国动画，人物角色关系和动画场景设计都有着浓浓的中国特色，文化符号也可以从物质符号和精神符号两方面进行解读。殷俊等人依据动画之于情感的表达和传递效应，以及依据观众接受的心理反应，将动画的角色关系分为三类：励志型，即传递正面积极力

---

① 马佳、付瑶:《符号学之墙解初探》,《四川建筑》2008 年第 1 期, 第 63~64 页。

量，对人产生鼓励作用的动画；疏导型，即疏导观众情感，起到精神抚慰作用的动画；轻松型，即给人带来精神上的放松和愉悦的动画。[①] 那么动画的角色关系类型是否利于体现物质文化和精神文化符号，值得思考。疏导型的动画剧集由于情节开展缓慢，利于角色心理活动的展开，可能更倾向于展示精神文化符号，而励志型角色关系常常出现于热血动画场景中，人物阵营明显，更注重建筑等场景展示，可能更倾向于展示物质文化符号。

据此，提出假设四和五：励志型角色关系更倾向于展示物质文化符号；疏导型角色关系更倾向于展示精神文化符号。

三　研究方法

（一）抽样方法

在分析对象与样本选择上，本研究以平均单集播放量为参考指标。统计了自 2016 年 1 月至 2017 年 1 月 1 日之间完结或尚在连载的共 85 部国内非儿童向网络连载动画（包括动态漫画），最终以全网 9 个平台的集均总播放量进行排名。数据来源于 bilibili、土豆、优酷、腾讯、乐视、爱奇艺、搜狐、响巢看看、风行等九个网络视频播放平台。统计日期为 2017 年 2 月 5 日，共统计了 85 部作品，其中有 25 部原创、17 部漫画改编的动画、6 部动态漫画、5 部小说改编的动画、9 部游戏相关的动画等，而以画面类型来划分则有 53 部 2D 作品、26 部 3D 作品以及 6 部动态漫画。统计时的标准如下：不计入各类短片、宣传片、动画电影、毕业设计作品、个人动画、布袋戏等；不计入截至 2017 年 1 月 1 日仅有一集的作品；不计入首播平台或主播平台为电视平台的动画作品；除个别情况外，各动画只统计正片，不计入 PV（promotion video）、番外、剧场版等衍生作品。[②]

研究最终抽取了播放量排名前五的有日文版的国漫作为研究对象，分

---

① 殷俊、邓若伊、冯夏楠：《日本动画电影的类型化角色关系分析及启示》，《现代传播（中国传媒大学学报）》2016 年第 3 期，第 83～87 页。

② 朔垣宝宝：《2016 年国产网络动画点击排行榜出炉》，http://www.bilibili.com/video/av8969461/? from = search&seid = 18426987704495489388，2017 年 3 月 4 日。

别是《画江湖之不良人第二季》（更新至 29 集）、《画江湖之灵主》（全集 41 集）、《从前有座灵剑山第一季》（全集 12 集）、《莽荒纪》（全集 19 集）、《镇魂街第一季》（全集 24 集）。选取这 5 部国漫截至统计时的全部集数共 125 集，以每一集作为一个研究单位。因为样本数量较少，故将显著性阈值设定为 $p < 0.1$，但求能精准分析有日文版的国漫进行的跨文化传播，编码由两位作者在看过完整动画后再开始进行。

（二）分析类目

本研究分析类目包括四部分：第一部分是动画的基本资料，第二部分是进行跨文化传播的中国文化符号，第三部分是角色关系与主角类型，第四部分是针对主角的性别偏向进行分析。

第一部分动画的基本资料包括动画名称、集均播放量、是否引入国外元素、制作公司是否为日本以及题材划分。题材的划分主要依据播放平台自设的标签，辅之以编码人员于资料收集过程中的观看经验，共整理为以下 10 项，分别编码 1~10：搞笑、热血、惊悚、鬼怪、神魔、武侠、恋爱、校园、历史、仙侠。

第二部分是进行跨文化传播的中国文化符号，包括物质文化符号、精神文化符号、人物类符号和色彩类符号（见表 1）。每一集中若出现相应文化符号则记为"1"，没有出现则记为"0"。

表 1　文化符号编码定义

文化符号类目		定义
物质文化符号	饮食文化	中国饮食文化内容丰富形式多样，从食材最初的采集到加工，从烹饪的技巧到食物的存储，都具有明显的地域特色
	建筑文化	在人类文明史上，中国以木构建筑为代表的建筑体系在世界古代建筑之林独树一帜，成为东方建筑文明的代表，包括宫殿、四合院、现代建筑、居民住宅
	服饰文化	服装的款式
精神文化符号	儒家文化思想	中和观——结局圆满，文以载道——教育理念，五常——仁、义、礼、智、信，待人——温、良、恭、俭、让，理政——忠、孝、廉、耻、勇
	道家文化思想	清静无为、求仙问道、天人合一
	佛家文化思想	慈爱众生、无私奉献、相由心生

文化符号类目		定义
人物类符号	神话传说	包括供人膜拜的神祇如佛祖、观音、弥勒、太上老君、玉皇大帝、王母、伏羲、女娲、八仙、钟馗、济公、孙悟空等
	历史人物	杰出的历史人物如孔子、孟子、尧、舜、关公等在历史上留下文献记录的人物
色彩类符号	色彩功能	色彩的功能性体现在，红为喜庆、白黑为丧事、黄为帝王家专用等
	色彩寓意	指色彩的指代性和联想性，多用于京剧脸谱，如红为忠义、白为奸诈、黑为铁面无私、蓝为绿林草莽、金为神佛妖仙等

资料来源：费孝通著《文化论》，中国民间文艺出版社，1987，第 5～7 页。

第三部分的角色关系与主角类型，包括励志型角色关系、疏导型角色关系和轻松型角色关系，分别编码为 1、2、3（见表 2）；主角类型则根据角色关系的配置总结为："0"代表"主角没出现"，"1"代表"意志坚定热血型主角"，"2"代表"善良平凡独立型主角"，"3"代表"夸张幽默可爱型主角"。

表 2 角色关系编码定义

角色关系类目	定义
励志型角色关系	角色设置：主角意志坚定，积极努力；配角个性鲜明；具危险性的反派实力强大 角色阵营：布局分明，正反人物形象对比鲜明，阵营明确，并且为战斗类动画 情感展开：热血励志 角色关系强调情感矛盾：人物经历情感的矛盾冲突，包括亲人矛盾、社会矛盾
疏导型角色关系	角色设置：独立、善良、弱小平凡，无反派 角色阵营：无阵营，并且为治愈类动画 情感展开：情感负面悲观 角色关系强调情感刻画：一般出现在温情动画系列中，对感情的描写更加细腻
轻松型角色关系	角色设置：夸张幽默；反派以搞笑形式出现 角色阵营：以团队形式呈现，阵营分布不明显 情感展开：情感正面积极

资料来源：殷俊、邓若伊、冯夏楠著《日本动画电影的类型化角色关系分析及启示》，《现代传播（中国传媒大学学报）》2016 年第 3 期，第 83～87 页。

第四部分的编码类目借助大学生性别量表（CSRI）分析主角的性别偏向。为了简化编码，研究采用了降维后的分类，提取四个主因子，分别是坚强能干（构成项目为胆大、自立、有创造力、不屈不挠、心宽、精干）、温柔贤惠（构成项目为温柔、柔情、贤淑）、鲁莽急躁（构成项目为冲动、莽撞、草率、急躁）和软弱犹豫（构成项目为脆弱、目光短浅、爱哭、胆怯、优柔寡断）。其中"坚强能干"为男性正性，"温柔贤惠"为女性正性，"鲁莽急躁"为男性负性，"软弱犹豫"为女性负性。[1]

（三）信度检测

在编码员的信度检测上，考虑到本研究的人力与时间有限，无法全部进行信度检验，故抽取了样本中约占总数10%的样本来进行信度检验。因此，本研究以随机抽样方式，从每部动画中抽出2集，总计抽出10集，由两位研究者进行内容分析，最后参考Scott信度检测公式pi计算信度。[2] 最终，求得信度范围为0.8~1，总体平均信度为0.986，可信度较高，两位研究者可以分别负责编码半数资料。

四　研究发现

（一）情节设置

关于题材设置，在抽取的125个样本中，每个样本设置了三个题材标签。其中热血（125个）、武侠（70个）、鬼怪（65个）、历史（53个）、仙侠（31个）、神魔（19个）和搞笑（12个）各自占比为100%、56%、52%、42.4%、24.8%、15.2%和9.6%（见图1）。从比例上来说，热血题材是中国动画日文版最常见的题材类型，紧随其后的是武侠题材，搞笑题材在日文版中国动画中很少体现。可见，热血题材的动漫最受青睐。热血一词源于《大唐西域记·秣底补罗国》，本意为甘为正义而献身的豪情壮志青年，目前指情绪化的心理状态。热血动画表现了主人公积极向上的心理状态，同时也是一种普遍的文化观，其覆盖的受众范围更广，在日本

---

① 钱铭怡、张光健、罗珊红、张莘：《大学生性别量表（CSRI）的编制》，《心理学报》2000年第1期，第99~104页。

② W. A. Scott, "Reliability of Content Analysis: The Case of Nominal Scale Coding," *Public Opinion Quarterly* 19 (1955): 321–325.

的动画中，热血题材也占了很大一部分比例。而较为明显地体现了中国文化意涵的武侠题材，虽然是目前中国动画改编的热门题材，但改编数量没有超过热血动画。因此，假设一未得到验证。

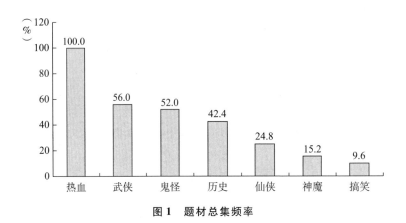

图1　题材总集频率

我们对125个样本进行频率分析，其中励志型角色关系占70.4%，超过轻松型角色关系（19.2%）和疏导型角色关系（10.4%）的总和（见图2）。由此可见，励志型角色关系是中国动画日文版的主要角色关系。

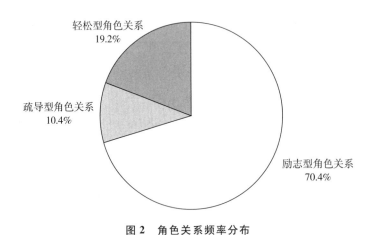

图2　角色关系频率分布

（二）跨文化传播

1. 性别角色层面

性别角色是跨文化分析中的重要层面，而符号化的人物形象与其关系最为密切。我们以男性性别角色和女性性别角色为自变量，以神话人物和历史人物为因变量，将其投入 logistic 回归方程进行分析，分析结果见表 3。

表 3　预测出现人物类型的二元 logistic 回归分析

	是否出现神话传说人物		是否出现历史人物	
	是	否	是	否
男主角性别角色变量				
性别角色（1）	0.771	− 0.771	2.838*	− 2.838*
性别角色（2）	2.859**	− 2.859**	3.255**	− 3.255**
性别角色（3）	22.028	− 22.028	23.796	− 23.796
性别角色（4）	1.738#	− 1.738#	2.757*	− 2.757*
女主角性别角色变量				
性别角色（1）	− 1.738	1.738	0.508	− 0.508
性别角色（2）	− 1.425	1.425	0.313	− 0.313
性别角色（3）	− 0.348	0.348	1.555#	− 1.555#
性别角色（4）	− 2.330#	2.330#	1.077	− 1.077
	$\chi^2 = 2.139$，df = 5，p = 0.83 > 0.05		$\chi^2 = 1.197$，df = 6，p = 0.977 > 0.05	

注：#p < 0.1，* p < 0.05，** p < 0.01，*** p < 0.001。

根据表 3，男性角色中女性化正性倾向（B = 2.859，P < 0.01）和男性角色中女性化负性倾向（B = 1.738，P < 0.1）对出现神话传说人物具有显著的正向影响，而女性角色女性化负性倾向（B = − 2.330，P < 0.1）对出现神话传说人物具有显著的负向影响。这表明，女性化倾向对神话传说人物有预测作用。在样本《画江湖之不良人》中，中国传统的黑白无常角色中的白无常被改编成女性，也在一定程度上印证了女性化倾向的作用，该剧中还有部分女性化的男性配角和男性化气质明显的女性角色。同时，男主角中男性化正性倾向（B = 2.838，P < 0.05）、男主角女性化正性倾向（B = 3.255，P < 0.01）、男主角女性化负性倾向（B = 2.757，P < 0.05）和女主角男性化负性倾向（B = 1.555，P < 0.1）对出现历史人物具有显著的正向影响。也就是说，性别角色对于人物类文化符号影响较大。原因在于，在男主角的女性化和女主角的男性化倾向中，一般会遇到障碍或阻挠而影响了角色自身性别气质，在这种冲突的碰撞下加入神话人物，有助于

情节的展开。而历史人物也同样受到男性化与女性化倾向的影响，男性化倾向越明显，动画中加入历史人物的可能性越大，而女主角的男性气质在热血动画中很常见，在该类型的动画中，女主角往往自己参加战斗，动画中的历史人物在战斗中可以起到画龙点睛的作用，推动情节的展开。因此，假设二得到部分支持，假设三得到部分支持。

该部分的回归模型如下。

神话传说人物类型：logit（P）＝0.913＋0.771×男主角性别角色（1）＋2.859×男主角性别角色（2）＋22.028×男主角性别角色（3）＋1.738×男主角性别角色（4）－1.738×女主角性别角色（1）－1.425×女主角性别角色（2）－0.348×女主角性别角色（3）－2.330×女主角性别角色（4）。

历史人物类型：logit（P）＝－3.102＋2.838×男主角性别角色（1）＋3.255×男主角性别角色（2）＋23.796×男主角性别角色（3）＋2.757×男主角性别角色（4）＋0.508×女主角性别角色（1）＋0.313×女主角性别角色（2）＋1.555×女主角性别角色（3）＋1.077×女主角性别角色（4）。

以上 logit（P）以 0.5 为切割值，P＞0.5 表示出现神话传说人物、历史人物的概率比较大，P＜0.5 表示出现神话传说人物、历史人物的概率比较小。

由表 4 可知，从色彩类型来看，男主角中女性化负性倾向（B＝1.583，P＜0.1）比其他的角色类型更能体现色彩的功能作用。在色彩寓意的表现

表 4　预测出现中国色彩类型的二元 logistic 回归分析

	是否出现功能类色彩		是否出现寓意类色彩	
	是	否	是	否
男主角性别角色变量				
性别角色（1）	1.061	－1.061	1.134	－1.134
性别角色（2）	0.730	－0.730	3.267**	－3.267**
性别角色（3）	20.607	－20.607	21.458	－21.458
性别角色（4）	1.583#	－1.583#	2.626*	－2.626*

	是否出现功能类色彩		是否出现寓意类色彩	
	是	否	是	否
女主角性别角色变量				
性别角色（1）	0.442	− 0.442	− 19.384	19.384
性别角色（2）	− 0.448	0.448	− 20.492	20.492
性别角色（3）	− 0.501	0.501	− 18.031	18.031
性别角色（4）	0.954	− 0.954	− 19.807	19.807
	$\chi^2 = 3.860$，df = 6，p = 0.696 > 0.05		$\chi^2 = 1.397$，df = 5，p = 0.925 > 0.05	

注：#p < 0.1，* p < 0.05，** p < 0.01，*** p < 0.001。

中，男主角女性化倾向同样体现出显著的正向影响（B = 3.267，P < 0.01；B = 2.626，P < 0.05）。不论是人物类型还是色彩类型，男主角的预测作用都大于女主角，这也体现了动漫中男主角的优势地位。原因可能在于，在战斗类型的动画中，不同阵营的对战往往伴随着该阵营特有的颜色图案，而参加战斗的又以男性角色为主。

该部分的回归模型如下。

功能类色彩：logit（P）= 0.154 + 1.061 × 男主角性别角色（1）+ 0.730 × 男主角性别角色（2）+ 20.607 × 男主角性别角色（3）+ 1.583 × 男主角性别角色（4）+ 0.442 × 女主角性别角色（1）− 0.448 × 女主角性别角色（2）− 0.501 × 女主角性别角色（3）+ 0.954 × 女主角性别角色（4）。

寓意类色彩：logit（P）= 19.129 + 1.134 × 男主角性别角色（1）+ 3.267 × 男主角性别角色（2）+ 21.458 × 男主角性别角色（3）+ 2.626 × 男主角性别角色（4）− 19.384 × 女主角性别角色（1）− 20.492 × 女主角性别角色（2）− 18.031 × 女主角性别角色（3）− 19.807 × 女主角性别角色（4）。

以上 logit（P）以 0.5 为切割值，P > 0.5 表示出现功能类、寓意类的色彩符号概率比较大，P < 0.5 表示出现功能类、寓意类的色彩符号概率比较小。

2. 文化符号层面

为了回答文中的研究问题，研究饮食文化、建筑文化、服饰文化作为因变量纳入回归方程。从物质型文化符号的角度来看（见表5），疏导型角色关系（B=1.544，P<0.01）和意志坚定热血型及夸张幽默可爱型的女主角比其他类型出现的剧集更容易体现饮食文化符号，原因是在疏导型角色关系出现时，剧情进展缓慢，主人公有时间品茶或进行其他活动。疏导型角色关系（B=-1.502，P<0.05）和轻松型角色关系（B=-2.580，P<0.05）与建筑文化符号呈现显著性，且关系为负向，这出乎我们的意料，这说明，建筑类文化符号通常是在剧情较为紧张的情况下展现的。在女主角类型变量中，意志坚定热血型（B=2.875，P<0.05）和善良平凡独立型（B=1.931，P<0.1）对建筑文化符号的正向预测作用也验证了该观点。服饰文化在每一集的动画中都有所体现，故没有统计学意义。假设四得到部分验证。

该部分的回归模型如下。

饮食文化符号：logit（P）= -2.526+1.544×疏导型角色关系+0.291×轻松型角色关系-0.527×男主角意志坚定热血-0.006×男主角善良平凡独立-0.556×男主角夸张幽默可爱+1.156×女主角意志坚定热血+0.474×女主角善良平凡独立+2.512×女主角夸张幽默可爱。

建筑文化符号：logit（P）= -0.375-1.502×疏导型角色关系-2.580×轻松型角色关系-0.902×男主角意志坚定热血+0.183×男主角善良平凡独立-18.527×男主角夸张幽默可爱+2.875×女主角意志坚定热血+1.931×女主角善良平凡独立+1.273×女主角夸张幽默可爱。

以上logit（P）以0.5为切割值，P>0.5表示出现饮食、建筑文化符号的概率比较大，P<0.5表示出现饮食、建筑文化符号的概率比较小。

表5　预测出现中国物质文化符号的二元 logistic 回归分析

	是否出现饮食文化符号		是否出现建筑文化符号		是否出现服饰文化符号	
	是	否	是	否	是	否
角色关系变量						
疏导型角色关系	1.544**	-1.544**	-1.502*	1.502*	-20.044	20.044
轻松型角色关系	0.291	-0.291	-2.580*	2.580*	-20.465	20.465

	是否出现饮食文化符号		是否出现建筑文化符号		是否出现服饰文化符号	
	是	否	是	否	是	否
男主角类型变量						
意志坚定热血	- 0.527	0.527	- 0.902	0.902	- 18.862	18.862
善良平凡独立	- 0.006	0.006	0.183	- 0.183	0.486	- 0.486
夸张幽默可爱	- 0.556	0.556	- 18.527	18.527	1.133	- 1.133
女主角类型变量						
意志坚定热血	1.156*	- 1.156*	2.875*	- 2.875*	20.511	- 20.511
善良平凡独立	0.474	- 0.474	1.931#	- 1.931#	0.216	- 0.216
夸张幽默可爱	2.512*	- 2.512*	1.273	- 1.273	0.586	- 0.586
	$\chi^2 = 9.581$, df = 7, p = 0.214 > 0.05		$\chi^2 = 5.325$, df = 7, p = 0.620 > 0.05		$\chi^2 = 0.253$, df = 7, p = 1.000 > 0.05	

注：#p < 0.1，*p < 0.05，**p < 0.01，***p < 0.001。

此外，将儒家文化、道家文化、佛教文化作为精神文化符号纳入二元 lo-logistic 回归方程中，表6结果显示，女主角越是以夸张幽默可爱形象（B = 1.430，P < 0.1）出现，就越可能体现儒家的文化符号；男主角以善良平凡独立的形象示人（B = 1.442，P < 0.05），女主角以意志坚定热血（B = 1.831，P < 0.01）、善良平凡独立（B = 1.336，P < 0.05）或夸张幽默可爱（B = 2.329，P < 0.05）的形象示人则更容易体现道家文化符号；佛教文化符号则与角色关系呈显著相关，疏导型角色关系（B = - 1.836，P < 0.1）和轻松型角色关系（B = - 2.109，P < 0.1）越明显，越不可能出现佛教文化符号。因此，假设五未得到验证。剧集中体现何种关系对是否出现精神文化符号没有影响，角色关系更多地体现人际交往的互动性。由此可见，互动性对跨文化传播符号没有明显的推动作用，这种情况有可能是因为人的互动性交往更多地体现在话语层面，故不能排除其对跨文化传播的影响，需要进一步的话语分析证明。

该部分的回归模型如下。

儒家文化符号：logit（P）= 0.201 + 0.085 × 疏导型角色关系 - 0.679 × 轻松型角色关系 + 0.506 × 男主角意志坚定热血 - 0.222 × 男主角善良平凡

独立 +0.265×男主角夸张幽默可爱 -0.301×女主角意志坚定热血 -0.641×女主角善良平凡独立 +1.430×女主角夸张幽默可爱。

道家文化符号：logit（P）=1.158 -0.220×疏导型角色关系 -1.344×轻松型角色关系 -0.109×男主角意志坚定热血 -1.442×男主角善良平凡独立 +19.690×男主角夸张幽默可爱 +1.831×女主角意志坚定热血 +1.336×女主角善良平凡独立 +2.329×女主角夸张幽默可爱。

佛教文化符号：logit（P）=3.882 -1.836×疏导型角色关系 -2.109×轻松型角色关系 +0.115×男主角意志坚定热血 +0.108×男主角善良平凡独立 +0.434×男主角夸张幽默可爱 -1.155×女主角意志坚定热血 -1.091×女主角善良平凡独立 -1.102×女主角夸张幽默可爱。

以上 logit（P）以 0.5 为切割值，P＞0.5 表示出现儒家、道家、佛教文化符号的概率比较大，P＜0.5 表示出现的概率比较小。

表6　预测出现中国精神文化符号的二元 logistic 回归分析

	是否出现儒家文化符号		是否出现道家文化符号		是否出现佛教文化符号	
	是	否	是	否	是	否
角色关系变量						
疏导型角色关系	0.085	-0.085	-0.220	0.220	-1.836[#]	1.836[#]
轻松型角色关系	-0.679	0.679	-1.344	1.344	-2.109[#]	2.109[#]
男主角类型变量						
意志坚定热血	0.506	-0.506	-0.109	0.109	0.115	0.115
善良平凡独立	-0.222	0.222	-1.442[*]	1.442[*]	0.108	-0.108
夸张幽默可爱	0.265	-0.265	19.690	-19.690	0.434	-0.434
女主角类型变量						
意志坚定热血	-0.301	0.301	1.831[**]	-1.831[**]	-1.155	1.155
善良平凡独立	-0.641	0.641	1.336[*]	-1.336[*]	-1.091	1.091
夸张幽默可爱	1.430[#]	-1.430[#]	2.329[*]	-2.329[*]	-1.102	1.102
	$\chi^2=9.442$，df=7，p=0.222＞0.05		$\chi^2=5.122$，df=7，p=0.645＞0.05		$\chi^2=3.676$，df=7，p=0.816＞0.05	

注：#p＜0.1，*p＜0.05，**p＜0.01，***p＜0.001。

五　研究结论

本研究关注的是中国国产动画剧集日文版跨文化传播的现状。研究发现，主角的角色性别倾向、角色关系和主角类型的确会对中国国产动画展现中国传统文化、实现跨文化传播产生显著影响。

首先，在主角角色性别倾向上，不论是人物类型还是色彩类型，男主角的预测作用都大于女主角，这也体现了动漫中男主角的优势地位。在人物类型方面，女性化倾向最有利于中国传统人物形象的跨文化传播，而男主角呈男性正性化和女主角呈男性负性化紧随其后。随着剧情的深入，男主角越呈现出女性化正性倾向和负性倾向越容易出现中国传统人物形象；同时男主角的男性化正性倾向和女主角的男性化负性倾向只对中国历史人物的出现具有显著的正向影响。在色彩类型方面，男主角女性化倾向较其他的角色更能体现色彩的功能与寓意，原因可能在于跨文化传播的对象是日本，其国内对中性化较为推崇。

其次，在角色关系上，疏导型角色关系会更大程度地影响物质文化符号的传播，而在精神文化符号传播方面，疏导型角色关系与轻松型角色关系则对佛教文化符号传播起着相反的作用。呈现疏导型角色关系的剧集更容易体现饮食文化符号，原因可能在于呈现疏导型角色关系时，剧情进展缓慢，主人公有时间进行品茶或其他活动。此外，疏导型角色关系和轻松型角色关系与建筑文化符号呈现负向显著性。这说明，建筑类文化符号通常是在剧情较为紧张的情况下展现的。

再次，在主角类型上，女主角相比于男主角能更多地呈现中国的物质与精神文化符号。女主角越呈现出意志坚定的热血特征，饮食、建筑和道家文化符号出现的可能性越大；女主角越呈现出夸张幽默可爱的特征，饮食、儒家和道家文化符号越有可能出现；善良平凡独立型女主角与传播建筑和道家文化符号呈正向相关；而男主角越是善良平凡独立，越不易传播道家文化符号。

最后，研究发现，热血题材和励志型角色关系的中国动画更易进行对日本的跨文化传播。这与热血题材和励志型角色关系体现的文化观有关，也与日本的本土动画中热血题材占有较大比例密不可分。而呼声较高的武侠题材却没有如愿折桂，这可能是中国的"侠"之精神没有表现出较大的影响力且背后的文化内涵较难理解，在跨文化传播中处于劣势。

　　本研究的理论价值在于建立了中国国产动画剧集日文版中主角的角色性别倾向、角色关系和主角类型与中国传统文化符号呈现之间的直接联系。这些发现肯定了中国国产动画剧集日文版在中国传统文化符号跨文化传播中做出的贡献。本研究的现实意义则在于为推动中国国产动画的跨文化传播提供了决策参考。但是本研究也有着一定的局限性，由于样本数量较小，结论可能不是十分精确，以及编码人的主观因素可能对结论造成不利影响。

英国新媒体文化传播的经验与启示

刘玉瑶　相德宝[*]

摘　要： 新媒体的迅猛发展使其被注入丰富的文化内涵，新媒介的产生与流行催生了新媒体文化。英国是世界文化产业最为发达的国家之一，伴随着新媒体的蓬勃发展，新兴媒体越来越多地参与到英国文化产业的发展中。本文对英国利用新媒体进行文化传播的经验、模式进行提炼和总结。研究发现，"文化立国"战略是英国打造超强文化传播能力的重要前提，同时，在新媒体文化传播实践层面，英国具有一系列独特的核心策略，收效甚好，甚至一度引来各国效仿。放权分权的"一臂间隔"三级文化管理体制、"精英"与"普众"并重的文化生态圈建设理念、助推文创产业数字化转型的科技创新、放眼全球传递本民族文化之声的全球性思维、多元创新的文创人才培养计划、与时俱进的法律保障、提供财政优惠鼓励多方筹资的政策扶持，这些都是英国文化传播的精华所在。在此基础上，本文提出可供中国利用的新媒体文化传播的策略和建议。

关键词： 新媒体　英国　文化传播

一　英国新媒体文化传播的机制环境

（一）英国文化管理的历史渊源

英国是近代最早关注文化管理和制定文化政策的国家之一，也是最早

---

* 刘玉瑶，上海外国语大学国际新闻专业硕士研究生；相德宝，中国国际舆情研究中心研究员，上海外国语大学新闻学院副教授。

以政府名义提出文化战略和发展创意产业的国家之一。英国历史文化极其悠久，在第二次世界大战以前，英国的文化管理体制处于自由发展阶段，政府并没有对国家文化产业过多干预，也没有设立多种文化机构对国家文化产业进行管理。随着战争的结束，英国的政治、经济、文化等社会各方面都发生巨大改变，第二次世界大战被视作英国历史上重要的分水岭，战争过后，国民的文化意识觉醒，英国政府也逐渐意识到文化对于国民精神的鼓舞作用，因此开始逐渐加强文化管理。

第二次世界大战后的 1946 年，议会宣布将英国音乐艺术促进委员会改组为大不列颠艺术委员会（the Arts Council of Great Britain），作为执行政府文化政策的重要机构。1992 年，梅杰政府成立了国家文化遗产部，将原来分散在 6 个部门的文化职责集中在一起，将全国的文化艺术、文化遗产、新闻广播和旅游等事业交由文化遗产部统一管理（陆晓曦，2012）。1997 年工党执政后，将文化遗产部更名为文化、媒体与体育部（Department for Culture，Media and Sport，DCMS），明确规定其目标是重视对文化遗产的保护和开发利用；鼓励艺术活动的创新和多样化；推动对外文化交流和英国文化教育在全世界的传播（曹峰旗、贾小鹏、张国昌，2007）。在这一过程中，英国政府充分认识到文化发展不是孤立的，它必须与社会其他领域一同协调发展。因此，通力合作、协调发展是英国文化管理的特色，英国政府协调其他部门和社会各界力量共同推进英国文化发展（古成，2008）。

由此可见，为了推动文化发展而又尽力避免政治党派等因素带来的不利影响，英国政府和非政府文化机构逐渐磨合出一种独特的合作模式，形成了迄今为止英国文化产业发展过程中一以贯之的核心理念。

（二）英国文创产业发展现状

英国将文化产业称作"创意产业"，强调创意在产业发展中的重要地位。1997 年，英国工党领袖托尼·布莱尔上任后开始推动英国文化、媒体和体育部的发展，促使英国成为世界文创产业先驱。DCMS 在报告中曾明确了电影电视、出版、音乐、艺术设计等英国创意产业类型。

英国电影电视产业目前仍处于持续增长的态势，英国电影协会

（British Film Institute，BFI）数据表明，英国电影电视产业是拉动英国创意产业经济的最主要因素。英国具有丰富的历史遗址和独特的自然景观，并且能够生产先进的设备用于电影制作，优越的地理条件和精湛的设备是电影电视产业繁荣的有力保证。此外，英国还具有一批广受尊敬的电影电视学校，这些学校给英国电影电视产业提供了强大的人才储备。例如，在世界电影电视界声名显赫的英国国立电影电视学院（National Film and Television School），曾被美国电影业界权威杂志《好莱坞报道者》评为世界 15 所顶尖电影学院的第一名。

英国的出版业是创意产业中相当重要的一部分。英国出版界高度重视版权工作，对版权的保护和开展国际版权贸易有一套完备的体系和成功的做法，图书的设计通常采取"一书多版"的方式。此外，为了抓住数字时代的先机，英国政府成立了专门负责扶持数字出版的部门，以电子书籍、音频、平台支付等形式推行数字出版。

英国音乐产业的发展也处于世界前列，根据英国唱片业协会（British Phonographic Industry，BPI）的数据，英国艺术家的作品销量在 2015 年占据了欧洲唱片市场销量的近 1/4，2014 年每卖出的 7 张英国唱片就有 1 张销往国外。相较于国家人口总量而言，英国是世界上最大的音乐消费国。新技术的应用、现场音乐的持续活力、音乐出版商资金的大力投入等，使得英国音乐产业不断实现营收增长，走在世界前列。

此外，英国长期以来作为全球的创新中心，汇聚了众多设计精英，英国也是最早发展设计产业的国家之一。英国政府扮演了重要的角色，政府通过成立设计组织、举办相关活动，直接推进设计产业发展，[①] 英国设计产业的发展也得益于英国众多优秀的大学及设计学院，包括伦敦传媒学院、中央圣马丁艺术与设计学院、牛津大学等，在 2016 年的世界艺术设计类高校排名中，英国有两所高校跻身世界前五。值得注意的是，英国高校会提供许多高端前沿的多学科课程将商业与设计联系起来，如帝国理工学院的设计课程与英国皇家艺术学院工商管理课程的合作教学。

---

① 刘曦卉：《英国设计产业发展路径》，《艺术与设计（理论）》2012 年第 5 期，第 50 页。

（三）英国新媒体环境

随着新媒体的不断发展，以新媒介为载体的新媒体文化也逐渐成为当代社会特有的文化现象，由于英语在国际交流中的主导地位以及英国在国际社会中的独特角色，英国无疑是当今世界新媒体文化引导者之一。

2009 年，英国商业、创新和技能部（Department for Business，Innovation and Skills，DBIS）与文化、媒体和体育部联合发布《数字英国》（*Digital Britain*）白皮书及实施计划。这个计划希望通过数字技术的创新应用，进一步提升英国的数字经济产业，带领英国民众进入全面数字化社会。由此可见英国政府对国家新媒体产业的重视，政府的决策推进了英国数字经济的蓬勃发展。

2012 年初，波士顿咨询公司（BCG）发布公告，认为互联网经济对英国整体 GDP 的贡献率居 20 国集团之首，达到 8.3%（其次为韩国 7.3%、中国 5.5%），超过建设和教育业，成为英国国内第一大产业。

近年来，英国视听新媒体产业同样发展迅速，市场不断扩大。2013年，英国 3G、4G 移动信号覆盖率分别达到 99.5% 和 73.0%，数字地面电视、数字卫星电视、LLUADSL 宽带、BBC 数字广播信号覆盖率分别达到99%、98%、95% 和 94%。2014 年，英国智能手机、平板电脑、数字广播等视听新媒体终端的家庭普及率分别达到 61%、44%、37%，智能电视和立体电视的家庭普及率也分别达到 11% 和 10%，普及程度均较 2013 年有所增长。英国政府积极应对视听新媒体产业发展所带来的媒体融合需求、内容产品需求和消费者权益保护需求，着力推出一系列政策措施，有效引导视听新媒体产业快速发展（宋磊，2015）。

除了先进的新媒体技术以及创新的新媒体政策，英国在新媒体领域还具有独特的理念。李振华认为与其他国家和地区相比，英国更多地考虑新媒体的应用性以及娱乐性，这导致英国的新媒体教育多涉及这些领域。如英国皇家艺术学院的互动设计系更加偏重人和人之间的沟通、城市和人的关系、自然领域和人工之间的互动，但并不涉及那些过于尖端的新媒体领域。[①]

(四) 新媒体参与英国文化传播

新媒体的蓬勃发展为国家文化传播提供了多种途径，利用新媒体优势发展创意产业，更高效地进行国内及国际的文化传播，是建构当下信息社会的时代选择。

随着新媒体和数字技术相关行业的迅速发展，英国创意产业逐渐展现出数字化发展趋势。2009 年发布的《数字英国》报告明确提出，要在数字时代将英国打造成全球创意产业中心，在清晰公平的法律框架的保护下，扩大数字内容的传播范围，这为英国创意产业定下了数字化发展的基调。

新媒体技术的应用改变了英国众多文化产品的呈现形式，英国文化产品由传统的纸质图书、电视、实体唱片发展为电子书籍、网站、数据库等多种形式。同时，线上创意活动在英国创意产业发展中也扮演着越来越重要的角色。2016 年 8 月，英国独立慈善机构内斯特（Nesta）联合创意英格兰网站共同发布了《英国创意地理》报告，该报告考察了网络活动在英国创意产业中的重要性。报告显示，与英国创意产业发展的增长一样，近年来，英国网络平台上的创意活动数量也在激增。诸如"自由工作""用户体验""数字化市场""数据分析"等话题呈现出了显著的上升趋势。

此外，英国十分重视利用新媒体进行对外文化传播，更好地建构其国家形象。例如对微博这一新媒体平台的运用，英国驻华使馆于 2009 年率先在新浪微博平台上开通官方账户。英国驻华使馆微博呈现出率直、公开的表达姿态，善于结合中国的热点事件设置议题、引起关注，进而传播其观点和立场（宫承波、张凌霄，2015）。英国正是利用新媒体的传播特征及表达规则同中国民众进行文化互动，最终在潜移默化中传播英国文化以及价值观。

[①] 李振华：《关于新媒体的全球进程调查（13）：英国新媒体：FACT 机构 1990/FUTUREEV-ERYTHING（FUTURESONIC）艺术节 1995/ONEDOTZERO 艺术节 1996》，《当代艺术与投资》2011 年第 2 期，第 62 页。

二 英国利用新媒体文化对外传播的经验

（一）国家战略：强调文化立国，文化成为国家的战略资源

在新的全球竞争格局之下，英国将文化提升至国家战略高度，强调文化立国，出台相关政策，促进文化产业的发展和繁荣，将文化产业作为新的国家经济发展引擎。

1997 年，布莱尔首相提出了"新英国"的战略发展构想；1998 年，英国政府出台了《英国创意产业纲领文件》，明确提出了"创意产业"的概念和内涵。此后，英国文化、媒体和体育部采取了一系列建设"创意英国"的战略举措。

2005 年，英国政府提出要把英国建设成为全球"创意中心"（The Creative Hub）的目标；同年，英国发布了"创意经济计划"（The Creative Economy Programme），该计划制定了推进创意经济发展的系统框架，从产业结构优化升级的高度系统推进创意产业的发展；2008 年，英国创意产业委员会推出了"创意英国"战略构想，该战略是英国有史以来首个以产业为主导的战略，同时在英国出口创造力、吸引外来投资等方面发挥着重要作用。

（二）组织实施：放权分权，独特的三级文化管理体制

在英国的文化政策中，最重要的是所谓的"一臂间隔"模式，比如英国的文化扶持制度就被普遍视为理想的"一臂间隔"模式（刘悦笛，2008）。这种模式要求国家对文化采取一种分权式的行政管理体制，英国中央政府的文化行政主管部门没有直接管辖的文化艺术团体和文化事业机构，具体管理事务交由中介非政府公共文化机构负责执行。英国是这一模式的创始者，通过在政府和各级艺术文化机构之间建立协定，通过政府与非政府组织之间的互动来管理文化资金和文化项目的运作。

范中汇认为这种三级文化管理模式特点鲜明：中央政府负责制定政策和统一划拨文化经费；准政府机构和地方政府执行政策并具体分配文化经费；地方文化管理部门和艺术组织、艺术家实际使用经费。准政府机构在

这种模式中具有非常重要的作用，设立这样的中介机构代替政府具体管理文化，一方面是为了保证政府不干涉文化艺术，保证文化艺术与党派政治脱离，防止政府不正常的审查，维护文化政策的连续性；另一方面，也是为了使文化经费的具体分配使用做到客观公正。[①]

（三）文化理念："精英"与"普众"并重，打造良好文化生态圈

得益于新媒体时代的科技进步，文化的普及方式得以创新，微博、网站、微电影等众多新媒体传播方式极大地开拓了文化普及的渠道。

英国在发展文化创意的过程中不仅追求艺术文化的卓越，同时重视利用新媒体提升全民文化共享机会，从而解决地方文化发展不均的状况。英格兰艺术委员会（Arts Council England）2014 年发表报告 "This England：how Arts Council England uses its investment to shape a national cultural ecology (2014)"，报告中提到英格兰艺术委员会的核心使命，是"让每个人都可以接受伟大的艺术及文化的熏陶"，英国政府主张既努力打造艺术文化的卓越性，同时也要提高文化产品在民众中的可接触性，从而打造一个良好的文化生态圈。

英国政府坚持"全民共享文化"的理念，针对目前被排除在文化参与机会之外的儿童及弱势年轻人，制定相关措施以提高其文化参与率，例如由政府所支持的英国艺术奖励计划（Artsmark）、打破地域性的文化体验计划、学童津贴补助计划（Pupil Premium）等。自 2016 年 9 月起，英格兰艺术委员会与文化机构开展合作，与贫困家庭出身的年轻人共同参与广泛艺术及文化体验活动。

（四）科技支撑：文创产业数字化转型，增强用户主体意识

英国文化创意产业的发展与科技的发展密切相关，文化创意产业是科技与文化高度交融的产物，缺一不可。英国政府深知科技与文化共同发展的重要性，推行了一系列文化创新政策以推进创意产业的科技化进程。

英国政府自 1998 年起积极计划应对数字化潮流；2000 年，研究数字

[①] 范中汇：《英国文化管理体制解读》，《中国文化报》2012 年 8 月 10 日。

化对音乐消费的影响及知识产权保障的重要性；2002 年，研究数字科技对电影生产及销售的影响，并提出应对数字化发展趋势的电影产业政策。近十年来，英国花费了近 2 亿欧元用于数字化项目的改造。2009 年 6 月，英国政府在提出的《数字英国》计划中，目标之一就是打造良好的数字文化创意产业环境（王燕，2011）。

英国政府主张利用科技使文化能以不同的方式呈现给更多的人，《文化白皮书（2016）》称英国政府将与英国文化机构合作，发展数字化公共典藏及使用技术，以提高使用者在线体验比例。在全球 3.0 时代，网络的普及使得个人成为主角，英国的博物馆、美术馆等文化艺术机构充分借助新媒体优势，形成了独特的博物馆 3.0 时代。在网络技术的支持下，博物馆以用户为中心，由用户主导展览的主题、内容、地点与形式，用户主体意识明显增强。英国对博物馆 3.0 时代理念的实践为推动我国文化艺术机构更好地为人民大众服务提供了可供借鉴的经验（龚瑜行，2015）。

（五）传播内容：植根本国传统文化，放眼全球传递文化之声

英国新媒体文化传播绝不囿于本国，而是放眼全球，推广富有本民族特色的文化产品。新媒体时代下各国之间的文化联系极其紧密，英国利用新媒体技术和深厚的历史人文积淀，向世界传递自己的文化之声。

2012 年，英国电影协会（BFI）制定了名为 Film Forever 的国际战略计划，该计划的重点之一就是支持英国电影成功走向世界。这是一个系统工程，包括相互关联的七个部分：投资并做强国内电影、提升出口电影的价值、与国外联合制作、开展文化交流、制定有关电影版权等视听政策、挖掘顶尖人才、支持英国电影走进国际电影节或市场（章晓英，2016）。这一放眼国际的战略无疑对发展英国多样性电影文化、建立健全当代英国电影产业格局具有重大影响。

2016 年，英国文化协会（British Council）与"GREAT 英国推广活动"（GREAT Britain campaign）组委会宣布在全球推出"永恒的莎士比亚"纪念活动（Shakespeare Lives），纪念莎士比亚及其作品对全世界的文化、教育和社会产生的深刻影响，活动持续一整年。英国在纪念活动中充分借助新媒体高互动性的优势，举办一系列线上活动，如利用社交媒体打造的

"永恒的莎士比亚" Play Your Part 系列活动、微博与英国大使馆文化教育处互动活动等，充分调动了公众的参与热情，使他们更自主地获取有关英国经典文化的信息。

此外，《文化白皮书（2016）》称英国政府正着手创建一个新的 3000 万英镑的文化保护基金，帮助文化遗产处于危险或已被破坏的国家。该基金将在 3 个领域开展工作：文化遗产保护、培训和能力建设、宣传和教育。这表明英国政府将与世界各地的合作伙伴分享英国文化发展与保护的专长，特别是发展中国家和那些刚刚摆脱战乱冲突的国家。

（六）人才培养：不拘一格延揽人才，多元体制培养新媒体人才

英国白金汉宫在 2016 年 4 月曾面向民众公开招聘新媒体人才，工作内容是在英国王室官方各个社交媒体账户上，用符合王室规定的语言和风格，及时更新英国王室的各种活动和动态。英国王室通过招纳新媒体人才进行王室网络推广，从而保持英国王室的声誉、品牌和影响力。这既反映了新媒体人才在英国的受重视程度之高，也从侧面反映了培养新媒体人才对文化传播的重要性。

人才培养始终是英国政府创意产业工作的重中之重。新媒体时代，英国政府注重引进和培养数字技术、游戏研发、艺术设计等众多领域的新媒体创意人才，为英国创意产业的发展打下坚实基础。英国政府曾与沃尔夫基金会（Wolf Foundation）以及英国皇家学会（Royal Society）合作，每年出资 400 万英镑作为启动资金，帮助研究单位高薪聘请 50 名世界顶尖级的研究人员，使英国能在世界人才市场上争夺尖端人才。

2008 年，英国文化、媒体和体育部发布"创意英国：新人才创造新经济"的战略计划，不仅提出向文化创意产业投资 7050 万英镑，以此支持地方性、区域性和国际性的创意产业发展，更对青少年创意教育、帮助创意企业发展、推动英国成为世界创意中心起到了关键作用。

2013 年，英国文化协会支持并启动了英国未来计划（Generation UK）项目，该项目计划到 2020 年，吸引累计超过 80000 名英国年轻人来华交流或参与实习。项目旨在提升两国年轻人对文化交流的感知，同时提升他们的跨文化沟通和理解能力。

（七）法律保障：加强新媒体知识产权保护，适时修订与时俱进

英国政府非常关注文化事业的法律保护，英国法律对于文化产业的保护是较为健全的。首先是对知识产权的保护，知识产权对于发展文化创意产业来说至关重要，为此英国政府制定了一套完整的文化产业政策，出台了一系列相关法律法规，从法律和制度方面提供有力保障。例如《著作权法》《电影法》《英国艺术组织的戏剧政策》等，从政策法规上确保了文化市场的繁荣（李淑芳，2010）。此外，英国属于判例法国家，没有用占支配地位的法律条款来管理国家文化产业，但是涉及文化部门的立法已引进多年，正是按照这种法律传统，英国的文化创意人才始终处于国家法律整体框架内（刘悦笛，2008）。

英国注重在数字时代加强对知识产权的保护，进而提升整体的经济实力。卡梅伦首相 2010 年上任伊始，就宣布组织一项独立审查活动，以了解知识产权制度究竟是如何支持创新的。

值得注意的是，英国能够以创意产业发展为重，适时适度地对法律进行修订，做到与时俱进。例如，2000 年电影《哈利·波特》在英国开拍取景时，遇到了英国法律上的阻碍，时任英国文化大臣特别顾问的约翰·纽必金与同事向英国首相发起谏言，最终促使英国政府对法律进行了适度修改，电影得以顺利开拍，这一法律的修改使得英国的电影产业获得极大受益。约翰·纽必金认为，英国政府扮演着"经纪人"的角色，通过政策、资金为创意产业松绑，并尽可能做到开明和变通。

（八）政策扶持：施行减税政策，鼓励文化机构多方筹资

除法律保护之外，英国政府对文化创意产业也给予了税收优惠等政策扶持，并鼓励文化机构多方筹资应对挑战，这也直接影响到英国创意经济的振兴。

2013 年 4 月，英国开始实施对高端电视节目和电视动画生产的减税政策。为保证电影业的持续繁荣，2013 年英国秋季财政报告宣布电影业减税进一步扩大，将本土电影制作公司在国内投入的预算门槛从 25% 大幅降低到 10%，这项举措有利于在英国进行数字内容的制作，英国的电脑动画和

特效工作室将尤其受惠。此外，英国政府将持续扩大博物馆及美术馆的增值税退税计划，使更多博物馆及美术馆能从中受益，并于2017年推行新的博物馆及美术馆税收减免办法，以支持临时性和巡回式展览。

英国政府曾多次被迫削减文化经费资助。2010年，英国政府出台紧急预算，每年砍掉320亿英镑政府开支，艺术经费被削减25%；2013年，英国议会宣布文化产业支出将会减少1.24亿英镑，以致当时英国地方艺术群体遭受到严重打击。因此，英国政府希望本国文化机构在资金有限的情况下能够积极调整业务模式应对挑战。英国文化大臣亨特曾经表示，政府虽然不依靠私人的慷慨解囊来填补文化事业经费空缺，但政府希望有更多的人资助文化艺术机构。《文化白皮书（2016）》称英国政府将成立虚拟"文化商业学院"，与文化机构合作，强化整个文化行业的商业专业知识。

2016年3月，英国文化、媒体与体育部发布了长达72页的《文化白皮书（2016）》，这是时隔50多年来英国政府再次发布，书中主张采取措施提升英国文化组织筹资能力及经营韧性。英国对于文化的投资来源主要包括财政部和彩票基金支持、税收优惠和慈善事业支持、重点法人基金支持等，英国政府认为文化组织仍有进一步扩大私人捐款受益的空间，并更加有效地利用非补助资金。

三 英国新媒体文化传播创意实践效果

新媒体技术的迅猛发展，无疑改变了文化创意产业的内容制作和传播渠道。莫玉音认为新媒体在文化产业中的作用是全方位的，创意产业中的动漫、文物交易、工艺品、设计、时装设计电影、互动休闲软件等内容形式、创作手段、传播媒介及产业经营思路发生了根本的变化和迅猛的发展。[1]

（一）数字出版业

英国的出版业在英国创意产业中具有举足轻重的地位，最新数据显

---

[1] 莫玉音：《新媒体的发展与广东文化创意产业的探究》，《战略决策研究》2011年第1期，第78页。

示，英国出版行业提供的工作岗位约有 20 万个，英国出版产业在 2008 年为该国带来的附加价值约为 92.6 亿英镑，到 2014 年增至 102 亿英镑。

英国的数字出版业近年来蓬勃发展，数据显示，2013 年英国出版的图书有 18.4 万种，其中有 1/3 是电子书。电子书的销量近年来呈现快速增长的趋势，2012 年英国电子书销量占图书总量的 12%，2013 年增至 15%，2014 年则继续增长至 17%。英国出版商通过中短篇作品出版、订阅模式、起伏定价策略等一系列创新举措，推动英国数字出版实现健康发展（徐蓉，2013）。

（二）电影电视产业

英国历史悠久的电影电视产业同样为英国经济发展和国民就业做出重要贡献。据统计，英国核心电影产业为英国 GDP 增长贡献了超过 46 亿英镑，并直接或间接地提供了超过 11700 个工作岗位。

数据显示，英国的独立电视节目制作能力比以往任何时候都要强大，电视制作内容受到世界各地购买商的欢迎，许多国家的电视台纷纷从英国引进电视节目模式，英国电视节目模式的出口居世界第一。此外，英国在电影产业实行税收减免政策的效果也十分显著，英国电影协会于 2014 年公布的数据显示，2013 年对英产电影的投资超过 10 亿英镑，较 2012 年增长 14%。

新媒体时代，英国政府抓住机遇，扶持本国电影产业。英国电影委员会制定的第四和第五个“三年计划”就是为了确保英国电影在数字时代的成功转型，英国已经成为全球电影数字发行步伐最快的国家。娄孝钦文章中的数据表明，2008 年，英国 22 部首轮放映影片全部或部分采用数字发行，占全部电影发行总量的 43.1%。电视产业同样是英国文化创意产业的重要组成部分。英国是世界上电视事业发展最早，也是最发达的国家之一，[①] 面对新媒体的冲击，英国电视产业积极做出调整应对挑战，如牢牢抓住传统媒体的自身优势、注重发挥传统媒体公信力的优势、在技术革新

---

① 娄孝钦：《新世纪以来英国电影产业的发展与政府扶持》，《北京电影学院学报》2011 年第 3 期，第 92 页。

中提升竞争力等（谭焱，2015）。此外，从电视内容上看，英国不断推进本国电视节目模式产业全球化发展，从 2004 年到 2008 年，美国进口的真人秀节目模式 80% 是来自英国（唐苗，2015）。

（三）数字音乐

音乐产业是英国文化支柱产业之一，最新行业数据表明，英国音乐产业在 2014 年为该国带来的附加价值约 41 亿英镑，并且提供了 117000 个就业机会。

随着数字音乐时代的来临，成千上万的音乐使用者从实体音乐中抽身出来，投身于数字音乐的下载服务与流媒体服务中，英国唱片业积极探索数字音乐发行新模式。目前，英国拥有世界上最具竞争力的数字音乐市场，英国数字音乐营收占比也不断增长。英国唱片业协会数据表明：2012年，英国数码音乐的销售额首次超过传统唱片的销售额；2013 年，英国数码音乐的销售收入占据英国唱片产业总收入的一半以上。

（四）新媒体艺术设计

设计产业为英国文化创意产业增添了源源不断的创新活力。数据表明，英国设计产品的出口在世界排名第 4，在英国每投资于设计行业 1 英镑就会预计获得超过 5 英镑的出口额增长。每投资于设计行业 1 英镑，企业将会获得超过 20 英镑的收入增长和超过 4 英镑的营业净利润增长。

新媒体时代，英国的设计产业同样与时俱进并获得全新的发展。许多高校纷纷开设新媒体艺术设计相关课程，将艺术设计与当代最前沿的新媒体技术相结合。

四　中国利用新媒体进行文化传播的启示

（一）借鉴文化发达国家的经验，确立文化立国战略

崛起的中国日益回到世界中心，然而中国在世界舆论格局中依然处于西强我弱、形象被丑化和妖魔化的传播困境。与此同时，当今世界战乱频

仍，世界各国、各地区之间政治、经济、文化、宗教、文明之间的冲突矛盾不断，文明冲突论成为现实。如何改变中国在全球舆论中的刻板印象，重塑中国国际形象，提升中国话语权和软实力；如何用中国古老文明的智慧破解当下人类共同面临的问题，贡献世界文明：成为当下重要的理论和实践课题。

借鉴英国等世界文化发达国家的经验，我们需要确立文化立国的战略，用中国文化的智慧、魅力破解世界困境，提升中国文化在全球的吸引力和影响力，用新媒体讲述好中国文化故事，用优秀的中国文化引领世界价值观和主流舆论。

（二）提升新媒体在新时期中国文化对外传播中的战略地位

以信息技术、计算机技术、移动通信技术为主要形式的新媒体对当代世界文化生活产生了极大影响，并引领传统和未来文化产业发展的新趋势。数字娱乐内容服务将成为消费增长的强大驱动力，海量内容需求也将促进网络应用移动技术升级。生活方式与数字技术的联系相互加强，青少年消费者的文化体验更加短平快和互动化，数字创新与文化创意内容相互依存，电信运营商的服务进一步强化媒体化、平台化、技术化和移动化，网络购物促进宅人化、数字化的消费生活。五种合力将联合驱动数字文化产业发展。

新媒体文化全面渗透大众日常生活实践、观念、经验、感受，成为在社会大众中广泛传播、为大众所广泛接受和参与的文化形式和内容。新媒体文化全面介入文化、社会生活，成为文化产业的引领力量。提升新媒体在中国文化对外传播中的战略地位，通过新媒体引领中国文化产业发展，强健新媒体中国对外文化传播的根基，发出新媒体时代下中国文化的时代最强音。

（三）简政放权，鼓励社会共同参与文化传播

英国政府依靠相对独立的机构落实文化创意产业扶持政策，中央政府负责制定政策和划拨经费，只起引导作用，管理的职责则由准政府机构与地方政府承担，而大多数文化机构都采取自负盈亏、自主经营的方式创

收。这种方式简明高效且较为客观，政府通过经济调控而非行政手段管理文化产业，达到管理分权的效果。

反观中国，文化产业大多有政府介入，文化产业重点项目由政府提出，重点文化企业由政府扶植或是经营，政府对文化产业的宏观调控占据着主导地位。尽管英国的准政府机构的领导成员均由政府任命，在管理文化时，实际上不可避免地受到政府的影响，但政府过度地参与文化产业的管理无疑利弊参半。事实上，政府适当分权的确有利于文化管理更为客观公正，避免一些可能产生的不必要的审查和限制。

（四）植根本国传统文化，加快传统文化数字化转型，推动文化创新

传统文化是文化创新的内容和灵魂。新媒体文化对外传播需要根植本国传统文化内涵，同时借鉴科技创新，实现传统文化的数字化转型。英国善于从本土传统文化出发，如 2016 年推出"永恒的莎士比亚"纪念活动，抓住英国文化所具有的丰富精神本源，结合当代新媒体技术推进文化传播，从而塑造和传播国家形象，收效甚好。

中华文化博大精深，具有戏曲、诗词、名胜古迹、传统节日等多种文化载体。在文化对外传播过程中，需要深度挖掘传统文化的内涵，避免传统文化在"走出去"过程中的娱乐化、政治化倾向，削弱文化"走出去"过程中的跨文化体验。

（五）加快新媒体科技创新，加快科技与文化融合，助推中国文化创意产业发展

纵观国际国内文化产业发展态势，科技与文化融合的趋势日益凸显，文化、科技与创意三者相互渗透生成的对经济社会发展的作用力，比历史上任何时期都要更直接、更快速、更迅猛。科技已交融渗透文化产品创作、生产、传播、消费的各个层面和关键环节，成为文化产业发展的重要支撑和引擎。

当下，我们正面临着文化科技对经济发展和产业升级双驱动双提升的大趋势，数字化文化产业和信息产业高度融合，并对全球民众文化和生活带来深远影响。未来中国文化科技融合战略应瞄准世界文化产业技术前沿，抢占

文化产业技术的制高点，用文化内容发展的需要引领文化技术创新。

（六）利用全球性社交媒体，加快中国文化"走出去"步伐

全球性社交媒体是当下涉华舆论的重要场域，同样也是中国传统文化的最佳传播载体之一。中国文化在对外传播过程中需要充分利用全球社交媒体平台。

首先，登录全球主要社交媒体平台包括 Twitter、Facebook、Youtube，开设文化对外传播账户，抢占文化传播的制高点。借鉴国内政府微博经验，应鼓励各级文化对外传播职能部门在重要国际社交媒体上开设账户，发布官方信息。

其次，积极利用各国本土性社交媒体，如俄罗斯的 VK、日本的 Mixi 等，实现针对性传播。

最后，加强不同社交媒体的内容策划，针对不同类型的社交媒体，设计独特的传播内容。不同类型的社交媒体具有不同的传播特征和优势，视频类网站、图片类网站、深度文字类社交媒体属性不同，需要"因地制宜"，依据媒体平台的不同特点打造最符合其传播特性的文化内容。

（七）加强国际社交媒体的视听精品内容建设，夯实文化"走出去"的资源基础

尽管我国并不缺乏视听文化资源，但是在全球性社交媒体的平台上，还是凸显出承载中国文化的精品视听内容在建设和供给上的短板，尤其缺乏我国自制的并得到广泛传播的优秀视听作品和经典力作。

Youtube 是全球视听类社交媒体，尤其缺少我国优秀文化的传播内容。因此，我国需要推动适合于社交媒体传播的优质视听文化建设，尤其是优秀国际视听精品内容建设，推动中国文化通过全球性社交媒体"走出去"。

（八）产学结合，培养高素质、复合型、创新型文化对外传播人才

中国现行教育制度制约了文化产业的发展，懂文化的不懂技术，学技术的轻视人文，文化产业实力偏弱、规模小、管理方式滞后。

新媒体对外文化传播对人才培养提出了更高要求。新媒体人才需要具

备国际化、复合型、文理交叉等高素质人才特质。应学习英国文创技能委员会，利用面向市场的人才培育机制，将政府、产业、教育结合在一起，形成伙伴关系，使所执行的各项计划环环相扣。以研究分析资料为基础，加上产学合作，辅导年轻学子就业，改善工作条件，增加培训渠道，并建置硬件空间作为基地。同时，中国文创人才的培养需要做到文化与技术的有机结合，产学联合，培育出能顺利投身于当代中国文化创意产业建设的专才。

汉语传播与孔子学院研究

孔子学院发展的舆论环境变迁

——基于 2005～2014 年中外报纸对孔子学院报道的分析

阎　啸*

　　摘　要：孔子学院作为已有 10 余年发展历史的公益性教育文化机构，从成立之初就吸引了舆论的关注，也在舆论的监督之下不断成长。相关舆论的产生既是孔子学院发展过程中的必然产物，也对孔子学院的发展产生了各方面的综合影响。因为舆论重要的功能表现就是对客体的影响，并促使客体朝着主导性舆论的方向发展或转变。报纸的新闻报道流通广泛、权威性高、议程设置能力强的特点，使其更易于针对某一事件或者现象形成特定的舆论环境，因此分析有关孔子学院的报纸新闻报道是有现实意义的。本文通过设定一定的标准，检索、搜集了 2005 年至 2014 年这 10 年间中外报纸对孔子学院进行的相关报道，并在此基础上对每一年度中外新闻报道的热点问题进行了对比式的总结，同时力图呈现出这 10 年的新闻报道所体现出的舆情动态发展趋势，以期为孔子学院在今后的发展中更好地改善和利用舆论环境提供理论支撑和实证支持。

　　关键词：孔子学院　舆论环境　报纸

一　报纸文献的来源与选择

报纸作为大众传播媒介的一种，"在形成舆论和引导舆论方面，发挥

---

*　阎啸，男，山东大学国际教育学院教师。

着巨大的、不可替代的作用"①。在这个意义上，也就意味着报纸对舆论的形成具有较强的权威性和公信力。专家、学者等权威人士会在报纸上针对重大新闻事件和热点问题发出及时、有针对性的声音，往往能够很快占领舆论阵地的制高点，主导舆论方向，显示出强大的"议程设置能力"。另外，报纸报道的内容兼顾完整性、深度性和时效性，能够向公众广泛高效地传递信息并通过深度报道、专题报道等方式，"让受众在纷扰杂乱的信息和舆论中拨云见日"②，也体现出其在舆论引导中的重要性。"舆论是公众对社会政治、经济、文化活动的一种评价。在市场经济发展的情况下，舆论趋向于成为一种普遍的社会监督的权力。"③ 由此可见，舆论具有一种天然的公共监督属性。

孔子学院作为一个已有 10 余年发展历史的公益性教育文化机构，从成立之初就吸引了舆论的关注，也始终在舆论的监督之下不断成长。相关舆论的产生既是孔子学院发展过程中的必然产物，也对孔子学院的发展产生了各方面的综合影响，因为舆论重要的功能表现就是对客体的影响，并促使客体朝着主导性舆论的方向发展或转变。报纸的新闻报道流通广泛、权威性高、议程设置能力强的特点使其更易于针对某一事件或者现象形成特定的舆论环境，因此分析有关孔子学院的报纸新闻报道是有现实意义的。

在进行报纸文献的具体检索搜集过程中，我们将检索时间设定为 2005 年至 2014 年，以每年的 1 月 1 日和 12 月 31 日为起止时间进行逐年检索。针对外文报纸（此处外文仅限英文，其他语种报纸限于笔者水平与数据库获取难度不在检索范围之内），选取了收录该类型文献相对较全的 SUMMON 数据库，以"Confucius Institute"为主题词进行全文检索，在利用 NE 软件进行查重处理之后，共获得文献 14055 篇。针对中文报纸，选取了 CNKI 的中文报纸文献数据库，以"孔子学院"作为主题词进行全文检索，在利用 NE 软件进行查重处理之后，共获得文献 5416

---

① 何梓华：《新闻理论教程》，高等教育出版社，1999，第 25 页。
② 甄书秀：《以真树威以深制胜——"双议程设置"环境下报纸如何提升舆论引导力》，《青年记者》2012 年第 29 期。
③ 陈力丹：《关于舆论的基本理念》，《新闻大学》2012 年第 5 期。

篇。在后续对文献进行分析的过程中，又发现无效文献299篇，最后共搜集到有效文献5117篇。

本文对这些文献的分析分为两部分：分年度热点聚焦和10年总体舆情分析。前者主要通过对每一年度报纸文献中专题报道的阅读分析，阐述凝练该年度对孔子学院报道的热点和重点问题，主要以选取该年度报道关键词的方式呈现；后者将10年的报纸文献进行整体考量，侧重对比分析和趋势分析。

二 2005～2009年报纸文献年度聚焦

2005～2009年报纸文献年度的聚焦主题见表1。

表1 2005～2009年报纸文献年度的聚焦主题

年份 类别	2005	2006	2007	2008	2009
中文报纸	1. 功能定位和运营方式 2. 国家政府力量的介入 3. 引发各领域关注 4. 误读	1. 首届全球孔子学院大会 2. 平台作用日益显现 3. 发展中的教材和师资问题开始显现	1. 建章立制，加强规范化建设 2. 示范与辐射功能 3. 外界对孔子学院的警惕与担忧	1. 注重质量控制与内涵式发展 2. 积极探索创新发展 3. 向孔子课堂的转向	1. 社区服务功能 2. 发展遇到的问题和困难 3. 不同声音以及中外相关人士的回应
外文报纸	1. 功能与定位 2. 新建情况	1. 新建孔子学院：政府重视和介入 2. 首届全球孔子学院大会 3. 关注附加功能	1. 质量控制与品牌建设 2. 长远发展规划 3. 社区融合与平台作用 4. 质疑之声显现	1. 常态化运营：续签问题、开课资质问题 2. 发挥更大社会功能的期待 3. 外媒对孔子学院的肯定	1. 对孔子学院的直接质疑及相关回应 2. 新技术在孔子学院的应用 3. 集团化发展

三 2005～2014年报纸文献舆情分析

第一，从文献的数量来看，除了在2012年有小幅下滑，无论中外，报纸文献在总量方面都基本呈现逐年上升的趋势（见图1），在2010年和

2014 年出现两个高峰。

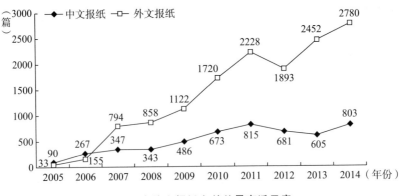

图 1 中外文报纸文献总量变迁示意

经过 5 年左右的发展积累，2010 年孔子学院进入了一个相对成熟的阶段，同时也是矛盾和问题的集中爆发阶段，更加容易引起中外媒体的关注，因而带来该年度报道数量的激增。2014 年是孔子学院成立 10 周年的重要节点，孔子学院 10 年积累的发展成就通过"孔子学院日"活动得到了集中展示，全球孔子学院也以此为契机举办了各种类型的庆典活动，从而吸引了中外报纸对孔子学院的大量关注。

2012 年，中外文献总量出现小幅下降，是与该年度孔子学院所处的整个外部舆论环境变化息息相关的。该年度的一个焦点话题是美国孔子学院公派教师由于签证问题被遣返事件以及由此引发的对于孔子学院的相关讨论，使得孔子学院面对着自开办以来前所未有的巨大舆论压力，也促使孔子学院进入了一个相对平静的调整恢复阶段。

需要注意的是，与文献总量的变化曲线相比，中外文报纸对于孔子学院的专题报道在 10 年中的变迁更加平稳，只有在 2013 至 2014 年度出现了一个直线上升的趋势（见图 2）。这一方面说明，10 年间孔子学院的发展已经触及了越来越多的领域，引发了社会各界对孔子学院的广泛关注，另一方面也反映出对孔子学院的直观深入报道仍有所欠缺，在媒体宣传方面存在很大空间。

第二，从报道的内容来看，中外报纸都经历了一个由对简单事实单一的原点性、表征性报道发展为对孔子学院的文化活动、课程体系、师资构成、教学对象、运营管理等方面结构性要素的报道，最后又注重对孔子学院定位、公众态度、发展路径等方面的功能性报道，是一个逐步深化和立体化的过程。

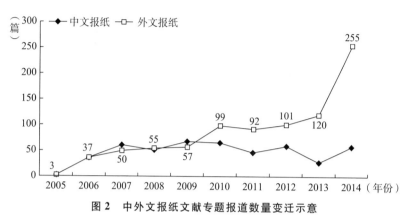

图2　中外文报纸文献专题报道数量变迁示意

在中文报纸中，对新建孔子学院的关注一直是一个报道的热点（见图3），也经历了一个从关注数量到关注质量和特色的转变。可以看出，2007年是以"新建孔子学院"或者"孔子学院揭牌、授牌、开课"为主题进行专题报道数量最多的一年，恰好也是孔子学院数量增速最快的一年，根据孔子学院总部的相关统计，这一阶段最快时可以达到"平均每4天就有一所新学院成立"[①]。

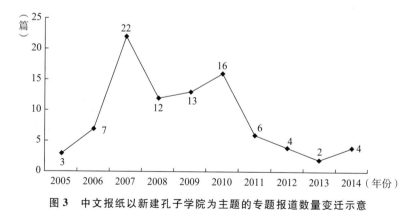

图3　中文报纸以新建孔子学院为主题的专题报道数量变迁示意

之后的3年，对于新建孔子学院的报道数量有一定减少，这与孔子学

---

① 代小琳：《孔子学院平均4天增1所》，《北京晨报》2007年5月13日。

院总部提出的"以控制数量、提高现有孔子学院质量为原则"的调整策略相一致。从 2011 年到 2014 年对新建孔子学院进行的仪式性、庆典型专题报道更是大幅减少，更多转向了对新建的特色孔子学院与示范孔子学院的关注。

在外文报纸中，通过分析，约有 40 篇文献在题目或者关键词中出现了有关"community"/"communities"/"local"的表述，占专题报道总数量的 4.6%。考虑到有相当一部分外文报道文献并未提供关键词，因此这一比例实际上应该更高。这反映出孔子学院对所在地社区和教育系统的影响一直是外文报纸关注的重点，看重孔子学院为当地民众和社区所能带来的机会和资源。

第三，从进行报道的主体看，进行中文报道或者刊发外文报道的国内报纸相对集中，为新华社、《人民日报》、《光明日报》等主流媒体，呈现出从中央大型报纸到地方性报纸扩散的过程；而与之相对的，外文报道的文献多出自地方性或区域性报纸，全国性或者知名报纸关注孔子学院的比例不大，是一个从地方性、区域性或者专业性报纸向中央综合性报纸聚合的过程。这也在一定程度上体现出孔子学院在中外的两种发展路径，在国内是由顶层设计来进行带动，是一条由上至下的路径；在国外则是通过社区、学校的自主选择，在形成大量节点后，以点带面，形成合力进而引起高层关注。

第四，从报道的态度来看，国内报纸更加关注孔子学院的正面作用，对孔子学院基本持肯定态度，部分报道在指出孔子学院发展过程中的问题时也多以建议性口吻进行表述，目的是让孔子学院能够更好地迎合需求，努力营造对孔子学院有利的舆论环境。

而外文报纸的态度相较而言更为多元和复杂，大致经历了初期相对客观的中性报道到以赞扬为主的报道，再到出现相对集中的批判质疑之声，呈现毁誉参半的态势，最后进行回应反正报道的过程。这种反复性一方面体现了孔子学院作为一个新生事物本身具有的复杂性，容易引起媒体的关注和误解，另一方面也说明报道的态度会出现周期性的改变，这种周期性显示了孔子学院内外部舆论环境经历了一个不断斗争和妥协的过程。其中对孔子学院的质疑性甚至批判性的报道的出现，符合新闻报道追求客观性的要求，因为同任何事物一样，孔子学院的发展也需要经历试错和改正的过程，必须面对各方的监督和质疑，其发展路径也不可能完全符合初始的预期，在这一过程中出现不和谐的声音是新闻事件的必然，也是新闻报道的必然。此外，把"有争议"作为舆论客体的一个重要标志，会致使报道主体选取新闻事件时更倾向于具有争议性的话题，以满足读者的"猎奇"心理。

四 结语

对孔子学院的关注与评价不应只从其事业发展的维度进行考量，还应该考虑到孔子学院的存在所依托的舆论语境。这种舆论语境的构成包括政府舆论、学术舆论、媒体舆论等各个方面。

政府舆论具有强制性和指向性的特点，代表了政府意志和态度，一定程度上体现了高层划定的发展路线和方向。从之前的分析可以看出，我国对孔子学院进行外文报道的主体集中于新华社、《光明日报》等官方主流媒体，形成了我国孔子学院报道的政府舆论语境，起到的更多是一种正面宣传作用。但需要注意的是，新闻报道的客观性原则也包含着"不回避任何具有重大新闻价值的事实"①。而出于宣传效果的考虑，反映孔子学院发展过程中的问题和困难的事件有可能被政府舆论有意识地回避掉，这反而会降低公信力，丧失舆论主导权，甚至出现对报道的对抗性解读。

学术舆论体现了学界的看法和意见，相对而言具有较高的科学性与非功利性，但当其与一定的利益相关方或者政治取向结合到一起而不能保持其中立性的时候，反而具有了更强的迷惑性和导向性。在外媒对孔子学院的报道中，一部分是对校长、学者、专家等专业学术人士观点的引述，一定程度上体现了孔子学院所存在的学术舆论环境。对这一部分报道进行解读时应该充分考虑这些观点出现的具体时空条件和发出者、报道者的相关背景，以避免产生片面性或者歪曲性的理解。

---

① 李文、郭志强：《从新闻的客观性看新闻报道的客观性原则》，《新闻与传播评论》2002年第 1 期。

　　媒体舆论主要是通过新闻媒介进行的报道所形成的一种舆论，而报纸新闻是其中一种重要的媒介手段。本文分析的文献材料都可以视为形成孔子学院媒体舆论环境的重要推手。媒体舆论本身就具有极强的复杂性，既在一定程度上代表着政府的声音，也会时常化为专业学术人士的代言人，而其最主要的功能体现在可以形成一种大众舆论或者社会舆论。社会舆论的主体包含着社会各个阶层的各种人群，他们的社会身份多元且多变，其知识结构与判断能力水平参差不齐，容易形成集体意识或者集体无意识，这也就导致了在社会舆论中针对一个事件常常出现非理智状态下的"狂热"或者麻木状态下的"失声"状况。

　　传媒世界是通过对现实世界的符号复制而营造的一个不同于现实的"拟态环境"。有学者把这种透过新闻传媒了解世界的方式称为"新闻镜像"①。需要注意的是，现代传媒在某些条件下可能会屏蔽真相，弱化大众思维，制造虚假镜像。这种假象的形成在一定程度上是由于新闻是对现实进行"建构"和"选择"的产物，它既是一种叙事，也是一种媒体再现，还是一种对原有事件、言辞和行为的选择性描述。正如所有的公共性记录一样，新闻是一种被建构出来的现实。② 这种建构的选择源于新闻价值观、意识形态、编辑或记者的个人刻板成见，会使报道主体有选择地把正在发生的事情整合到新闻报道中，同时塑造读者对事实的理解。如何引导民众在复杂的语境中对关于孔子学院的报道形成一种均衡客观的认识，进而进行清醒的判断和理解，是政府、媒体机构和孔子学院自身都应该思考和解决的重大课题。

---

① 宋献忠：《新闻媒体镜像的歪置与失真》，《新闻爱好者》2012 年第 16 期。
② 李希光、郭晓科：《国际新闻报道的选择性建构和认知框架》，《新闻战线》2011 年第 5 期。

泰国孔子学院的中华文化传播：
优势、问题与对策[*]

泰国孔子学院的中华文化传播：
优势、问题与对策[*]

叶　虎[**]

摘　要： 中泰两国的文化交流源远流长，自1975年建立外交关系以来，双方关系不断密切和发展，两国文化交流也日益广泛和深入。文章在阐述泰国孔子学院发展概况的基础上，探讨泰国孔子学院在中华文化传播中的优势，并从传播的主体、内容、受众、效果等方面对其存在的问题予以分析，进而对泰国孔子学院中华文化传播的对策进行了论述，以期在建设"21世纪海上丝绸之路"的背景下，更好地改进和提升泰国孔子学院中华文化传播的效果，进一步发挥好孔子学院在中泰两国人文交流中的作用，为推进两国经贸发展、增进相互理解、加深彼此友谊奠定良好的基础。

关键词： 泰国　孔子学院　"21世纪海上丝绸之路"　中华文化传播

伴随着21世纪以来"汉语热""中国热"的持续升温，孔子学院顺应时势，应运而生。2004年，第一个孔子学院合作协议在乌兹别克斯坦塔什干国立东方学院签署，第一块孔子学院铭牌在首尔韩中文化协力研究院挂出，第一所孔子学院在美国马里兰大学正式投入运行。截至2016年12月

---
* 本文系2010年度教育部人文社会科学研究青年基金项目"海外华文传媒与中国软实力建设研究"（项目编号：10YJC860053），"中央高校基本科研业务费专项资金资助"（Supported by the Fundamental Research Funds for the Central Universities）项目"海外华文传媒与中国软实力建设研究"（项目编号：2010221090）。

** 叶虎，厦门大学新闻传播学院副教授、硕士生导师。2012～2014年担任泰国皇太后大学孔子学院中方院长。

10 日，中国已在 140 个国家建立了 511 所孔子学院和 1073 个孔子课堂，各类学员达 210 万人。① 孔子学院的成长和发展有力地促进了中外文化、教育和人文交流，已成为中国的一张闪光的名片，是语言之桥、文化之桥、交流之桥和心灵之桥，在很大程度上也促进了中国的软实力建设和提升。

一　泰国孔子学院发展概况

伴随着中国经济的快速持续发展，中泰两国的贸易、旅游、文化交流等日益密切，相互了解对方文化和学习对方的语言已成为迫切的需要。自从 2006 年 8 月泰国第一所孔子学院——孔敬大学孔子学院运营以来，泰国汉语教育和中泰文化交流发展形势喜人。为满足泰国民众学习汉语和了解、认知中华文化的需要，2015 年 6 月、9 月又分别成立了海上丝路孔子学院和易三仓大学孔子学院。迄今，泰国共有 14 所孔子学院，分布在泰国北部、东北部、中部、东部和南部。这 14 所孔子学院的主要情况见表 1。

表 1　泰国孔子学院一览

名称	成立时间	中方合作院校	备注
孔敬大学孔子学院	2006 年 8 月 3 日	西南大学	
皇太后大学孔子学院	2006 年 11 月 4 日	厦门大学	
清迈大学孔子学院	2006 年 12 月 18 日	云南师范大学	
曼松德·昭帕亚皇家师范大学孔子学院	2006 年 12 月 19 日	天津师范大学	
宋卡王子大学普吉孔子学院	2006 年 12 月 24 日	上海大学	
玛哈沙拉坎大学孔子学院	2006 年 12 月 25 日	广西民族大学	
川登喜皇家大学素攀孔子学院	2006 年 12 月 27 日	广西大学	
勿洞市孔子学院	2006 年 12 月 28 日	重庆大学	泰国唯一一所由中国大学和泰国市政府（勿洞市市政局）合作建立的孔子学院

① 《刘延东出席第十一届全球孔子学院大会并致辞》，http://www.wenming.cn/syjj/ldhd/lyd/201612/t20161211_3938938.shtml? t＝636170864483817133，2016 年 12 月 11 日。

名称	成立时间	中方合作院校	备注
宋卡王子大学孔子学院	2006 年 12 月 29 日	广西师范大学	
朱拉隆功大学孔子学院	2007 年 3 月 26 日	北京大学	
农业大学孔子学院	2008 年 7 月 7 日	华侨大学	
东方大学孔子学院	2009 年 9 月 15 日	温州医科大学温州大学	
海上丝路孔子学院	2015 年 6 月 24 日	天津师范大学牵头	由泰国博仁大学等 26 家教育机构共同申办
易三仓大学孔子学院	2015 年 9 月 12 日	天津科技大学	

资料来源：笔者根据国家汉办驻泰国代表处网站相关材料整理。

总体看来，泰国各孔子学院发挥自身的优势，扬长避短，在汉语教学、师资培养培训、中华文化传播、各类汉语水平考试、中泰教育和文化交流等方面发挥了重要作用。

以曼松德·昭帕亚皇家师范大学孔子学院为例，该孔子学院发挥了中方合作院校天津师范大学在师资培养培训方面的优势，近年来，在和教育部各部委建立长期、稳定、友好的合作关系基础上，进一步以点带面，联系各个学区，培训教师以推动汉语教学，努力建成泰国层次最丰富、体系最完整、课程最完善的本土汉语教师培训基地。2013 年 9 月至 2014 年 8 月，该孔子学院在曼谷市教育局本土化汉语教师培训、基础教育委员会本土汉语教师培训、民校教育委员会本土汉语教师培训、下属教学点本土教师专项培训等各类培训中参与人数总计达到 8903 人次。2013 年 9 月两校共同签署了《合作举办汉语国际教育专业硕士研究生学位教育项目的协议》，国家汉办以孔子学院奖学金对该项目予以支持。学生在天津师范大学完成两年的汉语国际教育专业大部分课程，孔子学院承接第三年的教师资格证课程及相关的专业课程，并负责学生的实习和论文撰写，学生论文答辩通过后，可以获得天津师范大学硕士文凭和泰国教育部教师资格证。截至 2016 年 5 月，第 3 批汉语国际教育硕士招生结束。自 2014 年至今的 3 年中，共有 75 名泰国学生获得推荐并就读。

参加各类汉语考试的人数也是反映一个地区和国家汉语言文化传播发展程度的重要指标，泰国在这方面的成绩可圈可点。以 2013 年为例，全球共有 500 万人次参加各类汉语考试，全球汉语考试考点达 875 个，遍布 114 个国家和地区。而全球考量排名前 20 的考点中就有 10 个考点来自东南亚国家，分别是新加坡科思达（排名为 4，人数为 8611）、菲律宾红溪礼示大学孔子学院（排名为 5，人数为 6886）、泰国曼谷东方文化书院（排名为 7，人数为 4278）、泰国清迈大学孔子学院（排名为 9，人数为 3846）、菲律宾华教中心（排名为 10，人数为 3700）、泰国朱拉隆功大学孔子学院（排名为 13，人数为 3197）、泰国宋卡王子大学普吉孔子学院（排名为 15，人数为 2822）、印尼国民教育部 – 中国汉语考试（雅加达）（排名为 16，人数为 2583）、新加坡劳发局（排名为 17，人数为 2311）、泰国孔敬大学孔子学院（排名为 20，人数为 2057）。[①] 其中泰国孔子学院就有 4 家——清迈大学孔子学院、朱拉隆功大学孔子学院、宋卡王子大学普吉孔子学院以及孔敬大学孔子学院，考生人数排名分别列第 9 位、第 13 位、第 15 位和第 20 位。

在传播中华文化方面，泰国孔子学院主要通过设置和讲授中华文化课程、举办各类中华文化系列讲座、庆祝中华传统节庆（如春节、中秋节、端午节等）、开展中华才艺培训、举办中华文化图片展览、开展中国影视周系列活动、举办中华文化知识竞赛等一系列活动传播中华文化。

例如，泰国皇太后大学孔子学院着力打造"文化中国"中国文化节、"指尖中国"手工艺品大赛、"影像中国"中国影视周、"魅力中国"中华文化系列讲座以及"最炫民族风"中国民族歌舞大赛等中国文化品牌。2014 年，紧紧围绕庆祝孔子学院成立十周年暨全球首个孔子学院日这一主题，举办了"孔子学院日"、"庆祝孔子学院成立十周年海上丝绸之路巡演"、"中国对东盟一体化的影响"国际研讨会、"首届泰北中文导游风采大赛"、"泰北中华文化常识竞赛"、"首届汉泰口译大赛"、"首届摄影大赛"等一系列庆祝活动，活动反响热烈，取得了很好的成效。

为进一步扩大中华文化的影响力，泰国孔子学院通过与泰国主流媒体和华文媒体合作传播中华文化。皇太后大学孔子学院与《中华日报》合

---

① 资料来源：孔子学院总部/国家汉办考试处、汉考国际：泰国汉语考试工作会议，泰国，2014 年 1 月 6 日。括弧内数字分别为考点考量排名和考生人数。

作，由孔子学院师生组稿编辑，推出《中华青年报》。泰国第三电视台、第五电视台、第七电视台、第九电视台、旅游卫视、泰国 32 台、素攀电视台等一批电视媒体先后对素攀孔子学院进行采访报道，提升中华文化的影响力。2011 年 8 月 24 日，泰国曼松德·昭帕亚皇家师范大学孔子学院与《亚洲日报》签订了合作协议，于 9 月 27 日报纸首刊刊发《中国文化专刊》，专刊每月一期，由曼大孔子学院负责全版内容的编辑和版面设计，全版使用中文简体字。另外，泰国孔子学院还通过各孔子学院官方网站以及泰国民众广泛使用的社交媒体 Facebook、视频网站 Youtube 等传播中华文化。

二 泰国孔子学院中华文化传播的优势

首先，随着"21 世纪海上丝绸之路"的推进，中国与东盟的关系已从"黄金十年"迈向"钻石十年"，双方政治、经济的日益深入发展为中华文化传播创造了有利的外部条件。

2012 年 4 月，中泰两国建立全面战略合作伙伴关系。2013 年 10 月，两国政府发表《中泰关系发展远景规划》。最近两年，中国企业在泰国投资的步伐在加快。根据相关数据，到中国驻泰使馆经商处做了正式登记的中资企业有 200 家，加入中国总商会的中资企业有 180 多家，这 180 多家会员中，年产值达到 1000 亿元人民币的企业有 30 家。2015 年，中国对泰国的投资从第 6 位上升到了第 4 位。[①] 截止到 2016 年 9 月，中国为泰国第二大出口市场和第一大进口来源地。[②]

2015 年泰国入境游客人数创下 2990 万的历史纪录，其中 790 万来自中国内地，占比逾四分之一。而就在 5 年前，中国游客在泰国所有入境游客中还仅占 7.9%。[③] 根据泰国官方公布的 2016 年赴泰外国游客统计数据

① 李晓萍：《中国大型光伏企业泰国工厂开业 中泰投资贸易前景可期》，http://news.ifeng.com/a/20160329/48249377_0.shtml，2016 年 3 月 29 日。
② 《2016 年中泰双边贸易概况》，http://mt.sohu.com/20161209/n475367715.shtml，2016 年 12 月 9 日。
③ 〔英〕丹尼尔·加卢奇：《分析：中国游客提振泰国经济》，http://www.ftchinese.com/story/001066709，2016 年 3 月 18 日。

情况，2016 年赴泰外国游客总数为 3258 万人，创收 1.64 万亿泰铢（约合459 亿美元）。其中，中国赴泰游客数量为 870 万人，占比超过四分之一。[①]

中泰两国日益密切的经济、贸易和旅游往来无疑激发了泰国民众了解和学习中华文化的热情。对于泰国的普通民众来说，中国不仅是一个具有悠久文化历史的文明古国，还是一个经济快速发展、国际影响力日益提升的大国。中国改革开放以来经济社会发展所取得的举世瞩目的成就，特别是 2010 年一跃成为世界第二大经济体的事实，对于世界政治经济格局产生了重大而深远的影响。一般来说，一国经济体通过自身经济实力产生的影响力，影响着对象国民众对于该语言和文化的选择，从而影响该语言、文化的传播速度和传播范围。就泰国来看，对中华文化学习和了解的热情主要是从 20 世纪 90 年代特别是 21 世纪之后才迅速升温的，这与中国国力的日益提升以及中泰两国日益增强的经济、贸易和旅游联系具有明显的内在关联。

其次，"汉语热"在泰国持续升温，泰国的汉语学习者已有 100 多万人，这为中华文化在泰国的传播创造了良好的语言条件。

语言的功能有多种，最基本的有表达功能、交流功能和记忆功能。语言是文化的载体，如果讨论中华文化，就必须研究汉语和汉字，否则就难以参透个中意味。从某种意义上说，任何语言都是某个民族文化、风俗习惯的一面镜子，换言之，语言不能脱离文化而存在；反过来说，只有深入细致地了解所学语言国家的历史、文化、传统、风俗、生活方式及其生活细节，才能正确地理解和运用这一语言。[②] 从根本上说，语言既是文化的一种载体，是文化赖以构建和传承的主要手段和形式，又是文化的积淀，是文化的映象，是文化的一部分，是一种特殊的文化现象。

国家主席习近平 2014 年 3 月 29 日在柏林会见德国汉学家、孔子学院教师代表和学习汉语的学生代表时指出，掌握一种语言就是掌握了通往一国文化的钥匙。学会不同语言，才能了解不同文化的差异性，进而客观理

---

① 崔沂蒙：《2016 年赴泰游客数量达到 3258 万人 中国游客占四分之一》，http://news.sina.com.cn/o/2017-01-06/doc-ifxzkfuk2520967.shtml，2017 年 1 月 6 日。

② 《"汉语热"背后的文化联想》，http://www.chinanews.com.cn//hr/hrlt/news/2006/07-26/764369.shtml，2006 年 7 月 26 日。

性地看待世界，包容友善地相处。① 从实际情况来看，汉语学习本身其实也是对汉语自身包孕的中华文化的学习，对中华文化的了解和认知如果脱离了语言这一媒介，也只能停留在表层的物质和行为层面，而不能深入文化的制度和精神层面。当然，泰国有众多的汉语学习者并不必然意味着学习者对中华文化的认识都会触及文化的深层结构，但语言学习会成为学习和了解中华文化的触发剂和推动力量。就如改革开放以来中国人学习英语一样，从语言学习自然而然地会了解英美等国家的风土人情、社会历史、价值体系以及生活方式等文化因素。

最后，泰国王室、政府等对中泰文化交流的大力支持为中华文化在泰国的传播提供了重要保障。

提及泰国王室对中泰文化交流的引领和支持，诗琳通公主对此的贡献尤其值得一书。1981 年，诗琳通公主第一次访华回国后立即将在中国的所见所闻用中泰两国文字撰写成书，取名为《踏访龙的国土》。正是这本书，为泰国人民了解中国打开了一扇清新而明丽的窗口。此后，几乎每次访华，公主都会写一部有关中国的著作，向泰国民众介绍一个真实的、全新的中国。从 1981 年到 2013 年的 32 年间，诗琳通公主 35 次访问中国，是当今世界皇室成员中访华次数最多的人。1994 年和 1995 年，公主先后翻译、出版了中国作家王蒙的短篇小说集《蝴蝶》和女作家方方的中篇小说《行云流水》，成为中泰文学交流史上新的里程碑。她还将 100 多首中国古典诗词译成泰文，出版了汉泰双语对照的《唐诗宋词选集》，现为曼谷朱拉隆功大学中文系的教材，诗琳通公主也成为将中国诗词译成泰文数量最多的翻译家。② 基于诗琳通公主的卓越贡献，中国政府特授予她"中国语言文化友谊奖"和"理解与友谊国际文学奖"。诗琳通公主对中国和中国文化的深厚情感，影响了越来越多的泰国民众，他们效仿公主，对中华文化从接触到喜爱，对中国的理解逐渐加深。诗琳通公主的妹妹朱拉蓬公主

---

① 王晓玉：《掌握一种语言就掌握通往一国文化的钥匙》，《中国青年报》2014 年 3 月 30 日，第 02 版。

② 汪融：《我为什么要给泰国公主诗琳通投票——写在诗琳通公主入选传播中华文化年度人物候选名单之际》，http://book.ifeng.com/gundong/detail_2013_12/05/31804088_0.shtml，2013 年 12 月 5 日。

43 岁时学习古筝，经过十多年研习，已经可以演奏最高级的曲目。朱拉蓬公主对中国古筝文化的热爱和孜孜以求使泰国民众掀起了学习古筝、了解中华音乐文化的风潮。

自 1975 年中国与泰国建交以来，泰国历届政府对中泰文化交流基本上都持支持态度，冷战色彩和意识形态斗争的立场逐渐淡化，两国政府推动的文化交流项目以及活络的民间文化交往成为势不可挡的主潮。在此背景下，无论泰国政权如何更迭，各届政府对中华文化在泰国的传播都持欢迎和鼓励的态度。英拉总理在执政期间，曾经向孔子学院总部提出要求，派遣 10000 名左右的志愿者教师到泰国教授汉语和传播中华文化。2015 年适逢中泰建交 40 周年，泰国总理巴育特别强调，中国是泰国的友好邻邦，两国友谊源远流长，往来密切，"在 21 世纪，中泰两国友好关系是什么力量也改变不了的"[1]。

三 泰国孔子学院中华文化传播存在的主要问题

泰国孔子学院在中华文化传播中存在的问题可以从传播的主体、内容、受众、效果等方面予以分析。

就传播主体来看，泰国孔子学院中华文化的传播主体主要由中方院长、志愿者教师和公派教师承担。而就实际情况来看，由于中方院长承担着大量的行政事务以及教学任务，在中华文化传播方面主要起到组织和领导作用，对于实质性的面对面传播常常是心有余而力不足。公派教师主要承担的是教学任务，泰国高校原则上对承担中文课程的教师有如下要求：或者是公派教师（一般具有硕士或博士学位），或者是已经毕业或在读的硕士。有的大学如朱拉隆功大学中文系只允许孔子学院公派教师担任汉语教师。志愿者教师一方面要承担高校或中小学汉语教学任务，另一方面又得传播中华文化，肩上的责任也并不轻松。另外，泰国孔子学院中华文化传播主体的能力和水平参差不齐，专职队伍很难建立起来，特别是作为孔

---

① 高鑫：《泰国文化深受中华文化影响　中泰一家亲》，http://news.163.com/15/0804/15/B0
6D1KES00014JB6.html，2015 年 8 月 4 日。

子学院中华文化传播主力的志愿者教师流动性大，往往任职一年就因为学业、工作等问题纷纷回国，对中华文化传播的连续性和效果产生了不利的影响。

就传播的内容来看，泰国孔子学院中华文化传播往往集中于剪纸、中国结、书法、绘画、舞蹈、武术等方面，深层次的涉及文化价值观和精神层面的内容往往比较缺乏。这一方面源于在国家汉办的志愿者选拔面试中，绝大多数志愿者的"中华才艺"都只局限于这几样，而且属于初级水平。例如关于"中国结"的含义，面试中几乎所有志愿者说它象征团圆，但没有人谈到它的"无始无终""处处是圆""迂回曲折""彼此处在紧密联系中"这些更进一步的文化内涵。① 这还会给人造成一种错误印象，即博大精深、源远流长的中华文化就是剪纸、中国结、太极拳等。另一方面也可以归结于，不是所有的受众都具有较高的中华文化修养和认知水平，因此如果深入中华文化的纵深层面，从接受程度上往往难以达到预期的效果，这也是泰国孔子学院中华文化传播偏向于物质与行为层面，而难以触及精神和价值观层面的客观原因。另一个具有普遍性的问题是，对于中华文化构成的复杂性、发展态势及其对当代中国人思想观念、生活方式、行为模式的影响等方面的对话与沟通比较薄弱和缺乏。客观而论，这其中包孕着丰富多彩、引人入胜的中国好故事，如果不将这些内容纳入泰国孔子学院的主题叙事框架，并以泰国民众喜闻乐见的形式加以呈现和展示，必将损害中华文化的丰富性及其当代活力，使中华文化传播窄化为单一化、扁平化的叙事。

就传播的受众来看，泰国孔子学院的中华文化传播在受众细分层面亟待改进。受众细分涉及不同族群、年龄、阶层、职业等层面以及对中华文化的了解和认知程度。限于孔子学院中华文化传播者自身的结构及认知水平，根据不同的指标对于受众进行细分的工作还未深入开展起来。这就造成对受众的中华文化了解和认知情况普遍把握不准或不足，直接影响了泰国孔子学院文化活动的可持续发展。

---

① 张春燕：《中华文化海外传播的路径和内容选择》，《云南师范大学学报》（对外汉语教学与研究版）2014 年第 1 期。

　　就传播的效果来看，由于每年孔子学院总部均有量化考核的要求，中泰方合作单位对孔子学院也负有管理、考核和监督职责，这就造成泰国孔子学院在中华文化传播方面常常追求数量、规模、参加者的层级和报道效应，对传播效果与质量的考量反而被遮蔽了。正如有论者所指出的："诚然，在一个文化机构刚刚开始立足和发展的时候，这些硬性的数字确实能够起到量化成果振奋人心的作用，但是孔子学院作为语言文化的教学机构，其衡量标准绝不能仅限于数量的增长，那些不可量化的功绩也更应值得关注，因为软实力本身就不像硬实力那样可以计算。从文化本质来看，它的传播应该是一个循序渐进、润物无声的过程，强调速度而忽视质量其实是得不偿失的，并不能提高文化传播以及接受的效率。"[①] 当然，在此并不是要一概否定数量、规模等因素，而是要强调中华文化的传播不仅仅是一个数量、规模的问题，而且是一个讲求质量和后续效应的问题；同样，中华文化的传播不能仅仅"闻达于诸侯"，它更要担负起公共外交的职能，架起中华文化与泰国民众之间的桥梁。另外，就目前整体状况来看，相对于泰国华文媒体和国内主流媒体来说，泰国主流媒体对孔子学院中华文化传播的报道量偏少，这既涉及传播语言的问题，也与泰国孔子学院自身的传播理念有关，其传播主要局限于华文圈，而没有将视野投向更广阔的当地主流媒体。这对于泰国孔子学院中华文化传播的延伸效应和扩散效应显然有着不利的影响。

四　泰国孔子学院中华文化传播的对策分析

　　为更好地推进泰国孔子学院中华文化传播工作，发挥好孔子学院传播文化、沟通心灵的作用，可以从以下四个方面着手制定具体的对策。

　　第一，加强顶层设计，整合资源，推进中华文化传播，促进中泰两国文明的交流互鉴。一方面，泰国孔子学院中华文化传播是一个系统的、复杂的长期工程，并不是举办多少场文化活动、开设多少场文化讲座、增加

---

① 周璐铭：《孔子学院十年发展统计、成果分析与战略建议》，《西南交通大学学报》（社会科学版）2015 年第 1 期。

多少场中华才艺培训就能够一劳永逸地解决问题的。在很大程度上，推进中华文化在泰国的有效传播需要孔子学院总部与泰国教育部门、文化部门、旅游部门等积极沟通、平等协商，制定各个层次的中华文化传播方案，推进中华文化传播从粗放型走向内涵型，从偏重中华传统文化的单一型走向传统与当代并重的多元型，从各自为政的竞争型走向孔子学院相互支持的合作型。另一方面，推进中华文化传播并不是一个线性的传递和扩散过程，而必须在与所在国国家文化的交流与交融中才能实现可持续发展。习近平主席在孔子学院成立十周年的贺信中指出孔子学院"为推动世界各国文明交流互鉴、增进中国人民与各国人民相互了解和友谊发挥了重要作用"，并强调"孔子学院属于中国，也属于世界"。① 为此，泰国孔子学院中华文化传播也应该适应当地经济社会发展的需要，适应当地历史、文化发展的实际情况，吸纳和整合泰国文化中的优秀成分，在相互了解和相互融合中更好地推进中华文化传播，促进两国文明的交流互鉴。

第二，推进多元传播主体建设，改变单一主体传播的不利局面。据笔者了解，泰国孔子学院的中方工作人员一般是 10~30 名，泰方工作人员一般在 10 名之内。各个孔子学院的运作模式也存在差异：有的孔子学院教学点较多且与孔子学院本部距离较远（如玛哈沙拉坎大学孔子学院），这样就必须抽调志愿者教师长期在教学点工作；有的孔子学院所在高校的中文专业人数多，部分汉语教师主要在汉学院或中文系工作，同时也参加孔子学院举办的各类文化活动（如皇太后大学孔子学院）。总体来看，如果仅凭孔子学院的工作人员传播中华文化，显然不能达到理想的效果。而"要构建一个立体化、多元化的话语体系的生产、流通、传播机制和平台，就一定要实现传播主体的多样化"②。

为此，泰国孔子学院必须打造多元传播主体，改变单一主体传播的不利局面。比如与所在大学中文系或其他学院联合举办活动，与当地政府部门、企业、华人社团组织、华人学校、泰文学校中文部等进行合作。从当

---

① 《习近平致信祝贺全球孔子学院建立十周年暨首个全球"孔子学院日" 李克强也表示祝贺》，http://politics. people. com. cn/n/2014/0928/c1024 – 25748582. html，2014 年 9 月 28 日。

② 郭尧：《讲好中国故事 提高国际话语权——专访中国传媒大学副校长、博士生导师胡正荣》，《国家治理》2015 年第 26 期。

前实际情况来看，泰国孔子学院在推进多元传播主体建设方面已取得一定成果，特别是在 2013 年第七届孔子学院大会提出推动孔子学院融入大学和社区这一目标之后，上述工作得到大力推进。不过，泰国孔子学院还可以在以下两个方面着力改进。一是在多元传播主体建设中发掘和培养各类人才，构筑中华文化传播人才队伍。人才是搞好中华文化传播工作的关键，人才培养和建设工作不仅要发挥中方教师的积极性和主动性，更要在本土师生和民众中发掘传播中华文化的各类人才，加以重点培养、支持和扶助，打造优良的中华文化传播人才本土队伍。二是泰国孔子学院要继续秉承"相互尊重、友好协商、平等互利"的校训，加强中泰双方院长之间的沟通与合作，争取所在大学与合作单位的支持，为中华文化在泰国的传播工作打下坚实的基础。

第三，针对不同受众特点对中华文化传播的内容和形式进行定位。确立"受众中心"的理念是做好中华文化传播工作的核心与关键，具体来说，可以从以下三个方面着手。一是做好信息的收集、整理和分析工作，将收集不同层次、不同类型、不同特点的受众群体关于中华文化的实际需求和建议意见工作列为孔子学院的基础工作。二是积极组织人手，与当地本土教师编写适应当地实际的本土中华文化教材。三是文化活动的策划、组织与实施必须考虑到受众的兴趣和接受能力，满足不同层次和特点的受众的实际需要。

第四，采取立体传播路径，尤其要注重新媒体平台建设。推进泰国孔子学院中华文化传播工作，除了课堂教学、开展文化活动这些常规方式之外，还应根据信息技术和互联网迅猛发展的实际情况，积极推动"互联网＋中华文化教育"，营造泰国中华文化学习者全天候学习氛围，使其在耳濡目染中优化和提升学习效果。笔者在泰国工作期间，发现泰国民众缺乏中华文化的学习环境，因此，亟须孔子学院总部和泰国孔子学院与泰国的汉语言文化教育机构携手，先进行课程设计和录制，通过 MOOC 平台上线发布，再结合翻转教学法，进行线上与线下的课程整合，最终形成一套既保证教学质量，又可以提高教学工作效率的课程体系。泰国的学习者可以通过添加中华文化学习网站的微信公众号或在手机上下载客户端就可以随时随地进行学习。这样，利用"互联网＋中华文化教育"，就可以使其成为中华文化教育和传播的一个重要组成部分，而不再只是辅助教学的工具。

　　总之，从 2006 年 8 月泰国成立第一所孔子学院至今已有 10 余年，在这 10 余年的发展进程中，泰国孔子学院在中华文化传播方面做了大量卓有成效的工作，但也存在着不容规避的问题。在"一带一路"倡议背景下，泰国是海上丝绸之路建设的重要支点国家，这也为新的形势下泰国孔子学院中华文化传播提供了难得的机遇。只有抓住机遇，克服困难，充分发挥孔子学院在中泰文化交流中的积极作用，泰国孔子学院才能够在新的征程中更好地传播中华文化，促进两国文明的交流互鉴，不断增进中泰两国人民的相互了解和友谊。

日本孔子学院的文化活动现状研究

李文秀*

摘　要：本研究以日本孔子学院的文化传播为背景，调查近两年内孔子学院举办的文化活动和开展的文化课程，围绕语言教学和文化活动的关系，在分析孔子学院文化活动特点的基础上，系统阐述日本孔子学院文化活动存在的优势和不足，从四个方面提出个人建议：创新文化内容和形式，塑造文化品牌；语言和文化相结合，注重课堂中语言文化因素的引导；提高文化受众范围，利用多媒体，加强文化宣传力度；举办专题性、有代表性、有时代特色的文化活动，提高文化影响力。本研究旨在为推动中国和日本的文化传播与发展提供依据和借鉴。

关键词：文化活动　日本孔子学院　汉字文化圈

同属于汉字文化圈的中国和日本自古以来交流频繁，日本孔子学院以语言之力，架起了中日人民之间的"理解之桥"，既传播中华文化、弘扬民族精神，也为促进中日文明交流互鉴贡献力量。而文化活动又是汉语教学的延伸，是除汉语教学任务以外最重要的内容，是孔子学院可持续发展的保障。因此，如何在举办多种多样的文化活动的过程中更好地传播中华文化显得尤为重要。通过分析日本孔子学院的文化活动现状，可以看出整个文化传播活动的优势和不足，克服活动举办的局限，建构新的传播途径，提高文化影响力。

---

* 李文秀，长春理工大学文学院硕士研究生。

一　日本孔子学院的现状

日本孔子学院是由中国国家汉办和日本的大学共同建立的，其运作方式是孔子学院依托于日本某大学的相关机构，通过与中国国内高校结对合作而建立。这样有利于中日双方更好地进行沟通联络、人员选派和平台建设等方面的活动。关于日本孔子学院的整体现状，这里主要从它们的分布、课程设置以及与文化活动的关系的角度进行整理，并做出详细的分析。

（一）日本孔子学院的分布

根据国家汉办暨孔子学院总部官网发布的 2016 年年度报告，截止到 2016 年年底，共有 140 个国家建立了 513 所孔子学院和 1073 个中小学孔子课堂。其中亚洲共有 32 个国家建立 115 所孔子学院，非洲 33 个国家共 48 所，欧洲 41 个国家共 171 所，美洲 21 个国家共 161 所，大洋洲 3 个国家共 18 所。孔子课堂的分布情况是：亚洲 20 国 100 个，非洲 15 国 27 个，欧洲 29 国 293 个，美洲 8 国 554 个，大洋洲 4 国 99 个。日本孔子学院也在逐年增加，共有 14 所孔子学院和 8 个孔子课堂。其中 8 个孔子课堂包括立命馆孔子学院东京学堂、长野县日中友好协会广播孔子课堂、神户东洋医疗学院孔子课堂、樱美林大学孔子学院高岛学堂、立命馆孔子学院大阪学堂、早稻田大学附属高中孔子课堂、立命馆孔子学院 BKC 课堂等。日本目前的 14 所孔子学院的概况见表 1。

表 1　日本孔子学院概况

序号	孔子学院名称	运行时间	所在地	中方合作院校
1	立命馆孔子学院	2005 年 10 月 1 日	京都	北京大学
2	樱美林大学孔子学院	2006 年 4 月 1 日	东京	同济大学
3	北陆大学孔子学院	2006 年 4 月 5 日	金泽	北京语言大学
4	爱知大学孔子学院	2006 年 6 月 9 日	名古屋	南开大学
5	札幌大学孔子学院	2007 年 4 月 13 日	札幌	广东外语外贸大学
6	立命馆亚洲太平洋大学孔子学院	2006 年 10 月 25 日	别府	浙江大学

序号	孔子学院名称	运行时间	所在地	中方合作院校
7	早稻田孔子学院	2007 年 11 月 12 日	东京	北京大学
8	冈山商科大学孔子学院	2007 年 11 月 25 日	冈山	大连外国语大学
9	大阪产业大学孔子学院	2007 年 11 月 26 日	大阪	上海外国语大学
10	福山大学孔子学院	2008 年 4 月 1 日	福山	对外经贸大学 上海师范大学
11	工学院大学孔子学院	2008 年 10 月 1 日	东京	北京航空航天大学
12	关西外国语大学孔子学院	2010 年 4 月 1 日	大阪	北京语言大学
13	学校法人兵库医科大学 中医药孔子学院	2012 年 11 月 9 日	西宫	北京中医药大学
14	武藏野孔子学院	无	东京	天津外国语大学

资料来源：孔子学院总部/国家汉办官网。

由表 1 可以看出，日本的孔子学院主要分布在东京和大阪一带，其中有 4 所在东京，2 所在大阪，而且孔子学院遍布日本的四大岛，从南到北都有分布，涉及范围广，辐射地区多，这就有利于整个日本形成学习汉语的文化圈；另外，日本孔子学院的中方合作院校都是国内名列前茅的大学，无论在师资方面还是文化水平方面都是一流的，这样更有利于传统文化和先进文化的传播。

对于日本孔子学院所起的作用，2007 年，童雯采访了现任日本立命馆孔子学院院长、立命馆大学政策科学学院教授、立命馆可持续发展学研究中心主任周玮生，周玮生谈道："我们不和政治牵涉，孔子学院最多举行一些大型讲演会，加深日本民众对中国的了解，让日本民众更准确地了解中国。孔子学院促进了中日双方的了解认识和沟通交流，但也不能夸大，毕竟孔子学院很小，现在是信息社会，网络这么发达，没有孔子学院也能够了解。我们做得比较好的是，我们和日本主流社会团体机构，如日本资源能源学会、东京大学可持续发展研究机构等共同推动举行大型研讨会等活动，比如开展大型中日战略互惠关系讲座、中国经济发展讲座、中国能源环境发展讲座、中国法律讲座、中国文化讲座等。我们开展的中日战略互惠关系的讲座，总共有 14 讲，得到了日本各个方面的肯定。我们每个月都有'中国理解'讲座，还有敬学讲座、汉语讲座等，通过这种方法来加深中日交流。"①

由此，日本孔子学院越来越受到关注和重视，发挥着不可替代的作用，通过举办各种文化活动来加深日本民众对中国的认识和认同，文化活动成为汉语国际教育推广的重要渠道。

（二）日本孔子学院课程设置情况

常莉莎在《日本孔子学院（课堂）研究》中提到日本孔子学院的课程设置情况。总的来说，日本孔子学院由于所在区域和教学对象不同，针对汉语学习者的情况，也因地制宜地采用了各有特色的教学方式，其中课程设置情况分为五大类，本文对其中的内容进行了分类整理，以更好地了解日本孔子学院所开设的各类课程，如表 2 所示。

表 2　日本孔子学院开设的课程

课程类型	课程分类	主要课程内容
常规语言课程	初级汉语课程	汉语入门、初级汉语、初级汉语会话、入门基础Ⅰ和Ⅱ、初级Ⅰ～Ⅲ、快乐学中文初级篇Ⅰ和Ⅱ、中文日常会话讲座、语音训练、入门综合 A～C、初级会话口语、初级综合 A～C、拼音和基础会话、简单会话和文法等
	中级汉语课程	中级汉语、中级汉语会话、中国文化和阅读、中检 4 级对策讲座、中级会话口语、中级综合 A～E、快乐学中文中级篇Ⅰ和Ⅱ等
	中高级汉语课程	中高级汉语、高级汉语、高级"写作、听力、句型"、中级Ⅳ和Ⅴ、翻译Ⅱ、汉语高级口语教程、报刊阅读及视听说内容、新实用汉语、学术汉语、汉语与中国古代文明、解读中国宗教思想等
	专门领域的汉语课程	中检 3 级对策讲座、中检 4 级对策讲座、中国语检定考试培训课、HSK4 级至 6 级分项辅导、新 HSK 应试对策讲座、翻译考试讲座等。功能类的课程主要指向其他领域延伸的汉语课程。例如：旅游汉语、经贸汉语、时事汉语、商务汉语、日汉翻译等
中国文化课程	中国文化课程	《论语》、汉诗、中国水墨画教室、中华料理教室、二胡入门教室、太极拳教室、中国功夫、《论语》与孔子研究讲座、中国历史文化讲座、书法篆刻班、中国传统剪纸艺术讲座、中国民族舞蹈讲座、中医文化等

---

① 童雯：《孔子学院可持续发展——日本立命馆孔子学院名誉院长周玮生访谈》，《国际人才交流》2013 年第 4 期。

续表

课程类型	课程分类	主要课程内容
面向社会和企业的汉语培训课程	面向社会和企业的汉语培训课程	侧重于汉语口语，如爱知大学孔子学院与丰田公司合作的汉语培训项目等
对大中小学的汉语教育支持	对大中小学的汉语教育支持	例如冈山商科大学孔子学院汉办派遣的两名汉语教师承担的该大学本科生的汉语教学
各具特色的汉语教育	各具特色的汉语教育	例如立命馆孔子学院的特点是"学堂、窗口和桥梁"，北陆大学孔子学院开设中国语用文化和中国传统医药学课程等

由表2可以看出，日本孔子学院设置的课程相当丰富，涉及语言、文化、各种培训课程以及对各类教育的支持，其中不乏各种文化课程、文化活动和文化培训，在中国文化课程中，涉及的传统文化也是丰富多彩，将文化和语言的教学紧密结合起来，并开创了独具特色的孔子学院教学特色。总之，其遵循了文化教学为语言教学服务的宗旨，也就是与语言教学的阶段相适应，与学生的语言水平和交际需要相适应。由表2可以看出，日本孔子学院初级阶段引入语言文化因素教学，进行简单的会话、拼音练习，中级阶段开设中国文化和阅读课，结合课文逐步增加了国情文化知识内容，高级阶段开设汉语与中国古代文明、解读中国宗教思想课程，而且还开设了一些专门性的中国文化课程，体现了由浅入深、由简到繁、循序渐进的原则。

（三）课程设置与文化活动的关系

刘珣在《对外汉语教育学引论》中提到，课程指课业及其进程，课程分为广义课程和狭义课程，其中广义课程指学校为学习者所提供的一切教育内容及其进程安排的总和，除了作为"正式课程"的必修课、选修课及课外活动外，还包括作为"隐性课程"的学校教育环境，如物质环境、文化环境、人际关系等。① 本文将文化活动定义为广义课程中课外活动的一类，文化活动属于课程中的一部分，课程设置和文化活动之间的关系，应该是相辅相成、互相促进的。

---

① 刘珣：《对外汉语教育学引论》，北京语言大学出版社，2000。

　　课程设置和文化活动是文化交流的两条重要途径。一方面，开展各种文化和语言课程可以使学习者通过课堂形式初步接触汉语，培养听说读写的能力，了解和巩固中国传统文化等知识，为了解中国文化打下良好的基础；另一方面，文化活动也丰富了语言教学，将课堂内与课堂外的文化活动紧密结合起来，意在推广和传播中国文化，促进文化的对话，共同为传播中国文化做出重大贡献。

二　近年来日本孔子学院文化活动的开展情况分析

（一）日本孔子学院开展文化活动的意义

　　文化活动涉及范围广泛、形式多种多样、内容丰富多彩，文化活动的多样性会让日本民众对中国文化产生兴趣，在快乐的文化氛围中学习更有趣的文化知识并培养文化价值观。具体来说，一方面，孔子学院学生的才艺表演或者中华文化的现场体验，这些生动丰富的文化活动都是一种文化外交，让中国文化在孔子学院生根发芽，展示了孔子学院积极的形象，在文化交流方面发挥着新的重要作用，甚至扩大了国家外交的舞台，促进了中国文化外交发展。另一方面，通过这些文化活动，日本人既可能对中国和孔子学院有了深入的了解，还可能出于对中国文化的喜爱和对中国的向往而学习汉语或者亲自去中国旅游参观。文化活动亲近群众，能够让日本民众直接参与进来，感受中国浓厚的文化氛围，最终越来越喜欢中国文化。通过举办文化活动，日本孔子学院的教师甚至能够深入当地群众、提升自身文化素养、进行有益的文化互动交流，在活动中积累经验，提高跨文化交际能力。

（二）日本孔子学院文化活动的形式及内容

　　张会在《孔子学院文化活动设计与反思》中针对孔子学院总部新闻中心网页上 2014 年 4 月到 5 月"文化活动"栏目的 200 个新闻报道进行了统计，发现世界各地孔子学院开展的文化活动主要有以下几种形式：一是讲座式，包括专题讨论会、专题讲座、文化沙龙、电影欣赏；二是展览式，包括书画展、摄影展、文化用品展；三是表演式，包括乐器、舞蹈、太极、功夫、杂技、茶道、歌唱、京剧、川剧、服装秀、舞龙舞狮、中国美食；四是比赛式，包括诗朗诵、书法、绘画、翻译、作文、绕口令、唱中文歌；五是游戏式，包括踢毽子、用筷子、包饺子、下象棋、拼七巧板。

张会总结得相当全面。一般来说，文化活动的举办形式包括论坛讲座、展览、文化体验、演出和比赛五大类。文化的主题一般有很多，可以分为以下几类：古代艺术类，如传统手工艺、传统书画、音乐、戏剧等；生活娱乐类，如饮食、游戏竞技、服饰和节日习俗等；此外还有教育类、文学类、古代科学技术和历史地理类等。

由此可见，孔子学院在文化活动方面突出中国元素，表现中国特有的习俗和文化要素，各种形式的文化活动在传播中国传统文化方面立下了汗马功劳。本文主要对日本孔子学院的文化活动进行探究，统计了 2015 年 5 月到 2017 年 3 月日本孔子学院举办的文化活动的情况并进行分析，具体文化活动如表 3。

表 3　日本孔子学院举办的文化活动概况（2015.5～2017.3）

孔子学院（课堂）	文化形式	时间	主题	内容	其他
神户东洋医疗学院孔子课堂	讲座、文化体验	2017 年 3 月 2 日	中医、传统民俗	针灸讲座、春节习俗体验	50 人参加，20 人体验，激发当地民众对传统文化的兴趣
立命馆亚洲太平洋大学孔子学院	春节联欢晚会	2017 年 2 月 10 日	古代音乐舞蹈、节日习俗	舞蹈、变脸、武术表演	100 余名大学师生，当地及周边民众参加，进行面对面交流
福山大学孔子学院	春节联欢活动	2017 年 2 月 3 日	手工饺子制作、游戏竞技等节日习俗	太极拳、京剧、蒙古舞、游戏竞猜	130 余名当地民众参加，让当地民众感受到阖家欢乐的温暖和欢度新年的喜庆
樱美林大学孔子学院	演出	2016 年 12 月 27 日	京剧表演	京剧	近 2000 名观众，40 名演员大多是戏剧专业，是第三次组织来华的京剧交流活动
札幌大学孔子学院	庆典活动	2016 年 10 月 15 日	文艺演出	中国岭南特色的文艺节目	在北海道地区有广泛的影响力

孔子学院（课堂）	文化形式	时间	主题	内容	其他
大阪产业大学孔子学院	国际学术研讨会、演讲	2016 年 9 月 28 日	汉语语法特征（教育）	汉语的动宾结构，汉语教学与本土化理论研究	探讨汉语教学问题，有助于教师改进工作
冈山商科大学孔子学院	体验活动、讲座	2016 年 9 月 24 日	文化表演	太极拳、剪纸、中国结、京剧脸谱、电影鉴赏	让观众真实感受中国的优美风景和文化
福山大学孔子学院	玫瑰祭	2016 年 5 月 14 日	文化体验、游戏	与孩子亲密接触，体验中国美食，参观大熊猫、灯笼等	与当地民众深入交流，增强市民生活的国际化
冈山商科大学孔子学院	讲座	2015 年 9 月 8 日	茶文化（饮食）	中日茶的种类、饮用方式对比，茶艺表演	加深日本民众对中国文化的理解，增进友谊
北路大学孔子学院	乒乓球团队访华	2015 年 8 月 15 日	访问交流	中日友谊对抗赛	切磋球艺，增进中日学生友谊
北陆大学孔子学院	文化体验、讲座	2015 年 7 月 30 日	传统手工艺	剪纸、二胡、篆刻艺术、中国结、太极拳表演	学生认为中华文化非常有趣，希望还有机会参与类似活动
福山大学孔子学院	讲座	2015 年 7 月 25 日	传统医学	养生穴位的按摩方式及功效	30 名当地民众和学员认为很实用，简单易懂，对自身健康有帮助
大阪产业大学孔子学院	讲座	2015 年 7 月 26 日	文学类讲座	语言学假说的论证和语言学批评	来自大阪、神户等地的 30 多名汉语研究者和学习者参加
冈山商科大学孔子学院	讲座	2015 年 7 月 11 日	美食	中国料理、包饺子	情感交流、增进友谊
冈山商科大学孔子学院	讲座	2015 年 7 月 4 日	汉语演讲	演唱中文歌曲《春晓》	传播中华优秀传统文化，为汉语学习者提供展示平台
冈山商科大学孔子学院	体验活动	2015 年 6 月 20 日	手工制作、表演、竞猜节日习俗	包粽子、演唱中文歌曲	来自日本各行各业的民众、华人华侨、留学生代表等互动交流，增进友谊
福山大学孔子学院	讲座、体验活动	2015 年 6 月 20 日	饮食文化、民俗体验	熬粥	40 名学生和日语爱好者参加

续表

孔子学院（课堂）	文化形式	时间	主题	内容	其他
关西外国语大学孔子学院	演讲	2015 年 5 月 23 日	中日关系（历史）	中日历史发展过程	希望学生学好汉语、日语、英语，为中日友好贡献自己的力量
神户东洋医疗学院孔子课堂	文化体验	2015 年 5 月 17 日	中医药文化、中国书法艺术	中医养生疗法和中国文化体验（中国结、剪纸、茶道）	吸引了公司职员、针灸师、中小学生、家庭主妇等当地 300 名群众
福山大学孔子学院	文化体验、讲座	2015 年 5 月 23 日	传统手工艺	剪纸作品展示	学员和热爱剪纸的当地民众参加，赞叹不已，有极大的兴趣
关西外国语大学孔子学院	讲座	2015 年 5 月 16 日	戏曲	昆曲《牡丹亭》和京剧《霸王别姬》	体验京剧魅力
学校法人兵库医科大学中医药孔子学院	讲座	2015 年 5 月 16 日	中医药文化	养生方法	35 名市民参加并给予高度评价，表示对自己的生活起到积极的指导作用

资料来源：孔子学院总部/国家汉办官网。

由表3可以看出，这两年日本孔子学院积极地举办各项文化活动，并取得了令人满意的效果。孔子学院总部/国家汉办官网所列的近两年的文化活动显示，日本孔子学院共举办了20余场文化活动，形式上主要集中于讲座和文化体验活动，此两类活动共举办10余场，比较受欢迎，成为传播中国文化的主要途径。其余还有比赛、展览、演出、晚会和访问等文化形式，形式较为多样化。文化活动的主题更加贴合中国传统文化，内容更加丰富多彩，涉及社会、文化、娱乐、文学、经济等方方面面，吸引了许多汉语爱好者前来参加。大部分活动是结合当地民众的喜好来开展的，受众类型多样，让学员、汉语爱好者、当地居民、留学生等群体在潜移默化的文化氛围中感受传统文化的魅力。但是从各孔子学院的参加人数方面来看，讲座类的活动参加人数最少且影响范围小，演出、晚会、交流会等活动参加的人数就相对较多，能够吸引越来越多的人来感受、体验和理解中国传统文化。总之，日本孔子学院在文化活动的举办方面效果显著，取得了圆满成功。

（三）日本孔子学院文化活动的特点

1. 内容多样，形式单一

文化活动分为单一类和综合类，单一类活动一般只涉及一项文化活动，比如书法活动、剪纸活动等。这种活动效率较高，主要是针对一种文化类型进行有目的的文化活动，但是涉及面窄，不能广泛地激发参与者的兴趣并让他们感受更浓厚的文化氛围。由表 3 可以看出日本孔子学院开展的讲座类文化活动比较多。

综合类活动通常涉及两个或两个以上文化项目，内容较为丰富。比如，"春节特别讲座"系列活动介绍了贴春联、赏花灯、看春晚等中国春节习俗，听众们还观赏了龙形风筝、九连环、空竹、陀螺等中国传统民俗玩具，品尝了中国茶点。有的活动除了设置包饺子环节，还有太极扇、二胡、葫芦丝、口琴演奏等节目轮番登场，精彩纷呈。总之，这类文化活动的优点就在于可以让参加者在单次活动中感受更多的中国文化，便于参加者宏观地了解中国文化，感受其与自己国家文化之间的差异，更好地体会中国文化独特的魅力。日本孔子学院虽然举办了一些文化体验、晚会等类型的文化活动，但是有时涉及的内容比较单一，需要重视举办综合类的文化活动。

2. 因地制宜，受众范围小

因地制宜是指针对当地特色举办文化活动，零距离地贴近当地民众，与他们更好地沟通，让他们在参与文化活动的过程中，潜移默化地对中国传统文化产生共鸣和兴趣。由表 3 可以看出，日本孔子学院举办的大部分文化活动的参与者多是当地及周边民众，这就使文化活动传播的范围扩大，有利于让更多的人了解中国传统文化。讲座是开展最多的活动类型，但参与的人数比较少，而且一般是"专家－听众"的单向知识传授模式。尽管在部分讲座中设有听众提问的环节，但总体来看，听众在一场讲座的大部分时间内处在一种被动接受的状态，专家与听众之间缺乏互动。这种趋于静态的活动形式所吸引的人群也普遍是年龄相对较高、喜好安静的中老年人，年轻人则很难在一场长达近两个小时的讲座中集中精神。以上因素都在某种程度上限制了讲座型活动的受众范围。

3. 讲座活动主题以传统文化为主

从讲座类文化活动的主题上看，其覆盖面较广，包括中国茶道、琵琶、京剧、中医、太极、音乐、剪纸、水饺制作、中国历史、古代文学作品、古代诗歌等。总体来看，日本孔子学院在文化传播时主要关注的是传统文化方面，目的是让听众了解中国文化、进行中华才艺的掌握和实践。这是一种学习汉语的途径和氛围，也是另一种形式的文化教学，但是对于现当代中国的面貌以及现当代中国人的生活介绍较少。

4. 课堂语言教学与文化活动相结合

通过表 2 和表 3 我们可以看出，日本孔子学院将语言教学和文化活动紧密结合起来，除了在课堂上开设一些有关中国文化的课程外，在课后也大量地举办各种各样的文化活动，安排一些相关的语言教学课文和中国文化课程。这样做一方面丰富了中国文化的内涵，展现了中华文明的独特魅力，另一方面为文化活动的展开奠定了重要的语言基础，促进了活动的顺利开展。这样适当而合理地安排文化活动和课堂教学的内容，能让当地居民在轻松愉快、和谐互动的氛围中逐渐认识、喜欢并接受中国文化。

三　日本孔子学院文化活动的优势和不足

通过列举近两年日本孔子学院的文化活动，从分析出的文化活动特点中我们可以看出，日本孔子学院在文化传播的过程中，有以下几点优势和不足。

（一）内容

日本孔子学院在举办文化活动时更注重传统文化和古典文化的传播，大多涉及各种传统手艺、传统书画，以及饮食、游戏、服饰、歌曲、乐器、节日习俗、古代文学等内容，紧贴人们生活的方方面面，对传播中国传统文化有很大的帮助。但是，文化活动对当代文化涉及的很少，比如近年来，中国人民无论是在生活习惯还是生活方式上都发生着翻天覆地的变化，这些变化也许正是日本民众所感兴趣的地方。

（二）受众范围

日本孔子学院的演出类文化活动受众比较多，讲座类、体验类文化活动受众比较少，大部分参与者是学员、爱好者、留学生等。最让人值得肯定和赞扬的是，日本孔子学院吸引当地群众开展和参加各类文化活动，让当地群众深入其中，深切感受中国传统文化的魅力。应该推动文化传播与本土文化融合，充分利用各种资源，努力寻找与当地文化的交叉点，积极与所在地的各方合作伙伴开展活动研讨，实现共赢，打造让当地学生、民众乐于接受且易于接受的文化交流活动。也可以让当地文化和中国传统文化进行对比，使民众感受不同文化背景下的文化韵味。但总体而言，各种文化活动的参与人数还是有点少，可能是宣传力度不够，可能是场地有限，可能是主题不鲜明，这些都是导致参与人数少的原因，需要我们找出原因并努力改进，吸引不同阶级和不同领域的人参与到文化活动中，这样才能让更多的人了解到中国的文化，在潜移默化中增强他们对中国文化的兴趣和认同。

（三）文化活动的时间

日本孔子学院的活动时间间隔不长，几乎每个月都有，但是各项活动分布在不同的孔子学院。如果单看其中一所孔子学院举办的文化活动，那么次数就相对较少，而且一般不定期举办。这种情况会导致文化活动的传播范围变小；影响力和传播力度减少，最终导致日本民众对中国文化的认知和了解不足。如果定期举办主题性的文化活动，就可以增强中国文化在人们心中的影响力，使他们在一定的时间内了解到更多中国文化的内涵和底蕴。

（四）课程设置

常规语言课程、中国文化课程，以及多种多样的文化活动，它们紧密结合、优势突出，为了传播中国文化发挥着各自的优点，让日本民众、汉语爱好者等群体全方位、多角度地增强对汉语以及中国文化的喜爱和认同。但是仔细来看，孔子学院的常规课程中更突出语言要素，这就需要将语言符号背后的文化因素引进来，也就是说不仅仅要让受众知道中国有什么，还要尽可能让受众知道具体事物背后的文化内涵。另外，既然开设了文化课程，就应该有与各类文化内容相匹配的文化活动，而且课程与文化活动的时间间隔不能太长，在这一点上，日本孔子学院还存在一定的不足。

四　有关日本孔子学院文化活动的建议

（一）创新文化内容和形式，塑造文化品牌

文化活动内容是整个文化活动的中心和灵魂，是文化活动成功与否的关键所在。近年来，海外文化活动类型各异、种类繁多，独特的内容和新颖的方式就显得尤为重要。因此，活动策划者要具有创造性，善于推陈出新，在活动内容和方式上多加思考，将活动做活、做新，吸引更多参与者。文化活动作为日本孔子学院发展中的一大特色，以活动搭建汉语学习的平台，以活动扩大了孔子学院的影响。在组织文化活动时，要发展特色活动，将这些好的活动传承下来，塑造更多品牌文化活动，提高文化活动的质量。

在传统文化内容方面，日本孔子学院可在现有文化活动类型的基础上加入具有普遍价值的中国伦理道德，如"仁者爱人""尊老爱幼"思想，这类思想从古至今都具有现实意义，且在任何情况下都不过时，能引起所在国受众的共鸣。与此同时，也要在传统文化的基础上，加入当代文化内容。日本孔子学院可根据受众层次与需求的不同，选择当代中国音乐、文学、艺术等流行文化内容，还可以用"和而不同"的方式进行中外文化的对比，如以电影放映、画展、文化节等方式进行中外节日比较，以体验参与的方式进行中外美食的比较，举办美食节、邀请受众参与美食烹调并品尝中国美食与当地美食，丰富活动内容。

总之，文化交流活动应注重品牌塑造，加大创新力度，结合过去的成功经验，如"汉语桥""新汉学计划"等，推动文化品牌的树立。

（二）语言和文化相结合，注重课堂中语言文化因素的引导

刘珣在《对外汉语教育学引论》中提到有关语言文化因素的问题，认

为语言文化因素主要隐含在词汇系统、语法系统和语用系统中，因此文化活动的开展离不开课堂上的语言和文化教学。在文化交流活动举办前，需要对学员或者当地居民进行相应的语言教学、开设课堂文化体验课，或者调查受众所感兴趣的主题或者内容，并结合调查的情况，适当安排文化活动的举办和课堂教学的内容。应在搞好语言教学的同时举办各种各样的文化活动，让受众在轻松愉快、和谐互动的氛围中逐渐认识、喜欢并接受中国文化。

（三）提高文化受众范围，利用多媒体，加强文化宣传力度

从文化传播角度看，扩大文化的影响力和传播力度，首先要提高文化受众范围，使受众人数增加，吸引越来越多的人前来学习。受众人数少也可能是由于宣传不到位，这就需要加强文化的宣传力度。随着现代信息技术的发展和多媒体的广泛应用，我们更应该充分利用多媒体技术。受众不仅仅是汉语课堂中的学生，任何对中国文化感兴趣的人都可以参加。汉语教师还要与当地社区保持密切联系，提高中国文化的知名度，吸引整个社区的日本学生前来参与中国文化活动。另外，要与当地媒体保持良好的沟通，包括纸媒、网媒和电视传媒，利用各种途径加大对文化活动的宣传报道，提升孔子学院的品牌效应，吸引越来越多的学生乃至社会人士慕名而来，让中国文化活动不仅是汉语课堂学生的需求，更是社会大众的需求。

（四）举办专题性、有代表性、有时代特色的文化活动，提高文化影响力

刘珣在《对外汉语教育学引论》中提到，有代表性的文化是指中国人的主流文化、当代的文化和有一定的文化教养的中国人身上反映出来的文化。因此，无论是课堂上的语言和文化教学，还是课堂外举办的文化活动，都应该涉及现代中国人的生活状态和生活习惯，不能总是津津乐道于过去时代的文化。中国传统文化中也有陋习和阴暗面，应该通过一些具有时代性和代表性的教学内容和文化活动来改变日本群众对中国人或者中国文化存在的一些误解，这样才能更好地提高中国文化的影响力。

结　论

　　日本孔子学院以文化活动的手段传播中华文化，无论是在内容、课程设置、受众范围方面还是在传播途径方面都存在着不足，需要我们在以后的实践过程中积累经验、反复琢磨，找到更便利、更具优势的文化活动传播形式，走一条可持续发展的道路。总之，日本孔子学院文化活动的海外传播任重而道远。由于孔子学院的主要教学基地在海外，本人因条件所限无法亲身体验和详细了解整个文化活动的流程及情况，搜集到的资料较少，只能依据文献、网络等途径对现有的数据、资料进行分类整理，研究面可能比较窄，存在许多不周全之处，还有待今后更加系统和深入地研究并加以完善。

参考文献

[1] 童雯：《孔子学院可持续发展——日本立命馆孔子学院名誉院长周玮生访谈》，《国际人才交流》2013 年第 4 期。

[2] 孔子学院总部/国家汉办：《2016 年年度报告》，http://www. hanban. edu. cn/report/index. html。

[3] 孔子学院总部/国家汉办官网新闻中心，http://www. hanban. edu. cn/news/。

[4] 常莉莎：《日本孔子学院（课堂）研究》，硕士学位论文，河北大学，2012。

[5] 刘珣：《对外汉语教育学引论》，北京语言大学出版社，2000。

[6] 沈林：《日本孔子学院的现状及展望》，《广东外语外贸大学学报》2007 年第 5 期。

[7] 王九彤、耿虎：《孔子学院文化活动开展与人才支撑》，《江苏高教》2012 年第 3 期。

[8] 张会：《孔子学院文化活动设计与反思》，《云南师范大学学报》（对外汉语教学与研究版）2014 年第 9 期。

"一带一路"倡议下汉语教学在越南的发展

李馨逸　范氏秋庄*

　　摘　要: 中越两国山水相连,有着悠久而密切的国家关系,经历了"兄弟—仇敌—正常化"三个主要阶段。虽然两国关系复杂多变,但中华文化却对越南造成了不可磨灭的影响。汉越词 (Từ Hán Việt),又称汉越语,是指在越南语里由汉语引申来的汉根词与汉源词的总称。越南曾使用过汉字形体的文字"喃字",而在国家发展的过程中逐渐被淘汰,汉越词却至今都在越南语中占有极高的地位,约占越南语词汇的60%以上,甚至在政治、经济、法律等词汇领域高达80%。北属时期的越南已经开始进行了汉语教学,"兄弟"关系期间汉语教学在越南迅速发展,而后虽处于"仇敌"关系的紧张背景下,越南的汉语教学也未曾停止。在我国"一带一路"倡议下,越南成为海上丝绸之路的起点,有着不可替代的位置。2015年两国首脑互访,中越关系迈入"正常化",2016年越南出台国民外语提案,即2016~2020年把汉语和俄语作为第一外语教学,并将其纳入国民教学系统,中越两国关系峰回路转。在这种"既合作又争执"的复杂的国家关系下,政治背景的急速转变既没有削弱汉越词在越南语中的重要地位,同时也没有影响汉语教学在越南的推行。在"一带一路"倡议的拉动下,汉语是中越两国关系持续友好发展的突破口,必定会成为连接两国的桥梁。

　　关键词: 越南　国家关系　汉越词　汉语教学

---

* 李馨逸,大连外国语大学汉学院硕士研究生;范氏秋庄,越南人,大连外国语大学汉学院硕士研究生。

<h1 style="text-align:center">前　言</h1>

语言是人类最重要的交际工具，是人们进行沟通交流的主要表达方式，人们借助语言保存和传递人类文明的成果。语言是文化的载体，文化的传播发展关系着一个国家的文化软实力和文化向心力，而外语的学习又会加深国家间的亲和力，可见对外汉语教学的传播和发展与国家关系紧密相关。中越两国山水相连，有着极深的历史渊源，可当今世界复杂多变，"两兄弟"却无法互利左右，反而大小摩擦不断，这与两国间复杂的历史关系有着密切联系。两国关系虽复杂纷繁，但汉文化和汉语教学在越南的发展却从未断绝。随着"一带一路"的大力发展，两国关系必会上升到一个新的高度。2016 年，越南政府修改《2008～2020 阶段的国民教育系统的外语教学及学习》这一提案（以下简称《2020 提案》），让汉语遍及越南，中越两国越走越近，在"一带一路"背景下大力发展汉语教学必将成为两国关系良好发展的纽带。

一　越南的外语政策——《2020 提案》

（一）越南外语政策《2020 提案》的内容

2016 年 9 月 17 日，越南教育部在河内召开重要会议。会议内容主要围绕《2020 提案》提出外语教学及学习的新方案。会议指出自 2008 年起，《2020 提案》已在全国开展了 7 年，目前正处于 2016～2020 年阶段，为了能实现 2020 年所有越南毕业学生达到良好的外语能力的目标，现要对《2020 提案》进行新的改革——使汉语和俄语成为越南人的第一外语。

《2020 提案》明确指出，越南教育部将在小学三年级到高中一、二年级期间进行建立汉语和俄语教学的普通教育项目，同时会从 2017 年起直至 2025 年进行第一阶段的汉语试点教学。由此可见，汉语在越南有着举足轻重的地位。越南教育部部长向越南各个部门及相关单位，尤其是国际合作局、国外教育局提出：要增强扩展国际关系，加强国际交流，帮助各地学校邀请更多赴越南教学的外教。这正是促进中越两国友好关系发展的重要举措。

越南政府贯彻落实《2020 提案》的实行，目前越南的河内、河江、广宁、和平、太原、芹苴、胡志明等 9 个地区的 28 所初中、18 所高中，共约 12000 名学生选择汉语作为第一外语学习。据报告统计，越南的国民教育制度为 7 年学制，而为了促进汉语学习在越南的发展、提高汉语学习质量，教育部决定建立 10 年学制的教育政策。

（二）汉语教学在越南的发展历史

越南打破惯例，将汉语作为第一外语实行国民教学像是惊人之举，而实则并不令人感到意外。中越两国关系虽复杂多变，但汉语教学在越南的发展却从古至今经久不衰。

1. 1950 年前汉语教学在越南的发展状况

早在北属时期，汉语就对越南产生了影响。《大越史记全书》中提到士燮在 187～226 年当交趾的太守，奉为"南棒学祖"，这是在越南进行汉语教学的第一人。939 年，李朝作为越南的开国王朝，其统治期间继续使用汉字，把汉字作为国家的正式文字。陈朝继承李朝的事业，继续组织汉字考试并鼓励创作汉字作品。1253 年，陈朝召集全国的儒学家讲学"四书五经"。这一时期越南对汉字的学习和汉文化的汲取得到最大发展，创造了"喃字"，汉越词急速发展，形成汉越词的读音，即汉越音。黎朝出现了由越南人自己编撰的识汉字、讲解儒家学说的教材，汉文化及儒学经典在越南民间得到了更加深入的传播。

1858 年，法国联军出兵越南。在法国殖民地时期，越南有三种语言：法语、越南语、汉语。在三种语言的纷争中，法国的统治让法语处于强势地位，汉语的地位因此下降。1945 年越南正式宣布取消汉字，这时汉语的发展和汉文化的影响力受到了重创。尽管如此，汉文化对越南的影响早已根深蒂固，不是废除汉字就可以抹杀的。越南所有寺庙里的牌匾、对联均为汉字写就，这体现了汉语在越南不可轻易取代的地位。

2. 中越"兄弟"关系时期汉语在越南教学的现状（1950～1965 年）

1945 年以后，越南开始使用国语字，但在其后很长一段时间内，汉字和汉文仍在民间流传。1946 年至 1965 年越南战争期间，为了培养革命人才，政府曾选派大批优秀学生到中国各地学习。1952 年，首批越南留学生到北京大学参加"外语留学生中国语文专修班"。1953 年，257 名学生被派到南宁育才学院附属中文学校和桂林语文专科学校学习，其中不少人后来成为越南国家高级领导和汉学专家。这段时间两国教学方面的人才交流，特别是越南政府对人才的培养增强了两国的互通互信，这不只是民间的，更是两国政府间的合作关系的体现。1954 年以后，越南正式把汉语列为主要外语之一，地位高于英语和法语。

3. 从"兄弟"变成"仇敌"期间的汉语教学的发展（1966～1979 年）

1979 年，中越关系虽然中断，但是越南外语教学政策仍旧实行。1968 年，越南范文同总理发出 43 号决议指示，在全国中学增加外语教学，从 1956 年到 1975 年，在越南北方的高中和初中进行大规模的汉语教学。1975 年越南统一后，随着国际关系的演变，中国和越南在一些问题上的分歧不断扩大，两国关系处于非正常化阶段，越南的汉语教育开始衰落，华校数量减少至 30 所。1979 年中越关系的中断对越南的汉语教学有着不可忽视的影响，但越南的汉语教学即便受到重创也仍在持续进行，未曾中断。

4. 中越关系"正常化"时期的汉语教学在越南的状况（1991 年至今）

1986 年，越南实施革新政策，大部分越南人开始学习英语。自 1991 年 11 月中越关系正常化以来，两国的经济贸易关系开始恢复和发展，合作领域不断扩大，汉语也逐渐成为越南经贸发展的重要需求语言之一。在这种背景下，汉语成为越南的第二大外语，汉语教学在越南已然复苏。

2006 年 5 月 5 日，越南教育部签发了《普及中学汉语课程的决定》，普及汉语教学的目的是让学生掌握汉语基本知识和了解中国文化。虽然越南放宽了学习汉语的限制，但是在实施汉语教学的层面上依旧存在局限性，如政府不承认华文中心的学历、华文中心的运营得不到政府经费的支持等。

2014 年 12 月 27 日，中国广西师范大学与越南河内大学合作共建的孔子学院正式挂牌成立，这是中越两国共同建立的第一所孔子学院，也是中越两国教育文化交流合作的重要成果。中越两国建交 65 周年之际，时任中共中央政治局常委、全国政协主席俞正声于 2014 年 12 月 25 日至 27 日对越南进行正式访问。"目前有超过 1.3 万名越南学生在中国留学,在越南留学的中国学生也达数千人。"[①] 由此可见,两国稳定的政治关系为汉语教学在越南的持续发展提供了基础保障。

二 《2020 提案》颁布实施的原因

(一) 越南在"一带一路"中的地位

2004 年,中越两国领导人一致决定合作建设"两廊一圈"。2015 年 9 月,李克强总理在会见越南时任副总理阮春福时,双方同意将"一带一路"倡议和"两廊一圈"计划进行对接。作为海上丝绸之路的起点站,越南在"一带一路"中占据重要地位。日前,《"一带一路"贸易合作大数据报告 (2017)》在大连正式发布,报告显示,东南亚是最大的出口目的地和最大的进口来源地,进出口产品均以机电产品为主。其中越南超越马来西亚,成为我国在沿线国家中最大的贸易伙伴。

(二) 语言在"一带一路"发展背景下的重要性

在"一带一路"建设中,我国除了要培养供需对路的语言人才外,还要满足被投资国学习汉语的需求,这样不仅能节约我国企业"走出去"的成本,也能为被投资国创造更多就业机会,从而激发对象国对汉语的学习热情。

语言不仅是人类最重要的交际工具,更是保存和传递人类文明的成果。语言是民族文化的载体,是民族认同和民族风格的一个重要标志。汉语是中华文化传播的工具,对外汉语教学则是中华文化传播非常有效的手段。对外汉语教学让外国不用依靠其他媒介"道听途说",而可以自己进行深入了解,这对中国国家形象的树立具有积极意义。

---

① 《越媒称中越双边关系正常化以来双边贸易额增长 1500 倍》,http://hochiminh.mofcom.gov.cn/article/jmxw/201501/20150100872462.shtml,2015 年 1 月 20 日。

不同语言系统相互互动、相互影响，我们称这一语言现象为语言接触。无论是国家间的贸易往来、文化交流、移民杂居还是战争征服等各种社会形态，都会引起语言的接触。语言的接触是相互的，比如越南有很多学生在学习汉语，同样，中国也有很多学生在学习越南语。但通过两者相较发现，越南汉语教学的普及程度与学习者的人数均在后者之上。而这一对比反映出汉语和中国文化对越南影响深远。近年来，在"一带一路"与越南政策开放携手助力的背景下，中国投资到越南的企业数量急剧增加，拉动了越南的经济增长，也更增加了越南对汉语学习的热情与需求。在语言接触过程中，语言的传播与输出有一个由强向弱的输出规律。中国的经济发展、教育发展及文化影响等因素都处于领先地位，所以汉语与汉文化对越南的输出比输入的分量更多，致使汉语教学在越南的发展极为迅速。

（三）中国的文化软实力与文化向心力

软实力是文化和意识形态吸引力体现出来的力量，说它是软实力，可软实力并不"软"。任何一个国家在提升本国政治、经济、军事等硬实力的同时，提升本国文化软实力也是更为特殊和重要的。近年来，我国重视中华文化的教育和传播，着力于我国文化软实力的提高。传播中华文化、提升国家文化软实力有利于提高我国的国际形象，吸引外来力量。而孔子学院与对外汉语教学的发展建设正是我国"走出去"文化策略的最好体现。它们的发展向世界展现了中国的优秀文化，把汉语言推向了世界各个角落，提供了各国交流的平台。

国家文化软实力的提升有利于强化国家文化的向心力。中华文化正在努力"走出去"，而我们"走出去"战略的目的是"走回来"。中华文化一次次向外发展、传播、扩散，再一次次地学习、吸收、融合，这样有张有弛的文化才是具有生命力和开放性的，这也是中华文化发展的历史过程。优秀的文化容易被外人接受，中华文化就是这样，我们渴望用文化结识挚友。由于战争，中华文化随人员流动而得到迅速传播，不仅对韩国、日本、朝鲜等文化圈产生了影响，还被他国保存传承下来，同时中华文化对东南亚文化圈也产生了重大影响，其中越南更甚。

中国文化软实力的提升与文化向心力的强化极大地巩固了国际社会对

中国国家形象的认识。自古以来，文化的传播总是由先进向落后的方向传递。汉语教学在越南的急速发展，不仅使中华文化得以飞速传播，同时也加强了两国之间的交流合作，对两国关系的发展起着重大作用。

三 汉语学习增加了两国间的亲和力

《2020 提案》使汉语教学更大范围、更大强度地在越南传播。汉语语言教学同时承载着中华文化的教学，推广汉语的同时就是在推广中华文化。越南处于东南亚的核心地带，历史上又曾为中国的藩属国，两国渊源颇深，越南本就深受中华文化的影响。然而两国关系多变，情况已大不如前，如今这一教学政策的颁布施行，便是当下拉近中越两国关系的重要纽带。

越南学生在学习汉语时，会长时间接触中华文化，亦会被优秀的中华文化所吸引，在出国留学、就业或者其他各个领域进行选择时自会对中国倍感亲切。这就是中华文化在越南传播时对越南学生产生的国家文化亲和力，也正是这种亲和力，拉近了两国学生和两国人民之间的距离。民是国之根本，拉近了民众的关系自然缩短了两国间的"距离"。

结 语

中越两国有着极为深厚的历史渊源，正所谓认知改变决策过程，越南政府出台的《2020 提案》就体现出越南对中国与中华文化的认同感。对外汉语教学和孔子学院作为中华文化海外传播的领头羊，有着十分重要的地位和作用。政治风云变幻莫测，相信汉语教学会是那条怎么也剪不断的纽带，永远紧牵中越两国人民的心。

海外汉学研究

明清域外汉语教科书
与中华文化海外传播

——以狄考文的《官话类编》为例

摘　要： 在中国文化"走出去"战略的背景下，汉语和汉语教学已经成为繁荣世界汉语教学和推动汉语文化传播的重要手段。明清时期，西方传教士编写了大量的汉语教科书，这些教科书推动了明清汉语的海外传播和中外文化的交流。发掘和研究明清域外汉语教科书具有很强的现实意义，有助于总结早期中国文化传播的路径，为当下汉语国际传播、国际汉语教育教材编写提供借鉴。

关键词： 域外　汉语教科书　文化传播　《官话类编》

一　引言

在中国文化"走出去"战略的背景下，汉语和汉语教学已经成为繁荣世界汉语教学和推动汉语文化传播的重要手段。明清时期，西方传教士编写了大量的汉语教科书，这些教科书推动了明清汉语的海外传播和中外文化的交流。

在改编中国通俗小说方面，曾任英国驻北京公使馆秘书的禧在明（Walter Caine Hillier，1849～1927）编写了两卷《华英文义津逮》（*The Chi-*

---

* 翟贇，东北财经大学新闻传播学院讲师。

nese Language and How to Learn It），改写了《聊斋志异》13 篇，卷一中的《报恩狗》就是《聊斋志异》中的《芜湖犬》，卷二包括《赵城虎》《瞳人语》《种梨》《崂山道士》《鸟语》《菱角》《西柳》《促织》《王成》《鸲鹆》《向杲》《骂鸭》12 篇。法国耶稣会士马若瑟（Joseph de Prémare，1666～1736）的《汉语札记》中选编的小说包括《水浒传》《醒风流》《好逑传》《玉娇梨》等。英国驻宁波领事馆的罗伯聃（Robert Thom，1807～1846）所著的《官话汇编》节选了《红楼梦》第六回的片段。威妥玛（Thomas Francis Wade，1818～1895）所著的《语言自迩集》中的《践约传》选取了《西厢记》中的故事。

在介绍中国文化方面，江户时代著名学者、翻译家冈岛冠山（1675～1728）编写了唐话教本《唐话纂要》《唐译便览》《唐话便用》《唐音雅俗语类》等①，其中《唐音雅俗语类》将“雅言”“俗语”区分开，翻译和介绍了中国文化，卷四用较长篇幅介绍了黄帝、尧、舜、禹几位开明君主，卷五介绍了中国 17 种法律条款。日本高等商业学校教师张廷彦编写的《北京风土编》，介绍了天文时令、京外官制、文武科试、饮食衣服、婚嫁庆吊、贺年聚会、行铺买卖等内容。

基于此，发掘和研究明清域外汉语教科书具有很强的现实意义，有助于总结早期中国文化传播的路径，为当下汉语国际传播、国际汉语教育教材编写提供借鉴。

二　明清域外汉语教科书概览

有关域外汉语教科书，张美兰、刘云中有所介绍，此外，六角恒广、张美兰、李无未汇编了日本江户和明治时期的汉语教科书，汪维辉汇编了朝鲜时代的汉语教科书。

（一）西方人编写的汉语教科书

西方人早期学习汉语的资料主要包括明清之际来华天主教传教士编撰

---

① 收录于〔日〕六角恒广《中国语教本类集成》（补集），不二出版社，1998。

的图书、1840 年鸦片战争以后来华的新教传教士及外交官员等编撰的图书、16 世纪到 20 世纪初欧美本土西方人编撰的图书三个方面。① 根据伦敦大学亚非学院（School of Oriental and African Studies, University of London）图书馆所藏的 1500 至 1850 年间西方关于中国的书（Lust，书目）统计，这一时期有关中国语言的书有 938 部；根据法国汉学家考狄（Henri Cordier, 1849～1925）所编《西人论中国书目》（*Bibliotheca Sinica*）统计，到 1921 年为止，西方与中国语言相关的著作有 1228 部。② 在西方人编写的汉语教材中，当属《语言自迩集》（威妥玛著）影响最大，该书的中文译本已由北京大学出版社出版。其他语料价值较高的西人教材主要有：罗明坚和利玛窦的《葡汉辞典》、明末天主教耶稣会传教士金尼阁的《西儒耳目资》、卫匡国的《中国文法》、西班牙传教士瓦罗的《华语官话语法》、英国伦敦会传教士马礼逊的《通用汉言之法》、法国耶稣会传教士马若瑟的《汉语札记》、俄国汉学家比丘林的《汉文启蒙》、法国汉学家雷慕莎的《中文语法》、儒莲的《汉语新句法》、德国汉学家甲柏连孜的《汉文经纬》、艾约瑟的《汉语官话口与语法》、美国富善的《官话萃编》、狄考文的《官话类编》《官话简明教程》、高第丕的《文学官话书》等。

（二）东方国家汉语教科书

1. 日本

广部精编译的《亚细亚言语集》、福岛九成编写的《参订汉语问答篇国字解》、吴启太和郑永邦合编的《官话指南》、福岛安正编的《自迩集平仄编四声联珠》、牧相爱著的《燕语启蒙》、金国璞和平岩道知合著的《北京官话谈论新篇》、加藤镰三郎著的《北京风俗问答》、宫岛大八著的《官话篇》《官话急就篇》、中田敬义译的《北京官话伊苏普喻言》、石杉福治著的《北京官话搜奇新编》、金国璞著的《北京官话士商丛谈便览》《北京官话今古奇观》《北京官话虎头蛇尾》《华言问答》、张廷彦著的《北京风土编》、好富道明著的《最新北京官话典型》、宫岛吉敏著的《官话北京

---

① 张美兰：《明清域外官话文献语言研究》，东北师范大学出版社，2011，第 16 页。
② 李真：《马若瑟〈汉语札记〉研究》，商务印书馆，2014，第 1～2 页。

事情》、秋山昱喜著的《京语萃选》等。

2. 朝鲜

朝鲜时期（1392～1910）的《老乞大》《朴通事》《训世评话》，朝鲜后期的《京语会话》（1910～1920）、《骑着一匹》（19 世纪初，不晚于1826 年）、《华音撮要》（1877）、《华音启蒙》（1883）、《学清》（1885）、《关话略抄》（19 世纪后半叶）、《汉谈官话》（至迟 1902 年）、《交邻要素》（1906），朝鲜抗日战争时期的《汉语独学》（1911）、《汉语指南》（1913）、《华语精选》（1913）、《华语教范》（1915）等。

三　狄考文及《官话类编》

《官话类编》（*A Course of Mandarin Lessons：Based on Idiom*）是 20 世纪来华传教士学习汉语的必备之书，对中华文化的海外传播、汉语传播起过重要作用，据说瑞典汉学家高本汉（Klas Bernhard Johannes Karlgren，1889～1978）也是通过自学《官话类编》过了汉语言关。据《山东登州文会馆》记载，狄考文刚到登州时，"语言不能传译，乏人，官话课本又无佳音，乃延齐人为傅，苦心学习，随笔记录，必详必慎，以十年之心血，集成一巨著"。"及至全书告竣，陆续复印，一纸内行中外咸惊"，"卒成为一空前绝后之杰作，西人之肆学华语者，莫不奉为至宝"。①

（一）作者及《官话类编》版本

狄考文（Calvin Wilson Mateer，1836～1908），美国基督教北长老会传教士，1836 年 1 月 9 日出生在宾夕法尼亚州（Pennsylvania）坎伯兰县（Cumberland County）一个基督教家庭。1855 年进入杰斐逊大学（Jefferson College），1857 年毕业。1860 年进入阿勒格尼西方神学院（Western Theological Seminary in Allegheny）。1863 年 7 月，狄考文携妻子邦就烈（Julia A. Brown）以及郭显德（Hunter Corbett）② 牧师夫妇从纽约乘舢板船"圣

---

① 李蕊：《狄考文〈官话类编〉研究》，硕士学位论文，上海师范大学，2010。
② 郭显德，美国来华传教士，在山东生活、传教 56 年，1920 年 1 月在烟台去世。

保罗"（St. Paul）号出发，历时 6 个月之久来到中国，开始长达 45 年的传教生涯。1908 年 9 月 28 日，他因腹疾在青岛去世，后葬于烟台毓璜顶。① 英国浸礼会曾这样评价狄考文："他是一个成功的教育者、良好的管理者、有力的布道者、杰出的学者。"②

狄考文于 1867 年开始准备编写《官话类编》，直到 1892 年第一版本问世③，花费了 25 年的时间，在其后的几十年中进行过多次修订与重版印刷。1898 年第一次修订，其后有 1900 年本、1903 年本；1905 年第二次修订，1906 年发行第三版，其后有 1909 年、1922 年重印本。据李蕊介绍，上海市徐家汇藏书楼藏有 1909 年和 1922 年两个版本。④ 我们介绍的版本是《官话类编》1900 年本，由上海美华书馆（Shanghai：American Presbyterian Mission Press）出版，共 781 页。

《官话类编》还有两本配套教材，即《官话简明教程》（*A Short Course of Primary Lessons in Mandarin*，1901）和《官话类编》（删节版）［*A Course of Mandarin Lessons（abridged edition）：Based on Idiom*，1916］。

（二）编排体例

《官话类编》全书有 200 篇课文。每篇课文就内容编排而言，每页分上下两部分。上面部分左右排列汉语课文和英文翻译部分，汉语课文居左，英文翻译部分居右。汉语课文为右起竖排列文，右下方句读，每句以"○"间隔，每句右上方标有阿拉伯数字。翻译部分为横向左起，将随文翻译的英文句按照汉语课文中的数字编号排列。下面部分依次是语法、词汇、注释。因课文篇幅及词汇量的影响，语法、词汇、注释三部分的版面有时会有所调整，但是上半部分即课文及英文翻译部分一直保持在原来的

---

① 崔华杰：《狄考文研究》，硕士学位论文，山东师范大学，2008，第 26～33 页；〔美〕丹尼尔·W. 费舍：《狄考文传》，广西师范大学出版社，2009，第 12～26 页。

② 〔美〕丹尼尔·W. 费舍：《狄考文传》，广西师范大学出版社，2009，第 3 页。

③ 复旦大学图书馆藏有早期版本，书名页竖居中标有"官话类编"四字，右边竖排写有"耶稣降世一千八百九十二年"，左边竖排写有"岁次壬辰美华书馆镌印"，全书 200 课，188 页，只有中文课文，没有前言、目录、作者名讳、英文翻译、注释。

④ 据李木谢子介绍，上海市徐家汇藏书楼还有一本非对外发行的手抄法文本《官话类编》（*Cours de Mandarin*），抄写于 1893 年。

版面位置。

汉语课文的编排，我们可以从邹立文①为此书作的序中看出，序文曰："此书之成，并非一人之力，曾经分发北京、济南、南京、九江、汉口等处，批过数次，又曾亲往各地，协同诸位名士，详加批阅终则合此诸批，一一审定，要必以通行者为是，兼有不通行者，则并列之，其列法，北京在右南京在左，如有三行并列，即山东居其中，也是故用此书者，非但可得通行之益，即不能行者，亦可确知南北终有何不同也。"② 为了照顾各地不同的官话，狄考文调查了北京、济南、南京等地的官话，取其通行者，若三地说法有异，则左中右并列，举例如下。③

（1）這塊（肥皂/胰子）不下（髒/灰/泥）。你這件（事情/營生）不合情理。（第 27 课）

（2）你怎麼忽然改了主意呢？（猛过地裏/冒不通的/冷不防的）把我嚇了一跳。（第 115 课）

（3）我整天（的/家）就是（愛/好）替古人擔憂。（第 108 课）

（三）主要内容

《官话类编》全书包括初版前言（Preface to First Edition）、第二版前言（Preface to Second Edition）、目录（Contents）、引言（Introduction）、凡例、序、致学习者之建议（Suggestions to the Student）、课文（Lesson）和附录（Supplement）九部分内容。我们这里重点介绍课文部分的内容。

《官话类编》全书共 200 课，每课 30 个句子左右，每课包括课文、翻译、语法点、生词、注释五个部分。

1. 课文

课文的选材内容丰富，包括日常饮食起居、官绅商贾、风俗文化、文

---

① 邹立文，山东平度人，是狄考文夫妇在山东开办的登州男子高等学堂第一届学生，毕业后长期与狄考文合作，编了《形学备旨》《代数备旨》等数学教材。
② 〔美〕狄考文：《官话类编》，北京大学出版社，2017，第 41 页。
③ 《官话类编》原文为竖排，本文引用时由于横排无法显示差异表达的范围，故加括号以显示差异表达的界限。

学艺术、历史宗教等方面。语言材料来源广泛，从中国的"四书五经"到"明清小说"，从天文地理到自然科学，从三皇五帝到民间习俗，可以说包罗万象，涉及中国文化的方方面面。"至若课中散语，非尽自编，更博览《圣谕广训》《好逑传》《西游记》《水浒传》《自迩集》等书，择其言语之佳者，按题分列……凡农工商贾、官场日用、无不俱备。"①

关于课文的编写，狄考文曾在一封信中这样写道：

　　每一课都会举例说明一个在特定范围内选出的习语……所使用的例句来自各个地区、各个阶层。我还介绍了各种语调的官话，而高层使用的语调主要在第二部分的 100 篇课文里。不过，该书的主要目的还是帮助人们学习目前正在使用的官话。除俗语外，我尽量回避各种明显的方言，对于任何一个真正官话讲得好的人来说，熟知这些词语虽说不上是必需的但却是十分重要的……许多俗语使用范围很广，它们给汉语带来了活力和多样性，在很多情况下，它们所表达出的意思是无法用其他方式替代的。在书中，我竭尽全力地想要反映所有地区的特点，而为了做到这一点，很多情况下我都会给出两个或多个表达形式。②

2. 语法点

《官话类编》将语法、词汇融为一体，没有专章讲解语法或词法，而是贯穿在专题课文中。从教材的编排体例看，其重心放在课文上，重课文范文部分。每课围绕一个语法点，反复练习，每篇由若干散句组成，按词汇、词法、构词成分、句法等语言问题谋篇设计。③

这 200 篇课文，每课围绕一个语法点，反复练习。"依话语之样数，分作二百题目，每题一课，凡话语之种类式样以及如何变转，如何连接，此二百题俱已赅括。"④ 在语法点的编排上，作者很重视语法点的复现率，每次复现的同时，适当地增加语法点的难度。比如第 1 课以最为常用的量

---

① 〔美〕狄考文：《官话类编》，北京大学出版社，2017，第 45 页。
② 〔美〕丹尼尔·W. 费舍：《狄考文传》，广西师范大学出版社，2009，第 108 页。
③ 张美兰：《明清域外官话文献语言研究》，东北师范大学出版社，2011，第 254～255 页。
④ 〔美〕狄考文：《官话类编》，北京大学出版社，2017，第 50 页。

词"个"作为切入点，在后面几课中逐渐增加所学量词的难度和数量。从课文的篇幅来看，前 7 课内容比较简单，都只是单句，句子之间没有任何关系。随着课文篇幅的增加，第 8 课开始出现了简短的对话，主要是一问一答的形式。

语法点部分主要是对词类和句式的讲解。词类方面，如量词、代词、介词、语气词、连词等。句式方面，如反复问句（第 22 课）、处置句（第 28 课）、被动句（第 53 课）、使役句（第 71 课）。此外还有重叠形式、四字格短语（第 184、185、186、195、196 课）、歇后语（第 198、199 课）、谜语（第 200 课）等。

以第 61 课为例，该课的语法点是重点学习"喇、咯、啊、哪、咧、哩、呀、哇"六个语气词的用法。例如：

a. 不要說喇，你快去罷。

b. 我幾句話把他頂回去咯。

c. 請你們都進去坐坐罷。答：我們不坐（哩/着喇）。

课文注释部分对"喇""咯""哩"做了详细解释。"喇"用于句末，表示完结，相当于句末表示完结且读为 la 的"了"，句中"喇"和"了"的选用因地域与教师的不同而不同；"咯"用于句末，表示确定，与"喇"的区别不大；"哩"不用于北方口语中，但在南方有时会作为"喇"的替换词汇出现。①

3. 词汇和注释

词汇部分列有每课需要掌握的生词或生字，先用改造后的威妥玛（Thomas Wade）拼音系统对生词或生字做了声、韵、调语音标音，然后进

---

① 原文为：喇 A final particle indicating completion. It is not essentially different from 了，when 了 is used as a simple final at the end of a clause or a sentence and pronounced（as it always is in practice）la. There is in fact no certain principle to guide as to which character should be used in any given case, and the usage of different places and teachers differs widely. 咯 A final particle indicating certainly，but in practice not distinguishable from 喇. Teachers vary much in the use of this character. 哩 A final particle found occasionally in books，but not used colloquially in the North. It is sometimes heard in the South instead of 喇。

行英文解释，释义主要关注的是词的基本义。例如：

（1）保管 Pao3 kwan3. Same as 管保．（第 68 课）

（2）開眼 Kai1 Yien3. To see the world，to see the sights；to learn by experience.（第 89 课）

（3）名人 Ming2 jen2. An noted man，a celebrated character.（第 140 课）

注释部分主要是对一些特殊的字词，尤其是存在南北官话地域差异的词和语法表达加以注释。例如：

（4）用錢感情不如送東西體面。（第 58 课）

【Vocabulary】感 Kan3. To move the feelings；to affect，to net on physically or mentally；to rouse，to excite；to be grateful；to return a favor.

【Notes】感情 sometimes forms a phrase，meaning to stir up or influence others，but here 感 is the verb and 情 its object. 情 properly means affection，but is here put for the favor，or present，which expresses affection.

（5）跟這裏走，（幾多/多麼）順便。（第 85 课）

【Notes】幾多 How，how many，—is used in the region of Hankow，and perhaps westward，for 多麼．No such combination is Central or Northern Mandarin.

（四）《官话类编》的特点

1. 一部官话口语教材

关于《官话类编》的性质，序和凡例中有明确的交代。邹立文在《官话类编·序》指出："此书之作，原为西人学官话而作，所谓官话者，非言尽为官场中话，乃言通行之话也。"① 《官话类编·凡例》指出："当知

---

① 〔美〕狄考文：《官话类编》，北京大学出版社，2017，第 52 页。

此书，非为人之学文而作，乃为学话而作也。且所编之话语，亦非效法书
中句法，特以工雅为贵，乃摩仿口中句法，以自然为贵也。"这里的"学
话"即"学习口语"。

2. 注释内容丰富

《官话类编》的注释和附录内容丰富，尽最大可能地为学习者提供学
习便利，是一本实用的汉语教材。第 5 课的语法点是讲"～子"和"～
儿"，注释部分对未婚女子的称呼"闺女、姑娘、小姐、女儿、女子"做
了较为详细的注释。例如：

（1）他有两個兒子，一個（閨女/姑娘）。（第 5 课）

【Notes】：There is great diversity in Mandarin in the use of term for
girl or young lady. In Shantung the common term is 闺女. The term 姑娘 is
also used of the daughters of officers and educated men. In Peking 闺女 is
used when speaking of one's own daughter, while 姑娘 is used in other ca-
ses. In Southern Mandarin both terms are used with varying frequency, and
besides them, as more genteel 小姐（little sister）is used. The terms 女儿
and 女子 are also frequently used, both in the North and in the South, es-
pecially for daughter, for which the Chinese has no distinctive word.（山东
话普遍称呼为"闺女"，"姑娘"是指官绅及知识分子的女儿。北京话
中"闺女"用来指自己的女儿，"姑娘"用来指他人的女儿。"小姐"
多为南方上流社会用语，"女儿""女子"南北方通用。）

第 39 课对不同地区对"the sweet potatoes"的称呼做了详细的注释。
例如：

（2）外邊有個要飯的，可以給他兩塊冷（山芋/地瓜/白薯）。（第
39 课）

【Notes】：Sweet potatoes are of comparatively recent introduction into
China, and their name is not settled. In Peking they are called both 白薯
and 红薯；in Shantung, they are called 地瓜；in Nanking, 山芋；in

Kiukiang，蕸蓢薯（read shao）；and in Hankow, simply 薯．（北京话称"白薯""红薯"，山东话称"地瓜"，南京话称"山芋"，九江话称"萝卜薯"，汉口称"薯"。）

3. 注重文化教学

目前在对外汉语的语汇教学中，成语、歇后语、谜语、对联等的教学是难点，仍处于探索之中，而在 100 多年前，狄考文已将大量带有文化差异的语汇用英文翻译，并且合理地安排在各章节教学内容中，这将对我们有很大的启示。

课文还对一些带有文化的词语做了注释，如八仙桌、泰山椅子、曲阜、叔伯、刘玄德、商纣、吕洞宾、诸葛亮、岳飞等。

此外，附录部分除了对课文中重点词语或语法点的补充外，还补充了 13 篇文章，其中对话部分包括盘问西事、备造楼房、家务常言、媒人说媒、追讨账目、构讼小品、风水、买卖讲价、生童考试、亲眷相称，演说部分包括太甲悔过、武王誓师、孟子。

四　结语

《官话类编》是清末最具影响力的汉语教材之一，在世界汉语教育史、中华文化海外传播中产生过重要影响，具有非常重要的史料价值。《官话类编》不仅提供了生动丰富的语汇材料，展示了南北官话的语言面貌，呈现出北京官话和南京官话的异同，为相关研究提供了非常有价值的语料，而且作为"来华传教士的首选必备中文教材"，其使用广泛、流传已久，其在口语性和实用性上的突出特点，以及狄考文编写教材的经验、理念和原则、教材建设等方面，能够为今天的国际汉语教育教材的编写提供借鉴。

《儒林外史》在英语世界传播的
推动因素研究

周　静[*]

摘　要：《儒林外史》是我国古代讽刺文学的典范之作，在中国文学史上有着重要的地位。尽管与其他古典文学名著相比，该作传入英语世界的时间较晚，但是已经获得了较为广泛的传播，不仅走进了绝大多数西方大学的中国文学课堂，而且成为汉学界争相研究的对象，产生了较为理想的传播效果。究其在英语世界传播的推动因素，主要可以概括为：节译本和全译本的问世与普及；20世纪华人移民现象的促进；国家对文学作品海外传播的重视和支持；媒介组织的推动。

关键词：《儒林外史》　英语世界　传播　推动因素

在种类繁多、体裁多样的中国文学作品中，《儒林外史》作为其中的一块瑰宝，在中国文学史上有着重要的地位。它在18世纪的问世，代表了中国古代讽刺小说的高峰，标志着中国古典小说艺术取得了重大发展。自问世以来，经过两百多年的广泛流传，《儒林外史》已经在国内得到了极其广泛的传播，拥有了很高的知名度。在国内广为传播的同时，《儒林外史》还以各种形式被介绍到国外，先后出现了日、英、法、俄、德、西班牙等多种文字的译本在世界范围内进行流通，产生了较为广泛的影响，为中国文学海外传播的发展做出了一定贡献。

与其他古典文学名著相比，《儒林外史》在英语世界的传播相对较晚，

---

* 周静，南京工业大学外国语言文学学院讲师。

始于 20 世纪中期。但是，由于这一时期中西方文化交流日益密切，美国汉学得到了充分发展，尤其是在第二次世界大战结束后完全摆脱了传统欧洲汉学的影响，对中国古典小说的研究呈现出独特的见解和全新的面貌，《儒林外史》也因此获得了较为广泛的传播空间，不仅走进了绝大多数西方大学的中国文学课堂，而且成了汉学界争相研究的对象，产生了较为理想的传播效果。如今，这部 18 世纪的中国古典白话小说已经跻身世界文学名著的行列，"与意大利的薄伽丘、西班牙的塞万提斯、法国巴尔扎克或英国狄更斯等人的优秀作品可以相提并论"①。在短短几十年的文本旅行中，《儒林外史》能够在英语世界获得如此好的传播，究其原因，除了学者、译者等传播主体的努力外，也离不开文学译介、华人移民现象、中国文学传播战略及海内外媒介组织等方面的推动。

一 英语译文及译本的问世

作为最早推动《儒林外史》进入英语世界读者视线的关键因素，《儒林外史》的英文译文最早出现在 1939 年美国芝加哥大学出版社发行的《英文杂志》，刊登的是小说第一回的英译片段。随后，英语世界还陆续出现了第二回、第三回、第三十一回、第三十二回、第五十五回、前七回和前二十回的节译文，译者主要以中国本土或者华裔学者为主，也有像戴乃迭（Gladys Yang）、柯伟妮这样的英语世界本土译者。从各种节译本能够看出，《儒林外史》在向英语世界传播的过程中，最初是以文人故事在杂志上刊载的途径敲开了英语世界的大门，由此《儒林外史》中的王冕、杜少卿、范进、周进、马纯上和四大奇士等人物形象及其故事情节进入了英语世界读者的视线。

在文人故事英译文刊载传播的基础上，1949 年刚成立的新中国就意识到了主动宣传本国文学作品的重要性，开始成立专门的国家机构来组织宣传、编译和出版大量的文学作品，《儒林外史》的英文全译本《儒林》

---

① 陈彪：《跨越时空对话——〈围城〉与〈儒林外史〉比较研究》，硕士学位论文，安徽大学，2004，第 2 页。

（*The Scholars*）就是在这一时期由外文出版社组织杨宪益和戴乃迭两位翻译大师合作完成的。两位先生的翻译杰作目前仍然是《儒林外史》唯一的英文全译本。由于两位先生在翻译过程中不仅准确把握了小说原文内容及其所表达的意义，还顾及了两种不同语言间的、不同文明间的文化差异，所以该译本既保留了原文的生动形象，又利于英语世界读者理解与接受，在英语世界收获了很高的评价，是英语世界读者普遍公认的优秀译本，这大概也是《儒林外史》仅有此一部全译本的主要原因。

自 1957 年出版以来，该英译本已经在国内外进行了多版重印，出版权限由最初的外文出版社，扩大至中国的湖南人民出版社、美国的格罗西特与邓拉普出版公司、哥伦比亚大学出版社、丝绸塔（Silk Pagoda）出版社等出版机构。英译本的出现推进了《儒林外史》在英语世界的传播进度，从此《儒林外史》在英语世界不再仅仅是报纸杂志上的小道故事，而且是作为一道中国文学佳肴成功进入了校园的学术殿堂，成为英语世界师生们教、学与科研的对象。在此基础上，《儒林外史》的传播范围得到进一步延伸和拓展，逐渐为越来越多的普通读者所喜爱，他们通过阅读和网络评论等方式促进了《儒林外史》在英语世界的传播和接受。

二　20 世纪华人移民现象的促进

20 世纪出现的华人移民现象是推进《儒林外史》在英语世界展开传播的又一有效因素。鉴于《儒林外史》是在美国新汉学[①]兴起与发展的大背景下传入英语世界的，并且它在英语世界的研究阵地又以美国为主，所以笔者将以美国的华人移民为例进行阐述。根据美国胡佛博物馆官方网站"华裔移民专题"[②] 的介绍，自 20 世纪 40 年代美国废除了针对华人的排斥法案以后，华人移民浪潮不断涌现，总体来说可以大致分为三个阶段。

[①] 美国新汉学指的是第二次世界大战结束以后，美国汉学研究发生了明显分化，从狭隘的古典汉学研究转向了对中国现代问题的研究，从此，美国汉学研究已经完全摆脱传统欧洲汉学的影响。为了区别之前的传统汉学研究，学界称之为美国新汉学，其开创的标志是费正清（John King Fairbank）推广的区域研究。

[②] 详见胡佛博物馆官方网站，http://hoover. archives. gov/exhibits/China/Chinese_ Americans/。

第一阶段是 20 世纪 40 年代，这期间由于战争等原因，许多华人如王际真、柳无忌、张心沧和夏志清等学者，在英语世界国家讲学或留学深造后选择留在了英语世界国家生活和工作。这一批华人大都在英语世界国家的高校中担任中国文学教员，培养了很多具有中国文学研究潜力的英语世界本土学者，对中国文学作品的传播做出了很多努力和贡献，尤其是对传入较晚的《儒林外史》而言，这一批学者的研究与教学起到了传播的先锋作用，为《儒林外史》在英语世界的广泛传播和研究奠定了坚实的基础。

第二阶段是 20 世纪 50 年代至 70 年代，这一时期的华人移民群体主要来自中国香港和中国台湾地区。特别是在 20 世纪 50 年代，数以千计的港台地区学生和社会人员前往英语世界国家深造，其中有不少人在深造后获得英语国家高校教职的工作机会，如张春树（Chang Chun - shu）、林顺夫、高友工、柳存仁、孙康宜、黄宗泰、李欧梵等学者。这一批学者在前辈学者的指引下，不仅自己从事中国文学的研究，而且在教学过程中也特别注重引导、鼓励学生进行中国文学的研究。在他们的努力下，这一时期《儒林外史》的传播与研究获得了长足的发展。

第三阶段则是 20 世纪 80 年代至今，这一时期随着中国大陆改革开放政策的实施，有越来越多的大陆学生或学者赴美继续深造，并且留在英语国家任教，与来自港台地区的学者、教授一起构成了英语世界中致力于中国文学传播的华人研究群体。这一阶段，英语世界研究中国文学的华裔学者有很多，其中研究《儒林外史》的主要有李惠仪、黄卫总、商伟、吴燕娜、吴德安、吴晓洲、遇笑容、顾明栋、葛良彦、史耀华和方燮等，与西方本土学者的研究一起促成了《儒林外史》的传播高潮。

从《儒林外史》在英语世界的整体传播来看，华人移民起到了举足轻重的作用，这种成就不仅体现在华人学者自身的研究上，更体现为对英语世界本土学者的培养。自 20 世纪 60 年代以来，伴随着华裔学者的教学传播，英语世界出现了越来越多研究和传播《儒林外史》的本土学者，如罗溥洛、陆大伟、史蒂文·罗迪、白保罗、柯伟妮、海陶玮、安敏成、戴沙迪、科尔曼、霍洛克、亚瑟·孔斯特、丹尼尔·鲍尔等，形成了百花齐放的传播局面，提升了《儒林外史》的研究广度和深度，推进了《儒林外史》在英语世界深入而广泛的传播。

三 国家对文学作品海外传播的重视和支持

国家对文学作品海外传播的重视和支持是《儒林外史》在英语世界传播的主要助推力。自新中国成立以来，国家在向世界推广中国文学方面一直是不遗余力，在新中国成立之初就将其列入工作重点，成立了国家对外宣传外文书刊的统一的出版机构——外文出版社，用来专门组织中国文学作品的翻译和海外推广工作。外文出版社作为国家对外宣传本国文学作品的重要国家机构，自成立以来，组织翻译并向海外推广了大量文学作品，为包括《儒林外史》在内的中国文学作品提供了向海外传播的渠道和平台。此外，随着综合国力的不断提升和中西文化交流的日益密切，国家先后推行了一系列提升中国文化软实力的有力举措，尤其是近年来实施的中国文学"走出去"战略，更是进一步促进了包括《儒林外史》在内的中国文学作品在海外的传播，在世界"文学之林"发出了中国声音，引起了海外的关注，在一定程度上提升了中国文学在国际上的知名度和影响力。

除此之外，随着经济全球化的发展及中国经济实力的不断增强，中国与英语世界国家之间的合作越来越紧密，国际社会需要越来越多既懂语言又懂文化的综合性人才。在这种情况下，同中国大力培养外语类人才的举措一样，英语世界国家越来越多的学校尤其是高校开始重视汉语教育，不仅开设了汉语言和中国文化等选修课程，有些学校甚至还创办了中国文学研究所，在培养了社会需要的中西贸易人才的同时，也培养了一批对中国文学和中国语言有兴趣的研究型学生，这批学生后来大都从事与中国文学相关的研究，其中就有一些成为研究《儒林外史》的专家、学者，为《儒林外史》等中国文学作品在英语世界的传播注入了与英语世界读者更为匹配的新鲜血液，从而推动了更多英语世界的读者对《儒林外史》等中国文学作品的了解和接受过程。

由此可见，自《儒林外史》于 20 世纪中叶传入英语世界以来，在中国与英语世界国家日益紧密合作的大背景下，在翻译家、华裔学者和英语世界本土学者的共同努力下，《儒林外史》的英文全译本已多次在国内外重印再版，在阅读者和爱好者人数与日俱增的同时，研究《儒林外史》及其作者吴敬梓的专家、学者和教授越来越多，连许多中国文学的研究生也加入了研究的队伍。经过半个多世纪的传播，《儒林外史》已经在英语世界受到了较为广泛的关注，并逐渐为越来越多的读者所接受，取得了相对较好的传播效果。同时，随着研究深度和广度的不断拓展，英语世界出现了日益丰硕的《儒林外史》研究专著、学位论文、期刊、会议论文等学术传播成果，通过阐释和解读进一步引导更多的读者对《儒林外史》产生阅读和了解的兴趣，从而进一步巩固和推动《儒林外史》在英语世界的良性传播。

四　《儒林外史》在英语世界传播中的"守门人"[①]的推动

在英语世界的《儒林外史》传播过程中，除了翻译家和学者等个人层面的传播者外，作为传播主体和载体的中国与英语世界的出版机构、学术单位等媒介组织也一直起着举足轻重的作用。媒介组织为个人层面传播者的传播模式提供了传播过程中所必需的媒介和渠道，从而为《儒林外史》在英语世界进行快速而有效的传播提供了有力保障。如果没有它们提供的媒介手段，以翻译家和学者为主的传播者则很难进行较为快速而有效的传播，《儒林外史》在英语世界的传播范围和效果亦很难得到大规模的拓展。

一些英文杂志社、外文出版社等媒介组织，不仅在国内出版发行英文刊物和图书等，还在英、美等英语世界国家进行同步发行，加快了《儒林外史》进入英语世界的步伐，促进了其在英语世界的传播。比如，20 世纪 30 到 40 年代期间发行的英文文化杂志《天下月刊》就首先为《儒林外史》打开了英语世界的大门。《天下月刊》是由民国时期的南京中山文化教育馆资助创办的全英文期刊，由吴经熊担任总编，温源宁担任主编，由林语堂等学贯中西的海归名士任编辑委员会委员，于 1935 年 8 月在上海创

---

① "守门人"（gatekeeper）是传播学的一个重要概念，最早由美国心理学家库尔特·勒温提出，是指群体传播过程中负责筛选符合群体规范或把关人价值标准的传播内容的组织或个人。

刊，1941 年因太平洋战事而停刊。该刊物由上海别发洋行（Messrs，Kelly & Walsh，Ltd.）出版，同时在国内和美、英等英语世界国家发行销售，对中国文学与文化在英语世界的传播发挥了重要作用。其中，该期刊 1940 年 10~11 月刊刊载了由徐成斌翻译的《儒林外史》的英译文片段——《四位奇士》，将《儒林外史》的情节故事带出了国门、走进了英语世界，为后来整部《儒林外史》成功进入英语世界打下了坚实的基础。

除此之外，创刊于 1950 年 10 月的全英文杂志《中国文学》，由当时的中国对外文化联络局局长、中国戏剧家洪深发起，著名作家与翻译家叶君健负责具体筹办，杨宪益、戴乃迭和美国专家沙博理也为此刊的创办和发展做出了很多努力。《中国文学》是新中国成立以来唯一一份主动向英语世界翻译和介绍中国文学的国家级英文刊物，是当时英语世界了解中国的主要窗口。该期刊在"文革"以前译介了大批中国古典文学和现当代文学作品，其中包括发表在 1954 年 4 月刊的杨宪益和戴乃迭两位先生选译的《儒林外史》前七回。该译文以《吴敬梓——儒林外史》为题，是《儒林外史》所有译文中首次以小说名称和作者直接冠名的，随着《中国文学》在英语世界的发行销售，为《儒林外史》整部作品正式进入英语世界打下了坚实的基础。

与英文杂志在英语世界的发行相比，外文出版社为《儒林外史》进入英语世界并展开传播做出了更为直接、更为重要的贡献。外文出版社是我国专门进行对外宣传、编译并出版外文版图书的国家出版机构，自成立之日起，组织翻译、出版了大量中国文学作品，1957 年出版的《儒林外史》英译本就是其中的一部，为中国文学和中国文化在海外的传播与推广做出了极其重要的贡献。正是由于外文出版社将本国文学作品的译本在海外发行，才为《儒林外史》这部中国 18 世纪的长篇白话小说正式走进英语世界提供了平台和途径，对《儒林外史》在英语世界的传播打下了坚实的基础，起到了极其重要的作用。同时，外文出版社在英语世界对《儒林外史》的推广和发行，使英语世界注意到了这部中国 18 世纪文学经典的价值，促成了美国纽约格罗西特与邓拉普公司对该作品英译本的引进与出版，直接推动了英语世界对《儒林外史》的主动传播与研究。

在英语世界，媒介组织对《儒林外史》的传播也起到了非常关键的推进作用，促进了英语世界对《儒林外史》的认识、理解和接受。英语世界的杂志社、出版公司等媒介组织早在《儒林外史》全译本问世之前，就已经为《儒林外史》在英语世界的传播做了大量的宣传工作。最早引入《儒林外史》故事情节片段的是美国芝加哥大学出版社的《英文杂志》，1939年收录了葛传椝翻译的《儒林外史》第一回内容，题为《文人的故事》。《英文杂志》对该译文的刊登，首次将《儒林外史》的故事情节介绍给英语世界，对将来整部文学作品的传播有着重要的意义。美国纽约科沃德－麦卡恩公司也对《儒林外史》在英语世界的传播打下了良好的基础。1946年，该出版公司出版了高乔治主编的《中国智慧与幽默》，书中收录了王际真先生翻译的《儒林外史》第二回和第三回的内容。由于科沃德－麦卡恩公司的发行，王际真先生的翻译得以在英语世界传播，受到了很多欢迎与好评，为整部文学作品的成功引进与传播做了充分而良好的准备。1972年，美国纽约格罗西特与邓拉普公司在《儒林外史》的英译本问世15年后，主动同中国外文出版社联系，从中国引进了该译本的出版权，在美国进行重印出版。至此，英语世界的《儒林外史》传播从中国政府及华裔学者的主动传播转变为英语世界本土媒介组织的主动传播，使《儒林外史》在英语世界的传播迈出了一大步，也为接下来的快速传播奠定了坚实的基础。

自格罗西特与邓拉普公司出版《儒林外史》英译本以后，《儒林外史》在英语世界迎来了研究与传播的热潮。随着研究人员的不断增加和研究成果的日益丰富，越来越多的出版社、期刊等媒介组织加入了出版、刊载《儒林外史》研究成果的队伍，推进了《儒林外史》在英语世界的传播。其中推出《儒林外史》研究比较多的出版公司和杂志社主要有：哈佛大学出版社、哥伦比亚大学出版社、斯坦福大学出版社、普林斯顿大学出版社、密歇根大学出版社、剑桥大学出版社、华盛顿大学出版社、爱丁堡大学出版社等以学术出版为主的出版机构；《哈佛亚洲研究学刊》《东方学文献》《亚洲研究学刊》《中国学研究》《中国语言学报》《伦敦大学亚非学院集刊》等以中国学等亚洲研究为主的学术期刊。这些英语世界的期刊和出版社不仅为研究人员和翻译者提供了《儒林外史》成果传播的平台，而且促进了翻译者和研究人员对《儒林外史》的进一步研究和传播。

　　除了杂志社、出版公司以外，英语世界还有大量的学术机构推进了《儒林外史》的传播进程。从上文中提到的出版社和学术期刊可以看出，它们中的大多数是高校附属下的出版机构或学术期刊，这就说明了推广《儒林外史》研究和传播的出版社和学术期刊，其主要推动力来源于高校的学术研究机构。比如，哈佛燕京学社（Harvard – Yenching Institute）和费正清中国研究中心（Fairbank Center for Chinese Studies）是哈佛大学的两大中国学研究中心，拥有一批知名的中国学研究专家。相较于费正清中国研究中心，成立于 1928 年的哈佛燕京学社更侧重于中国的人文学术研究，是研究《儒林外史》等中国文学作品的重要学术机构，拥有著名的学术期刊《哈佛亚洲研究学刊》，并组织出版了多套中国文学研究系列专著。著名华裔汉学家商伟的专著《〈儒林外史〉与晚期中华帝国的文化转向》就是由哈佛燕京学社 21 世纪初期组织出版的专著系列中的其中一本。另外，密歇根大学中国学中心（Center for Chinese Studies，University of Michigan）也是英语世界重要的中国学研究中心，产生了丰富的中国学研究成果。罗溥洛的《儒林外史》研究专著《早期现代中国的异议分子——〈儒林外史〉与清代社会批判》，就是密歇根大学中国学中心在 20 世纪 80 年代组织策划"密歇根中国学研究专著系列"时出版的。英语世界的《儒林外史》研究重镇还有斯坦福大学、普林斯顿大学、哥伦比亚大学、剑桥大学、加州大学、华盛顿大学、爱丁堡大学等英语世界高等学府的东亚系，为《儒林外史》等中国文学作品的传播起了重要的促进作用。

　　由此可见，无论是中国国内的杂志社、出版社等媒介组织，还是英语世界的学术机构及期刊出版领域的媒介组织，都给《儒林外史》的翻译和研究成果提供了向英语世界读者展示和推广的平台，通过文本印刷、出版等途径扩大了《儒林外史》英译本和研究成果在英语世界的流通范围，同时也促进了英语世界读者对《儒林外史》的理解和接受，对《儒林外史》在英语世界的有效传播起着十分关键的作用。

对中国礼文化西方接受史的思考

马智捷[*]

摘　要：中国礼文化在英语世界的传播与接受度相当高，时间跨度也相当大。从发端于 17 世纪中期的中国礼仪之争开始，到英语世界对中国礼文化原典的大量译介，直到今天，中国礼文化中的各个领域一直是英语世界的汉学家，包括不以汉学研究为主业的其他专家所关注的一大焦点。在掌握大量近现代西方知识界对中国礼文化研讨成果的基础上，对中国礼文化在西方的接受史进行学术、文化思考，对于重审自身传统文化具有重要的借鉴意义。

关键词：中国礼文化　接受　英语世界　西方

一　审视边界与考察中心

"英语世界的中国礼文化研究"，核心词在"礼"字上。"中国礼文化"是一个涵摄广泛的概念范畴，所囊括的子领域众多。若漫无边际地按礼文化的各方面内容搜集、延伸下去，必将使该领域陷入无边论泛滥与无概念中心的局面。所以，笔者在对该领域的英文资料进行搜集与整理时，对所有资料的核心词都有所关注。不论是英语世界礼文化研究的哪个方面，本文所研究的学术成果中所涉及的一个共同的核心词，就是"礼"。由于不同学者所研究的"礼"文化的子领域不同，他们对"礼"字的英文表达不甚一致，但每部分、每位学者的中国礼文化研究的核心词皆是

　＊　马智捷，四川大学文学与新闻学院讲师。

"礼"（ceremony, rite, ritual, etiquette, propriety, manners, politeness, Li 等）。亦即，各部分研究中的核心词、关键词都是"礼"本身，而非与"礼"相关的其他名词和其他领域。所以，本文的研究，在核心概念上是以"礼"为中心的，以此来组织、整理材料，"礼"这个核心词始终处于中心地位。

"礼文化"与"礼学"有很多共通、汇合之处，但二者的范畴不能等同。英语世界中国礼文化研究的很多学者，在进行对中国"礼"的研究、谈论时，皆不离"礼"这个核心，不离开"中国文化"这个研究范畴，但是，他们不一定把对中国"礼"的研究置于中国礼学这个范畴之内。诚然，在中国古代以至现当代的人文、社会科学研究界，大多治中国之"礼"者，皆以中国礼学为学术背景及参照，皆能考虑到礼学研究这个大的学术背景与学科背景。英语世界学者则不然。他们虽普遍知晓"礼学"在中国是一个有着浓厚地域文化特色的学科体系与学术范畴，但在自己治中国"礼"的话题的过程中，往往并不以中国礼学这个学科背景为中心。当然，这样做也免去了很多学术史和异域文化观念的束缚。从他们的学术或文化漫谈中，我们可以得到很多来自他者的文化启发；从他们对中国礼文化的一些介绍中，我们可以看出中国礼文化的优势、特征、属性、姿态。由此形成的对自我文化的认知与见识，不一定会因其是国外学者的论述而走向偏差，恰恰相反，我们会因他们的各种描述（包括偏激的认识）而产生分外清醒的认识。"若想真正了解哪儿，就离开哪儿去远方"，这句笔者从小读过的、早已忘记出处的句子，用在此处却分外恰当。的确，英语世界的中国礼文化研究，是中华文化的一次域外旅行，这场旅行丰富、精彩、为期悠久，乃至旅途中不同的人群为中国礼文化之争论而甚相龃龉、几挥老拳。而拨开历史的迷雾看待我们的母体文化，我们会深感她独特的魅力与巨大、持续的影响力。这种影响力形成一种不灭的力量，从过去流淌至未来，由中国流淌至全球的无尽时空之中。

二 研究特点与价值冲突

英语世界的中国礼文化研究，可以形成该领域的研究史论，继而扩展为中国礼文化在西方乃至全世界的传播、接受、变异与评价。英语世界对该领域的研究情况表明，西方学者同当代中国学者一样，对中国礼文化的研究方法与评价、态度都十分多元化。相对于中国的礼学研究史，英语世界中国礼文化研究呈现出以下一些突出的特点。

第一，中国礼文化在英语世界大规模传播与接受的学术史道路具有独特性、学术性、复杂性、综合性和跨学科属性。学者由宗教史和西方文明内部的大争论入手，进行异域文明性质的判定与研究。中国礼文化在西方的传播与接受，必然早于历史上的中国礼仪之争。但是，中国礼文化在西方世界被大规模地正式接受，是在中西文明剧烈冲突的中国礼仪之争之时。礼仪之争中的中方代表人物是康熙皇帝，另一方则是罗马教廷。西方人对于基督教的态度犹如中国人对自己礼文化的态度一样，有着极度的尊敬与严谨的研究态度。西方宗教工作者，尤其是基督教权威人士对于本教的态度，也必然是严谨认真、不肯有丝毫马虎的。因此，他们也要对中国礼仪的性质及其是否违背基督教教义进行周密的考察与细致的探讨，而这个过程中存在着文化传播与文化误读的重大问题。西方传教士对中国礼文化及其细节的认识，很难不带有西方文化的特征。而当不同的西方传教士将自己的论点与中国礼仪的材料带回罗马时，尤其是在向罗马教廷呈上奏议的过程中，很难不存在误读与偏差。然而，如颜珰一类的传教士，对于自己的认识是十分自信乃至自负的。这便是历史的吊诡。颜珰本人对中华文化不甚了解，连中国的典籍都背不出一句，但他颇受当时罗马教宗的信任，又有很强的政治野心与手腕。他对中国文化的解读，完全出于自己固有的西方思维模式。用西方固有的知识架构与认识模式来判定中国礼文化，不可能不存在偏差，于是，中国礼文化在西方权威宗教界便评价不高。然而，这种综合性评价所导致的必然结局是，西方基督教在中国的整体评价也不高，且传播过程受阻。

跳出礼仪之争本身的史实审视礼文化的域外传播，可以清楚地看到中国礼文化在当时西方世界的重要地位。随着西方权威基督教宗教界对中国礼文化的负面认识，中西各领域的文明冲突也随之潜移默化地加剧。从某种程度上说，礼仪之争也是引发近代中西文明全方位剧烈冲突的一大导火索。国力的衰落与政治的腐败让中华民族吃尽了苦头，但几千年礼文化所蕴含的不灭动力终使国人于历尽辱难后走向复兴与强大。

中国礼文化在西方世界的传播与接受，是学术研究、社会文化、宗教政治、军事历史、综合国力等诸多领域在持续不断的综合较量中摩擦与碰撞的结果，它的传播历程本身就是一部史书。中国礼文化在英语世界的传播与接受，是理论和现实两者交汇、结合的问题。虽然本文的关注点在学术研究这个层面，但中国礼文化在西方的传播与接受，也同样在社会实践的层面得到体现和彰显。即便是学术研究层面的文化接受，也和实践中的礼密不可分，这是中国礼文化在英语世界传播与接受过程中的性质与特点。

第二，英语世界中国礼文化研究史，反映出了英语世界近现代人文学术发展的整体轨迹与历程。由于英语世界对中国"礼"的研究反映出了西方学界多个领域的研究成果，所以，研究中国礼文化在英语世界的传播与接受史，也同时是一个研究近现代西方对中国问题的研究史的历程。就英语世界学者对中国礼文化研究的整体发展情形看，其学术研究事实上是一个由文化随笔、文化漫谈，或者说带有学术研究性质的文化探讨逐步走向高水平、正规化、具体化且以小问题研究入手，并以小见大探讨问题的过程。需要强调的是，英语世界的中国礼仪之争研究，并不符合上述发展规律。英语世界的中国礼仪之争研究，一开始便具备了高标准的学术性，考据具体、细微、论证翔实、全面，无论是史学考察与梳理还是理论分析与推断，都做到了无征不信、有理有据、态度严谨、逻辑严密。同样是英语世界的中国礼文化研究，不同子领域的研究为何在同一时期有如此大的差别？归根结底，还是由于 19 世纪末 20 世纪初的西方学者（以基督教传教士为主）在进行不同领域的研究时，态度与水准不尽相同。他们实际上是将中国礼仪之争的研究当作基督教教史的研究，将其归于基督教域外传播史的研究。而中国礼文化的其他问题研究，则属于汉学研究、远东问题研究。由此可以看出西方学者对基督教的研究态度与汉学研究态度的差异，以及不同类别的学术问题在他们心目中的高下之分。

随着时代的发展变化，尤其是 21 世纪以来中国的迅速崛起与不断强大，英语世界的中国礼文化研究不但再次掀起热潮，而且高质量与深层次的学术成果不断出现。欧洲史学界也不再将中国礼仪之争单纯看作基督教域外传播史的问题，而将其看作有中国作为重要参与角色的中西文明交流史问题。在进行学术研究与探讨时，西方汉学界也早已跳出对中国礼仪的评价或褒或贬的这种学术局限，而转向态度上的中立与观点的多元。21世纪西方汉学界对中国传统文化的解析，也更注重从历史与古典文献的细节来梳理并探讨具体的历史问题，譬如麦大维的《唐代宗的葬礼》（The Death Rites of Tang Daizong）一文，可以作为当代西方汉学界对中国礼文化研究的典范之作。该文从唐代宗葬礼之时的历史背景、文化背景入手进行考察，对葬礼仪程的制定、仪式的展开过程及其文化史进行解读和特点分析，总结成功的原因及由此得出的对中国古代文化的启示性认知，具体、翔实、科学、严密、深刻，体现出极高的学术研究水平。值得称赞的一点是，麦大维擅长站在中国文化史及中国传统知识阶层心态的角度来思考中国本土的历史、文化问题，并对中国古代典籍有着相当的研究。这种对于中国礼文化问题的个案研究越来越多地活跃在西方汉学界。可以说，英语世界的中国礼文化研究，从整体上看，早已逾越了对中国礼文化进行译介、介绍的学术史阶段，而达到了高水平、深层次、以小见大的研究阶段。在一定程度上和一定范围内，西方汉学界对中国礼文化的研究已经具有突破西方中心主义思维局限的可喜特征。当然，这一切都与中国综合国力的强大以及中国学术话语地位的显著提高密不可分。

第三，从知识来源看，英语世界中国礼文化研究的成果，来源于华裔学者的为少，而来源于非华裔的西方学者的为多。从地域分布看，学者们更是遍布美国、加拿大、澳大利亚及欧洲国家。有些非华裔的西方学者的母语并非英语，但仍然使用英语研究中国礼文化问题。所以，中国礼文化在西方知识界的传播与接受颇为广泛，且地域分布相对均匀，不以美国独大著称。当然，这与西方的中国礼学研究史有关。礼仪之争的研究主要集中在意大利和法国，早期关注中国礼学问题的西方来华传教士也以欧洲人为主。所以，中国礼文化在西方世界的流传中，有一个由欧洲到美洲，再向澳洲流传的过程。同时，也因为中国礼文化在英语世界的传播与接受并非由西方华裔带动，而是由参与礼仪之争的欧洲传教士发起，所以，非华裔西方学者对中国礼文化的接受度相当之高，且对中国礼文化的解读相对准确，总体上偏差不大。

第四，英语世界学者对中国礼文化中各个领域的研究成果均比较丰富。总体上看，对礼制部分的研究相对较少，而对礼的观念、仪式、礼器的研究成果非常丰富。中国的婚礼、葬礼等仪式文化，在西方中国礼文化研究界已不具神秘感，而是已被了解、考察得较为透彻。英语世界学者对中国"礼"的观念也已有至少 300 年的研究史，就其高水平的研究成果来看，中国的礼仪观念和相关的宗教信仰观念在他们眼中也早已不再神秘。基于对中国礼文化，特别是礼学观念与礼仪的了解程度，学者能够较直接地将其与中西外交实践及其实践效果相联系；而现代西方科学界对近代中国流失到西方的古代礼器颇为好奇，有着极大的研究兴趣。是故，他们在相关领域的研究成果也必然相当丰富。由此可以看出，现实利益与稀缺物质材料对于相关领域学术研究的巨大吸引力。

三 他者视角带来的文化启示

相当一部分英语世界的学者在治中国的"礼"文化时，都将中国的"礼"看作一门学科，或者一种文化体系。一些学者在谈论中国"礼"的过程中，也情不自禁地论及中国"礼"的范畴。在对"礼"的范畴的讲述中，自然提及它的普遍范畴（如仪式、礼节、道德观念等）和特殊范畴（如礼器、礼制、礼教等）。事实上，"礼"这个名词所对应的英语单词有多个，直接对应的有 rite、ritual、ceremony（仪式）、etiquette、protocol（礼节）、propriety、courtesy、politeness、manners（礼貌）等。当然，在英文单词"礼"的相关表达中，与中文"礼"最切近的表达是它的"仪式"（rite、ritual、ceremony）层面的含义。所以，在英语世界中国礼文化的研究成果中，所占比例最大的，还属仪式研究。另外，在英语世界中国礼文化的研究中，泛礼学研究和礼仪观念的相关研究成果也相当突出。这部分研究的理论性、思辨性强，诚可为国内相关领域研究者所借鉴。当然，就中西礼文化研究成果之对比而言，西方相关学者在整体上呈现出治礼学文献相对薄弱的局面。由是，彼此互相借鉴，可为提升之道。愿本文的撰写能为此贡献绵薄之力。

细细审读英语世界中国礼文化的研究成果，会发现不少颇具深度、观察独特的来自他者的文化启示。可以说，这种启示非来自异质文化而不能得。原因在于，只有在中西文明彼此的交流、对比与碰撞中，在来自西方世界的"他者"深入了解中华文明之后所品读出的心得，我们拿来审视，才会对自我文化的不少地方产生醍醐灌顶般的醒悟与认知。这种从异质文明环境中成长起来的中西兼通的学者，对于中国礼文化的宝贵认识，令人叹服。怀着"言者无罪，闻者足戒"的文化心态，我们可以在英语世界学者对中国礼文化的陈述中得到如下文化启示。

（一）从"礼"的悖论处境看人性变迁与文化传承

首先，英语世界学者在对中国"礼"的观念进行研究的过程中，突破了文献研究（礼经学研究）与社会礼学研究（泛礼学研究）间的桎梏。他们不仅阅读、研究中国古代的礼学典籍，特别是先秦两汉时期的儒家礼学典籍，还仔细观察、体验中国社会中的活生生的"礼"。他们有一种理论联系实际的文化自觉，在理论与实践的对比中，一些19世纪末20世纪初的西方学者［尤以传教士为主，例如《中国人的人性》（*Chinese Characteristics*）的作者明恩溥］认为，中国儒家典籍中的"礼"是善的、好的、对的、高尚的、值得虔心学习的，但现实中国社会中的"礼"却是虚伪的、自私的、狡诈的、自大的、负面的。具体的观点在第一章中已经谈到，此处不再赘述。或许我们首先不必急于判别明恩溥等人所言及的观点是对是错，而是不妨做出一个设问：明恩溥等人的观点是否有合理之处？他们所说的现象是否存在？怀着对中华传统文明的文化自觉，联系当时的历史背景（19世纪末20世纪初中国的半殖民地半封建社会处境，传统文化的转型期与颠覆期）可以推知，明恩溥等人的观点是有合理性的。甚至到了今天，我们仍可以说，中国社会中的种种礼俗仍然未断，但活在现实中国社会中的"礼"与古代文献中的"礼"已相去甚远。这种"远"不仅在于形式，更在于当代礼仪践习者与古仁人之心念、初衷的差异。两千多年以前孔子的"文质之辨"便隐隐向世人透出一个道理：若文质彬彬的谦谦君子一时难以做到，那么质胜于文的朴野似乎比文胜于质的仪节更加可爱。古仁人制礼作乐，使得中国古礼繁文缛节、项目多如牛毛。但其最终的指向或有两点：其一是

"诚于中，形于外"①，亦即由人性之初的"本善"之心性向外表现，从具体行为中体现出来；其二是用礼的教育降服内心的狂傲及其种种不善，通过种种仪式的操演和礼节的实践逐渐达到"隐恶而扬善"的效果，亦即，即便习礼者的内心起初不是纯善的，甚至是不诚恳的、恶毒的，经过礼的践习与熏陶后，日久便自归于善境。是故，"礼"之实质，一者由内而外，以己之德行感化一方；一者由外向内，由环境与仪式之教化而日臻佳境。方向不同，而实质归一，实乃"礼者，敬而已矣"。②事实上，追求内心的诚、敬与外在仪式的照应、统一，正是中国礼文化的一大特征。这也是诸如 ritual、ceremony 等词不能与汉语中的"礼"字完全照应的根本原因。

回到明恩溥提出的代表性问题：典籍中的"礼"善，而现实中的"礼"不善。倘若如此，原因何在？照理说，其中的原因必然多种多样，且无定论。此处，我们不妨做出大胆的文化推测。第一，中国的"礼"在现实发展过程中是否出现过形式与本质逐渐背离，且仪式与本质越来越远的情形？若有，便是"礼"在中国历史发展中，越来越繁复、发达的仪式与形式逐渐背离了其本质的缘故。第二，明恩溥说中国现实中的"礼"不似经书中一般美好、良善，是在中国近代时期。19 世纪末 20 世纪初的中国，距离"礼"的最美好、最完备时期的西周时代已有近 3000 年。早在孔子生活的时代，诸名士已慨叹当时礼崩乐坏的局面。战国至秦代，礼教未走向兴盛，反而更加衰微。西汉以后，儒家礼教迎来了春天般的局面，东汉末年至魏晋南北朝时期，儒家礼教再次面临巨大危机。尤其在西晋时期，不少名士崇尚"士当身名俱泰"的人生价值观，常以"礼"与"魏晋风度"为幌子，做一些下流勾当。当然，作为统治阶级的司马氏断不敢公然废除礼教，但其夺取政权的途径不甚清白，治理江山的政策也不甚高尚，接续着三国时期儒教坍塌的局面，西晋王朝也自然在表面上宣扬礼教，实际上却是在毫无主导思想与道德、礼制原则的情形下维持着短暂的政权。东晋以后，士人早已从东汉、建安、正始时的悲凉、哀戚的心态中

---

① （宋）朱熹：《四书章句集注》，中华书局，1983，第 19 页。
② （唐）李隆基注、（宋）邢昺疏《孝经注疏》，载《十三经注疏》阮元校刻本，上海古籍出版社，2002，第 2556 页。

走出来，从西晋士人由沮丧沦为放荡的心态中摆脱出来，追求残缺山河中的潇洒风神。但是，政治上的黑暗、腐朽依然如故，否则，就不会出现所谓东晋的最后一位名士陶渊明。隋朝气脉短暂，隋文帝大刀阔斧一统江山，恢复儒家礼制，并设立科举考试制度，但隋炀帝的好大喜功终使隋朝迅速终结。唐朝文化昌隆、礼教昌盛，但有一点值得注意，就是佛教在唐朝文化中所占的地位。事实上，唐王朝的掌权者李氏家族中笃信佛教者尤多，唐朝的统治阶级在相当长的历史时期内采取了内用佛、老，外示儒术的策略。当然，唐朝对外也绝不排斥佛教。宋朝以后，礼教、礼制、礼学、礼仪诸方面都在政府重文轻武的政策中走向发达，但礼文化的发达带来一种看似正面实则不甚健康的结果，仪式文化与礼学学术文化发达，而在追求仪式、制度与学术理论的发达中，"礼"逐渐走向形式主义的道路与学术研究道路并重的局面。相比于西周时期"礼"的内外合一、表里一体的情形，宋朝的"礼"明显更侧重于外在仪式与学术研究方面的发达，而形式、理论越发达，其内在的浑朴就越淡漠。从南宋统治阶级的执政规则与执政实践中，即可看出这一点。可以说，宋朝是中国封建社会中"礼"文化大幅度走向"文胜质则史"的历史阶段。元朝疆域辽阔，历时98年，为少数民族统治时期。这一时期，蒙古人、色目人为上等人，汉人、南人为下等人，"礼教"在元朝的地位相对边缘，礼文化在该朝代没有得到太大的发展。明代的统治以严酷著称，在明代文化中，经学的地位类似元朝时期，皆不甚发达，这一时期的礼学只在心学的光环下偶然徘徊。至清初，礼学开始复兴。但是，面对清政府的文化压制政策，读书人的治学路径、性情、心态，乃至身体素质、性情人格都大大不同于往昔。这在一定程度上有利于封建时代学术本身的发展，但从"礼"与中国人的人性角度考量，礼仪与内心活动相左的局面势必广泛存在。这便是体制对人性的巨大影响与塑造作用。

我们以往对"礼"的研究给了礼学学术史太多的关注。相比之下，国内学界对"礼"在中国历史中实践的关注相对较少。英语世界的中国礼文化研究，促使笔者更多地思考"礼"在中国历代社会实践中的表征与地位。由上述分析可知，如以"礼"的仪式与"礼"的伦理本质相统一的角度来衡量"礼"在中国历史中的命运走向，便会发现：作为中国古代基础性、主体性文化的"礼",犹如基督教在欧洲的命运一样,对于大多人而言,吸收的是形式,忽视的是本质。我们也可以大胆地说,《圣经》中的基督教教义同西方现实社会中教义的落实依然存在差距。这种差距从某种程度上说,是一种必然。原因在于,圣哲文化、经典文本往往是社会大众学习、效法的目标,圣贤文化及文献和大众文化及教义实践在道德层次、精神境界上定然存在差距。如若人人已成圣贤,也就不存在"人皆可以为尧舜"的格言了。

于是,我们可以总结出明恩溥所提出问题的两点原因。其一,封建社会的体制在客观上需要礼文化与礼治,但官方主导下的礼文化发展逐渐使"礼"出现了形神分裂、貌合神离的局面;封建专制制度、封建土地所有制与君主世袭制度在中国长期存在,且并未随着宋朝经济的分外强大、晚明资本主义的萌芽而削弱,反而走向了高峰。南宋以后,压迫人性的封建政治体制愈演愈烈。既然体制是压迫人性的,且体制的效用分外强大,那么人性中浑朴、自然、天真的光芒便越来越少。随着官方行政力量的不断加剧与纵深发展,伴随着上千年的历史惯性及消极传承,"礼"的仪式性、学术性必然愈加发达,但"礼"最终似乎不可避免地由一种人性中本有的可爱光环变成束缚人、压制人,甚至歪曲人性的工具。其二,中国封建社会的种种体制造成了"上行下效"的客观局面,社会大众尤其是明恩溥一类的在京传教士所见到的市民阶层或者达官显贵的礼仪操演,实质上是中国封建皇室、贵族礼俗行为的某种延伸,由此而逐渐下移,流弊纷呈。

由此反思中国当前社会大众对于中国文化的态度转变,是一个颇为有趣的话题。很多未读过儒家经典的当代国人,常随口言及传统礼教的"吃人"与邪恶。但当他们抛开既成解释,投入对儒家经典的背诵、阅读过程中时,往往能领会经典的智慧与良善,很大程度上抛却了自己原本对于传统儒家文化的片面否定态度。这或许说明,儒家经典中闪烁着的道德、智慧之光,可被国人不断效法、传承,它内在的原则和本质不会随着时光的流逝、空间的转换而磨灭。

(二)从中西文明大规模正面交锋看"中国礼仪之争"

随着21世纪中外宗教、历史专家对"中国礼仪之争"问题的持续深入研究、对该话题探讨的升温，以及对"中国礼仪之争"中中国方面关注的加强，当今研究该话题的中外学术界普遍认为："中国礼仪之争"不仅是基督教的内部事务以及基督教教史（域外传播史）的问题，而且是当时不少中国人与西方宗教工作者一同参与、共同推动的关于中国礼文化与西方基督教能否互相融合的文化大讨论。为此，比利时鲁汶大学汉学系的钟鸣旦（Nicolas Standaert）教授曾于不久前专门撰写文章《礼仪之争中的中国声音》（Chinese Voices in the Rites Controversy: The Mondialisation of a Local Problem）[①]。该文后来由王丹丹等国内学者译为中文，发表在2016年第1期的《复旦学报》上。钟鸣旦教授从历史上的中国朝臣参与礼仪之争的具体事实入手，讲明了该事件的交互生发性，并直言该话题在当今西方学界再次成为热点话题。"对礼仪之争的新兴趣表明，这些主题在今天仍具有活力，并可能为全球化时代的当下提供某种启示。"[②]

由此可见，"中国礼仪之争"可以作为一个以小见大的话题，该话题所反映出的是中西文明彼此对话、碰撞时的冲突问题。但是，该事件较之于其他中西文化冲突的具体事件，其独特性在于，该事件是中国与西方基督教史研究界公认的中西文明的第一次大规模正面交锋。这次交锋历时长、规模大、层次高、影响大、性质相对较单纯、学术性强，是中西文明交流史上的文化冲突的典型案例与学术探讨的极佳素材，至今仍旧不过时。礼仪之争带给人们的理解和思考，当然可以是多方面、多领域的，但就对中华文明的自我认知而言，或许有如下几点值得总结。

首先，中国礼仪之争（The Chinese Rites Controversy）从命名上体现了当时西方基督教不同教派、主要人物间进行争论的核心话题与关键词。由此可以看出，"礼"与礼文化在中华文明中的核心地位与文化意义。我们不得不思考的一点是：在当今的中华传统文化复兴浪潮中，礼文化的复兴应当占有什么样的地位？我们知道，号称中西文明首次大规模正面交锋的

---

① 〔比利时〕钟鸣旦：《礼仪之争中的中国声音》，王丹丹等译，《复旦学报》2016年第1期，第95～103页。

② 〔比利时〕钟鸣旦：《礼仪之争中的中国声音》，王丹丹等译，《复旦学报》2016年第1期，第95页。

"礼仪之争",不以中华文化中的其他名词命名,而以"礼仪"(rites)命名,就此而论,"礼仪""仪式"可以说是中华文明中易与西方基督教教义相冲突的部分,也是中华文明特别是传统精神文明中的主体部分。就当时西方基督教不同教派所争论的焦点来看,中国礼文化中的"葬礼"文化,在整个中华文明中举足轻重。当下中国在文化复兴浪潮中,礼文化亦愈发展现出自己在新时代的姿态和活力,在当代文明对它的文化洗礼中已有相当大的变化。那么,中华礼文化在当今时代的发扬与光大是应当"爱礼废羊"还是"爱礼存羊"?前文已述,在中国封建时代礼文化的现实推进与发展中,过度地爱"羊"在很大程度上对"礼"本身有伤害作用。但中华传统文明在经历了整个 20 世纪的大规模、深层次的颠覆性洗礼之后,"礼"和"羊"两者俱损。近年来,国内对于传统礼仪、礼教的评判有所缓和、改观,越来越多的中华文化爱好者涌现。不少人开始采纳中国传统的婚礼仪式,以此作为自己及家族生命中的标志性大事,通过婚礼的主持者、参与者、旁观者的现场体验,更多的人体会到中国传统礼仪中的优秀文化内涵。因此,当一种文化的实质丧失过久,若要重拾起来,则仪式必不可少。对于一种文化体系而言,仪式的地位在特定的历史阶段与场合,其重要性并不亚于仪式背后的内在要义。

其次,中国礼仪之争反映出这样的文化传播规律:一种文化在域外传播的过程中若不能或主动或被动地他国化,要想在另一个强大的文化体系下以完全保持其全部形式的状态存在并壮大下去,是有很大风险的。中国礼仪之争是中国礼文化与西方基督教文化的正面碰撞,但是,礼仪之争这个"争"的行为却主要是在西方基督教传教士内部展开的。不同的教派间之所以会引起争论,既在于他们对中国祭孔、祭祖仪式中具体细节的认识不同,也在于他们所奉行的传教路线不同。以利玛窦和卫匡国为代表的耶稣会士所奉行的传教路线,是走中西文化结合之路,即基督教中国化道路;而以颜珰为代表的巴黎外方传教会所奉行的路线,是保持原有的基督教教义与仪式丝毫不变。两个教派间传教路线的差异背后有一个现实原因,就是他们对中国文化的了解程度不同。利玛窦等耶稣会士中有很多是中国通,他们对中国文化了解程度较深,一些人还在朝廷中任有官职。以颜珰为在华传教代表的巴黎外方传教会对中华文化所知甚少,所以,他们对中国礼文化中的很多仪式的内涵与属性不甚理解，只在仪式本身上加以认识，但凡与基督教教条有不合之处，便认为是大逆不道。这是典型的文化本本主义、教条主义。这样的文化政策与传播道路，往往会因在他国的水土不服而宣告失败。而排斥他国化，排斥因地制宜、因时制宜、因事制宜的文化传播思路，也往往在现实中受到排斥。通过印度佛教中国化的成功实践——禅宗的形成与礼仪之争的恶性发展导致的基督教中国化的失败案例，就可以发现文化融合的必要性。

相比于经济、政治领域的中西交锋，中国礼仪之争的文化氛围较浓厚，性质略显单纯。但是，任何大规模的文化交锋都不是纯粹的学术事件，其背后蕴含着综合国力的对比与较量。在 20 世纪 80 年代中国改革开放以后，特别是 21 世纪以来，随着全面对外开放的纵深发展以及各领域全球化进程的不断加强，中西文明对话的问题再次成为学界关注的焦点。中国礼仪之争这个学术问题，在近年来的当代西方学界也再次引起了关注，掀起了研究热潮。在当代西方学界对此问题的关注中，一个崭新的亮点便是关注礼仪之争中中方的态度与声音。西方学界表示，礼仪之争事件的启示值得当代关注。当然，这种声音若被越来越多的当代中国学者所听到的话，乃善莫大焉。

（三）礼文化在中华文明中的积极作用再认识

礼文化在中华文明史中经历过数次大风大浪，如今已进入复苏的转折期。在 20 世纪初的新文化运动与"五四"运动中，"礼教"遭到了疯狂的炮轰与批判，成为中华文明丑恶、落后等一切负面因素的总代表。近年来，随着文化政策与文化风气的扭转，思想界与社会大众对"礼教"与中国礼文化的认识也大有转变。古代中国以礼仪之邦自居，并将国家各领域之强大原因归于礼制、礼教、礼义等礼文化的作用。关于此，在英语世界的中国礼文化研究中，我们听到了异域学者宝贵的声音。

100 年前，正在国内掀起新文化运动的热潮之时，一位名叫约翰·罗斯（John Ross，1842~1915）的苏格兰在华传教士撰写了一本英文专著，题为《中国原始宗教》（*The Original Religion of China*）。在该书中，约翰·罗斯明确指出，中国古代几千年持续强盛的根本原因在于中国礼教的传承。① 这里，他就把中国礼教的作用放到了近乎至高无上的地位。罗斯认为，"礼"在中国地位极高，是中国文化的主体。在礼文化的影响与推动下，中国社会稳定、繁荣、发达、文明程度高且具有永续辉煌的巨大力量。罗斯没有被当时中国的实际国际地位较低这个现象所遮蔽，也没有人云亦云地受到当时中国新文化运动思潮的影响，这本出版于 1918 年的著作，仍然认为中国的礼教高尚、值得效法，认为它拥有高超智慧，能跨越时空为人所用。此外，在罗斯的视角中，中国礼文化不仅影响着中国的官方及整个中华文明，还深深影响着每个中国人。他认为，中国人的智力、体力、能力、意志力都是十分强大的，这与几千年来礼文化的锻造密不可分。个体的优秀加之整体实力的持续强大，必然使中华民族及中华文明久盛难衰。在罗斯看来，"礼"代表着一种责任感、使命感与执行力，这种强大的文化观念与仪式操演使中国人形成了代代相传的优秀品质。有这种优秀的品质，国家的强大便不成问题。总之，在罗斯的眼中，"礼"是促使中国持续稳定、持久强大的根本原因，是中国成为四大文明古国之一的根本原因，也是中国人各方面皆非常优秀的本质原因。在笔者目前所发现的英语世界中国礼文化的研究成果中，罗斯是对中国礼文化评价最高的学者。

　　不言而喻，罗斯或许讲出了很多中国知识分子内心的话，但国内知识界却鲜有人能够大胆表达罗斯这种想法。我们对于自己的传统文化批判太久、彻底否定太久、厌恶太久，甚至一开始就以批判、否定、诘难、质疑的态度看待中国传统文化。所以，不论先祖多么用心良苦，今人也似乎难以领会，只是不停地给孔老夫子扣黑帽子，反而是单纯、天真的读经儿童在背诵经典时，往往能领会祖先与古仁人的一片用心。对中华传统文化，尤其是儒家文化的批判态度，已经成为现代中国的一种学术传统，一种条件反射似的治学反应。可能 20 世纪初的不少学者本身就受益于自幼的儒家文化熏陶，以至于最终成为学术、文化大师，但是由于时代原因，他们忍痛否定中华文化，否定儒家的代表人物孔子，并将中国当时积贫积弱的情况嫁祸于孔子。当时中国不少知识分子这种"借假修真"的文化心态与文

---

① John Ross, *The Original Religion of China* (New York: Cornell University Library, 1918), p. 89.

化修为，没有被当代学者充分领会，反而被他们误读了其精神实质，只取其议论的表象。时至今日，我们对于传统文化、儒家文化仍怀着复杂的心态。当然，这是历史造成的结果，不能针对个人。

在此，有必要将儒家文化的不同部分分开认识。笔者认为，先秦的儒家圣贤文化大致是积极的、好的、值得肯定的，因其时不少孔门弟子能够知行合一、体用不二，即表里如一地践行礼乐文化，并将儒家文化与知识素养运用于个人行为当中予以内化，成为自己生命的一部分。后来，由于官方的强势介入，以及魏晋南北朝时期中国读书人心态、人格及行为的种种改变，越来越多的读书人出现了言行表现与内心活动不一致的现象，"知"与"行"渐渐分开。儒家典籍成为注解时的底本、口头的言谈，而不是修身养性的圭臬，这种文化现象带来了很大的流弊与负面结果。具体结果暂且不论，由此我们可以看出，先秦的儒家典籍、儒家文化同后世的儒家文化（学术文化、官僚文化、政治文化等）是有本质区别的。通俗来说，就是后代读书人在继承先秦儒家文化的过程中逐步走向了偏差。所以，当我们言及传统文化时，所谈的往往是传统流弊在当代社会中的某种反映，如此，对传统文化的妄自菲薄便成为某种必然。这其实也造成了中国人的这样一种大众文化心态：当自身遭遇不顺之时，往往会追问其始作俑者，去苛求前人。这种心态若用于对中华文化的议论，便极易对孔子、孟子等人进行文化诘难。老子、庄子当年不看好圣人及圣人影响下的社会，定有其深刻的原因。

不必对约翰·罗斯的议论大加赞赏、大肆批判，或者展开争执，我们所需要的，或许是更多地向古圣先贤学习一些优秀的品质和高超的智慧。若在一开始阅读古代典籍，或尚未阅读先秦儒家典籍时，便怀着批判、否定的态度，那么对于经典中的智慧，恐怕也难以吸收一二了。

参考文献

[1] Roger T. Ames, David Hall, *Focusing the Familiar: A Translation and Philosophical Interpretation of the Zhongyong* (Honolulu: University of Hawaii Press, 2001).

［2］Anna Sun, *Confucianism as a World Religion* (New Jersey: Princeton University Press, 2013).

［3］Bryan W. Van Norden edited, *Confucius and the Analects*: *New Essays* (New York: Oxford University Press, 2002).

［4］Bryan W. Van Norden, *Virtue Ethics and Consequentialism in Early Chinese Philosophy* (New York: Cambridge University Press, 2007).

［5］Tu Wei‐Ming, *Centrality and Commonality*: *An Essay on Confucian Religiousness* (New York: State University of New York Press, 1989).

［6］Roel Sterckx, *Food*, *Sacrifice*, *and Sagehood in Early China* (New York: Cambridge University Press, 2011).

［7］W. A. P. Martin, *The Chinese*: *Their Education*, *Philosophy*, *and Letters* (New York: Harper & Brothers, Franklin Square, 1881).

［8］葛兆光:《中国思想史》,复旦大学出版社,2009。

［9］辜鸿铭:《辜鸿铭文集》,黄兴涛等译,海南出版社,2000。

［10］何芳川、万明:《古代中西交流史话》,商务印书馆,1998。

［11］李天纲:《中国礼仪之争:历史、文献和意义》,上海古籍出版社,1998。

［12］李玉良、罗公利:《儒家思想在西方的翻译与传播》,中国社会科学出版社,2009。

［13］李泽厚:《中国古代思想史论》,生活·读书·新知三联书店,2008。

［14］梁漱溟:《中国文化要义》,上海人民出版社,2011。

［15］刘师培:《中国中古文学史讲义》,上海世纪出版集团,2006。

［16］柳诒徵:《中国文化史》,东方出版社,2008。

专题资料

中国与"一带一路"沿线国家文化
交流大事记（下）

蔡馥谣　曹　波[*]

　　《中华文化在"一带一路"沿线国家传播报告》主要分析了近3年来"一带一路"沿线国家的中华文化的传播现状。本部分主要包括以下国家：哈萨克斯坦、乌兹别克斯坦、土库曼斯坦、塔吉克斯坦、吉尔吉斯斯坦、俄罗斯、乌克兰、白俄罗斯、阿塞拜疆、亚美尼亚、摩尔多瓦、波兰、立陶宛、爱沙尼亚、拉脱维亚、捷克、斯洛伐克、匈牙利、斯洛文尼亚、克罗地亚、波黑、黑山、塞尔维亚、阿尔巴尼亚、罗马尼亚、保加利亚、马其顿。

哈萨克斯坦

　　哈萨克斯坦共和国，位于中亚，是内陆国家，也是世界上最大的内陆国。哈萨克斯坦西濒里海，北临俄罗斯，东南与中华人民共和国接壤，南与乌兹别克斯坦、土库曼斯坦和吉尔吉斯斯坦接壤。哈萨克斯坦共和国是横跨欧亚两洲的国家，首都阿斯塔纳。国土面积272.49万平方公里，列世界第9位，自然资源十分丰富。

　　哈萨克斯坦是丝绸之路古国，地处中亚交通要冲的十字路口，历史悠久，文化灿烂。2013年9月7日，习近平主席在哈萨克斯坦纳扎尔巴耶夫大学的演讲中首次提出建立"丝绸之路经济带"的倡议，哈萨克斯坦既是

　　*　蔡馥谣，大连外国语大学中华文化海外传播研究中心副研究员；曹波，大连外国语大学中华文化海外传播研究中心副研究员。

古丝绸之路上的重要节点，也是丝绸之路经济带上非常重要的国家。在习近平主席和哈萨克斯坦总统纳扎尔巴耶夫的共同倡议下，中方"丝绸之路经济带"建设与哈方"光明之路"新经济政策紧密对接，两国经贸合作更加紧密，互联互通成效显著，人文交流日益密切，给两国建设全面战略伙伴关系注入了强劲动力。

中国同哈萨克斯坦地理相邻、文化相通、传统友谊深厚、人员往来密切，发展中国同哈萨克斯坦的人文交流，是非常有必要的。哈萨克斯坦已经建成 5 所孔子学院，中国与哈萨克斯坦两国领导极力支持孔子学院在哈萨克斯坦的建设，以加深中国和哈萨克斯坦两国的文化交流，推广以孔子学院为载体的汉语教学。现在越来越多的哈萨克斯坦青年热衷学习汉语、研究中华文化，文化交流已成为中哈两国民众增进交流的主旋律，奠定了中哈两国共建丝绸之路经济带、民心相通的坚实基础。

2014 年 9 月，"中国文化日"亮相哈萨克斯坦，向哈萨克斯坦民众展示了当代中国高超的文化艺术，观众们参观陶瓷紫砂艺术展、"中国美丽乡村"摄影展，欣赏包含传统杂技、中国古琴、昆曲以及中国传统舞蹈等在内的文艺演出，近距离感受中华文化。

2015 年 2 月，哈萨克斯坦阿克托别州朱巴诺夫国立大学孔子学院组织的中国饮食文化体验活动以及迎春中华文化推广系列活动，让异域校园的师生切身感受到中国传统文化气息。

2016 年 1 月 26 日，由中国驻阿拉木图总领馆举办的"丝绸之路——中国文化日"活动在哈萨克斯坦南部城市阿拉木图拉开帷幕，"时尚中国"图片展、京剧、河北梆子、萨克斯独奏、魔术、女声独唱、变脸等精彩节目吸引了近千名观众观看。2016 年 8 月，"感知中国·哈萨克斯坦行"系列活动更是进一步推动了中华文化在哈萨克斯坦的传播。活动在阿斯塔纳和阿拉木图两座城市同时举行，通过体现浓郁地方风情的文艺演出，还有在哈萨克斯坦国家图书馆建立具有中国韵味的中国馆以及别具特色的中国非物质文化遗产展、旅游图片展、中国智造展、旅游推介会等活动，向哈萨克斯坦民众展示中国悠久的历史文化底蕴和现代发展活力。

中华文化自古崇尚"和谐、和平、开放、包容"的理念，中国和哈萨克斯坦之间的友好交往及人文交流将伴随着古丝绸之路的诞生和延伸，成为中华文明与世界文明融合的不可分割的组成部分。

乌兹别克斯坦

乌兹别克斯坦共和国，1991 年从苏联独立，位于中亚地缘中心，地处欧亚大陆东西方和南北方交通要冲，是世上两个双重内陆国之一，首都塔什干。自然资源丰富，矿产资源储量总价值约为 3.5 万亿美元。国民经济支柱产业是"四金"：黄金、"白金"（棉花）、"黑金"（石油）、"蓝金"（天然气）。

乌兹别克斯坦早在公元前就成为中亚文明发祥的重要地区，在丝绸之路上具有独特的地缘优势和人文优势。乌兹别克斯坦的历史与丝绸之路紧紧相连，使得乌方参与"一带一路"的热情内生于其历史文化。自 2012 年建立战略伙伴关系以来，中乌两国关系实现跨越式发展，政治互信、经济互利、人文互鉴的合作新格局全面形成。

在人文交流方面，中乌合作硕果累累。乌兹别克斯坦已经建成两所孔子学院，塔什干孔子学院以及撒马尔罕国立外国语学院孔子学院。为了进一步加强与改善汉语教学工作，中国相继与塔什干国立东方学院、世界语言大学、世界外交经济大学、撒马尔罕国立外国语学院以及中小学校合作，开设汉语系或汉语课堂，"汉语热"已成为中乌友好交往的重要桥梁。此外，民间交往和联合考古成为中乌文化合作的新亮点，目前有中国社会科学院、西北大学等考古队在乌境内进行考古发掘，并取得重要阶段性学术成果。

2014 年 5 月，乌兹别克斯坦举办外交使团文化美食节，在中国展区，除了中国传统美食佳肴，还重点展示了中国茶艺与书法艺术的魅力。此外，2014 年乌兹别克斯坦历史名城撒马尔罕市建立孔子学院并正式揭牌，以此为平台，上海外国语大学和撒马尔罕国立外国语学院开展了一系列的科研和教学合作活动。

2015 年 9 月，在由乌兹别克斯坦对外友好和文化教育交流协会主办的"2015 年传统美食文化节"上，中国展区凭借丰富的美食和文化活动获得了本次活动的特等奖。随着中乌利益交融的不断深化，两国人民相互了解的愿望也在持续加深。2015年"第二十一届塔什干国际旅游节"开幕。旅游是传播文明、增进两国人民相互了解和友谊的最佳途径之一。同年11月2日，中国国家画院与乌兹别克斯坦对外友协及乌兹别克斯坦国家艺术科学院在塔什干签署合作协议，为共同促进两国艺术发展明确了合作方向，建立了合作机制。

2016年，乌兹别克斯坦举办"汉语桥"世界中学生中文比赛。中国驻乌兹别克斯坦大使馆孙立杰大使说："我已在塔什干参加两届中学生'汉语桥'比赛，目睹乌中小学生们整体汉语学习水平不断提高、对中国和中华文化的了解不断加深。我们还通过比赛，发现并推荐了多名优秀汉语人才赴华参加决赛。这就达到了比赛的目的——进一步激发青年人学习汉语的兴趣，为乌培养更多优秀的汉语人才。"2016年3月，经过乌兹别克斯坦知名作家和各方努力，我国文学巨匠老舍先生的作品《猫城记》乌兹别克斯坦语版成功在乌兹别克斯坦发行，填补了中国当代文学作品乌兹别克斯坦语翻译的空白，为乌兹别克斯坦人民了解中国文学打开了一扇门。

中乌在共建丝绸之路经济带进程中以文化交流为优先方向，提升两国人民对中乌关系的兴趣；以语言文化人才培养为重要手段，传承和发扬中乌友好事业；以媒体合作为重要平台，增进两国人民的相互了解；以旅游、考古、医药、地方合作为新增长点，丰富中乌民间外交的内涵。

土库曼斯坦

土库曼斯坦，位于中亚西南部、科佩特山以北，首都阿什哈巴德。东接阿姆河，西北部和东北部分别与哈萨克斯坦、乌兹别克斯坦接壤，西濒里海，与阿塞拜疆和俄罗斯隔海相望，里海海岸线1768公里，南临伊朗，东南与阿富汗交界。国土面积49.12万平方公里，是仅次于哈萨克斯坦的第二大中亚国家，但土库曼斯坦约80%的领土被卡拉库姆大沙漠覆盖，是世界上最干旱的地区之一。土库曼斯坦矿产资源丰富，主要有石油、天然气、芒硝、碘、有色金属及稀有金属等。石油和天然气工业为土库曼斯坦的支柱产业，天然气储量居世界第4位，主要农作物包括棉花、小麦和稻米等。

土库曼斯坦自古便在丝绸之路中占有重要位置,是东西方的交会点。2013 年 9 月习近平主席对土库曼斯坦进行了国事访问,两国元首共同决定将中土关系提升到战略合作伙伴关系,双边经贸合作上了新台阶。商品流通行业的增长,经济、科学和教育领域的合作,人文沟通的扩大和加强,使得中国和土库曼斯坦两国的关系达到了前所未有的水平。

虽然土库曼斯坦没有孔子学院,但有 4 所重点高校设有汉语专业。在马赫图姆库里国立大学工作的中国教师李睿称,当地学生学习汉语的热情很高,对中国文化、经济和国情很感兴趣,但汉语师资仍严重匮乏,不能满足当地需求。

2014 年 5 月,在中国国家主席习近平和土库曼斯坦总统别尔德穆哈梅多夫的见证下,中共陕西省委常委、西安市委书记与马雷市市长比尔德·阿达木拉多夫在北京人民大会堂共同签署了《西安市与马雷市建立友好城市关系协议书》,两市正式缔结为友好城市,为丝绸之路经济带建设再添佳话。"中国西安文化周"受到马雷市政府及广大市民的热烈欢迎。此外,同年 4 月,张艺谋导演作为世界汗血马大会的形象大使,应土库曼斯坦总统库尔班古力·别尔德穆哈梅多夫的邀请出席了世界汗血马代表大会。土总统及多位内阁与张艺谋就奥运、电影文化等话题进行了交流。

2015 年 8 月,"中国文化日"在土库曼斯坦首都阿什哈巴德落下帷幕,中土两国演员为观众献上了一场精彩的杂技和文艺节目。近年来,中土两国人文领域的合作快速发展,两国人民相互了解的愿望不断加强,互办"文化日"作为两国文化合作的重要项目,在促进中土文化艺术共同繁荣、增进两国人民心灵沟通和传统友谊方面发挥着重要作用。在"中国文化日"期间,土库曼斯坦造型艺术博物馆还举办了《绣之雅蕴——中国刺绣艺术精品展》和《中国美丽乡村摄影图片展》。

2016 年 3 月,兰州交通大学土库曼斯坦文化研究所成立,通过平台搭建、文化交流、信息收集等方式实现资源共享,共谋发展,深化和促进中土两国人民之间的友谊和合作。

中土两国政治稳定,经济发展迅速,"一带一路"倡议的实施将会使两国关系更加紧密,为中土两国人文交流与合作提供安全保障。两国将会在传统历史友谊的基础上开创更大的局面。

塔吉克斯坦

塔吉克斯坦，位于阿富汗、乌兹别克斯坦、吉尔吉斯斯坦和中国之间，首都杜尚别，是中亚五国中唯一主体民族非突厥族系的国家，也是中亚五国中国土面积最小的国家。

塔吉克斯坦共和国是中亚东南部的内陆国家，境内多山，约占国土面积的 93%，有"高山国"之称，塔吉克斯坦矿产资源丰富，种类全、储量大。因此，塔吉克斯坦发展的重要任务是让国家的各个角落变得四通八达。塔吉克斯坦是最早提出支持"一带一路"倡议的国家之一。塔吉克斯坦希望在"一带一路"建设中发挥其地理位置上的连接作用。目前，塔吉克斯坦已和中国在塔境内合作建设了一些公路、铁路等基础设施，此外，在能源、建材、矿石原料、淡水以及银行业等领域同样具有巨大的合作潜力。

塔吉克斯坦目前建有两所孔子学院，为中塔文化交流做出极大贡献。以塔吉克斯坦国立民族大学孔子学院为例，它已经发展成为拥有 22 个各级汉语教学点、教职员工 42 名、年均培训各类汉语学习者超过 4000 人、年均举办各类文化交流活动达百余场次的大型汉语学习与中国文化传播机构。孔子学院致力于将自身打造为中塔双边文化交流的平台、教育学术交流的平台、塔吉克斯坦社会民众尤其是年轻人了解中国的平台，以及服务塔吉克斯坦本土企业和当地中资企业的平台。这些平台的建设，为增进两国之间的相互理解、推动两国之间民心相通的睦邻友好关系发挥着不可替代的作用。

中塔友谊源远流长，举世闻名的"丝绸之路"见证了两国先辈们的友好交往。为进一步增进两国人民的相互了解和友谊，两国元首商定于 2013 年和 2014 年互办文化日。在 2013 年"中国文化日"活动期间，中国艺术家展示中国各民族多彩多姿的舞台艺术，借此转达中国人民对塔人民的最良好祝愿。

2015 年 6 月，由中国驻塔吉克斯坦使馆和塔吉克斯坦国立民族大学孔子学院联合主办的"2015 年塔吉克斯坦汉语教学交流会"在塔吉克斯坦国家图书馆召开。此次交流会针对塔吉克斯坦汉语教学现状进行了深入的交流与讨论，不仅加强了孔子学院与塔吉克斯坦教育界的相互了解，而且扩大了孔子学院在塔吉克斯坦社会科学界以及丝绸之路等与中国相关的学科研究领域的影响，对推动塔吉克斯坦汉语教学和中塔两国文化多领域交流起到重要作用。

2016 年 8 月，丝绸之路和平奖基金会主席、北京和平之旅文化交流中心理事长邵常淳在塔吉克斯坦共和国政府国务院拜会了塔吉克斯坦副总理伊布罗西姆·阿滋姆。双方就杜尚别市申请获得"丝绸之路和平城市奖"及"丝路明珠"国际和平艺术家绘画展等方面的工作深入交换了意见并达成多项共识。

中塔两国都肩负着加快自身发展、实现民族振兴的历史使命，塔吉克斯坦的国家发展战略与中国的国家发展战略有诸多共通之处。这就需要双方加强合作，坚定维护共同利益，携手应对共同挑战。

吉尔吉斯斯坦

吉尔吉斯共和国位于中亚，是一个内陆国，1991 年从苏联独立，首都为比什凯克。吉尔吉斯斯坦位于欧亚大陆的腹心地带，不仅是连接欧亚大陆和中东的要冲，还是大国势力东进西出、南下北上的必经之地。其面积为 19.85 万平方公里。吉尔吉斯斯坦的农产品加工业是工业化经济的重要部分，有丰富的矿藏，但缺乏石油等资源。吉尔吉斯斯坦人均水资源居全球前列。吉尔吉斯斯坦的最大援助和投资国是哈萨克斯坦和俄罗斯。

吉尔吉斯斯坦与中国接壤。中吉两国在民族文化方面有相当深厚的渊源。东干族是吉尔吉斯斯坦主要民族之一，其祖上从中国西北迁居于此，他们主要使用汉语，习惯使用筷子，还保留着结婚时闹新房等中国传统习俗。而在现代社会，随着中吉关系不断深入，会中文的人才在吉尔吉斯斯坦走俏。中国已成为吉尔吉斯斯坦的第一大直接外资来源国，在吉中资企业数量也不断增加。在吉尔吉斯斯坦，端上桌的美食、口中说出的话、车轮下的公路，随处都能找到中国元素，感受到剪不断的中国情结。

吉尔吉斯斯坦有一个家喻户晓的中国有线电视台——德隆电视台。这家电视台的收视人数覆盖了吉尔吉斯斯坦人口的 60% 以上。中国驻吉尔吉斯斯坦大使馆文化处官员王继伟说，德隆电视台在吉尔吉斯斯坦用户众多，是当地乃至中亚最具有影响力的华语电视播出平台。

吉尔吉斯斯坦目前有 4 家孔子学院，21 所学校开设的孔子课堂以及 50 多个汉语教学点，在读的各类学员总人数已突破 1.6 万。在孔子学院，中国传统文化有其独特魅力，不少吉尔吉斯斯坦人学会了汉语，爱上了中国文化，两国文化领域合作将进一步增进两国人民对彼此的了解，促进两国关系深入发展。

2015 年 7 月至 8 月，"中国文化日"活动在比什凯克成功举行。活动期间分别举办了中国民族音乐会及中国瓷画展等活动。吉尔吉斯斯坦第一副总理萨尔帕舍夫在致"文化日"活动的贺信中表示，举办"中国文化日"活动对吉中关系进一步深入发展具有重要意义，是对两国人文交往、文化交流的充分诠释。

2016 年 8 月至 10 月，"中国·丝绸之路文化之旅"由陕西泾盛裕集团主办，哈萨克斯坦共和国东干协会、吉尔吉斯斯坦丝路新观察多媒体、吉尔吉斯斯坦新疆企业社团联合会联合协办，在吉尔吉斯斯坦共和国组织开展一系列大型文化交流活动。文化之旅活动将沿着吉尔吉斯斯坦境内的古丝绸之路行进，贯穿 5 个州（楚河州、伊塞克湖州、娜仁州、贾拉拉巴德州和奥什州），共 3000 公里，并在比什凯克市、伊塞克湖州、托克马克市三地进行大型文化、经贸交流，举办丝路形象大使、企业洽谈、产品展销会以及盛大的文化交流活动。

我们相信，中吉充分运用"一带一路"这一重要平台，与"一带一路"沿线国家和组织积极合作，必将为亚欧地区和平发展创造世纪性机遇，开启新的模式，注入新的发展动力，共享新的繁荣与昌盛。

俄罗斯

俄罗斯联邦，位于欧亚大陆北部，地跨欧亚两大洲，国土面积为 1709.82 万平方公里，是世界上面积最大的国家，是由 22 个自治共和国、46 个州、9 个边疆区、4 个自治区、1 个自治州、3 个联邦直辖市组成的联邦共和立宪制国家。

自"一带一路"提出后，俄罗斯留下了习近平主席在海外最多的足迹。中俄全面战略协作伙伴关系正在深入发展，丝绸之路经济带与欧亚经济联盟对接一步一个脚印落实。除了经济、能源、贸易等交往不断密切，俄罗斯对华的文化交往日益深入。2012 年，莫斯科中国文化中心成立，仅在 2013 年一年，就举办逾百场各类中国文化活动，接待访客超过 1 万人次，主办或承办了多项中俄两国间的高端文化交流项目，引起了驻在国社会各界的热烈反响和广泛关注。此外，在俄罗斯，各类汉语课堂如雨后春笋般涌现。目前，俄罗斯已创办 17 所孔子学院及 5 个孔子课堂，为中俄文化交流培养出了大批人才。

2014 年是中俄两国建交 65 周年的纪念之年。在此契机下，中俄两国最高领导人共同宣布于 2014 年和 2015 年举办"中俄青年友好交流年"。这是两国继成功互办"国家年""语言年""旅游年"之后，又一次举办重大人文交流活动。在"中俄青年友好交流年"框架下，第二届中俄文化论坛通过双方政府决策部门、文化艺术机构和学术研究机构、社会组织之间的深度对话，加强了两国间人文交流与合作，促进了两国文化产业发展，增进了两国青年一代的相互了解和友谊，加强了中俄边境地区的友好合作。"中俄文化论坛"挑起"一带一路"文化担当。

2015 年，中俄文化交流活动如火如荼开展。开年的"欢乐春节"系列活动，使俄罗斯民众走近中国新年，感受中国文化。3 月，第三届中俄旅游合作论坛在莫斯科举行；4 月，俄罗斯汉学家齐聚莫斯科中国文化中心共谋汉学发展；5 月，莫斯科中国文化中心举办第三届"品读中国"读书周；6 月，俄罗斯民众体验贵州风情；8 月，《从中国风到先锋艺术》讲座在新玛涅什展览馆举办；9 月，为纪念中国人民抗日战争暨世界反法西斯战争胜利 70 周年，"铭记历史开创未来美术作品展"在莫斯科开幕；10月，驻俄使馆公参与俄普希金造型艺术博物馆商谈合作；11 月，中国杂技走进莫斯科市五一乡；12 月，首届"品读中国"文学翻译奖在莫斯科颁奖。在 2015 年期间，几乎每个月份都能寻觅到与中国文化相关的各项及系列活动。

2016 年 7 月，俄罗斯"中国文化节"在俄罗斯军队中央模范剧院隆重举行。开幕式晚会是"中国文化节"框架下的重要活动。据了解，2016 俄罗斯"中国文化节"框架内将举办地方文化周，音乐、舞蹈、戏剧、武术等领域专场演出，中俄舞台艺术对话等 30 余场活动，活动时间延伸至 12 月，活动地点涵盖了莫斯科、圣彼得堡、叶卡捷琳堡、伊尔库茨克、萨哈（雅库特）共和国、萨马拉、鄂木斯克等广大区域，吸引了来自中国北京、上海、天津、河南、重庆、陕西、新疆等省区市的艺术团体积极参与，向俄罗斯人民介绍当代中国舞台艺术发展的最新成就。中俄两国在未来的发展中，将进一步加深两国间的文化交流与合作，为两国关系的长远发展和两国人民的世代友好，为两国社会、经济发展带来实实在在的好处。

乌克兰

乌克兰，位于欧洲东部，东接俄罗斯、南濒黑海，北与白俄罗斯毗邻，西与波兰、斯洛伐克、匈牙利、罗马尼亚和摩尔多瓦诸国相连。乌克兰地理位置重要，是欧洲联盟与独联体特别是与俄罗斯地缘政治的交叉点。

2015 年举办的丝绸之路经济带城市国际论坛上，乌克兰驻华大使馆一秘库克申克·威亚切斯拉夫出席并表示，乌克兰是首先支持中国建设丝绸之路经济带的国家，乌克兰准备大范围加强与中国在丝绸之路经济带建设方面的合作，包括经贸、投资、人文、旅游、文化、科学、教育以及医疗。目前乌克兰已经成立卢甘斯克师范大学孔子学院、基辅国立大学孔子学院、哈尔科夫国立大学孔子学院、南方师范大学孔子学院、基辅国立语言大学孔子学院 5 所孔子学院及基辅第一东方语言中学孔子课堂。这些学校为汉语教育和中国文化推广事业，为中乌友好交流合作做出积极的努力，通过丰富多彩的活动形式，让汉语和中国文化走近乌克兰民众并逐渐走进民众心里，满足乌克兰民众了解汉语和中国文化的愿望与需求。

2014 年 12 月，乌克兰"新年树"活动主推"中国文化"。每年一度的"新年树"庆祝活动在乌克兰首都基辅市中心的乌克兰之家举办。中国文化的展示和体验是这次"新年树"活动的主题，活动主要面向广大乌克兰少年儿童，旨在带领孩子们认识和体验博大精深、悠久灿烂的中华文化。

2015 年 4 月，南京文化日活动在乌克兰举办，同年 9 月，"2015 中国电影月"活动召开，在活动期间，乌克兰 TONIC 电视台将通过卫星电视、网络平台、数字电视等多渠道同时播放《黄河文明散记》《行走的餐桌——精致苏帮菜》《丽江古城》等 20 部影片。同年 10 月，中国政府文化代表团成功访问乌克兰，政府间合作委员会文化合作分委会第三次会议在乌克兰首都基辅举行。双方回顾了中乌文化合作分委会第二次会议召开以来两国的文化交流与合作情况，充分肯定了分委会机制在深化两国文化关系方面发挥的重要作用，就本次分委会的议题和两国文化领域的合作现状及前景充分交换了意见，并一致认为两国文化领域合作具有很大的潜力，今后双方应继续在信任与友好的基础上全面开展互利合作，不断拓展新的合作渠道，积极支持两国档案部门、主要博物馆、文物保护单位、广播电影电视机构、新闻出版机构、文化教育机构等单位建立直接联系，在专家互访、数字化建设、文物保护与修复、联合摄制影视作品，以及积极参加在对方国举办的电影节、艺术节、艺术比赛等方面开展深入合作。

2016 年 9 月，中国文化艺术商贸之旅代表团应邀访问乌克兰。2017 年正值中乌建交 25 周年，丝绸之路城市联盟携手中国驻乌克兰大使馆、中央美术学院，联合中央电视台、新华社等国内众多权威媒体和机构组团访问乌克兰，举办"中国文化走进乌克兰"大型文化、经济、商务交流活动，进一步推进两国之间的合作交流。

白俄罗斯

白俄罗斯共和国，位于东欧，是一个内陆国家，首都为明斯克，东北部与俄罗斯联邦为邻，南与乌克兰接壤，西同波兰相连，西北部与立陶宛和拉脱维亚毗邻。白俄罗斯原是苏联加盟共和国，1991 年 8 月 25 日宣布独立，1991 年 12 月 19 日改称"白俄罗斯共和国"，简称为"白俄罗斯"，旧译"别洛露西亚"，自称"别拉罗斯"。

白俄罗斯是欧亚大陆上的一个重要国家，民众受教育程度普遍较高，文化事业不断发展，并在国际上享有一定声誉，是一个有着丰厚文化底蕴和文明传承的国家。中白建交以来，两国文化交流一步一个脚印，扎实推进。特别是 2013 年，中国国家主席习近平和白俄罗斯总统卢卡申科共同决定将两国关系提升至全面战略伙伴关系以来，中白两国文化领域的交流与合作更是取得长足进展，"汉语热"和"中国文化热"持续升温。两国定期在对方国家举办文化日、电影周、图片展等多种多样的文化活动，人民之间的相互认知和交融不断加深。2014 年 10 月，白俄罗斯第 3 所孔子学院——"白俄罗斯国立技术大学科技孔子学院"在位于白俄罗斯首都明斯克的白俄罗斯国立技术大学礼堂举行隆重的揭牌仪式。这是世界上第一所科技型孔子学院，白俄罗斯政府副总理托济克在揭牌仪式上表示，白俄罗斯政府积极支持孔子学院在白的不断完善和发展。此外，白俄罗斯还建有 7 个孔子课堂，拥有了比较完整的孔子学院教育和学术体系。

2014 年 3 月，文化交流家刘瀚锴荣获白俄罗斯文化部荣誉奖，表彰其在中国与白俄罗斯文化艺术交流领域所做出的杰出贡献。这也是首位白俄罗斯以外国家的文化艺术界人士获得该项荣誉证书。两国的文化交流活动包括国际文化对话圆桌会议、白俄罗斯汉学家赴华学术交流、卫国战争历史博物馆馆长赴华参加国际研讨会等，中国故宫博物院也与白俄罗斯国家美术馆签订了博物馆间交流协议。

2015 年是中白全面深化文化交流与合作的重要一年。除"欢乐春节"活动外，中国还以主宾国身份首次参加了明斯克国际书展，中方组织了由出版商、作家等 79 人组成的大型代表团，并带来 5000 多种中国优秀图书。书展期间举办了包括中白作家见面会、文学翻译研讨会等 35 场文化活动。两国还签署了《中白经典图书互译项目备忘录》，确定从 2015 年至 2020 年，中白双方各自翻译和出版对方数十部作品。2015 年 10 月，白俄罗斯"中国文化日"开幕，话剧《我们的荆轲》是"中国文化日"的重点活动。在"中国文化日"举办期间，中国丝绸展在白俄罗斯国家美术馆举行，中白文化部在明斯克召开中白政府间文化分委会会议。

2016 年 12 月，白俄罗斯中国文化中心在明斯克成立。白俄罗斯文化部部长斯维特洛夫在致辞时说，近年来，白中人文交流蓬勃发展，这得益于两国间的友好关系。明斯克中国文化中心的落成是白中文化交流的标志性事件，白方也将在北京设立白俄罗斯文化中心。两国互设文化中心有助于加深两国人民的相互了解，扩大人文领域的友好关系和交流。

阿塞拜疆

阿塞拜疆共和国，位于外高加索的东南部，东临里海，南临伊朗，北靠俄罗斯，东部与哈萨克斯坦、土库曼斯坦隔海相望，西接格鲁吉亚和亚美尼亚。阿塞拜疆意为"火的国家"，其湖岸线长 800 千米，其西南部的纳希切万隔亚美尼亚与本土不相毗连。

阿塞拜疆地处欧亚大陆"心脏地带"及东西向、南北向交通走廊交会的"十字路口"，是名副其实的交通枢纽。本地区繁忙的机场、良好的金融服务、便捷的通信、受过良好教育的年轻人，为阿塞拜疆提供了巨大优势。阿塞拜疆积极响应中国提出的"一带一路"倡议构想。中国和阿塞拜疆是地理上的"远亲"却是心灵上的"近邻"。千年亲缘，万里茗香，古老而又青春的丝绸之路，将中阿两国紧紧相连。时任中国驻阿塞拜疆大使宏九印说，掌握汉语非常有利于当地人更好就业，这是直接的动力，在这方面孔子学院功不可没。"2011 年中国孔子学院在阿塞拜疆巴库国立大学落户。经过这两年的运作，不仅巴库国立大学孔子学院得到了很好的发展，而且这一两年又开设了很多孔子学院汉语课堂、教学点。这说明，阿塞拜疆民众对学习中文、了解中国文化还是非常感兴趣的。"阿塞拜疆现建有两所孔子学院，分别是巴库国立大学孔子学院以及阿塞拜疆语言大学孔子学院。

2014 年 7 月，阿塞拜疆巴库国立大学孔子学院"2014 中国语言文化夏令营"开营仪式在安徽大学龙河校区举行。来自阿塞拜疆巴库大学孔子学院和智利圣托马斯大学孔子学院的约 30 名学员先后在合肥、黄山等地学习日常汉语、唐诗鉴赏、中国剪纸、民族舞蹈、茶文化、徽文化与徽学等富有中国文化特色的课程，游览美丽的世界自然和文化双遗产、世界地质公园黄山风景区，学习内容丰富、形式多样，包含众多中国元素以及徽州文化，使得夏令营学员能够更好地了解中国文化，做中阿、中智的友谊使者，为增进国家间人民友谊、推进国家间文化交流做出新贡献。同年 9 月，阿塞拜疆巴库国立大学孔子学院"孔子学院 10 周年"系列活动之"中文体验课"在阿塞拜疆外交大学成功举办。活动以汉语作为纽带，增加中阿年轻人之间的理解，增进友谊。

2015年2月，巴库国立大学孔子学院与阿塞拜疆国家科学院尼扎米文学研究所共同创办的"中国文化中心"开办仪式在科学院举行。同年3月，巴库国立大学孔子学院与哈扎尔大学"汉语角"共同举办了"2015闹元宵·庆新春"活动。

2016年5月，阿塞拜疆共和国驻华大使馆举办《阿塞拜疆发展之路》新书发布会，阿塞拜疆总统府战略发展中心相关领导出席。组委会领导与阿塞拜疆大使进行了亲切会晤，并谈及投资"一带一路"基础教育等相关事宜。同年9月，中国佛教协会代表团抵达阿塞拜疆共和国参加第五届巴库国际人文主义论坛。11月，阿塞拜疆巴库国立大学孔子学院举办了以"中国哲学中的多元文化思想"为主题的座谈会。各方代表在会上畅所欲言，阐述了各自对多元文化的理解，并进行了热烈、友好的交流。

亚美尼亚

亚美尼亚共和国，位于亚洲与欧洲交界处的外高加索地区，为共和制国家。行政疆界上，亚美尼亚位于黑海与里海之间，西临土耳其，北临格鲁吉亚，东临阿塞拜疆，南接伊朗和阿塞拜疆的飞地纳希切万自治共和国，以埃里温为首都。

亚美尼亚位于外高加索，它与中国虽远隔千山万水，但空间上的距离并没有妨碍两国发展与深化务实友好合作关系。中亚建交以来，两国关系健康稳定发展，双边经贸合作紧密，中国已经连续多年稳居亚美尼亚第二大贸易伙伴国地位。中亚两国均属历史悠久的文明古国，文化内涵丰富。两国人民关系友好，相互支持。特别是近年来，双方在文化教育领域中的合作非常活跃，多次通过举办"中国文化日"活动，从深度和广度扩展中亚双方文化合作的领域，让亚美尼亚人民更多地认识和了解中国。目前，亚美尼亚建有一所埃里温"布留索夫"国立语言与社会科学大学孔子学院，同时下设3个汉语教学点和3个孔子课堂，学生总数超过800人。"中国文化热"在亚持续升温，有力增进了中亚两国人民特别是青年学生的相互了解。

2014年2月,由中国国家汉办推出的"汉语角"和埃里温"布留索夫"国立语言与社会科学大学孔子学院推出的《中国文化角》正式落户亚美尼亚国家图书馆。同年12月,亚美尼亚斯拉夫大学中国汉语与文化中心举行挂牌仪式,为亚美尼亚增添了又一个"中国之窗"。

2015年12月,中国和亚美尼亚文化交流研讨会在埃里温国家议会大楼举行。亚美尼亚副议长艾尔梅涅·纳戈达良在发言时强调,亚中两国在文化教育领域的合作取得了丰硕成果。她赞扬亚美尼亚孔子学院在传播中国文化中所起的作用。

2016年2月,由亚美尼亚埃里温"布留索夫"国立语言与社会科学大学孔子学院与亚美尼亚中学联盟共同举办的中小学生"2016年春节·贺年卡展"在亚美尼亚国家画廊隆重举行。贺卡上所体现出的灯笼、中国结、剪纸等中国元素,让前来参观的市民赞不绝口,人们纷纷拿出手机拍照留念。同年4月,亚美尼亚阿尔马维尔市重点中学举行"中国文化中心"剪彩仪式,亚美尼亚国民会议副议长纳戈达良鼓励师生深入了解中国,推动中亚两国在"一带一路"的框架下开展更加全面而深入的互利合作。她表示,斯捷潘纳万市"图马尼扬"中学、"中国文化中心"和阿尔马维尔市重点中学"中国文化中心"将成为亚美尼亚民众了解中国的又一窗口,成为众多面向世界的中小学的典范。6月,"中国文化日"在亚美尼亚开幕,中国残疾人艺术团为亚美尼亚观众奉上"我的梦"精彩演出,"绣之雅蕴——中国刺绣艺术精品展"在图马尼扬博物馆展出一周,进一步增进亚美尼亚民众对中国悠久历史文化的了解,推动两国民心相通。在此期间,田二龙大使代表中国文化部与波戈相部长共同签署了《中华人民共和国文化部与亚美尼亚共和国文化部2017~2020年文化合作计划》。根据协议,双方将继续强化丝绸之路经济带框架下的文化合作,互办两国文化日活动,加强双方对诸如博物馆、剧场、影院等文化设施以及传统音乐、舞蹈等文化形式的保护工作,共同保护两国文化遗产。参加签字仪式的亚美尼亚文化部部长哈斯米克·波戈相说:"近年来,亚中两国文化关系保持了良好的发展势头。此次协议的签署再次证明,中国是亚美尼亚真诚的合作伙伴。"

摩尔多瓦

摩尔多瓦共和国，位于东南欧，是一个内陆国，与罗马尼亚和乌克兰接壤，首都基希讷乌。

近年来，"一带一路"建设为中摩合作提供了新思路、新平台和新机遇。中摩两国于 1992 年 1 月 30 日建立了外交关系。20 多年来，两国关系不断推进，政治互信日益加深，务实合作逐步扩大。目前，摩尔多瓦建有一所自由国际大学孔子学院以及一个摩尔多瓦国家儿童中心孔子课堂，这所孔子学院还在摩尔多瓦的首都基希讷乌市及邻近地区设立了教学点。鲜为人知的是，摩尔多瓦还有一个"中国村"。这个村庄位于基希讷乌市以北 46 公里处的奥尔海域附近，此昵称来自一位名叫张青山的中国人，他1901 年时为两名俄罗斯人带路，后来跟其中的一位来到摩尔多瓦并在此定居。张青山娶了一位摩尔多瓦姑娘为妻，家庭生活幸福美满。如今他的后裔已经繁衍至第五代。此事在当地被传为佳话，这个"中国村"作为中摩友好的象征，也为两国人民继续发展友好合作关系树立了榜样。

2014 年 1 月，摩尔多瓦自由国际大学孔子学院应邀参加摩尔多瓦国家儿童图书馆举行的"庆祝中国新年"活动。佟明涛大使为前来参加活动的近百名摩尔多瓦小朋友介绍了中国新年传统习俗。接下来杜英女士给孩子们做了一场生动活泼的"汉字起源"讲座。同年 3 月，应摩尔多瓦文化部邀请，出席摩尔多瓦"迎春花"国际艺术节的中国残疾人艺术团在摩尔多瓦国家芭蕾舞剧院举行"我的梦"大型音乐舞蹈首场演出。同年 10 月 18 日，中国驻摩尔多瓦使馆主办的"中国电影周"开幕式在基希讷乌"Odeon"电影院举行。摩尔多瓦文化部国务秘书安德烈·基斯托尔在致辞中表示，中国经济的飞速发展带动了文化产业包括电影业的繁荣。2014 年，摩尔多瓦文化部部长巴布克成功访华，双方签署了系列合作协议。"中国电影周"是中方落实合作协议的具体举措，摩尔多瓦欢迎中国使馆多举办一些这样的活动，向摩尔多瓦人民介绍更多更优秀的电影作品，增进两国人民的相互了解和友谊。

2015 年 3 月，在中国驻摩尔多瓦大使馆与摩尔多瓦文化部的共同组织下，中国广播民乐团——古典印象国乐坊在摩尔多瓦管风琴音乐厅为摩尔多瓦观众举办了一场别开生面的中国民乐演奏会，这次音乐会让观众们深深感受到了中国民族音乐的魅力。同年4月，摩尔多瓦自由国际大学孔子学院的志愿者老师们在孔子学院举办了一次主题为“中国书法”的汉语角活动。9月29日至10月2日，晋江市掌中木偶艺术保护传承中心应摩尔多瓦文化部和摩“利古里奇”国家木偶剧院联袂邀请访摩，参加摩第五届国际木偶节暨“利古里奇”国家木偶剧院成立70周年庆典，并演出了《大名府》和《兔子、公鸡斗狐狸》，获得木偶剧专家、同行的一致好评。

2016年3月2日，江苏女子民族乐团访问摩尔多瓦，参加摩第五十届“迎春花”国际音乐艺术节，在首都基希讷乌市管风琴音乐厅举行了中国专场音乐会，带来了中国人民对摩尔多瓦人民的亲切问候和良好祝愿，并将用精湛的技艺为摩尔多瓦人民奉献原汁原味的中国经典传统民乐，展示中国民族音乐的魅力。同年9月，摩尔多瓦国家图书馆举办摩第二十五届国际图书展，此次中国使馆精选150种、近600册介绍中国历史文化、政治经济等内容的图书参展，展后将全部图书捐赠给摩国家图书馆，供读者借阅，希望摩尔多瓦人民通过这些图书认识中国、喜欢中国。

波兰

波兰共和国，中欧国家，东与乌克兰及白俄罗斯相连，东北与立陶宛及俄罗斯接壤，西与德国接壤，南与捷克和斯洛伐克为邻，北面濒临波罗的海。

中东欧是连接欧亚的重要枢纽和通道，是“一带一路”的重要区域，而波兰具备独特的区位优势。波兰地处欧洲“十字路口”，也是“琥珀之路”和“丝绸之路”的交会点。目前，有多条中欧班列途经波兰或以波兰为目的地。2016年6月，中国国家主席习近平访问波兰，在访问期间举行的中欧班列首达欧洲（波兰）仪式上，列车鸣笛驶入华沙铁路集装箱货运站，中波两国元首向班列挥手致意。连接中欧的“钢铁丝路”成为中波、中欧日益升温的经贸合作的缩影。在中国“一带一路”倡议与波兰“可持续发展计划”框架对接下，中波构建亚欧经贸流通新渠道将助益中欧融合与繁荣。

随着中波关系的拉近，中波之间的文化往来也越来越密切。中国和波兰的文化合作达到了历史上最好的状态，目前有非常多的中波文化合作项目正在进行中。同时，中国和波兰的艺术家、专家之间也有很多交流和合作，越来越多的中国观众对波兰戏剧感兴趣。中波之间的文化往来将拉近两国文化之间的距离，激发文化合作新的潜力。

波兰民众对中国的印象很好。波兰民众对中国茶、中医、针灸、功夫、熊猫、中餐等中国文化因素表现出浓厚兴趣，这些中国元素在波兰也深受欢迎。随着波兰和中国交流、合作的深入，越来越多的波兰学生愿意选择学中文。波兰的最高学府之一华沙大学开设了中文系，整个波兰有 4 所孔子学院，全国还有 30 余所民间的中文学校。金发碧眼的青年男女捧着书本学中文，在波兰已成一景。

2014 年，"中国文化日"活动在格但斯克大学隆重举行。在活动期间，格但斯克大学礼堂内喜气洋洋，大红灯笼、中国福字、中国结将"中国文化日"现场装点一新。格但斯克大学长期与中国保持友好联系和良好合作，该校师生对中国文化十分感兴趣。格但斯克大学建立汉语系以来，越来越多的波兰学生加入学习中国语言文化的行列。"中国文化日"的举办成为宣传中国文化、加深中波友谊的良好契机。

2015 年 6 月和 9 月，"2015 中东欧（波兰）中国家居品牌博览会""第四届中国出口商品展"在华沙开幕。在展会期间，举办了两国经贸知识讲座，进行两国传统文化艺术表演和首届波兰围棋公开赛。这些活动的举办开启了中波文化贸易的新阶段。

2016 年，波兰雅盖隆学院孔子课堂举办题为"新丝绸之路背景下的中波机遇和挑战"研讨会。研讨会上，与会嘉宾探讨了中国与波兰政治、经济和文化方面的发展与合作，以及中波在新丝绸之路背景下所面临的机遇和挑战，提出构建双边合作机制，以促进中国和波兰，特别是中国和波兰托伦地区文化交流和合作的可能性。与会者认为，"一带一路"构想的实施对中国和波兰之间开展经济、技术和文化领域的交流非常有价值。同年，"中华文化讲堂"携篆刻艺术、首届"中国电影展"等文化活动分别在波兰华沙大学、波兰雅盖隆学院孔子课堂举办。

立陶宛

立陶宛，位于欧洲中东部，北与拉脱维亚接壤，东连白俄罗斯，南与波兰相邻，西濒波罗的海和俄罗斯加里宁格勒州。国境线总长为 1644 公里，海岸线长 90 公里。

立陶宛是中国在波罗的海地区和欧盟内的重要合作伙伴。拥有波罗的海交通枢纽地位的立陶宛，也是丝绸之路上的重要一环。"一带一路"建设可利用立陶宛的铁路和港口，"立陶宛克莱佩达港坐落于波罗的海，有完善的设施和线路，可成为中国商品的区域集散中心和通往北欧各国的枢纽"①。2016 年是中立两国建交 25 周年，中方表示愿与立方共同努力，以两国建交 25 周年为新起点，进一步密切政府、立法等各层级交流，共同推进"一带一路"建设，深化经贸合作，拓展人文交流，推动中立关系、中国–中东欧国家合作及中欧关系不断迈上新台阶。立方也表示愿进一步深化与中方的各领域交流合作，支持并积极参与"一带一路"建设和中国–中东欧国家合作。

近年来中立两国文化团组互访频繁，人文交流不断拓展，对加深两国人民的相互了解发挥了积极作用。中国与立陶宛建交以来，在文化交流与合作领域取得了良好发展，迄今为止已共同执行了 5 个大型文化交流计划。

2014 年 9 月 8 日，立陶宛维尔纽斯大学孔子学院举办中秋晚会，孔子学院中方院长张东辉向立陶宛社会各界介绍中秋节的历史和庆祝方式，并普及中国茶艺文化等；9 月 29 日，立陶宛孔子学院举办庆祝全球孔院 10 周年活动；11 月 24 日至 30 日，立陶宛维尔纽斯大学孔子学院举办中国文化周活动，其间中国戏曲学院的演员为立陶宛观众带来了京剧表演。

2015 年 3 月 18 日，"待发现的立陶宛"山东–立陶宛文化周暨马流斯·尤外莎大师摄影展在山东省美术馆盛大开幕。立陶宛共和国外交部副

---

① 《立陶宛首任驻华大使："一带一路"是与中国合作的重要契机》，《国际日报》2016 年 4 月 14 日。

部长罗兰达斯·克瑞斯丘纳斯在会上介绍了中国文化，尤其是源自齐鲁大地的儒家文化在立陶宛的发展现状，并表达了对汉语、孔子、儒学的高度赞赏。他表示，中国的文化、中国的艺术以及中国的语言在立陶宛受到越来越多人的欢迎。

2016年4月，立陶宛国家歌剧舞剧院院长金塔乌斯塔斯·科维萨斯先生随立陶宛文化部部长沙鲁纳斯·比鲁季斯先生对中国进行访问，其间与国家大剧院签署战略合作备忘录，为两国今后更多的联合制作，以及院团、艺术家互访等深入合作达成初步意向。10月24日，由中国立陶宛商会山东分会、济宁市文广新局、济宁市政府外事办主办的"中国·立陶宛文化交流书画展"，经过3个多月的认真筹备，在济宁市群众艺术馆隆重举行。

2017年1月20日，由中国文化部和国家文物局主办、中国文物交流中心和立陶宛艺术博物馆联合承办的"丝路瑰宝展"在维尔纽斯立陶宛应用艺术和设计博物馆隆重开幕。会上，魏瑞兴大使向贵宾们简要介绍了"丝路瑰宝展"的主要内容和珍贵文物，并表示，文明因交流而多彩，因互鉴而丰富，"丝路瑰宝展"的举办正逢其时，希望通过此展将中国文化更好地展现给立陶宛广大民众，加深中立两国人民的相互了解和友谊，为推动世界文明多样化发展做出更大贡献。

爱沙尼亚

爱沙尼亚共和国，位于波罗的海东岸，面积45339平方公里，东与俄罗斯接壤，南与拉脱维亚相邻，北邻芬兰湾，与芬兰隔海相望，西南濒里加湾，边界线长1445公里，海岸线长3794公里。1991年，在立陶宛宣布独立以后，爱沙尼亚也紧接着独立，首都为塔林。

爱沙尼亚是波罗的海三国之一，具备良好的中转运输能力和独特的区位优势，是通往俄罗斯主要城市莫斯科和圣彼得堡以及芬兰首都赫尔辛基的最短通道。与俄罗斯相比，爱沙尼亚港口的自然条件更为理想，为不冻港。波罗的海地区处于欧洲东北部，区位优势明显，曾是古丝绸之路上的重要站点。爱沙尼亚既是欧盟成员国，又是"16+1合作"重要成员，这为爱沙尼亚参与"一带一路"建设和探索新的发展机遇创造了有利条件。近年来，中爱两国在"一带一路"建设方面的合作取得了积极进展。在政策沟通方面，爱方对参与"一带一路"建设表达出良好意愿和浓厚兴趣；在设施联通方面，两国企业已开始共同谋篇布局；在人文交流方面和人员往来方面，越来越多的爱沙尼亚企业家、学者、记者、艺术家、学生、游客赴华参观访问。

近年来，中爱两国文化关系发展顺利，增进了两国人民之间的了解、友谊与信任。2014 年、2015 年，中国与波罗的海三国互办艺术节，标志着中国与波罗的海国家文化交流与合作迈上了新台阶，也大大促进了中爱之间的文化交流与合作。

2014 年 2 月 1 日，第五届中国马年春节庆祝活动在爱沙尼亚首都塔林市音乐节广场举行。演出在节庆锣鼓声中展开，来自北京体育大学的艺术团用民族歌舞和精湛武术为大家呈上了一场文化盛宴。

2015 年 2 月 20 日，爱沙尼亚首都塔林数万民众冒雨从城市的四面八方涌入音乐节广场，与不远万里来到这里的北京文化代表团共庆中国农历新年。由北京市文化局组织的"欢乐春节"艺术活动在塔林已经举办了六届，成为当地民众冬季重要的欢庆盛典。

2016 年 4 月 29 日，文化部雒树刚部长在北京会见了来华访问的爱沙尼亚共和国国家文化部部长因德雷克·萨尔，双方就进一步发展中爱文化关系交换了意见。雒树刚表示，希望双方认真落实《中国－中东欧国家2016～2017 年文化合作索菲亚宣言》，积极促成两国艺术家的深度交流，加强双方文化产业合作，鼓励开展青少年之间的文化交流，推动两国互设文化中心，以中爱建交 25 周年为契机，共同谱写两国文化交流与合作新篇章。萨尔在会谈中表示，爱沙尼亚文化部高度重视与中国开展文化交流。近年来，两国文化交往呈现了快速增长的态势，爱方对此表示满意。他建议双方进一步沟通协调，不断拓展文化交流的渠道，提升文化交流的水平。同年 9 月 18 日至 20 日，中国西藏文化交流团访问爱沙尼亚，并与爱方进行了多场会见和文化交流活动。交流团还于 19 日在爱国家图书馆举办了"今日西藏"专题报告会。此外，交流团还举办了涉藏电影纪录片《第三极》和西藏形象宣传片《美丽西藏》面向公众播映活动。10 月 13 日，爱沙尼亚塔林大学孔子学院推介中国传统文化。塔林大学孔子学院成立以来，一直与中国驻爱沙尼亚大使馆保持密切联系，共同致力于推广汉语教学和中国文化。此次中华文化体验区备受好评，反响热烈。

拉脱维亚

拉脱维亚共和国，位于欧洲东北部，是议会共和制国家，西邻波罗的海，与在其北方的爱沙尼亚及在其南方的立陶宛共同称为波罗的海三国。东与俄罗斯、白俄罗斯两国相邻，全国总面积64589平方公里。

拉脱维亚西邻波罗的海，区位优势明显，是波罗的海沿岸国家重要交通枢纽，其首都里加更是位于波罗的海国家的中心地带，濒临里加湾，市区跨道加瓦河两岸，处于欧洲西部和东部、俄罗斯和斯堪的纳维亚半岛的交叉点上，甚至被称为"波罗的海跳动的心脏"。面对中国的"一带一路"倡议，拉脱维亚早已跃跃欲试了，拉脱维亚总理库钦斯基斯自告奋勇表达希望担当交通中转"队长"之责。拉脱维亚有非常优越的地理位置，尤其在交通运输方面，可以作为中国与欧盟之间的货物运输枢纽。拉脱维亚有意为中国与欧盟以及斯堪的纳维亚半岛的国家充当交通中转站。

近年来中拉经贸关系发展迅速，文化交流日益活跃。

2014年2月28日，传播中华文化的孔子课堂走进拉脱维亚大学下设的里加文化中学，拉官方机构代表、拉脱维亚大学和里加文化中学师生代表、媒体代表等近百人出席了当天的揭牌仪式。里加文化中学孔子课堂是波罗的海地区唯一的一家孔子课堂，该校从2004年就开始了汉语教学活动，10年的汉语教学经验为开设孔子课堂奠定了良好基础。

2015年新年音乐会，拉脱维亚交响乐团来到中国演出，交响乐团在演出的同时也领略了独特的中国文化，成为中拉文化交流的使者。

2016年9月21日至22日，中国西藏文化交流团访问拉脱维亚。拉议会十几名议员与专家学者、媒体人士、拉脱维亚大学师生共40余人出席了"今日西藏"研讨会。交流团重点介绍了西藏经济社会发展、文化遗产保护、藏语言文字使用、藏传佛教活佛转世制度等内容。12月，"中华文化讲堂"活动在拉脱维亚国家艺术博物馆学术报告厅举行。新疆维吾尔自治区文物局副局长乌布里和时任河南博物院副院长、研究员张得水作为本期"中华文化讲堂"主讲人，分别以《文明传播廊道——丝绸之路（中国新疆段）的文化价值》和《丝绸之路与盛唐时期的洛阳》为题，做了精彩的演讲。

2017年2月6日，"第五届拉脱维亚武术锦标赛公开赛"在拉脱维亚首都里加文化中学举行。本次活动为中国武术走出国门、发扬光大提供了平台，使世界人民对中国武术有了更深的认识。2月11日，拉脱维亚大学礼堂里加油、叫好声不断，来自拉脱维亚全国15个汉语教学点的100多名师生在这里举行了欢天喜地闹元宵活动。

捷克

捷克共和国，位于中欧地区，是一个内陆国家，国土面积78866平方公里，其前身为捷克斯洛伐克，于1993年与斯洛伐克和平分离。

捷克地处"欧洲心脏"，是"一带一路"沿线国家中的重要节点，是中国和中东欧国家"16＋1合作"的重要成员。捷克的地理位置及其在中东欧国家中的影响力，使得捷克有基础、有条件成为中国和中东欧国家"16＋1合作"的"样板房"，中捷合作的成功也可以在中东欧地区起到标杆作用，形成积极的示范效应。目前，中捷双方在金融、投资、机械、航空等众多领域达成了多项合作协议。2015年在中国–中东欧"16＋1"峰会期间，捷克总理索博特卡表示了对中国"一带一路"倡议的赞同。捷克赞同并且欢迎"一带一路"倡议，准备与中国开展积极的合作，这将会使两国受益。在2016年习近平访问捷克期间，两国元首在会谈中提出要加强中国"一带一路"倡议同捷克发展战略对接，共同编制中捷合作规划纲要，作为指导今后两国务实合作的框架。作为崇尚文化的两个国家，中国和捷克一直以来就在文化方面有着多层次的交往。中国的孔子学院在捷克生根发芽，捷克的卡夫卡和米兰·昆德拉同样在中国深入人心。

2014年是中捷建交的第65个年头，中捷之间进行了多种多样的文化交流，庆祝中捷建交65周年。2014年11月19日，捷克帕拉茨基大学孔子学院布拉格分院正式成立。孔子学院不仅成为该校深化对华合作的重要平台和亮点，也成为捷克东部地区学习汉语、了解中国的交流中心和窗口。为使孔子学院的良好作用也能辐射到捷克西部地区，更好地满足捷克民众不断增长的了解中国语言文化的需求，在捷克各界朋友的大力支持下，孔子学院布拉格分院正式成立。同月 29 日，一场名为"色即是空"的艺术展览在捷克驻华大使馆内举行。围绕"色即是空"这一概念，4 位中捷参展艺术家从多种艺术形式上进行了对话交流。

2015 年 5 月，"2015 上交会捷克之夜"文化交流活动在浦江之畔的东郊宾馆拉开帷幕。文化交流活动现场，独具民族风情的捷克 Cechomor 乐队与上海民族乐团、上海歌舞团、上海戏剧学院联袂合作，青年艺术家们共同献上了中国鼓乐、匈牙利舞蹈、捷克民乐、中国京剧、傣族舞蹈等精彩演出，中捷两国艺术在舞台上交相辉映。

2016 年 2 月 5 日，捷克"欢乐春节"庙会活动在捷克布拉格举办。河北艺术团带来的中国传统杂技、歌舞、民乐、舞狮技艺精湛，赏心悦目，成为捷克媒体和观众关注的热点。河北省工艺大师周淑英、姜艳华、蒲德荣、王亮在室内现场演示剪纸、面塑、蛋雕等春节民俗工艺。为增加春节气氛，当地华人华侨组织展售中华美食、工艺品，并现场进行茶艺、书法表演活动，为现场观众免费提供中国茶饮。5 月，"捷克 2016 中国文化周"活动在布拉格举办。文化周活动由文化展览、文艺表演、文化讲座组成，加深了捷克人民对中华文化的了解。9 月 14 日至 17 日，中国西藏文化交流团访问捷克。在访问期间，交流团与捷克政界人士、专家学者、媒体记者、文化界人士以及在捷华侨华人等进行交流互动，介绍了西藏的发展情况，并就邀请捷方人士访藏、开展文化交流与合作达成初步意向。

斯洛伐克

斯洛伐克共和国，位于欧洲中部，是一个内陆国家，被称为"欧洲的心脏"，它极具地理优势，北临波兰，东接乌克兰，南接匈牙利，西与奥地利、捷克接壤，面积为 49037 平方公里，风景优美，气候宜人，历史文物景点多，旅游资源丰富。斯洛伐克同时是世界上城堡数量最多的国家之一，有 180 多处古城堡遗迹保存完好，因此又有"城堡之国"的美誉，首都布拉迪斯拉发。斯洛伐克是原捷克斯洛伐克社会主义共和国的东部，自1993年1月1日起，斯洛伐克成为独立主权国家。

斯洛伐克位于欧洲的中心区域，也属于申根区的一部分，是连接东西欧市场的桥梁和通往巴尔干地区的门户，经济处于快速增长期，是中国"一带一路"建设最有优势的沿线国家之一。中斯交往历史源远流长，中国的快速发展吸引了越来越多的斯洛伐克人学习中文，同时也增加了斯洛伐克人民对中华文化的理解和热爱。

2014年8月，斯洛伐克首个孔子学院在斯洛伐克技术大学落户。斯洛伐克国民议会副议长贝卢索沃娃和其他一些斯政界、教育界人士到现场祝贺。贝卢索沃娃高度评价技术大学孔子学院的建立，认为这是"斯中文化交流和学术交换历史上的重大事件"。孔子学院将增进两国人民间的相互理解和友谊，同时也促进了中华文化在斯洛伐克的传播。

2015年7月20日，中国西藏文化交流团在位于斯洛伐克首都布拉迪斯拉发的中国驻斯大使馆官邸举办讲座。交流团团长、中国社会科学院民族学与人类学研究所所长王延中以"西藏文化在中华文化体系中的定位、西藏传统文化的主要内容及特色、现代西藏文化——变革、保护传承与现代发展"为主题介绍了西藏文化。交流团成员还回答了与会者提出的有关西藏宗教、发展规划等问题。10月，斯洛伐克布拉迪斯拉发孔子学院举办"孔子学院日"系列活动。10月1日，在马杰伊贝尔大学（UMB）教学点，刘晓纯、韩志刚老师策划了别开生面的汉语课堂开放日活动，邀请了当地市民来到汉语课堂，亲身感受汉语和汉文化的魅力。10月2日，在斯洛伐克农业大学教学点，张长会老师组织安排了图片展，图片内容分别介绍了新中国成立66年以来的伟大成就。以上活动的成功举办，提升了孔子学院在当地的影响力，增加了当地民众对中国文化的兴趣和喜爱，加深了与当地的文化交流。

2016年10月24日，"走进斯洛伐克——丝路国际总商会合作机制与平台路演活动"在斯洛伐克的首都布拉迪斯拉发成功举行。丝绸之路国际总商会还将在捷克及欧洲其他国家宣传推介"网上丝绸之路""丝绸之路国际发展基金""丝绸之路国际文化周"等国际合作项目与机制，从而推动文化贸易的开展，并推动中华文化的传播。12月3日，"中国故事·中国西藏"图片展在斯洛伐克首都布拉迪斯拉发机场开幕。在展出的百余幅摄影作品中,"中国故事"系列图片从自然风光、社会生活、生产建设等多个角度讲述中国故事,而"中国西藏"系列图片则充分反映了西藏的自然、人文、经济、宗教、科学、卫生、体育等领域的面貌。

匈牙利

匈牙利,位于欧洲中部,是一个内陆国家,东邻罗马尼亚、乌克兰,南接塞尔维亚,西与奥地利接壤,北与斯洛伐克为邻,边境线长 2246 公里,国土面积为 93030 平方公里。匈牙利地理位置十分优越,地处欧盟东部边界,位于欧洲中心,为申根协议国,物流业和公共基础设施发达。匈牙利传统的地区性贸易中心地位,使匈成为中东欧地区的商品集散地,4 条欧洲洲际高速公路穿过匈牙利境内,7 个邻国只有通过匈牙利才能到达大多数巴尔干国家。

习近平提出建设"一带一路"的重要倡议之后,中国经济加快了"向西开放"步伐。匈牙利奉行"向东开放"政策,是中国高度重视的合作伙伴,目前两国关系正处在历史最好水平。中国已成为匈牙利在欧盟以外的最大贸易伙伴,匈牙利已经成为中国在中东欧地区的最大投资目的国。2015 年 6 月 6 日,中国外交部部长王毅在布达佩斯同匈牙利外交与对外经济部部长西亚尔托签署了《中华人民共和国政府和匈牙利政府关于共同推进丝绸之路经济带和 21 世纪海上丝绸之路建设的谅解备忘录》。这是中国同欧洲国家签署的第一个此类合作文件。匈牙利成为第一个确认加入中国倡导的"一带一路"的欧洲国家。匈牙利在共建"一带一路"方面发挥了引领和先行作用,而在此框架下,中匈关系及包括文化在内的各领域合作也面临广阔前景。

中匈两国均拥有深厚的文化传统。近年来,两国文化交流不断取得新的成果。

从 2014 年中匈建交 65 周年时在匈牙利艺术宫举办的图片展,到《美丽中国 – 美丽匈牙利》画册成功首发;从匈牙利交响乐团(米什科尔茨)2013 年首次来华巡演,到 2014 年其应邀到上海参加"走进大剧院——汉唐文化国际音乐年"……一个个场景，记录了中匈友好交往的历史瞬间。截止到 2014 年，匈牙利来华旅游人数达 2.08 万人次，匈牙利在我国游客中的知名度也越来越高，已成为我国公民赴中东欧地区旅游的重要目的地。

2015 年为"中国－中东欧国家旅游合作促进年"。1 月 29 日，"蒙卡奇和他的时代：世纪之交的匈牙利艺术"在北京画院美术馆开展；2 月 7 日至 18 日，上海文化艺术团赴波兰、匈牙利进行 2015"欢乐春节"巡演，在匈牙利首都布达佩斯、"文化之都"佩奇和小镇卡巴举办 3 场专场演出，节目涵盖歌曲、舞蹈、民乐、爵士乐、杂技、魔术等艺术门类；3 月 26 日，"中国－中东欧国家旅游合作促进年"启动仪式在布达佩斯举行；4 月 23 日，"天然之趣——北京画院院藏齐白石精品展"在布达佩斯民族画廊开幕，展出了齐白石创作生涯特别是中晚期的 108 幅绘画精品等。而这也并不是齐白石作品首次走进匈牙利，早在 1930 年、1938 年，匈牙利就曾展出过齐白石作品，获得热烈反响。目前，"欢乐春节"已经成为中国文化通过匈牙利这个"桥头堡"走进欧洲的一个缩影。匈牙利人认为自己的祖先来自遥远的东方大草原，因而对中国拥有特殊情感，对中国文化兴趣浓厚、乐于接受。而匈牙利地处连接西欧和东欧的心脏地带，在中国同中东欧的文化交流中发挥着桥梁作用。

此外，匈牙利还十分重视汉语的学习。匈牙利罗兰大学早在 1923 年便设立中文系，并建立了匈牙利第一所孔子学院，大力开展汉语教学，推广中国文化，向匈牙利各机构输送汉语人才。2012 年 10 月，塞格德大学设立匈第二所孔子学院。2013 年 6 月，中匈互设文化中心协定在匈签署。2014 年 11 月，"中东欧汉语教学培训中心"在罗兰大学孔子学院正式成立，逐渐成为向中东欧 16 国输送本土汉语教师的中心机构。

斯洛文尼亚

斯洛文尼亚共和国，位于中欧南部，毗邻阿尔卑斯山，西邻意大利，西南通往亚得里亚海，东部和南部与克罗地亚接壤，北接奥地利和匈牙利，面积为 20273 平方公里。首都卢布尔雅那是政治、经济、文化中心，地处斯洛文尼亚中部；马里博尔是斯洛文尼亚第二大城市，也是斯洛文尼亚重要的交通枢纽和重要的工业中心。

中国政府是第一个承认斯洛文尼亚的国家之一，两国具有深厚的友谊。斯洛文尼亚高度重视中斯双边经贸关系。截至 2013 年年末，中国对斯洛文尼亚直接投资存量 500 万美元。2013 年中国企业在斯洛文尼亚新签承包工程合同 4 份，新签合同额 37 万美元。斯洛文尼亚高度重视中国的"一带一路"建设计划。在"一带一路"倡议的引领下和在中国和中东欧"16 + 1 合作"带动下，中斯两国在政治、经济、文化等各领域密切合作，取得了一系列造福两国人民的务实成果。随着中斯文化交流活动的增加，当地越来越多的学生开始学习汉语、体验中国文化，并尝试了解中国。

2014 年 5 月 26 日，卢布尔雅那大学孔子学院在斯洛文尼亚首都市中心 Nama 商场举办中国文化体验活动。来自斯洛文尼亚中部城市 Nova Mesto 的"雷霆旋风"精彩的少林功夫表演揭开了中国文化体验的序幕，紧接着是汉语教师志愿者展示的中国茶艺、中斯孔雀舞蹈（芭蕾与中国舞），赢得了现场观众热烈的喝彩。6 月 7 日，第三届"庆端午，赛龙舟"文化活动成功举办；7 月 9 日，中国文化体验卢布尔雅那夏令营在斯洛文尼亚举办中国文化学习成果会演活动；9 月 27 日，"你好！中国"国际文化节活动在斯洛文尼亚卢布尔雅那市区广场举办；11 月 25 日，斯洛文尼亚卢布尔雅那大学孔子学院科佩尔孔子课堂举行揭牌典礼。

2015 年 2 月 12 日正值中国小年，卢布尔雅那孔子学院在首都商业中心 Plaza hotel 庆祝了中国新年。5 月 15 日，两名汉语志愿者教师和斯洛文尼亚卢布尔雅那孔子学院助理来到 Šmarje – Sap 小学，为七年级的学生讲授中国书法，当天恰逢该校的中国日。5 月 23 日至 30 日，太极师傅武海防给克拉尼高中和 Orehek 小学的学生教授太极功夫。9 月 26 日，在斯洛文尼亚卢布尔雅那孔子学院的协助下，科佩尔孔子课堂在科佩尔市皮兰镇举办了第二届全球"孔子学院日"庆祝活动。

2016 年中华文化在斯传播活动丰富。2 月 3 日，中斯两国共庆猴年新春，再现中斯交往历史。2016 年卢布尔雅那大学孔子学院举行了"第二届舌尖上的中国"美食体验活动、"汉语桥大赛"、"端午龙舟赛"、汉语语言与文化推介活动、"重阳品茗话中国"等活动与"中国文化月"主题活动。这些文化交流活动的举办，为展示中华文化魅力、普及汉语知识和使当地民众了解中国搭建了良好平台。此外，10 月 25 日、10 月 29 日和 11月 7 日，成都艺术团、长沙理工大学和中南民族大学文艺巡演团分别抵达斯洛文尼亚进行会演。演出展示了中国丰富多彩的传统文化、民族文化和现代文化。

2017 年 1 月 18 日，"欢乐春节"活动在斯洛文尼亚首都卢布尔雅那青年宫成功举办。

克罗地亚

克罗地亚，位于中欧的东南边缘，巴尔干半岛的西北部，亚得里亚海东岸，隔亚得里亚海与意大利相望，北部的邻国是斯洛文尼亚和匈牙利，东面和南面则是塞尔维亚与波黑。克罗地亚面积 56594 平方公里，曲折的海岸线长达 1880 公里，1185 个岛屿散落在亚得里亚海，克罗地亚因此被称为"千岛之国"，首都萨格勒布（Zagreb）。

中国和克罗地亚自 1992 年建交以来，双边经贸关系发展顺利。中克政府间建有经贸混委会机制，迄今已举行 9 次例会。两国签有《经济贸易协定》《关于鼓励和相互保护投资协定》《关于对所得避免双重征税和防止偷漏税的协定》《关于开展共建中克经济技术园区可行性研究的谅解备忘录》等协议。随着"一带一路"布局在欧洲的铺开，克罗地亚很想搭上这个顺风车，解决经济发展中的困境。为了充分利用"一带一路"建设机遇和"16 + 1 合作"平台，克罗地亚已经启动贸易出口项目和旅游项目。目前，中克间经济、文化等方面得到平稳发展。

2014 年 1 月 25 日，萨格勒布大学孔子学院举行庆新春联欢会。中国驻克罗地亚大使邓英女士发表了热情洋溢的讲话。她高度评价了中克两国的友好关系，并对孔子学院成立一年半以来在传播汉语和中国文化、促进两国教育文化交流中所取得的成绩表示由衷的高兴。她真切希望更多的克罗地亚人民学习中文、了解中国，并真诚祝愿克罗地亚人民在新的一年生活幸福，吉祥如意。5 月 9 日，第十三届世界"汉语桥"大学生中文比赛在萨格勒布大学人文学院举行；10 月 21 日，中国中医学科学院代表团访问克罗地亚；11 月 3 日，克罗地亚瓦拉日丁市第一高中汉语课堂正式开课。

2015 年 1 月，由克罗地亚萨格勒布大学孔子学院教师、当地著名中国书法家 Iva Valentic 撰写的《中国书法》一书出版发行，这是克罗地亚有史以来出版的第一部专门介绍中国书法的专著；2 月，萨格勒布大学孔子学院羊年迎新春联欢会在萨格勒布大学学生中心上演；4 月，克罗地亚萨格勒布大学孔子学院在汉语教学点 Matija Gubec 国际小学餐厅举办第一次中华美食讲座；5 月，"墨痕——康荣、张卫水墨研究展"暨"中国文化周"开幕式在克罗地亚萨格勒布大学举行；10 月，"粉墨中国"中国京剧欧洲巡演活动在克罗地亚萨格勒布大学开演；12 月，为期一周的中国茶展览在克罗地亚瓦拉日丁市的 Galerijski centar Varaždin 博物馆成功举办。

2016 年 2 月，萨格勒布大学孔子学院首次在克罗地亚第三大城市里耶卡开设教学点；4 月，文化部副部长董伟访克，并与克方签署《中华人民共和国政府和克罗地亚共和国政府 2016～2020 年文化合作执行计划》；5 月，克文化部部长助理伊瓦·赫拉斯特·索乔（Iva Hraste SOČO）来华出席中国 – 中东欧国家艺术合作论坛；同月，"高龙章、张切易书画艺术展"暨"中国文化月"活动在克罗地亚萨格勒布大学举行；9 月，克罗地亚萨格勒布大学孔子学院举办了"孔子学院日"庆祝活动和"汉语桥"世界中学生中文比赛克罗地亚赛区预选赛。

波黑

波斯尼亚和黑塞哥维那，位于巴尔干半岛中西部，东部与塞尔维亚和黑山毗连，北部、西部和西南部与克罗地亚接壤，南部极少部分濒临亚得里亚海，首都萨拉热窝，面积 5.12 万平方公里，人口约 382 万（2016年），主要民族为波什尼亚克族（即原南时期的穆斯林族，约占总人口的43.5%）、塞尔维亚族（约占总人口的 31.2%）、克罗地亚族（约占总人口的 17.4%），三族分别信奉伊斯兰教、东正教和天主教。官方语言为波斯尼亚语、塞尔维亚语和克罗地亚语。波黑由波黑联邦和塞族共和国及一个特区（布尔奇科特区）组成，波黑联邦下设 10 个州，塞族共和国下设 7

个区。

波黑对中方提出的"一带一路"建设的伟大倡议和"16＋1合作"机制表示高度赞赏。波黑有意愿和能力为中方提出的"一带一路"伟大倡议的落实贡献自己的力量，并且在中国和中东欧国家合作的机制中发挥作用。目前，波黑与中方的合作除经济外，其他领域也在不断扩大，包括文化、教育、科研和旅游等。近些年来在中国留学的波黑学生不断增多，同时，赴波黑旅游的中国游客人数陡增，仅2016年就增长了30%。

2015年4月，中国西北师范大学和萨拉热窝大学合作创办的孔子学院在萨拉热窝揭牌，这是在波黑成立的第一所孔子学院。中国和波黑建交20周年之际，波黑第一所孔子学院成立，为波黑学生提供了学习汉语、了解中华文化的机会，有利于两国文化交流深入发展。同月，波黑萨拉热窝大学孔子学院举办了一场大型中华文化展演。孔子学院教师为此次展演准备了太极拳、太极扇、茶艺、书法、剪纸等文化项目，还与当地华商华人代表共同表演了中国藏族、维吾尔族、苗族、蒙古族、朝鲜族和东乡族等6个少数民族的传统服装秀。

2016年6月9日，波黑萨拉热窝大学孔子学院举办2016年端午节中国文化展示活动；6月25日，波黑萨拉热窝大学孔子学院布尔奇科特区汉语教学点签字暨揭牌仪式正式举办；9月15日，萨拉热窝大学孔子学院举办2016年中秋节诗乐歌会暨"孔子学院日"庆祝活动；12月，中国文化角走进波黑东萨拉热窝大学，助力波黑人民了解中国文化。

2017年，应第三十三届"萨拉热窝之冬"国际艺术节组委会的邀请，云南声音艺术团和波黑萨拉热窝大学孔子学院参加了艺术节中国文化展。云南声音艺术团用一场"声音的盛宴"与当地观众共庆中国传统新春佳节。演出旨在从文化艺术的角度展示"一带一路"倡议下的中国魅力、中国风格和中国气派。波黑萨拉热窝大学孔子学院以"'一带一路'下的中国梦"为主题，参加了艺术节中国文化展。在开幕式上，萨拉热窝大学孔子学院通过图片、视频、现场表演等多种形式，向波黑各界展示了丰富多样的中国丝路文化和"一带一路"倡议的建设成就。

黑山

黑山，位于巴尔干半岛西南部，是亚得里亚海东岸上的一个多山小国，曾用名为黑山王国、黑山社会主义共和国（隶属南斯拉夫）。其东北为塞尔维亚共和国，东为科索沃（2008 年 2 月 17 日单方面宣布独立），东南与阿尔巴尼亚为邻，西北与波黑以及克罗地亚接壤，西南部濒临地中海的一部分——亚得里亚海。

2006 年 7 月，中黑建交以来，两国保持了良好的政治、经贸双边合作，双边贸易不断扩大。2006 年 8 月，中黑签署《中黑政府经济贸易协定》，此后定期召开中黑经贸联委会。2011 年 6 月，两国签署《关于加强基础设施领域合作协定》。"一带一路"建设计划提出以后，黑山积极加入其中。近些年来，中华文化和汉语在黑山的影响力越来越大。

2015 年 2 月 13 日，黑山首家孔子学院——黑山大学孔子学院揭牌仪式在黑山大学隆重举行，黑山总统武亚诺维奇与中国驻黑山大使崔志伟共同为黑山大学孔子学院揭牌；4 月 4 日至 9 日，黑山首都波德戈里察市举办中国电影周，此次"中国电影周"播放的影片都是根据对黑山当地民众的观影需求调查结果选出的，主题多样、内容丰富，既满足了当地多元文化的需求，也成为当地民众了解中国和中国文化的重要窗口；6 月，"我眼中的中国"征文、绘画比赛在 Štampar Makarije、Vladimir Nazor 等中小学举办，共征集到征文作品 200 余件、绘画作品 100 余件；同月，首届"汉语桥"世界大学生中文比赛黑山赛区预选赛和黑山首次汉语水平考试（HSK）顺利进行；9 月 28 日，黑山大学孔子学院举办第二届"孔子学院日"庆典活动；11 月，河北省保定市教育局与黑山规模最大的中学——斯洛博丹中学签订教育合作备忘录。

2016 年 4 月 13 日，黑山大学孔子学院邀请到黑山针灸推拿专家 Lgor Micunovic 来给大家进行了一场关于"中医的历史、现状和未来"的讲座；6 月 11 日，西安市市长率西安市代表团开始对西安市友好城市黑山科托尔市进行访问，两市将携手在科托尔市建设中国文化展示中心。科托尔市是黑山第二大城市，是海上丝绸之路最西端的城市。西安市市长和科托尔市市长就携手在科托尔市建设中国文化展示中心项目达成一致，作为中国文化代表性城市，西安市将为中心提供相关文化展示品，更好地传播中国文化、宣传西安，增进两市文化、旅游等方面的合作。8 月 15 日上午，为庆祝中国与黑山建交 10 周年，由两国文化部共同主办的"文化原乡 精神家园"中国 - 黑山古村落与乡土建筑展在中国园林博物馆开幕。9 月 26 日，黑山大学孔子学院举办"孔子学院日"庆典活动，纪念孔子诞辰 2567 周年。10 月 21 日，"丝绸之路"展览筹备会在黑山国家博物馆召开。此次展览以"丝绸之路"为依托，涵盖"一带一路"倡议内容，既回顾历史，又赋予"丝绸之路"新的意义，这对于黑山民众开阔视野、了解中国是一个很重要的机会。11 月，"茶暖黑山"文化节在黑山广场成功举行。此次茶文化节，让更多的黑山民众近距离感受了中华茶文化的魅力，同时也为喜欢中华文化的人提供了交流体验的平台，进一步扩大了中华文化在当地的影响力。12 月，中南民族大学赴黑山艺术巡演在黑山首都波德戈里察的"KIC"活动中心惊艳亮相。此次巡演加深了中黑两国学生之间的沟通和理解，增加了当地民众对中国文化的了解，为中黑文化交流搭建了友谊的桥梁和艺术的平台，进一步促进了汉语在当地的推广。

塞尔维亚

塞尔维亚，位于欧洲东南部，是巴尔干半岛中部的内陆国，面积为 8.84 万平方公里（科索沃地区 1.09 万平方公里），首都是贝尔格莱德，与黑山、波斯尼亚和黑塞哥维那、克罗地亚、匈牙利、罗马尼亚、保加利亚、马其顿及阿尔巴尼亚接壤，欧洲第二大河多瑙河的五分之一流经其境内。

2016 年 6 月 17 日，习近平抵达塞尔维亚贝尔格莱德，展开对塞尔维亚、波兰以及乌兹别克斯坦三国的访问。习近平表示，双方在"一带一路"建设、中国 - 中东欧国家合作框架内合作良好，中方愿同塞方一道，将双边关系和两国务实合作提高到更高水准，开创互利共赢、共同发展的合作新局面。2017 年 4 月 3 日，塞尔维亚总统尼科利奇在对中国进行国事访问时表示，随着"一带一路"宏伟蓝图的推进，塞尔维亚有望成为地区经贸往来、商品流通的中心。以匈塞铁路为例，海运集装箱抵达希腊比雷埃夫斯港后，有望通过匈塞铁路运达中东欧地区，这对地区交通网络构建具有重要意义。目前，中国与塞尔维亚两国文化交流频繁，中华文化在塞尔维亚得到了很好的传播。

2014年2月，"2014春节中国电影周"在贝尔格莱德举办，吸引了大批当地市民前来观展观影；5月27日，由孔子学院总部/国家汉办和诺维萨德大学合办的孔子学院在诺维萨德大学大礼堂举行了揭牌仪式，是继贝尔格莱德大学孔子学院后，在塞尔维亚建立的第二家孔子学院；10月28日至11月5日，在当地华人饭店（QIQI饭店）的协助下，孔子学院在幼儿园先后举办了中国饺子、品饮中国茶和中华手擀面等三场中华饮食文化体验活动，活动受到了孩子们、家长们和老师们的一致好评；10月26日，第五十九届贝尔格莱德国际书展隆重开幕，贝尔格莱德孔子学院积极参与了此次书展的筹备工作和各类活动。

2015年4月4日，"塞尔维亚第四届中学生中华知识竞赛"在贝尔格莱德第十三中举行，来自塞尔维亚中学的28名学生参加此次决赛；9月24日，"中国和谐文化思想与世界"主题讲座在塞尔维亚开讲，北京大学国际关系专业博士、塞尔维亚历史研究所研究员Jovan Cavoski从中国传统和谐文化思想，特别是孔子的"和为贵""和而不同"的理念出发，为听众解读了中国和平共处的外交政策以及对世界和平与发展的重要现实意义；10月17日，"中华情·湖湘韵"大型文艺晚会在贝尔格莱德大学拉开帷幕，长沙理工大学阳光艺术团为塞尔维亚民众奉献了一场极具湖湘特色的精彩表演。

2016年2月19日，塞尔维亚贝尔格莱德孔子学院举办"老子和赫拉克利特的精神世界"主题讲座；5月22日至30日，中国书画家夏伟革和汪晓亮应塞尔维亚诺维萨德大学邀请，在塞尔维亚多个城市举办"翰墨缘·塞国情"中国书画艺术展示系列活动；6月，适逢中国国家主席习近平访问塞尔维亚，中国元素在塞尔维亚首都贝尔格莱德格外醒目，图书展、图片展、电影周、智库交流、媒体对话等一系列中国主题系列文化活动在此亮相；9月，塞尔维亚诺维萨德大学孔子学院在下设教学点举办了系列文化活动，以庆祝2016年全球"孔子学院日"的到来。

阿尔巴尼亚

阿尔巴尼亚共和国，位于东南欧巴尔干半岛西部，北部和东北部分别与塞尔维亚、黑山及马其顿接壤，南部与希腊为邻，西临亚得里亚海，隔奥特朗托海峡与意大利相望，首都地拉那，国土面积2.87万平方公里。阿尔巴尼亚族占人口的82.58%，少数民族主要有希腊族、马其顿族等，56.7%的居民信奉伊斯兰教，6.75%信奉东正教，10.1%信奉天主教（2016年1月）。

"一带一路"是新时期我国实行全方位对外开放的重大举措，是中国为世界提供的重要公共产品，"一带一路"倡议来自中国，但成效惠及世界。阿尔巴尼亚所处的中东欧地区，是欧洲最具活力和发展潜力的区域，是连接东西方的交通枢纽。中欧双方就"一带一路"倡议与欧洲投资计划对接、"16+1合作"与中欧关系对接达成重要共识。在"一带一路"建设和"16+1合作"的引领下，中阿近年来在高层互访、经贸合作、人文交流、地方交往等方面取得了丰硕成果，两国各领域交流合作不断拓展，势头良好。

2013年11月18日当地时间上午11点，阿尔巴尼亚地拉那大学孔子学院揭牌仪式在地拉那大学隆重举行，这是阿尔巴尼亚首家孔子学院。孔子学院是了解中国文化和学习汉语的平台，现在越来越多的中国企业和中国游客开始走进阿尔巴尼亚，也有越来越多的阿国企业同中国企业开展合作。在中阿关系日益紧密的今天，熟练掌握汉语、深入了解中华文化的人才将成为未来职场的宠儿。同时，阿尔巴尼亚民众将通过孔子学院更深入地了解中国语言和文化，促进各项合作交流的发展。

教育是文化交流和文化传播的重要内容和重要途径。2014年9月22日，中国驻阿尔巴尼亚使馆临时代办华亚芳应邀出席上海教委在地拉那大学举办的"2014中国上海教育展"开幕式。教育交流一直是中阿关系的重要组成部分，两国每年互换留学生，高校交往频繁。此次上海市教委组织29家有实力的院校和机构、率50多人的代表团来阿办展访问，这在两国教育交流史上尚属首次。此次活动为加强双方校际交往、拓展双边教育合作、增进阿国学生对华了解、培养中阿友好新生力量发挥了积极作用。

2015 年 9 月 25 日，阿尔巴尼亚地拉那大学孔子学院举办第二届全球
"孔子学院日"庆祝活动；9 月 29 日，阿尔巴尼亚文化部部长米雷拉·库
姆巴罗女士在中国东南部城市扬州接受中国国际广播电台记者专访时表
示，文化交流是阿中友谊的基石，在此基石之上，阿中两国应进一步推动
文化领域的交流与合作。

2016 年 5 月 29 日至 6 月 1 日，文化部副部长丁伟率中国政府文化代表
团访问阿尔巴尼亚，分别与阿文化部部长库姆巴罗、副部长楚尼进行会
谈。会谈后，双方共同签署了《中国文化部和阿尔巴尼亚文化部 2016 ～
2020 年文化合作计划》。11 月 9 日至 13 日，在巴尔干地区负有盛名的地拉
那国际图书展在地拉那展览中心如期举行。中国图书集团、北京外国语大
学外语研究出版社两家机构参展，在书展现场进行了丰富多彩的书法、茶
道表演和播放介绍中国社会经济文化的电视宣传片等中华文化体验活动。

罗马尼亚

罗马尼亚，位于东南欧巴尔干半岛东北部。北和东北分别与乌克兰和
摩尔多瓦为邻，南接保加利亚，西南和西北分别与塞尔维亚和匈牙利接
壤，东南临黑海。面积 238391 平方公里，人口 2222 万（2016 年 7 月），
首都为布加勒斯特。

近年来，中罗两国关系保持健康、稳定发展，双方高层领导互动频
繁，政治互信不断增强，各领域合作扎实推进，全面友好伙伴关系内涵日
益丰富。2015 年，两国签署了推进"一带一路"建设的谅解备忘录，罗马
尼亚成为首批与中国签署类似协议的国家。目前，中罗两国之间人文交往
领域亮点频频，文化活动开展如火如荼，赴罗领略无尽山河风光的中国游
客不断增加，"汉语热"在罗持续升温。罗马尼亚现有 4 所孔子学院和 10
个孔子课堂，并围绕孔子学院和孔子课堂开展了众多丰富多彩的中华文化
活动。

2014 年 3 月 27 日，罗马尼亚巴比什－博雅依大学孔子学院举办了首
届"孔子学院杯"中文歌曲大赛；2 月 14 日，即农历正月十五，"文化中

国·四海同春"欧洲艺术团在罗马尼亚布加勒斯特雅典娜音乐厅举行文艺演出，给当地侨胞送去新春的慰问和祝福的同时，也让罗马尼亚群众品味了一场中国文化"大餐"。

2015 年 1 月 29 日，罗马尼亚德瓦市西吉斯蒙德·托杜策艺术中学在该校举行了"庆祝德瓦市西吉斯蒙德·托杜策艺术中学孔子课堂正式成立"仪式；2 月 17 日至 20 日，罗马尼亚锡比乌孔子学院与当地 ASTRA 博物馆联合举办题为"喜迎新春、水墨中华"的系列活动；3 月 17 日~20 日，罗马尼亚特来西瓦尼亚大学孔子学院举办第三届"孔子杯"乒乓球比赛；10 月 31 日，罗马尼亚第三届亚洲节在首都布加勒斯特王宫大会堂举行，布加勒斯特孔子学院和布加勒斯特大学中文系应邀参加，中国多姿多彩的文化和艺术引起观众浓厚兴趣。

2016 年 2 月 5 日，罗马尼亚布加勒斯特大学孔子学院举办"多彩中国"民族服饰展；5 月 21 日，"欧洲博物馆之夜"活动期间举行中国文化展示；4 月 14 日下午，罗马尼亚布加勒斯特大学孔子学院下设雅西教学点首次参与"Friend，Freunde，Amis，朋友"中小学语言比赛；5 月 22 日，第十五届"汉语桥"世界大学生中文比赛罗马尼亚赛区选拔赛在布加勒斯特落下帷幕；5 月 27 日在雅西市大型购物中心举行"中罗一家亲"活动，孔子学院老师的二胡演奏、武术表演、书法茶艺展示以及当地学员们的中国歌舞表演等深受市民的喜爱；6 月 4 日，位于罗马尼亚东北部的文化名城雅西再次刮起"中国风"，中国功夫、民歌表演首次亮相正在这里举行的第三届儿童图书娱乐节；11 月 10 日，"时间发酵的味道——中国安化黑茶与罗马尼亚红酒的对话"系列活动在湖南益阳启动，浓郁飘香的湖南安化黑茶和甘甜回味的罗马尼亚红酒，借助国家"一带一路"倡议促成了紧密合作。

保加利亚

保加利亚共和国，位于欧洲东南部、巴尔干半岛东南部，它与罗马尼亚、塞尔维亚、马其顿、希腊和土耳其接壤，东部临接黑海。保加利亚国土面积为 111001.9 平方公里，首都索非亚。

保加利亚共和国是"一带一路"沿线重要国家，中国与保加利亚于1949 年 10 月 4 日建交。20 世纪 50 年代，两国关系发展顺利。自 20 世纪60 年代起，双边交往一度减少。自 20 世纪 80 年代起，两国各领域的交流与合作逐步增多，两国关系平稳发展。2014 年，两国迎来建交 65 周年，双方交往日益密切。保加利亚驻华大使波罗扎诺夫表示，"一带一路"倡议正获得越来越多的支持。"一带一路"对于超越地域分歧、超越意识形态分歧、超越货币分歧的全球治理体系来说是一个创新的观念，保加利亚有兴趣关注并支持这一倡议。保加利亚欲以平等伙伴的身份，在倡议的发展中发挥积极的作用，包括实现"一带一路"、"16 + 1 合作"和中欧互联互通平台之间的协同发展。

近些年来，两国间的文化、教育交流在广度和深度上都有较大发展。在文化交流方面，两国政府于 1952 年和 1987 年两度签署《中华人民共和国政府和保加利亚人民共和国政府文化合作协定》，并在此基础上签订了一系列文化、科学和教育年度合作计划。2009 年，两国政府签署了《中华人民共和国和保加利亚共和国文化部 2008 年至 2012 年文化合作计划》。2009 年 10 月，为庆祝中保建交 60 周年，双方在索非亚共同举办了"中保庆祝建交 60 周年音乐会"；中国外交部出版了《中保建交 60 周年》纪念画册；两国友协共同举办了庆祝建交 60 周年专题研讨会；两国邮政部门分别发行了建交 60 周年纪念封；两国驻对方使馆分别举行了大型庆祝招待会、图片展、研讨会等活动。2011 年，昆曲《牡丹亭》、内蒙古《吉祥草原》等文艺演出在保举行。2013 年 2 月，中国四川甘孜州民族歌舞团在保举行文艺表演，"欢乐春节"品牌首度走进保加利亚。2014 年 1 月，《中华人民共和国文化部和保加利亚共和国文化部关于互设文化中心的备忘录》在北京签署。2015 年 11 月，两国文化部部长在索非亚签署互设文化中心协定。

在教育交流方面，1984 年中保恢复在教育领域内的合作关系，互派留学生。1986 年 10 月两国签订《1987～1991 年高等教育直接合作协议》，协议内容包括：每年互派代表团访问；支持和鼓励校际交流和专业人员互访；交换留学生和语言文学教师；交换教材和有关资料；参加对方的语言短训班；等等。此协议已续签至 2007 年。1990 年 6 月两国签订相互承认文凭、学位和证书的协议。1953 年，索非亚大学开办汉语专业，现在校生保持在 30 人左右。2003 年该校建立了汉语水平考试点并成功举行了第一次考试。2006 年 6 月，孔子学院在索非亚挂牌成立。从 2008 年起，中保双方互派奖学金留学生名额由原来的 25 名增至 35 名。目前中在保留学生约 70 名，其中 35 名为公费留学生；保在华留学生约 170 名，其中 35 名为公费留学生。2012 年 10 月，保加利亚第二家孔子学院在大特尔诺沃大学成立。2012 年 11 月，两国政府签署《中保 2012 ~ 2015 年教育合作协议》。2014 年 12 月，"中国 - 中东欧国家高校联合会"首任欧方秘书处设在保加利亚索非亚大学。2015 年 9 月，索非亚示范孔子学院启用仪式和欧洲孔子学院联席会议在索非亚举行。2015 年 10 月，两国教育部续签教育合作协议。

随着两国文化、教育等领域交流的扩展，汉语和中华文化在保加利亚受到越来越广泛的关注，保加利亚民众对汉语和中华文化的了解和喜爱程度日渐增加。

马其顿

马其顿共和国，位于南欧地区，地处巴尔干半岛中部，是个多山的内陆国家。它东邻保加利亚，南靠希腊，西接阿尔巴尼亚，北傍塞尔维亚，国土面积 25713 平方公里。

马其顿是"一带一路"沿线重要国家之一。随着"一带一路"建设的推进，中马两国合作有了长足发展，给两国民众带来了实实在在的利益。"一带一路"建设也让马其顿更加了解中国、贴近中国。近些年来，两国之间的文化交流日益密切，文化活动丰富多彩。

2014 年 10 月，马其顿比托拉国家剧院赴华，参加北京国家话剧院举行的第六届国际戏剧季，演出《亨利六世》。10 月，南昌市与斯科普里市结为友好城市 30 周年专题电视片摄制工作组赴斯科普里进行采访和拍摄工作，斯科普里市长特拉亚诺夫斯基、市议长米舍瓦女士会见。11 月，宁波市外办主任孔玮玮率团访问比托拉市，与比托拉市长塔雷夫斯基签署宁波与比托拉市建立友好交流合作关系协议，并出席该市反法西斯解放日 70 周年纪念活动。

2015年1月，大连市副市长曲晓飞率团访问该市友好交流合作城市奥赫里德，两市旅游局长签署《大连与奥赫里德关于开展旅游合作备忘录》。2月，为庆祝南昌市与斯科普里市结为友好城市30周年和羊年春节，南昌市歌舞剧团在马其顿国家剧院举行"欢乐中国年，魅力南昌"文艺演出，马其顿总统伊万诺夫等出席。4月，北京中华龙韵功夫表演团应第十五届斯科普里舞蹈节组委会邀请，赴韦拉斯市国家剧院进行舞蹈节闭幕演出，马其顿文化部部长米雷夫斯卡等观看。5月，斯科普里现代舞蹈团应中国对外文化演出集团邀请赴华参加"相约北京"艺术节进行演出。7月，大连电视台摄制组访问斯科普里和奥赫里德市，格鲁埃夫斯基总理等接受采访。同月，斯蒂普市托斯卡民间歌舞团26人应邀赴兰州出席第三届鼓文化艺术周暨第四届兰州国际民间艺术周。9月，马其顿教育部部长阿代米赴波兰出席第三届中国－中东欧国家教育政策对话论坛。10月，长沙理工大学艺术团访问斯科普里，在马其顿军队音乐大厅进行文艺演出。11月，国家歌剧舞剧院大型民族舞剧《孔子》在马其顿国家剧院演出，马其顿文化部部长米雷夫斯卡等出席。11月，马其顿文化部部长米雷夫斯卡赴索非亚出席中国－中东欧文化国家合作论坛，与中国文化部部长雒树刚举行双边会谈。12月，中马科技混委会马方主席、马教育部国务参事图施率团赴华参加第四次中马科技合作混委会。

2016年2月，马其顿总统伊万诺夫向习近平主席祝贺春节。4月，北京9当代舞团在马其顿国家剧院为第十六届斯科普里舞蹈节闭幕式演出当代舞《穿越溪谷》。4月，为庆祝北京市西城区与马其顿首都斯科普里市中心区建立友好交流关系，两区在马其顿"斯坦尼察"国家画廊共同举办"古韵北京·魅力西城"图片展。6月，中国国家图书馆与马其顿国家图书馆签署谅解备忘录。8月，中国驻马其顿使馆为新一届赴华留学生举办欢送会。

图书在版编目（CIP）数据

中华文化海外传播研究. 2018年. 第二辑 / 刘宏，
张恒军，唐润华主编. -- 北京：社会科学文献出版社，
2018.8

ISBN 978 - 7 - 5201 - 2784 - 4

Ⅰ.①中… Ⅱ.①刘… ②张… ③唐… Ⅲ.①中华文
化 - 文化传播 - 研究 Ⅳ.①G125

中国版本图书馆 CIP 数据核字（2018）第 103607 号

中华文化海外传播研究（2018 年·第二辑）

主　　编／刘　宏　张恒军　唐润华

出 版 人／谢寿光
项目统筹／周　琼
责任编辑／周　琼　王小倩

出　　版／社会科学文献出版社·社会政法分社（010）59367156
　　　　　地址：北京市北三环中路甲 29 号院华龙大厦　邮编：100029
　　　　　网址：www. ssap. com. cn
发　　行／市场营销中心（010）59367081　59367018
印　　装／三河市尚艺印装有限公司

规　　格／开本：787mm×1092mm　1/16
　　　　　印　张：22　字　数：340 千字
版　　次／2018 年 8 月第 1 版　2018 年 8 月第 1 次印刷
书　　号／ISBN 978 - 7 - 5201 - 2784 - 4
定　　价／98. 00 元

本书如有印装质量问题，请与读者服务中心（010 - 59367028）联系